Baptismus-Dokumentation 9

Reinhard Assmann / Andreas Liese (Hg.)

Baptismus und Sozialismus

Das Verhältnis der Baptisten zum Sozialismus
in den Umbrüchen des 20. Jahrhunderts

Studientag Berlin 2019

Oncken-Archiv Elstal 2020

Baptismus-Dokumentation Band 9
Schriftenreihe
herausgegeben vom Oncken-Archiv
des Bundes Evangelisch-Freikirchlicher Gemeinden in Deutschland K.d.ö.R.

Redaktionelle Bearbeitung:
Reinhard Assmann, Ines Pieper

Titelbild: Johann Gerhard Oncken und Karl Marx

Fotonachweis:
S. 8: Bernd Stummvoll
weitere: Thorsten Weist

© Oncken-Archiv des BEFG, Elstal 2020
Johann-Gerhard-Oncken-Str. 5, 14641 Wustermark
Tel. 033234 74-280, onckenarchiv@baptisten.de

Herstellung und Verlag: BoD- Books on Demand, Norderstedt
ISBN: 978-3-7519-0335-6

Inhalt

Vorwort

Studientag 30. November 2019 in Berlin

Dokumentation (DOK)

Vorwort

Im Himmel sind wir alle Kommunisten,
nur dass der Kommunismus dann auch funktioniert.
Das Paradies wäre dann quasi
die DDR, nur ohne Stasi,
ohne endlos lange Trabi-Wartelisten
und ohne Reiche, die reicher als andere sind,
und Gleiche, die gleicher als andere sind.
Petrus gelang es, sie am Eingang auszumisten.
Im Himmel sind wir alle Kommunisten.[1]

2019/2020 gedenken wir an das Ende des Staatssozialismus in der DDR vor 30 Jahren. War es aber zugleich das Ende der kommunistischen Utopie?

Im Multigedenkjahr 2019 erinnern wir uns nicht nur an die Friedliche Revolution 1989 in der DDR, sondern auch an die Gründung der Bundesrepublik und der DDR vor 70 Jahren und an die Weimarer Reichsverfassung, die vor 100 Jahren den Kirchen und Freikirchen einen neuen Platz in der Gesellschaft zuwies. Im Umfeld all dieser Ereignisse spielte die Auseinandersetzung mit dem Sozialismus marxistischer Prägung eine wesentliche Rolle.

Bisher kaum erforscht ist das Verhältnis freikirchlicher Gemeinden baptistischer Prägung zum Sozialismus/Kommunismus. Das Scheitern des DDR-Staatssozialismus vor 30 Jahren und die Frage nach seiner Bedeutung für Baptisten vor, während und nach der Friedlichen Revolution gaben den Anlass für einen Studientag am 30. November 2019 in Berlin-Friedrichshain, veranstaltet vom Verein „Evangelisch-Freikirchliche Zeitgeschichte e.V."[2] und vom Historischen Beirat des Bundes Evangelisch-Freikirchlicher Gemeinden in Deutschland (BEFG), den wir hiermit dokumentieren.

Im Mai 1837 fand in der Stralauer Vorstadt von Berlin, dem heutigen Friedrichshain, am Rummelsburger See die erste baptistische Taufe in Preußen statt. Zu diesem Ereignis war der Begründer des deutschen Baptismus, Johann Gerhard Oncken (1800–1884), aus Hamburg angereist. In unmittelbarer Nähe zur Taufstelle wohnte in diesen Monaten der junge Student Karl Marx (1818–1883). Eine Begegnung der beiden ist nicht überliefert, aber auch nicht ausgeschlossen.

In einem ersten Referat untersucht Dr. Andreas Liese die historischen Bezüge des Baptismus zum Marxismus/Kommunismus seit dem 19. Jahrhundert. Nach der russischen

---

[1] Klaus-André Eickhoff: halbwegs gelassen (CD), cap! music 2011.

[2] Der Verein hat seinen Sitz am Oncken-Archiv des BEFG in Elstal.

Oktoberrevolution 1917 galt die kommunistische „Sowjethölle" im Osten als Schreckge-spenst, und auch Baptisten begrüßten 1933 den Nationalsozialismus als Rettung vor ei-ner drohenden bolschewistischen Diktatur in Deutschland. Und befürworteten 1941 den Eroberungskrieg gegen den Feind im Osten, die Sowjetunion. Nach der deutschen Kapi-tulation 1945 befanden sich die Gemeinden im Osten Deutschlands unter sowjetischer Besatzung und bald darauf in der sozialistischen Diktatur der DDR.

Ein zweiter Beitrag von Dr. Simone Thiede beschreibt zunächst die Grundzüge der Reli-gionspolitik der SED im Blick auf die DDR-Kirchen und widmet sich sodann dem nur we-nig bekannten Thema des christlich-marxistischen Dialogs in der DDR, der erst nach den Zeiten der Konfrontation in den 1980er Jahren zögernd begann.

Im gemeinsamen BEFG in Deutschland, 1941 gegründet, entwickelten sich nach dem Krieg eigene Strukturen im Osten, die 1969 – also vor 50 Jahren – auch formell zur Bil-dung des BEFG in der DDR führten. Reinhard Assmann erforscht im dritten Referat das Verhalten der Baptisten im DDR-Sozialismus. Welchen ideologischen Einfluss hatten 40 Jahre Staatssozialismus auf den Bund, die Gemeinden und die Einzelnen? Wie gestaltete sich das Verhältnis zwischen Marxisten und freikirchlichen Christen? Gab es eine Ent-wicklung vom verordneten zum verinnerlichten Sozialismus? Waren die geforderten Lo-yalitätsbekenntnisse zur Kirche im Sozialismus mehr als nur eine Ortsbeschreibung? Und schließlich: Inwieweit waren Baptisten 1989/90 bereit und engagiert mitzuwirken in der Friedlichen Revolution?

Zwei Zeitzeugen-Interviews ergänzen und vertiefen die Thematik des Studientages. Prof. Dr. Carl-Jürgen Kaltenborn war Theologe an der Berliner Humboldt-Universität in der DDR und hatte sich als Baptist bewusst entschieden, sich für den Sozialismus zu enga-gieren. Der Jurist Diethard Dahm war Mitglied der baptistischen 68er Studentenbewe-gung in Westberlin, deren marxistische Ansätze zu Konflikten im BEFG in der Bundesre-publik beitrugen. Die Frage, welche Bedeutung die Stellung zum Sozialismus im BEFG in der DDR für die Beziehungen zum BEFG in der eher antikommunistisch orientierten Bundesrepublik hatte und welche politische und theologische Wirkungsgeschichte die 68er Studenten dort hinterließen, muss einer späteren Untersuchung vorbehalten blei-ben.

In einem abschließenden Zeitzeugen-Podiumsgespräch kommen noch einmal persönli-che Erfahrungen mit dem DDR-Sozialismus zur Sprache. Die Journalistin Ingrid Ebert und der Theologe Uwe Dammann berichten, wie sehr sie als Baptisten in dieser Zeit mit dem Marxismus-Leninismus konfrontiert worden waren, welche Prägungen er in den Ge-meinden hinterlassen hat und welche Rolle diese in der Friedlichen Revolution spielten.

Ein breit gefächerter Anhang nimmt schließlich Dokumente aus verschiedenen Epochen auf, die die Fragen zu Baptismus und Sozialismus aufgreifen und die heute nur schwer zugänglich bzw. unveröffentlicht geblieben sind. Sie bieten reichlich Stoff für die weitere Erforschung der hier begonnenen Thematik.

Die Herausgeber dieses Bandes danken allen Mitwirkenden für die Bereitstellung, Überarbeitung und Autorisierung ihrer schriftlichen und mündlichen Beiträge. Der Vortragsstil wurde weitgehend beibehalten. Gesprächsbeiträge wurden behutsam sprachlich geglättet, Zitate der neuen Rechtschreibung angepasst.

Ein besonderer Dank gilt der Evangelisch-Freikirchlichen Gemeinde Berlin-Friedrichshain, die ihre Räume für den Studientag bereitgestellt hat, und besonders ihren ehrenamtlichen Mitarbeiterinnen und Mitarbeitern, die den Tag ermöglicht haben.

Zu danken ist schließlich der Bundesstiftung zur Aufarbeitung der SED-Diktatur, die den Studientag finanziell gefördert hat.

♦

In diesem Jahr beginnt der fünfjährige Weg der Erinnerung an 500 Jahre Täuferbewegung (1525–2025), der von dem Gedenken an das täuferische Erbe der Reformation ausgehend ökumenische Impulse für das Heute und Morgen setzen will.[3] Für das erste Themenjahr 2020 wurde das Motto „gewagt! mündig leben" gewählt. Erinnert werden soll an Gläubige, die sich nicht scheuten, u. a. für die Begrenzung staatlicher Macht in Fragen der Religion sowie für ein gerechtes und menschenwürdiges Zusammenleben einzutreten. Bereits bei ihnen fanden sich Ansätze der späteren kommunistischen Utopie.

Der Theologe Walter Rauschenbusch betonte auf dem Baptistischen Weltkongress 1911:

> „We are the heirs of the glorious Anababaptist Movement of the Reformation, which embodied the religious and social hopes of the common people, and was trodden down in blood for that combination."[4]

Berlin/Bielefeld, im Mai 2020

Reinhard Assmann
Andreas Liese

---

[3] Siehe die Veröffentlichungen des Vereins „500 Jahre Täuferbewegung 2025 e. V." sowie die Webseite www.taeuferbewegung2025.de.

[4] Walter Rauschenbusch: The church and social crisis, in: Baptist World Alliance. Second Congress Philadelphia 19.–25. Juni 1911. Record of Proceedings, Philadelphia 1911, 375 f.; vgl. die Artikelreihe von Heinrich Großmann: Der Kommunismus der Täufer, in: WZ 17–23 (1928).

Plenum des Studientages am 30.11.2019 in der EFG Berlin-Friedrichshain

Andreas Liese

„Wie Belial und Licht": Baptisten und Sozialismus zwischen Kaiserreich und „Drittem Reich"

1. Einleitung

Den Baptisten in Deutschland wird nachgesagt, dass sie sich früher getreu dem Motto Onckens „Jeder Baptist ein Missionar" mehr mit Mission und Evangelisation und weniger mit gesellschaftlichen Fragen beschäftigt haben. Aber stimmt diese Wahrnehmung wirklich?

Denn offensichtlich interessierte besonders die Auseinanderset-

zung mit der Sozialdemokratie die Baptisten schon recht früh. So referierte bereits 1890 Prediger Bernhard Weerts auf der Konferenz der Hessischen Vereinigung über den Sozialismus[5] und im gleichen Jahr sprach Prediger Wilkens auf der Nordwestlichen Konferenz über das Verhältnis des Christentums zum Sozialismus.[6] Und wirft man einen Blick in das baptistische Schrifttum, dann überrascht es schon, wie oft Ausführungen zu dieser Thematik veröffentlicht wurden. Aufschlussreich ist auch, dass sich baptistische Autoren nicht nur mit dem Sozialismus und der Sozialdemokratie, sondern auch mit der sozialen Frage auseinandersetzten. Welche Akzente hier gesetzt werden, welche Tendenzen sich bei den Auseinandersetzungen der Baptisten mit diesen Themen ergaben – darum soll es in diesem Beitrag gehen. Dabei sollen die Ausführungen in den Kontext der Geschichte der deutschen Arbeiterbewegung und ihrem Verhältnis zur Religion gestellt werden.

---

[5] Donat: Das wachsende Werk, 408; ein detailliertes Quellen- und Literaturverzeichnis befindet sich im Anschluss an diesen Beitrag.

[6] Ebd., 406f.

2. Sozialdemokratie und Religion bis 1914

2.1 Entwicklung der sozialdemokratischen Partei

Schon bald nach dem Durchbruch der Industriellen Revolution und der Herausbildung des Proletariats bildete sich dessen erste Interessenvertretung: 1863 gründete sich der Allgemeine Deutsche Arbeiterverein in Leipzig unter der Führung Ferdinand Lassalles. Dieser bekam bald Konkurrenz in der Gestalt der 1869 in Eisenach gegründeten Sozialdemokratischen Arbeiterpartei, deren Programm August Bebel entwarf.[7]

1875 vereinigten sich beide Gruppen zur Sozialistischen Arbeiterpartei in Gotha.[8] Eine große Herausforderung für die neue Partei bildeten dann die 1878 unter Bismarck beschlossenen Sozialistengesetze, die alle Parteiaktivitäten unter Strafe stellten. Allerdings konnte sich die Partei an den Reichstagswahlen beteiligen und wurde 1890 kurz vor Ende der Ausnahmegesetze zur stärksten Partei. Die Maßnahmen hatten jedoch dazu geführt, dass der sozialdemokratisch orientierte Arbeiter den Staat jetzt als einen Gegner betrachtete, und es entwickelte sich das typisch sozialdemokratische Milieu als eine Form der Gegenkultur.

Ab 1890 hieß die Partei dann Sozialdemokratische Partei Deutschlands, 1891 gab sie sich in Erfurt ein neues Parteiprogramm.[9] Der erste Teil war klar marxistisch formuliert. Eigentlich handelte es sich mehr um eine Analyse der Gesellschaft und eine Voraussage der zukünftigen Entwicklung: Die Gesellschaft war durch die Existenz der zwei Klassen, der Besitzenden und des Proletariates gekennzeichnet. Das Ziel stellte die „Abschaffung der Klassenherrschaft" dar.

Der zweite Teil enthielt viele Forderungen, die praktisch auf eine Reform des kaiserlichen Deutschlands hinausliefen: Allgemeines, gleiches, direktes Wahlrecht, Begrenzung der täglichen Arbeitszeit, freie Meinungsäußerung u. a. Diese Ziele sollten zusammen mit den Freien Gewerkschaften durchgesetzt werden. Gerade aus diesem Forderungskatalog heraus entwickelte sich die SPD stärker zu einer Reformpartei und wurde gerade auch in Südwestdeutschland immer mehr ein akzeptierter Teil der Gesellschaft, während das Programm weiter dem revolutionären Marxismus verpflichtet war.

1912 war die SPD zur stärksten Partei in Deutschland geworden. Während des Krieges kam es zur Spaltung wegen der Frage der Bewilligung der Kriegskredite: Die Mehrheits-

---

[7] Fenske, 99 f.

[8] Ebd., 143.

[9] Zum Erfurter Programm vgl. ebd., 146 f.

SPD blieb bei einer zustimmenden Linie, ein Teil der Fraktion verweigerte die Zustimmung zu den Kriegskrediten und formierte sich 1917 zur Unabhängigen Sozialdemokratischen Partei (USPD); die Partei umfasste einen zahlenmäßig starken linken Flügel und einen kleineren rechten Flügel. Schon früh formierte sich der radikale linke Flügel der USPD, der sich später im Spartakusbund sammelte.[10]

2.2 Sozialdemokratie und Religion

Die entscheidende Aussage formulierte das Erfurter Programm 1891, in dem die Religion zur Privatsache erklärt wurde. Versuche, diese offizielle Neutralität in eine religionsablehnende Haltung zu verändern, fand auf den späteren Parteitagen keine Mehrheit.[11] Diese Haltung, die man auch als Gleichgültigkeit gegenüber religiösen Fragen bezeichnen kann,[12] blieb bis in die Weimarer Republik hinein bestehen. Von Anfang an aber waren viele Funktionäre und ein großer Teil der Parteimitglieder von einer kirchen- und religionsablehnenden Haltung geprägt. Führende Vertreter wie August Bebel und Wilhelm Liebknecht waren gegen die Kirche „als Teil des monarchisch-autoritären Staates",[13] die Parteielite verließ die Kirche, aber der größte Teil der Parteimitglieder blieb einer „oft ganz oder halb verborgenen christlichen Gläubigkeit verbunden".[14] Man blieb formal in der Kirche, hatte aber keinen Bezug mehr zu ihr.

Entscheidend ist, dass man die bürgerliche Religionskritik übernahm.[15] Von Bedeutung waren hier Ludwig Feuerbach, Ludwig Büchner und Ernst Haeckel. Letzterer avancierte mit seinem Buch „Welträtsel" zu einer der wichtigsten Autoritäten für die Sozialdemokratie. Gerade auch Bebel war mehr von ihr geprägt als vom Marxismus. Hier stand das „neue [...] Wissen dem alten Glauben" gegenüber.[16]

In der Zeit der Sozialistengesetze richtete sich die Partei eindeutig marxistischer aus. Wichtig wurde die Schrift von Friedrich Engels „Anti-Dühring", die eine umfassende Sicht von Gesellschaft und Natur „auf materialistischer Grundlage" darstellte.[17] Damit wurde der Materialismus quasi zur inoffiziellen Weltanschauung der Sozialdemokratie. Auf der

---

[10] Ebd.

[11] So z. B. auf dem Parteitag in Frankfurt 1894: Die entsprechenden Anträge wurden abgelehnt. Vgl. Reitz: Christen und Sozialdemokratie, 240–251.

[12] Wunderer: Religionspolitik, 333.

[13] Grebing: Arbeiterbewegung, 26.

[14] Ebd., 27.

[15] Vgl. zum Ganzen: Prüfer: Sozialismus, 73–75.

[16] Ebd., 73.

[17] Nipperdey, 1866–1918, Bd. 2, 356.

einen Seite wurde die Aussage „Religion ist Privatsache" propagiert, auf der anderen Seite wurden von der sozialdemokratischen Publizistik religionskritische, ja atheistische Beiträge veröffentlicht.[18] Darin wurde entweder vorgetragen, dass die neuen Erkenntnisse den Glauben ablösten oder aber die sozialdemokratische Weltanschauung wurde selbst als Religion ausgegeben.[19]

Von Bedeutung für die Entwicklung der Haltung der Arbeiter gegenüber der Kirche und Religion nach 1890 waren die Erfahrungen, die sie besonders mit den evangelischen Kirchen in der Zeit der Sozialistengesetze gemacht hatten. Die Kirchen unterstützten die Unterdrückung der Sozialdemokraten.[20] Dadurch gerieten die Arbeiter in eine noch größere Distanz zur Kirche.

Im Anschluss an die allgemeine Aussage bezüglich des Privatcharakters der Religion wurden im Erfurter Programm klare Forderungen hinsichtlich der Kirche ausgesprochen. Gefordert wurde die „Abschaffung aller Aufwendungen aus öffentlichen Mitteln zu kirchlichen und religiösen Zwecken". Außerdem seien die Kirchen „als private Vereinigungen zu betrachten",[21] was für die großen Kirchen einen enormen Statusverlust bedeutet hätte. Diese Forderungen wurden auf den nachfolgenden Parteitagen in den späteren Jahren immer wieder formuliert. Daran kann man erkennen, dass sich die eigentliche Kritik gegen die großen Kirchen und hier besonders gegen die evangelischen Kirchen richtete, da sie als eine Stütze des christlichen Obrigkeitsstaates erlebt wurden und dadurch die bestehenden Klassenverhältnisse stabilisierten.

3. Baptismus, die soziale Frage und die Sozialdemokratie bis 1914

Diesen Kontext muss man berücksichtigen, wenn man die baptistischen Äußerungen angemessen beurteilen will.

Der schon oben erwähnte Bernhard Wilkens, Prediger in Braunschweig,[22] veröffentlichte 1890 im Wahrheitszeugen einen dreiteiligen Artikel mit der Überschrift: Christentum und Sozialismus.[23] Wilkens ging mit der Sozialdemokratie scharf ins Gericht. Den gebildeten

---

[18] Vgl. Reitz: Christen und Sozialdemokratie, 252 f.

[19] Vgl. dazu Nipperdey, 1866–1918, Bd. 1, 518 („politisch-säkulare Religion").

[20] Vgl. Nipperdey, 1866–1918, Bd. 2, 357.

[21] Erfurter Programm, Pkt. 6, in: Miller/Potthoff: Kleine Geschichte, 314.

[22] Vgl. Roland Fleischer: Johann Bernhard Wilkens, in: www.lexikon.befg.de.

[23] Wilkens, WZ 38–40 (1890), 301, 309, 317 (DOK 1 – im zweiten Teil dieses Bandes).

Schichten warf er vor, durch die verschiedensten Publikationen, die antireligiöse Aussagen beinhalteten, den Grund für den Sozialismus gelegt zu haben. Er zitierte dabei Bebel, der in einer Reichstagsrede ausgeführt hatte, der Atheismus sei das Ergebnis der modernen Wissenschaft. Wilkens polemisierte gegen die Parteifunktionäre. Einige kämen sogar aus den „sogenannten höheren Ständen", die aber „heruntergekommene Leute" seien und hetzten und verführten. Entscheidend sei, dass der Sozialismus die bestehende Gesellschaftsordnung stürzen wolle (301).

Die Sozialdemokraten würden nicht nur das Privateigentum vergesellschaften, sondern auch in Verbindung damit das Familienleben aufheben und die Kindererziehung verstaatlichen wollen. Letztlich hatte Wilkens den Eindruck, die Sozialdemokratie glaube, das Heil der Menschheit liege in der, wie er es formulierte, „sozialistischen Gleichmacherei". Die gegenwärtige Misere beruhe nach Ansicht der Sozialdemokratie auf der bestehenden Gesellschaftsordnung mit ihren Klassenunterschieden und besonders sei „auch der Gottesglaube" schuld, der deshalb „ausgerottet" werden müsse.

Ob die neue Gesellschaft auf friedlichem Wege entstehe, sei noch nicht ausgemacht. Man müsse aber mit einer gewaltsamen Revolution rechnen (309). Letztlich – so die Einschätzung von Wilkens – verhielten sich Christentum und Sozialismus zueinander „wie Licht und Finsternis, wie Christus und Belial". Ein Zusammengehen von Christen mit Sozialdemokraten sei deshalb nicht möglich. Besonders gewarnt seien hier die Arbeiter aus den Gemeinden (317).

1911 erschien eine Schrift von H. Windolf zur sozialen Frage und zur Auseinandersetzung mit der Sozialdemokratie.[24] Neben der religiösen war die soziale Frage für ihn „wohl die wichtigste", die er dann auch ausführlich beschrieb. Er kam durchaus zu kritischen Aussagen, wenn er die gewaltigen sozialen Veränderungen erwähnte, die durch die Industrialisierung eingetreten seien. So stellte er fest, dass „Kapital und Besitz" sich in den Händen weniger konzentrierten, große Teile der Bevölkerung aber nicht viel besäßen (2). „Besitzende und Besitzlose" stünden sich als „feindliche" Klassen gegenüber, zwischen denen gravierende Konflikte zu beobachten seien. Strittige Fragen wie beispielsweise die des Arbeitslohns rührten von den sozialen Gegensätzen her. Die eigentliche Ursache für

---

[24] Der Christ und die soziale Bewegung. Diese Abhandlung wurde 1911 auch als Artikelserie im WZ veröffentlicht. Wer der Verfasser war, ist nicht genau zu ermitteln. Als Autor der Einzelpublikation wird H. Windolf angegeben, als Verfasser der Artikelserie im WZ wird E. Windolf aus Ricklingen genannt. Bei H. Windolf würde es sich um Hermann Windolf (1840–1922) handeln; er ist aber schon 1877 nach Australien ausgewandert, vgl. Roland Fleischer: Hermann Windolf, in: www.lexikon.befg.de. Über einen E. Windolf ließen sich bis jetzt keine näheren Erkenntnisse gewinnen.

diese Konflikte sei aber die „Sünde der Menschen", diese sei verantwortlich für Neid und Missgunst (5).

Windolf unternahm dann einen biblischen Streifzug, um aufzuzeigen, wie seiner Meinung nach die Bibel derartige Fragen behandelte. Nach Aussagen zum sozialen Charakter der Tora und der sozialen Botschaft der Propheten beschäftigte er sich ausführlich mit neutestamentlichen Texten. Hier hob er besonders das Verhalten Jesu hervor. Dieser sei zwar „kein sozialer Reformer" gewesen, wie von „einer gewissen Partei" – offensichtlich war das auf die SPD bezogen – behauptet würde, aber die Einstellung Jesu sei vorbildlich gewesen. Er sei „innerlich frei von Besitz" gewesen, „irdische Dinge" hätten keine Priorität für ihn gehabt (9 f.). Er habe Mitleid mit den „Armen und Hilfsbedürftigen" und ein „offenes Auge für die sozialen Nöte" gehabt. Windolf betonte, dass Jesus die Kranken nicht auf das Jenseits vertröstete, sondern sie durch die Heilung „dem Leben und der Arbeit" wiedergab. Wichtig war für Windolf einerseits, dass Jesus die einzelnen „Stände" überbrückte, indem er den großen Wert jedes Menschen hervorhob, der in seiner „unsterblichen Seele" begründet sei, andererseits aber hätte Jesus auch keinen Auftrag zur Verbesserung des „diesseitigen Lebens" gehabt und hätte jegliche „politische Tätigkeit" abgelehnt. Damit sei alle Vermischung von Religion und Politik, wie sie in der Gegenwart häufig vorkomme, abzulehnen (11). Windolf führte dann noch aus, dass das Neue Testament die Geldliebe verurteile und die Pflicht zur Arbeit betone. Er meinte weiter, die Unterschiede zwischen Arbeitergebern und den Arbeitnehmern würden nicht aufgehoben werden. Deren Verhältnis würde sich aber ändern, indem die Arbeiter den Arbeitgebern „Treue erweisen" und letztere umgekehrt ihre Beschäftigten in „christlichem Geist behandeln" würden. Davon unterschied er den Bereich der Gemeinde, in der keine Unterschiede zwischen arm und reich gemacht werden dürften (15 ff.).

Bei der Untersuchung der Frage, welche Gruppierungen sich mit der sozialen Frage beschäftigten, kam er dann ausführlich auf die Sozialdemokraten zu sprechen. Für Windolf war klar: „Mit der Sozialdemokratie kann der Christ nicht harmonieren." Er musste zwar einräumen, die SPD habe einiges hinsichtlich der „Verbesserung" der Situation des Proletariates erreicht und sie habe manche guten Ziele verfolgt. Deshalb sei auch nicht das Wirtschaftsprogramm „gefährlich", sondern die „feindliche Stellung zur Religion", die die Sozialdemokratie zeige. Sie sei eine „Feindin der Religion", sie sei atheistisch und sei bestrebt, „mit allen Mitteln die Religion zu vernichten". Diese Haltung zeige sich in der Presse der Sozialdemokratie, „die voll Hass gegen das Christentum" sei (22). Aufgrund der Merkmale der Sozialdemokratie wie „Religionshass und Staatsfeindschaft" könne ein Christ nicht Mitglied der SPD sein, „weil Feuer und Wasser, weil Christus und Belial nie und nimmer übereinstimmen können". Christen, die das versucht hätten, wären entweder vom Glauben abgefallen oder hätten am Ende doch „der Partei den Rücken gekehrt" (24).

1913 veröffentlichte Carl August Flügge[25] seine Schrift „Wege zur Lösung sozialer Fragen", in der er sich sehr ausführlich mit der Sozialdemokratie beschäftigte, die – so ihre Selbsteinschätzung – die „Antwort auf die soziale Frage (sein will)". Dabei müsse man feststellen, dass für mehr als ein Viertel der Deutschen der Sozialismus die einzige Lösung der sozialen Frage sei. Während andere Parteien durch „soziale Verbesserungen" die Umgestaltung der Gesellschaft bevorzugten, um einen Zustand der Gerechtigkeit zu erreichen, sei die Sozialdemokratie auf „Umsturz und Gewalttat zur Aufrichtung des ewigen Friedens" ausgerichtet. Ihre Parole laute: „Durch Revolution zum Zukunftsstaat". Was letztlich die Sozialdemokraten von einem „Zukunftsstaat" erhofften, stelle das von den Christen erwartete zukünftige „Friedensreich" dar, in dem Christus auf der Erde als König herrschen werde (7).

Für die Sozialdemokratie sei das alles aber nicht nur reine Theorie, sondern ihr „Weg zur Lösung der sozialen Frage" stelle eine Religion dar. Andererseits würde sie immer christentumsfeindlicher werden, sie sei „bemüht", die Religion aus dem Volksleben zu entfernen. Logisch sei es daher, den Satz „Religion ist Privatsache" aus dem Parteiprogramm zu streichen, wie es auch ein Antrag auf dem letzten Parteitag der SPD gefordert hätte. Für Flügge war es erstaunlich, dass so viele deutsche Männer einer Partei die Stimme gaben, die so religionsfeindlich eingestellt war (8).

In seiner Gesamtbewertung stellte er fest, dass die Konzeption der Sozialdemokratie zur Lösung der sozialen Fragen einen „Irrweg" darstelle, obwohl man anerkennen müsse, dass durch „die Lehren und Forderungen" der SPD auch „Gutes" geschaffen worden sei. Aber die Erfahrung zeige, dass Menschen nicht durch „eine Veränderung der Verhältnisse glücklicher zu machen sind" (9).

Wenn man fragt, welche Möglichkeiten Flügge zur Lösung der sozialen Frage aufzeigt, dann stellt man fest, dass er hauptsächlich nur auf individuelle Optionen verwies. So könne man sich an „sozialer Kleinarbeit" beteiligen, wie beispielsweise in der Abstinenzbewegung im Blaukreuzverein. Es käme aber auch auf das Verhalten des Einzelnen an. So sprach Flügge beispielsweise Arbeitgeber und Vorgesetzte an, dass sich erstere in die Lage der Untergebenen versetzen sollten und die Arbeiter als Brüder behandeln sollten (20f.). Letztlich würde die soziale Frage ihre Bedrohlichkeit verlieren, wenn mehr gegenseitige Liebe geübt werden würde – so das abschließende Fazit Flügges (21).

Bei den bisher behandelten Beiträgen zur Auseinandersetzung fällt zuerst auf, dass manchmal doch sehr plakativ, ja holzschnittartig formuliert wurde, wenn es auf den Gegensatz von Christentum und Sozialdemokratie hinauslief. Und: Dass die SPD auf einen

---

[25] Vgl. Roland Fleischer: Carl August Flügge, in: www.lexikon.befg.de.

Umsturz aus sei, wurde vor allem aus dem ersten Teil des Erfurter Programms abgeleitet. Dass die SPD in manchen Ländern sich schon zu einer Reformpartei entwickelt hatte, wurde nicht erwähnt. Ebenfalls wurde nicht thematisiert, dass die Haltung der SPD gegenüber der Religion nicht einheitlich ausfiel.

Wesentlich differenzierter argumentierte Gustav Gieselbusch, der damals u. a. Mitherausgeber der Zeitschrift „Der Hilfsbote" und später Direktor des Predigerseminars Hamburg war.[26] In einem Beitrag über die Sozialdemokratie von 1905[27] stellte Gieselbusch einleitend fest, es sei wichtig über die „Stellung der Sozialdemokratie zum Christentum" zu diskutieren, die aber „zunächst eine wirtschaftlich-politische Organisation" sei, die „rein wirtschaftlich politische Interessen" verfolge (130).

Daher habe die SPD im Erfurter Programm formuliert: Religion ist Privatsache. Gieselbusch deutete diese Aussage im Sinne von: Die Religion ist „eine Angelegenheit des Einzelnen", wozu die Partei „keinerlei Stellung nimmt". So sei es eigentlich nicht sehr sinnvoll zu diskutieren, ob die SPD „christentumsfeindlich sei". Doch, so Gieselbusch, dem sei nicht so: „Denn der Sozialismus bedeutet zugleich auch eine ganz bestimmte, in sich geschlossene Weltanschauung" (ebd.). Die SPD entlehne „ihr Rüstzeug" der von Ludwig Feuerbach repräsentierten Philosophie, die sich durch konsequente Diesseitigkeit auszeichne und von den Erfolgen der neuen Naturwissenschaft bestimmt sei. Damit erhalte die Parole: „Religion ist Privatsache" eine bedenkliche Note. Denn wenn man sich darauf fokussiere, das irdische Leben angenehm zu gestalten, habe man keinen „Raum für religiöse Gedanken". Man müsse daher den Glauben als eine „rückständige" Erscheinung ansehen, was den offiziellen Standpunkt der Partei darstelle; so habe man von Engels die Aussage übernommen, im zukünftigen Staat werde die Religion überflüssig sein. Letztlich herrsche die Auffassung vor, dass Religion Privatsache sei, im Endeffekt aber als „Unsinn" anzusehen sei (131).

Nun sei jedoch zu berücksichtigen, dass der „Hass des demokratischen Sozialismus" sich zumeist „gegen die Kirche" als Sozialgestalt der christlichen Kirche richte. Zu überlegen wäre, ob diese Entwicklung nicht dadurch gekommen sei, dass die Kirche dem Evangelium im Weg gestanden hätte, da das Christentum zur Staatsreligion geworden sei. Auch würde der Sozialismus von der Kirche abgelehnt (132).

Gieselbusch wies in dem Artikel aber auch darauf hin, dass die Freikirchler aus der Sicht der Sozialdemokratie „den Vorteil" gehabt hätten, vom Staat „völlig unabhängig" zu sein und sogar unter seiner Verfolgung gelebt zu haben. Man würde da schon Unterschiede

---

[26] Vgl. Balders/Fleischer: Gustav Gieselbusch, in: ebd.

[27] Gieselbusch: Sozialdemokratie (DOK 3).

machen. Außerdem gehörten den Freikirchen Menschen aus den unteren Schichten an. Man würde ihnen ihre „überspannte Schwärmerei" in einer gewissen Weise nachsehen. Natürlich ginge man davon aus, dass auch „sie eine sichere Beute des Sozialismus" würden (135).

Aus der Tatsache, dass die Freikirchen nicht auf eine Stufe mit den großen Staatskirchen gestellt würden, zog Gieselbusch nun den Schluss, man habe „die Aufgabe" gegenüber der Sozialdemokratie, ihr zu bezeugen, dass das Christentum richtig verstanden tatsächlich eine „P r i v a t a n g e l e g e n h e i t d e s E i n z e l n e n" [gesperrt im Original; A. L.] sei, da man keine „Kirche mit politischen Tendenzen" und Herrschaftsambitionen sein wolle. Und dann definierte Gieselbusch das Selbstverständnis der baptistischen Gemeinden, das eine Brücke zur Sozialdemokratie darstellen könnte: Baptisten seien „freie Genossenschaften von freiwilligen Mitgliedern", die sich zur Praktizierung „ihres religiösen Lebens zusammengeschlossen" hätten, nicht durch eine Dogmatik eingeengt, sondern durch einen praktischen Glauben verbunden. Gieselbusch meinte, man müsse auch der „sozialistischen Welt" zeigen, dass man „wirklich unabhängig" sei, gegenüber den finanziellen Ressourcen der Reichen wie auch gegenüber der Begehrlichkeit der Armen (ebd.).

1918 setzte sich Flügge in einer vierteiligen Artikelserie kurz vor Ende des Ersten Weltkrieges noch einmal mit den religionskritischen Ansichten der Sozialdemokratie auseinander. Er stellte sich die Frage, weshalb zu seiner Zeit viele nicht mehr an Gott glaubten. Seiner Einschätzung nach komme das u. a. daher, dass viele Männer der Wissenschaft – so die weit verbreitete Meinung – selbst nicht mehr glaubten.[28] So stünde in einer Schrift, die er in einer sozialdemokratischen Buchhandlung gekauft habe: Der aufgeklärte Teil des Proletariats, „dem hellen Licht der Wissenschaft" zugewandt, habe sich vom Theismus abgewandt und stehe ihm völlig „teilnahmslos" gegenüber. Im Bürgertum sei die Situation auch nicht anders. Für diesen Zustand machte Flügge im Wesentlichen die „unglaublich seichte Aufklärungsliteratur" der Sozialdemokratie verantwortlich, die seit Jahrzehnten verbreitet werde. Dazu käme die gut aufgemachte Literatur der Monisten, die millionenfach verlegt werden würde. In diesen Publikationen würde „die unverschämte Lüge frech und gottlos" ständig „wiederholt": So ungläubig wie diese Autoren wären, von einigen „Dummköpfen" abgesehen, alle; von den bekannten Wissenschaftlern glaube keiner.

Nach der eindeutigen Qualifizierung dieses ganzen Schrifttums als Lüge, wurde Flügge dann sehr persönlich. Er wolle „keine politische Streitschrift" verfassen, er lasse der So-

---

[28] Flügge: Vom Gottesglauben der Gelehrten, 116 f.

zialdemokratie „ihr Gutes". In seiner Jugendzeit habe er Veranstaltungen der Sozialdemokratie besucht und ihre Bücher gelesen. Wenn ihn nicht „vieles abgestoßen" hätte,
hätte er damals „wohl in ihren Reihen ein Kämpfer für die Unterdrückten sein mögen".
Aber dann kam er wieder auf sein Thema zurück: Die „frechen Lügen", die mit „Wissen
und Willen der Parteiführung" die „Massen" verdummen sollten, wären jemand wie ihm,
der eine fromme Erziehung durchlebt habe, zu „widerlich" gewesen. Deswegen, so
Flügge weiter, sei die Aussage „Religion ist Privatsache" völlig irreführend und wie Liebknecht selbst gesagt habe, aus pragmatischen Gründen ausgesprochen worden. Auch
Bernstein sei der Meinung, diese Aussage sei aus taktischen Gründen getätigt worden
und deshalb heuchlerisch. Er erwähnte dann bekannte Sozialdemokraten, unter ihnen
Kautsky, der sich klar als Atheist positioniert habe und meine, dass der Gottesglaube klar
wissenschaftlichen Erkenntnissen widerspreche.

Jetzt – 1918 – gebe es andere führende Sozialdemokraten, aber ihre Einstellung sei die
gleiche. Flügge meinte, nach dem Ende des Krieges würde die Bekämpfung des Glaubens sich noch verschärfen, „ob Monisten oder Bolschewisten, sie streiten vereint als
Antichristen"; nach einem Friedensschluss würde die Auseinandersetzung erst richtig beginnen; ihr unverschämter Unglaube würde „frecher als je" sich artikulieren; die „Saat" der
„atheistischen" Literatur würde schlimme Ergebnisse zeigen.

Flügge betonte noch einmal, dass er sich nicht berufen fühle, „die Sozialdemokratie als
politische Partei zu bekämpfen, aber mit ihrer bösen Unkrautsaat des Antitheismus" habe
er als Prediger ständig zu tun. In den weiteren Ausführungen versuchte er aufzuzeigen,
dass diejenigen, die von den Sozialdemokraten als Kronzeugen für den Atheismus angeführt würden, wie beispielsweise Haeckel, selbst von Fachkollegen scharf angegriffen
werden würden.

Viele Naturforscher – sogar Charles Darwin – behaupteten, Glaubende geblieben zu sein
oder dass sich ihr Glauben sogar vertieft habe. Die Propagandisten des Unglaubens –
Monisten oder Sozialdemokraten – müssten doch darum wissen (133 f.).

Wenn man diese Ausführungen Revue passieren lässt, dann drängt sich der Eindruck
auf, dass Flügge für das politische Programm der Sozialdemokratie durchaus Sympathien
zeigte, dass aber die politische Programmatik für ihn von der Religionsfrage überlagert
wurde und dass auch damals schon die Bolschewisten den antichristlichen Kampf repräsentierten.

4. Die deutsche Sozialdemokratie in der Weimarer Republik

Unmittelbar nach der Novemberrevolution 1918 stellten dann beide sozialdemokratische Parteien – MSPD und USPD – zuerst gemeinsam die Provisorische Regierung. Im Dezember d. J. beschloss der Kongress der Arbeiter- und Soldatenräte, Wahlen für eine verfassunggebende Nationalversammlung anzusetzen, an der Männer und Frauen sich beteiligen konnten. Die erste aus demokratischen Wahlen hervorgegangene Regierung bildeten dann SPD, Zentrumspartei und die Deutsche Demokratische Partei (DDP). Bei der Ausarbeitung der Weimarer Reichsverfassung konnten sich die Sozialdemokraten hinsichtlich einer radikalen Trennung von Staat und Kirche nicht durchsetzen, was innerhalb der SPD durchaus auch kritisch gesehen wurde. In den Folgejahren wechselte die SPD mehrmals von der Regierung in die Opposition und umgekehrt. In der Frage des Verhältnisses gegenüber der Religion wiederholte das Programm des Görlitzer Parteitages 1921 noch einmal die Aussage: „Religion ist Privatsache".[29] In das Heidelberger Parteiprogramm dagegen wurde sie nicht übernommen. Der Magdeburger Parteitag proklamierte dann sogar die Toleranz in Angelegenheiten der Religion.[30] Allerdings gab es die sozialistische Freidenkerbewegung, deren Gedankengut auf große Resonanz in der Arbeiterschaft stieß. Von ihr wurde auch die Kirchenaustrittsbewegung angestoßen. 1931 erreichte sie mit der Zahl von 240.000 Austritten einen Höchststand.[31] In vielen Tendenzen zeigte sich die SPD weiterhin als eine sehr religionsdistanzierte Partei.

5. Die Haltung der Baptisten gegenüber der Sozialdemokratie in der Weimarer Republik

Die Novemberrevolution stellte nun die bisherige Ordnung auf den Kopf. Die gottlosen Sozialdemokraten waren jetzt an der Macht. In der baptistischen Wochenzeitung „Der Wahrheitszeuge"[32] fragte man sich daher besorgt, ob sich das überhaupt positiv entwickeln könne. Man musste dann aber konstatieren, dass es den Baptisten unter der neuen „demokratische[n] Regierung" doch „ganz gut gegangen sei". Man hoffe, dass das der-

---

[29] Programm der Sozialdemokratischen Partei Deutschlands, Görlitz 1921 (Abschnitt Kultur- und Schulpolitik), zit. nach: Miller/Potthoff: Kleine Geschichte, 334–338, hier: 337.

[30] Wunderer: Religionspolitik, 336.

[31] Ebd.

[32] Aus der Schmiede, in: WZ 25 (1918), 194. Die Rubrik „Aus der Schmiede" verfasste der Schriftleiter Albert Hoefs, vgl. Günter Balders / RolandFleischer: Albert Hoefs, in: www.lexikon.befg.de.

zeitige „Regiment" bis zur neugewählten Nationalversammlung bliebe und die Spartakus-gruppe nicht zum Zuge komme. Das relativ positive Urteil rührte daher, dass es jetzt zur Trennung von Staat und Kirche kommen würde, was aber eben das Werk der neuen Regierung darstellte.

Es stellte sich die Frage, wen man denn nun wählen könnte? Aufschlussreich ist die Antwort, die Bernhard Weerts gab. Klar sei, dass man weder die USPD noch den Kommunistenbund wählen könne, denn beide wollten „Umsturz, Unruhe, Unordnung". Auch die SPD könne man wegen ihrer antireligiösen Haltung nicht wählen.[33]

In der weiteren Auseinandersetzung mit Aussagen der Sozialdemokratie gab es nun unterschiedliche Akzente. So unterschied Hoefs vor den Wahlen zur Nationalversammlung zwischen „Sozialisten und Demokraten". Erstere wollten „Enteignung und Vergesellschaftung alles Eigentums, ja schließlich auch der Menschen". Das Streben nach größtmöglicher „Freiheit" würde schließlich „in schwerer Sklaverei enden".[34] In der gleichen Ausgabe fragte sich Hoefs, woher der Hass der Sozialdemokratie gegen das Christentum rühre. Denn schließlich ginge es doch um wirtschaftliche Fragen. Sicherlich sei das in der „materialistische(n) Weltanschauung" begründet, auch trüge der „jüdische Einschlag" dazu bei. Hoefs meinte dann aber feststellen zu können, dass sich die Sozialdemokraten eigentlich schärfer gegen das „Kirchentum" als gegen das Christentum positionierten. Zum Beweis für diese These führte er die ganze „Unwahrhaftigkeit" der Landeskirchen an und brachte hier die typische freikirchliche Polemik unter, wenn er beispielsweise die Heuchelei am Grab beschrieb, indem der Pfarrer den Verstorbenen als „lieben Bruder" titulierte, obwohl jedermann wusste, dass der Verstorbene sich zu Lebzeiten nicht um die Kirche gekümmert hatte. Auch durften die „ungläubigen Theologen" nicht fehlen, die die Wurzeln des Christentums angegriffen hätten, und gerade „bezahlte Theologen" hätten sich als „Hauptstütze von Thron und Altar" ausgegeben und kein Verständnis für das Volk gehabt. Aus dieser Perspektive gab es durchaus nachvollziehbare Gründe für die kirchenkritische Sicht der Sozialdemokratie.

Die oben schon angedeutete antijüdische Komponente kam dann in der nächsten Ausgabe klar zum Ausdruck. Hoefs wies darauf hin, dass ein „großer Prozentsatz" von Juden sich in führenden Positionen der „sozialistischen Bewegung" befänden; so Liebknecht, Luxemburg, Bernstein.[35] Aber auch die russischen Führer wie beispielsweise Trotzki und Radek seien Juden. Hoefs meinte dann, man stünde vor einem Rätsel, wie es denn sein

---

[33] Weerts: Die Nationalversammlung, 205 (DOK 5).
[34] Aus der Schmiede, in: WZ 2 (1919), 11.
[35] Ebd. 3 (1919), 19.

könnte, dass die deutsche Arbeiterschaft „diesen Fremdlingen" einen derartigen „Einfluss" einräume. Ja, die Juden seien „ein aus der Heimat verstoßenes, unter dem Zorn Gottes stehendes Volk". Sollten diese Juden nun auch das deutsche Volk „unter den Zorn Gottes reißen" müssen – fragte Hoefs. Er wehrte dann aber sofort ab, dass man antisemitisch sei. Im Gegenteil: Man achte jeden toratreuen Juden. Aber die oben genannten Juden gäben in der Regel an, „religionslos" zu sein. „Religionslose Menschen" seien ihm immer schon „unheimlich" gewesen. Und diese „Rätselmenschen" stünden nun an der Spitze der „größten Bewegung", um sie negativ zu beeinflussen. Und dann formulierte Hoefs: „Wären sie und alle, die als Zeitungsverleger und Kapitalisten einen unheilvollen Einfluss" auf das Volk ausübten, doch in dem Land, in das sie hingehörten, nämlich Palästina. Mit diesen Formulierungen kam Hoefs der nationalsozialistischen Diktion vom jüdischen Bolschewismus sehr nahe. Das Feindbild war der moderne Jude schlechthin, der keinen Bezug mehr zu seiner religiösen Tradition besaß und damit die größte Gefahr für das Christentum darstellte.

Auch Flügge griff das Thema nach 1918 vermehrt auf. In einer 1919 veröffentlichten Schrift befasste er sich mit der „Religion der Sozialdemokratie". Hier zitierte Flügge einige zentrale Aussagen einer Abhandlung von Josef Dietzgen, die im sozialdemokratischen Vorwärts-Verlag erschienen war. Es ging im Wesentlichen darum, dass an die Stelle des Christentums die „antireligiöse Sozialdemokratie" trete. Flügge zog aus diesen und anderen Äußerungen die Schlussfolgerung, dass man sich gegen die „antichristliche" Haltung der SPD aussprechen müsse, sie aber nicht politisch zu bekämpfen habe.[36]

1928 gab Carl August Flügge dann einen Sammelband zum Thema Sozialismus und Christentum heraus. Er selbst schrieb einen Beitrag dafür, der die gleiche Überschrift trug.[37] In dem Band wurden aber auch ein Beitrag des baptistischen Predigers Rudolf Donat zur sozialen Frage[38], zwei Beiträge aus England, die das Verhältnis der Arbeiterführer zum Christentum und der Arbeiterschaft zur Religion in England thematisierten und ein Beitrag von O. Kufuß, von Beruf Kaufmann und ebenfalls einer Freikirche angehörig, abgedruckt. Ein Artikel des evangelischen Pfarrers Eberhard Lempp, der den religiösen Sozialisten angehörte,[39] rundet diesen Sammelband ab. Aufschlussreich ist, dass es durchaus zu unterschiedlichen Bewertungen des Sozialismus kam.

---

[36] Flügge: Wie kann's besser werden, 7.

[37] Flügge: Sozialismus und Christentum, 3–12 (DOK 6).

[38] Siehe DOK 7; vgl. Roland Fleischer: Rudolf Donat, in: www.lexikon.befg.de.

[39] Eberhard Lempp gehörte eher zu deren gemäßigter Richtung; vgl. Nowak: Evangelische Kirche, 272.

Flügge selbst argumentierte in seinem Beitrag differenzierter als 1913. So meint er, es sei möglich zu sagen, die sozialistische Wirtschaftsordnung entspreche mehr „dem Sinne und Geiste des Alten wie des Neuen Testaments" als die gegenwärtige „mammonitische" Ordnung, und der eigentliche Gegensatz sei der von „Mammonismus und Christentum". Und es sei auch nicht zu bestreiten, dass derjenige ein ernsthafter Christ sein könne, der bei Wahlen der SPD als dem kleineren Übel seine Stimme gebe.[40]

Zwar zähle sich Flügge nicht zu den religiösen Sozialisten, aber man könne aus der Perspektive des Reiches Gottes Gott „für diese kraftvolle Bewegung" danken, durch die sich die christlichen Kirchen „ihre Unterlassungssünden zum Bewusstsein bringen lassen sollten". Flügge verwies in diesem Zusammenhang auf die Schrift des Schweizer Theologen und Mitbegründer der religiös-sozialen Bewegung Hermann Kutter, der in der sozialistischen Bewegung eine „Offenbarung Gottes" sah. „Gott wirkt durch die Sozialdemokratie" – so lautete eine zentrale Aussage seines Buches „Sie müssen" (6).

Flügge musste allerdings einräumen, dass die meisten Christen dies so noch nicht erkennen könnten. Er hoffe, dass der von ihm herausgegebene Sammelband da Brücken bauen könne. Aber auch die religiösen Sozialisten müssten bei ihren „Genossen" von der SPD noch „Aufklärungsarbeit" leisten, da man immer noch Sätze lesen könne wie: „Ein guter Christ kann niemals ein guter Sozialdemokrat sein." Flügge verwies in diesem Zusammenhang noch einmal – beginnend mit Karl Marx – auf verschiedene „Parteiautoriäten", die sich bis heute immer noch so äußerten (7 f.). Allerdings gebe es auch einsichtsvolle Sozialdemokraten, denen es „nur um den Sozialismus, d. h. um den Sieg der von ihnen für richtig gehaltenen Wirtschaftsordnung geht" und die meinten, dass die religionsfeindliche Einstellung kurzsichtig, aber auch taktisch unklug sei (8 ff.). Trotzdem lese man in der Parteizeitschrift „Vorwärts" immer noch Sätze wie: „Der neue Glaube heißt Sozialismus." Er sei das „Evangelium" für die Armen (10 f.). Letztlich aber zeigten derartige Aussagen das Versagen der Kirchen auf, das es möglich gemacht habe, dass dieser Materialismus zum Religionsersatz geworden sei.

Donat beschrieb in seinem Beitrag[41] erst einmal die soziale Notsituation, die sich in vielen Bereichen der Gesellschaft und Wirtschaft zeige. Dabei wies er auf die besondere „Not" der Arbeiterschaft, aber auch auf Probleme im Mittelstand und in der Landwirtschaft hin. Angesichts der vielfältigen gesellschaftlichen Problematik gäbe es „einen berechtigten Sozialismus", der den Aspekt der Solidarität betone (32). Zwei politische Richtungen griffen den „sozialen Gedanken" auf, eine davon sei die Sozialdemokratie. Da seien durchaus positive Ansätze zu erkennen. Aber die „soziale Ideenrichtung" der Sozialdemokratie

---

[40] Flügge: Sozialismus und Christentum, 5 f.
[41] Donat: Die soziale Not in dieser Zeit, 24–37.

und noch viel mehr die der Kommunisten stelle „eine Utopie, eine trügerische Wahnvorstellung" dar. Ziele wie beispielsweise die „gemeinschaftliche [...] Ausnutzung der Arbeitsinstrumente" seien nicht zu realisieren, da der Mensch so nicht beschaffen sei. Es sei ein falscher Ansatz, die „Glückseligkeit der menschlichen Gesellschaft" nur durch äußere Veränderungen ohne Berücksichtigung des inneren Zustandes des Menschen bewirken zu wollen; das Christentum ginge genau den entgegengesetzten Weg: nämlich die Herstellung des menschlichen Glücks durch die „Änderung des Herzens" (33).

Außerdem entsprächen Forderungen wie „Enteignung des Privatbesitzes" und „Verwischung der Klassenunterschiede" nicht dem christlichen Wertekatalog. Als Alternative formulierte Donat, in den Konflikten zwischen den Reichen mit ihrer Vergnügungssucht und den Armen mit ihrer Unzufriedenheit habe die christliche Gemeinde ausgleichend zu wirken, sie solle als ein „Wecker des Volksgewissens" fungieren (33 f.).

In der zweiten Hälfte der 20er Jahre veröffentlichte Flügge dann noch eine Schrift mit dem bezeichnenden Titel: „Kann ein Christ Sozialdemokrat sein?" Diese brachte in der Sache nicht viel Neues. Dass man die Frage bejahen könne, zeige das Beispiel des Pfarrers Christoph Blumhardt, der gegen Ende seines Lebens Mitglied der Sozialdemokratischen Partei geworden sei (1). Letztlich sei die SPD aber immer noch eine Weltanschauungspartei, die dem christlich gesonnenen Arbeiter die Mitgliedschaft verwehre, auch wenn er der Partei hinsichtlich des Ansehens seines Standes viel verdanke (4 f.). Zum Schluss verwies Flügge auf die Situation in England und hoffte, dass es auch in Deutschland bald so sein möge (5).

Dass die englische Situation sich grundlegend von derjenigen in Deutschland unterscheide, ist ein Aspekt, der in vielen Abhandlungen formuliert wurde. In seinem Beitrag für den erwähnten Sammelband schrieb Flügge, in England seien „sehr viele gute Christen auch gute Sozialdemokraten".[42] Eberhard Lempp, der ja selbst einen Artikel zu Flügges Sammelband beitrug, stellte nach dem Lesen des Artikels „Arbeiterschaft und Religion" fest, dass in England die „christlichen Kreise [es] verstanden" hätten, „das Vertrauen der Arbeiter, die Führung in der Arbeiterbewegung zu erhalten".[43] Johannes Schneider, der spätere neutestamentliche Theologe, zitierte 1924 in einem Beitrag für den „Wahrheitszeugen" einen bekannten Nationalökonomen, der sagte, „es sei den englischen Freikirchen zu verdanken, dass die soziale Bewegung der Arbeiterklasse in England nicht

---

[42] Flügge: Christentum, 7.
[43] Ebd., 12.

den religionsfeindlichen Charakter trage, den sie in Deutschland hat". Schneider bezeichnet es als Tragik, dass „in Deutschland zur Zeit der schwersten sozialen Kämpfe die Freikirchen noch keine Bedeutung im Volksleben" besessen hätten.[44]

Und 1957 schrieb Christian Gneuss in seinem Beitrag für einen Sammelband zum Thema „Christen oder Bolschewisten", dass in England der Marxismus nicht „als Ersatzreligion" Eingang in die Arbeiterschaft gefunden habe.[45] Dies liege daran, dass eine Entfremdung zwischen Kirche und Proletariat, wie sie gerade in den deutschen Ländern zu beobachten gewesen sei, in England nicht eingetreten sei. Manche Anführer der englischen Arbeiterbewegung hätten vorher als Prediger in einer Freikirche gewirkt.

Der Historiker Gerhard Lindemann meint, der Sachverhalt, dass es in Großbritannien nicht zu einem „radikalen Bruch der Arbeiterschaft mit dem Christentum" gekommen sei, sei „vor allem dem protestantischen Nonkonformismus zu verdanken". So weist er beispielsweise auf den britischen Prediger John Clifford hin, der in der Fabian Society, eine der „Wurzeln" der Labour Party, aktiv mitgearbeitet habe.[46] Clifford war von 1905 bis 1911 sogar erster Präsident der Baptist World Alliance (BWA).[47]

Kein Wunder, dass besonders Flügge auf eine ähnliche Entwicklung in Deutschland hoffte. Diese Hoffnung beinhaltete aber auch die Konsequenz, dass Angehörige der deutschen Freikirchen sich in Deutschland nicht nur stärker politisch engagieren, sondern in Verbindung damit auch mehr die Anliegen der Arbeiterschaft aufgreifen müssten.

Zeitgleich mit seinem Eintritt in die Schriftleitung des „Wahrheitszeugen" äußerte sich Paul Schmidt in zwei Artikeln zur Frage, welche gegenwärtigen Aufgaben die Baptisten zu bewältigen hätten. In einem der Artikel thematisiert er besonders die soziale Frage und die Wege zur Bewältigung dieser Herausforderung.[48]

Zuerst führte er aus, dass die soziale Frage eine wirklich aufwühlende Angelegenheit sei und beschrieb deren Details: den Gegensatz von arm und reich, die riesigen Kapitalunterschiede usw. Er beschäftigte sich dann sehr ausführlich mit der Aufgabe der Christen bezüglich dieser Thematik. Hierbei unterschied er zwischen der verfassten Kirche einerseits und der Gemeinde andererseits. Die Kirche, die als Volkskirche einen großen Teil der Bevölkerung umfasse, müsse sich von ihrem Selbstverständnis her mit der sozialen

---

[44] Schneider: Der soziale Gedanke, 43; zu Schneider vgl. Roland Fleischer: Johannes Schneider, in: www.lexikon.befg.de; Balders: Johannes Schneider; Wittchow: Johannes Schneider.

[45] Gneuss: Die Entfremdung, 28.

[46] Lindemann: Dissentertum, 162.

[47] Geldbach: John Clifford, 82.

[48] Schmidt: Gegenwartsaufgaben, 91 f.

Frage beschäftigen. Von ihr unterschied er die Gemeinde, die aus wahrhaft Glaubenden bestehe. Diese sei von der Welt klar geschieden. Letztlich sah er ihre Aufgabe darin, eine Liebesgemeinschaft vorzuleben.

Überlegungen, die Menschheit als Ganzes zu verchristlichen, verneinte er. Die soziale Frage könne nur durch eine innere Erneuerung des Menschen gelöst werden. Menschen ohne diesen Gottesbezug würden immer Egoismus, Selbstliebe usw. aufzeigen. Sozialismus und Kommunismus würden zwar neue Gesellschaftsformationen erschaffen, aber nicht die soziale Frage „in der Tiefe" lösen können. Ob eine kapitalistische oder eine sozialistische Gesellschaft: Die Veränderungen würden nur partiell ausfallen. Letztlich werde es der herrschenden Schicht bessergehen. Die fragwürdigen Verhältnisse würden wiederkommen, dann aber auf einer höheren Ebene, auf der sie als noch bedrängender erlebt werden würden. Den Hoffnungen der Sozialisten und Kommunisten auf eine bessere Welt erteilte er eine eindeutige Absage, auch lehnte er eine Beteiligung an einem „christlichen Sozialismus" ab. Für Schmidt gab es keinen qualitativen Unterschied zwischen Kapitalismus und Sozialismus.

Aber auch die weltanschaulichen Fragen des Marxismus thematisierte man im Baptismus. So beschäftigte sich 1929 Herbert Hofinga (1903–1951) in drei Artikeln mit Aussagen des Historischen Materialismus. Diese Ausführungen basierten auf einer Dissertation Hofingas – eines Diplom-Volkswirtes – mit dem Titel: „Die Beurteilung der historischen Kräfte im Historischen Materialismus", mit der er 1929 an der Wirtschafts- und Sozialwissenschaftlichen Fakultät der Universität Köln promoviert wurde. Hofinga war 1916 in der Bremer Baptistengemeinde getauft worden.[49] Verlegt wurde seine Dissertation im Oncken-Verlag. In seinen drei Artikeln stellte er die Entstehung und weitere Entwicklung des Christentums aus marxistischer, materialistischer Sicht dar. Im letzten Artikel, in dem er kritische Einwendungen gegen die marxistische Theorie von der Entstehung der Religion aufgriff, hob er u. a. die wissenschaftliche Leistung Marx' und Engels hervor, das bisher nicht weiter reflektierte „Kausalverhältnis" zwischen der Religion und den materiellen Bedingungen aufgezeigt zu haben.[50] Allerdings stelle dies eine einseitige Perspektive dar da es auch ein umgekehrtes Verhältnis gebe und verwies dabei auf Max Weber. Nach Hofingas Auffassung müsse man deshalb von einer Wechselwirkung sprechen.

Seine Kritik an den Aussagen des Historischen Materialismus setzte an einer anderen Stelle an. Es lasse sich, so Hofinga, nicht leugnen, dass die Hervorhebung der sozialökonomischen „Bedingtheit der Religion" nie das religiöse Leben in seiner Gesamtheit erfassen könne. Die Genese und Weiterentwicklung von religiösen Ideen stellten nicht

---

[49] Die biografischen Hinweise verdanke ich Pastor i. R. Gregor Helms.

[50] Hofinga: Kritik der religionswissenschaftlichen Forschung, 266 f.

nur ein historisches, sondern auch „ein metaphysisches Problem" dar (268). Gottesideen würden in einem „religiösen Akt" entstehen. Aber über diesen, der ein „In-Beziehung-Setzen des Menschen zu einem bewusstseinstranszendenten Gegenstand" darstelle, über diese Wechselbeziehung Gott-Mensch würde nichts ausgesagt. Dass die Wahrheit diverser „Glaubensvorstellungen" auch abhängig sei von „religiösen Affekten", bleibe außerhalb der materialistischen Sicht, wie auch „das Willensmäßige in der Religion", die zu einer Ethik motiviere. Die „praktisch-emotionalen Kräfte der Religion" würden die Begründer des Historischen Materialismus nicht weiter berücksichtigen, sondern sie konzentrierten sich hauptsächlich auf die Analyse von religiösen Haltungen in ihrer Abhängigkeit von den sozio-ökonomischen Bedingungen. Nun impliziere die Art und Weise der Entstehung von Ideen nicht automatisch ihren Wahrheitsgehalt. Gerade aber der Historische Materialismus wurde oft im Sinne einer „Werttheorie" aufgefasst. Hofinga meinte, dass neben der Auffassung, die Religion sei bezüglich ihrer Entstehung aus sozial-ökonomischen Gegebenheiten zu erklären, oft eine, durch eine „polemische Stimmung" gespeiste Intention festzustellen sei, die als Illusion bezeichneten religiösen Vorstellungen aufzulösen und den Glauben an „transzendente Offenbarungen zu zerstören". Interessant ist die Beobachtung Hofingas hinsichtlich der Intensität dieser Absicht, dass diese bei Karl Kautsky am stärksten ausgeprägt sei.

Der reinen Ableitung der Religion als ein sozial-ökonomisches Produkt stellte Hofinga die Auffassung gegenüber, nach der Religion mit ihren vielfältigen Erscheinungsformen innere Kräfte mit einer Eigengesetzlichkeit zugrunde liegen würden, die nur ein religiöser Mensch verstehen könne. Deshalb, so schloss Hofinga seine Ausführungen, habe der Historische Materialismus nicht notwendigerweise den Atheismus zur Folge. Dieser stelle nicht eine rationale Widerlegung irgendeiner Gotteslehre dar, sondern sei „eine fast selbstverständliche Begleiterscheinung" des naturwissenschaftlichen Positivismus.

Mit diesen Ausführungen stellte Hofinga unter Beweis, dass man im Baptismus durchaus auch auf einem anspruchsvollen Niveau sich mit den Vorstellungen des Marxismus auseinandersetzen konnte. Positiv zu vermerken ist dabei, dass Hofinga – im Gegensatz zu manchen anderen Ausführungen – gänzlich auf Polemik verzichtete.

6. Auseinandersetzung mit dem Bolschewismus

Besonders gegen Ende der Weimarer Republik fand dann eine Auseinandersetzung mit dem Kommunismus statt, der in der Regel aber immer als Bolschewismus bezeichnet wurde. Um diese Diskussion nachvollziehen zu können, soll kurz der historische Kontext dargestellt werden.

Ende 1918/Anfang 1919 gründeten mehrere linke Gruppen, u. a. der Spartakusbund, die Kommunistische Partei Deutschlands (KPD), die aber zu diesem Zeitpunkt zahlenmäßig relativ klein war. Ihre bekanntesten Anführer waren Rosa Luxemburg und Karl Liebknecht; sie wurden im Januar 1919 von Freikorpskämpfern ermordet.[51] Im Oktober 1920 vereinigte sich der linke Flügel der USPD mit der KPD; sie wurde damit zu einer Massenpartei. Von entscheidender Bedeutung wurde die Anbindung der KPD an die Kommunistische Internationale – ein Zusammenschluss aller damaligen kommunistischen Parteien –, die unter dem Einfluss der Kommunistischen Partei der Sowjetunion stand.[52] Josef Stalin, der sich nach dem Tode Wladimir I. Lenins als alleiniger Parteiführer durchsetzte, nahm dann über die Komintern auch immer stärkeren Einfluss auf die KPD. Sie wurde zu einer „Moskau-treuen Befehlsempfängerin der Komintern".[53] Alles was in der Sowjetunion passierte, wirkte sich damit direkt auf Deutschland aus. Die Kommunisten ihrerseits sahen in der Sowjetunion das Paradies der Werktätigen und unterstützten sie vorbehaltlos.

Die KPD vertrat in ihrer Religionspolitik den Leninschen Standpunkt.[54] Lenin lehnte die Religion konsequent ab – so bezeichnete er sie als „geistigen Fusel"; er sprach davon, dass sie Privatsache sei, allerdings nur für den Staat, nicht aber für die Partei. Sie habe den religiösen Glauben zu bekämpfen, allerdings in bestimmten Situationen aus taktischen Gründen auch eine gewisse Zurückhaltung zu üben.

1928 spaltete sich in Deutschland der proletarische Freidenkerverband von den sozialdemokratischen Freidenkern ab, der dann letztlich einen Ableger des russischen Bundes der Gottlosen darstellte; die Resonanz bei den sozialdemokratischen Freidenkern war nicht groß, aber ihre lautstarke Agitation provozierte die Kirchen, und hier besonders die konservativen Christen. Die organisierte Gottlosigkeit wurde mit dem Bolschewismus gleichgesetzt; befürchtet wurde die „Bolschewisierung Deutschlands".[55]

Eine besondere Bedeutung für die Auseinandersetzung von Christen mit dem Bolschewismus besaß die Religionspolitik der Sowjetunion. Nach der Oktoberrevolution 1917 wurde eine radikale Trennung von Kirche und Staat ausgesprochen; die Kirchen waren nur noch Privatvereine.[56] Als Konsequenz kam es zu antikirchlichen Maßnahmen, die hauptsächlich die orthodoxe Kirche betrafen. Freikirchen dagegen galten als im Zarenreich verfolgte Minderheiten. Sie wurden deshalb bewusst bevorzugt. Man wollte damit

---

[51] Grebing: Arbeiterbewegung, 73.
[52] Fenske: Parteiengeschichte, 176 ff.
[53] Grebing: Arbeiterbewegung, 84.
[54] Wunderer: Religionspolitik, 337 f.
[55] Ebd., 339 f.
[56] Vgl. Gassenschmidt: Die evangelisch-lutherische Kirche, 113.

aber auch die orthodoxe Kirche spalten[57] und die freikirchlichen Christen für den neuen Staat gewinnen. Besonders ab der Phase der „Neuen Ökonomischen Politik" (ab 1922) konnten die Freikirchen öffentlich wirken und ihre Organisationen ausbauen. Allerdings erwartete der kommunistische Staat von den Freikirchen Loyalität. Die Bünde der Evangeliumschristen und Baptisten passten sich dem Staat an und verhielten sich loyal, und sie erfuhren „eine gewisse Begünstigung" gegenüber den schon länger etablierten Religionsgemeinschaften.[58] Noch 1928 konnten die Baptisten in Moskau ein Predigerseminar errichten.[59]

Ab 1929 änderte sich die Situation grundlegend aufgrund des Dekrets vom April 1929.[60] Kirchliche Organisationen wurden jetzt zerschlagen, es kam zu Verhaftungen von Predigern, die freikirchlichen Christen wurden mehr und mehr unterdrückt. Begleitet wurde dies von der Propaganda des Bundes der kämpfenden Gottlosen.

In Deutschland prägte – als Auswirkung der Entwicklung in Russland – in den christlichen Kreisen zum einen die Frage der Gottlosenbewegung und zum andern die Verfolgung der russischen Christen die Auseinandersetzung mit dem Kommunismus. So hieß es in der Rubrik „Aus der Schmiede", die Sprache der „proletarische[n] Freidenkerbewegung" sei sehr deutlich. Christen sollten von Zeit zu Zeit derartige Ausführungen wahrnehmen, um Kenntnis zu erhalten, „was die Uhr geschlagen hat". Man könne schon Schmerz bei der Beobachtung empfinden, wie „gottlos" das Proletariat in Wirklichkeit sei. Es gebe für die Erklärung dieses Sachverhalts viele Gründe. Jedenfalls bedeute die Verbindung von „bewusster Gottlosigkeit" und der „proletarischen Bewegung" eine große Not für Christen, die „aus dem breiten Volk" seien. Was damit gemeint sei, zeige ein „Arbeiterkatechismus", der in der „Proletarischen Freidenkerstimme" abgedruckt wurde. So hieß es beispielsweise: „Du sollst [...] das Hirn deiner Kinder und Frauen" befreien „von dem Nebel einer vermoderten [...] Gedankenwelt der Religion". Weiter wurde darauf hingewiesen, dass der proletarische Freidenkerverband dazu aufgerufen habe, die „Front der proletarischen Gottlosenbewegung" zu stärken. Zwar sei „Gottlosigkeit" in allen Bevölkerungsschichten vorhanden. In der Bildungsschicht sei der „Gottesglauben zuerst verächtlich gemacht" und die Bibel zerstört worden. Aber noch nie sei die Gottlosigkeit derart als Programm formuliert und so gefördert worden wie in der „proletarischen Bewegung".[61]

---

[57] Tuchtenhagen: Zwischen sozialer Utopie, 145.

[58] Kahle: Evangelische Christen, 254.

[59] Klassen: Doppelfeier, 95.

[60] Vgl. dazu die Darstellung bei Kahle: Evangelische Christen, 260–271.

[61] Aus der Schmiede, in: WZ 38 (1930), 301.

Aber auch Flügge beschäftigte sich ab 1929 in diversen größeren und kleineren Schriften mit dem Bolschewismus. Ein Beispiel sei angeführt: 1930 veröffentlichte Flügge das Buch „Notschreie aus Russland",[62] in dem er viele Briefe von russischen freikirchlichen Christen, v. a. von Mennoniten und Baptisten, abdruckte. Als ein Beispiel sei der Brief eines Predigers angeführt. Er schilderte, die Prediger müssten mit ihrer Tätigkeit aufhören. Ihnen drohe die Haft, aber auch die Aussiedelung in andere Regionen. Er sprach aber auch vom Widerstand gegen die Kollektivierung der Landwirtschaft; beides hinge zusammen, da es sich bei diesen um mennonitische Bauern handele (127–133). In seinen einleitenden Bemerkungen und in einem Nachtrag beklagte Flügge, dass viele Organisationen, die sonst sensibel auf allerlei Unrecht reagierten, sich im Hinblick auf die Verfolgung der Christen in der Sowjetunion bedeckt hielten. Er bezeichnete die Vorkommnisse als eine „Generalprobe des die Gläubigen verfolgenden Antichristentums" (5). Er meinte, keiner könne sagen, dass so etwas nicht auch in Deutschland möglich sei. Lenin wird mit zwei Zitaten aus Gesprächen, die er mit Maxim Gorki führte, sehr negativ dargestellt, in dem die angeführten Äußerungen den Eindruck erwecken mussten, dass Lenin einfach grausam sei (6). Bolschewismus bedeute letztlich eine systematische Unterdrückung der christlichen Religion. Man versuche die Jugend in Russland zu entsittlichen, um sie danach besser atheistisch beeinflussen zu können (13). Wie auch unter dem römischen Kaiser Nero würden Christen falsche Anschuldigungen erdulden müssen. Man beschuldigte die Kirchen, gegen die Sowjetmacht zu hetzen – das würde von Stalin, dem Bund der Gottlosen, aber auch von den von „Moskau inspirierten Kommunisten" in Deutschland vertreten (17). Zum Schluss erklärte Flügge, man müsse sich für sein Verhalten im Westen schämen, als Strafe dafür würde die „Bolschewisierung des eigenen Landes" folgen (157).

Deutlich wird, dass man die Furcht hatte, so etwas könne sich auch in Deutschland entwickeln. Besonders die Gottlosenbewegung, ein Ableger der entsprechenden Organisation in der Sowjetunion, erfüllte viele mit Angst und Schrecken, da diese Gruppen sehr massiv auftraten. Die Berichte waren vielfältig. Damit war klar: Kommunismus/Bolschewismus ist gleichzusetzen mit Gottlosigkeit und Unterdrückung der Christen. Eine inhaltliche Auseinandersetzung fand nicht mehr statt.

Flügge gelang es dann auch eine Erklärung der Bundesversammlung des deutschen Baptistenbundes zu initiieren, die sich entschieden gegen die Religionsverfolgung in Russland aussprach.[63]

---

[62] Flügge: Notschreie aus Russland.
[63] Kösling: Baptisten, 14.

Auch in der Zeit des „Dritten Reiches" war diese Thematik bedeutsam. Einen fast skurril zu nennenden Beitrag lieferte der baptistische Prediger Paul Neef aus Stettin.[64] Er legte den zuständigen Stellen einen Vortrag vor, den er zu halten beabsichtigte. Grundaussage war, dass die Bibel schon prophetisch in der Offenbarung von den Schrecken des Bolschewismus gesprochen und den Sieg des Nationalsozialismus prophezeit habe. Neef brachte den Kommunismus ausschließlich mit Terror, besonders auch gegenüber Christen, und mit dem Hunger aufgrund der Kollektivierungspolitik Stalins in Verbindung. Er stellte dann aber auch noch den Kommunismus als Teil der jüdischen Weltverschwörung dar – eine Verbindung, die schon immer im Nationalsozialismus von Bedeutung gewesen war. Auch wenn manches sehr naiv und extrem von Neef formuliert worden war: Manche Aussagen spiegelten durchaus die antibolschewistische Einstellung vieler Baptisten wider.

Besonders deutlich wird das an einer Erklärung der Vereinigung Evangelischer Freikirchen (VEF). Diese versandte nach dem Überfall der deutschen Wehrmacht auf die Sowjetunion 1941 ein Telegramm an Hitler, in dem es u. a. hieß, man beglückwünsche Hitler „zu den gewaltigen Siegen im Osten" in der Überzeugung, dass Hitler „als Werkzeug Gottes endlich die gott- und christentumsfeindliche Macht des Bolschewismus brechen" und damit „eine Neuordnung Europas" bewirken würde.[65] In einem persönlichen Schreiben an den Schatzmeister der Freien evangelischen Gemeinden, Ernst Pickhardt, verteidigte Paul Schmidt dieses Telegramm mit der Begründung, man sei der „Überzeugung, dass die Überwindung des Bolschewismus eine so große Sache ist und eine Erhörung der Gebete vieler Kinder Gottes bedeutet", dass man sich „innerlich genötigt" gesehen habe, dieses Telegramm abzuschicken.[66] Daran zeigt sich: Schmidt sah im Bolschewismus das Böse schlechthin und redete damit seiner Bekämpfung mit militärischer Gewalt das Wort.

Man könnte meinen, die negative Bewertung des Kommunismus sei hauptsächlich aufgrund der Religionspolitik der Sowjetunion ab 1929 geschehen. Man könnte aber auch sagen, dass sich der Kampf gegen den gottlosen Bolschewismus nahtlos einreiht in die weltanschauliche Auseinandersetzung mit der Sozialdemokratie.[67] Das Auftreten der Gottlosenbewegung verstärkte die Abwehrhaltung. Zu einer regelrechten Bolschewis-

---

[64] BArch, R51/23397, Bl. 282–305.

[65] Vorstand der VEF, Juli 1941, in: Bundesarchiv der Freien evangelischen Gemeinden, Witten, Vereinigungsakte Pickhardt (DOK 8).

[66] Paul Schmidt an Ernst Pickhardt, 27. September 1941, in: ebd.

[67] Vgl. Weir: Kulturkampf, 350.

mus-Psychose kam es dann durch die Berichte von den Verfolgungen der Glaubensbrü-
der, der Baptisten, Evangeliumschristen und Mennoniten. Dadurch wurde die Konfrontation noch einmal verstärkt.

7. Die Rezeption von Walter Rauschenbusch im deutschen Baptismus

Wenn man der Auseinandersetzung der deutschen Baptisten mit Fragen des Sozialismus
nachgeht, dann kann man nicht an Walter Rauschenbusch, einem deutsch-amerikani-
schen Baptisten, vorbeigehen. Er stand wie kein anderer für das theologische Konzept
des Social Gospel. Nun soll an dieser Stelle keine ausführliche Würdigung seiner Theologie, geschweige denn eine Auseinandersetzung mit ihr stattfinden. Das ist an anderen
Stellen ausführlich getan worden.[68] Hier soll nur der Frage nachgegangen werden, ob,
und falls ja, wie die deutschen Baptisten ihn wahrgenommen haben. Einige Stationen
seines Lebens sollen hier kurz genannt werden. Walter Rauschenbusch, Sohn von August Rauschenbusch, ursprünglich ein lutherischer Pfarrer, später baptistischer Prediger
und Dozent am Seminar in Rochester und Hamburg, wurde 1861 geboren. Einen Teil
seiner Schulzeit verbrachte er am Stiftischen Gymnasium in Gütersloh. Später studierte
er am Seminar in Rochester in den USA. Nach dem Abschluss seines Studiums ging er
als Prediger an die „Second German Baptist Church" in die City von New York.[69] Diese
Gemeinde lag am Rande eines Elendsviertels; die Begegnung mit dieser Wirklichkeit
führte zu theologischen Reflexionen, die ihm das Konzept des Social Gospel nahebrach-
ten. Später ging er nach Rochester und wirkte zuerst an der deutschen, dann an der
englischen Abteilung des Seminars; in letzterer lehrte er Kirchengeschichte. Durch verschiedene Publikationen profilierte er sich als führender Theologe des Social Gospel.

Wie sah nun die Wahrnehmung Rauschenbuschs im deutschen Baptismus aus?

Die Baptisten in Deutschland haben immer enge Kontakte zu den amerikanischen Baptisten deutscher Herkunft gepflegt. Es gab viele Berichte im „Wahrheitszeugen" über ihr
Gemeindeleben. Es gab auch familiäre Verbindungen zu ihnen. So war Walter Rauschenbuschs Schwester Frieda mit dem baptistischen Pastor Johann Georg Fetzer verheiratet,
der dann Lehrer am Theologischen Seminar in Hamburg wurde. Ende 1918 konnte Frau
Fetzer über das Rote Kreuz in Erfahrung bringen, dass ihr Bruder Walter im Juli 1918

---

[68] So hat sich beispielsweise ein Symposion der Gesellschaft für Freikirchliche Theologie und
       Publizistik 2011 mit Fragen des Social Gospel und der Theologie Rauschenbuschs beschäftigt.
       Die Tagung wurde in der Zeitschrift für Theologie und Gemeinde 2012 dokumentiert.

[69] Förster: Rauschenbusch, 147.

gestorben war.[70] In dem Bericht wurde kurz auf Rauschenbusch eingegangen; er wurde als ein „überzeugungstreuer Baptist" bezeichnet, der bei unterschiedlichen Zuhörergruppen willkommen gewesen sei; sein Tod wurde als ein großer Verlust für die baptistische Gemeinschaft bezeichnet. 1919 erfolgte dann ein ausführlicher, von dem Prediger Claus Peters verfasster Nachruf. Der Verfasser hatte selbst am Seminar in Rochester studiert. Peters beschrieb ausführlich das Leben Rauschenbuschs und wies darauf hin, dass er am Ende seines Lebens wohl sehr darunter gelitten habe, dass sein Sohn als Soldat gegen seine Landsleute kämpfen musste. Peters würdigte Rauschenbusch als einen frommen Mann, einen großen Prediger, dessen Leidenschaft den sozialen Fragen galt. Er habe intensiven Kontakt zur armen Bevölkerung gehabt, dieser habe die Grundlage für seine sozialen Anschauungen dargestellt; er habe sich intensiv mit dem Sozialismus beschäftigt. Peters stellte Rauschenbusch auf eine Ebene mit dem schon erwähnten englischen Baptisten Clifford, der seinerseits Rauschenbusch auf dem BWA-Kongress in Philadelphia als den größten Experten für soziale Fragen begrüßt hatte. Peters erwähnte etliche Publikationen Rauschenbuschs, mit denen er „bahnbrechend auf die soziale Bewegung" gewirkt habe. Allerdings stellte Peters das Konzept des Social Gospel nicht in seinen Einzelheiten dar und diskutierte die Gedanken Rauschenbuschs auch nicht weiter. Man muss jedoch sagen, dass Rauschenbusch hier mit großer Sympathie geschildert wurde.

Eine intensivere Rezeption Rauschenbusch hatte allerdings schon vor dem Ersten Weltkrieg stattgefunden. So wurde 1911 ein Text über die „Soziale Bedeutung des Vaterunsers" im „Hilfsboten" abgedruckt.[71] Diese Abhandlung, übersetzt von Gustav Gieselbusch, stellte zugleich ein Kapitel eines Gebetsbuches von Walter Rauschenbusch dar. Einer der Kerngedanken dieses Artikels ist, dass die Bitten, Gottes Reich möge kommen und sein Wille geschehen, „in ihrer Einheit" den „Glauben [...] an die Möglichkeit eines Gottesreichs auf Erden" artikulierten (162). Dabei sei nicht an die Erlösung „vom Irdischen", also an das In-den-Himmel-Kommen zu denken, sondern daran, dass die Erde ein Ebenbild des Himmels „durch die sittliche und geistliche Umwandlung der Menschheit in der Einzelpersönlichkeit ebenso wie in ihrem Gemeinschaftsleben" werden möge. Diese Zielvorstellung des Reiches Gottes habe allen individuellen religiösen Wünschen voranzugehen.

Auch die Einzelbitten zeigten den sozialen Charakter des Vaterunsers auf. So werde bei der Brotbitte dem Anhäufen von Reichtum gewehrt (163). Auch bei der Vergebungsbitte sah Rauschenbusch die soziale Dimension: Man müsse „sozial richtig stehen", wenn man

---

[70] WZ 26 (1918), 204.
[71] HB 31 (1911), 161–164 (DOK 4).

den Anspruch erhebe, „religiös richtig zu stehen." So bezeichnete Rauschenbusch das Vaterunser als „das große Gebet des sozialen Christentums" (164).

Das ganze Gebetbuch von Rauschenbusch wurde dann ausführlich im „Hilfsboten" rezensiert; es steht kein Verfassername unter dem Artikel. Es ist aber davon auszugehen, dass er von Gieselbusch, dem Schriftleiter dieser Zeitschrift, stammt, da er auch das Kapitel über das Vaterunser übersetzt hatte.[72] Allerdings liest sich diese Rezension streckenweise auch wie eine grundsätzliche Auseinandersetzung mit der Theologie Rauschenbuschs. Der Rezensent bezeichnete Rauschenbusch als einen „Vorkämpfer des christlichen Sozialismus" (175); er habe den sozialen Aspekt des Evangeliums hervorgehoben. Er habe die Predigt von den „individualistischen Fesseln" befreit. Im Mittelpunkt stehe das Reich Gottes, die „magna carta" eines wirklichen Sozialismus. Wer Jesus Christus im Glauben als seinen Herrn annehme, der befinde sich in dem „großen Heilsplan Gottes", der letztlich die „Gemeinschaft" aller Menschen umfasse. Dieser Christ müsse dann mit der Welt „ringen" um die Werte des Evangeliums wie beispielsweise die Gerechtigkeit. Der Rezensent betonte dann, Rauschenbusch habe der Kirche letztlich ihre „Unterlassungssünden" vorgehalten, die zur „Entfremdung" großer Bevölkerungsschichten von der Kirche beigetragen hätten. So hätten die Vertreter des Evangeliums sich an eine „Wirtschaftsordnung" gebunden, die gravierend den „Forderungen" der Botschaft Jesu widersprächen. Die „sozialen Grundgedanken des Evangeliums", die vergessen worden seien, wieder zu ihrem Recht in der Kirche zu verhelfen – das sei das Anliegen Rauschenbuschs und seiner Freunde (176).

Allerdings kam der Rezensent nicht umhin, eine gewisse Einseitigkeit bei Rauschenbusch und den christlich Sozialen zu konstatieren. So träten gewisse „Zentraldogmen" wie z. B. die Verkündigung von „Bekehrung und Wiedergeburt" zurück. Sie würden durch mehr soziale Aussagen ersetzt werden. Der Rezensent war der Meinung, man könne hier durchaus kritisch sein. So habe er den Eindruck, einige „Hauptgedanken" der Verkündigung Jesu kämen zu kurz. Besonders der eschatologische Enthusiasmus der ersten Christen würde sich in die „sozialen Forderungen" verflüchtigen, obwohl das bei Rauschenbusch auch vorkäme, allerdings hätte das einen geringeren Stellenwert. Es sei aber zu betonen, dass das Reich Gottes durch eine „göttliche Revolution" und nicht durch eine „Evolution" komme.

Der Rezensent wollte aber nicht den Eindruck entstehen lassen, als sei „die soziale Botschaft" Rauschenbuschs als „evangelisch unterwertig" anzusehen. Vielmehr treffe das

---

[72] [Gieselbusch]: Rezension: Ein baptistisches Gebetbuch! Walter Rauschenbusch, For God and the People. Prayers of the Social Awakening, in: HB 31 (1911), 174–178.

Gegenteil zu: Diese Botschaft sei „urchristlich"; wie man sich damals gegen die „Misswirtschaft" im Römischen Reich ausgesprochen habe, so wollten Rauschenbusch und seine Freunde heute die Christen wachrütteln. Das sei nämlich die Schuld der Christenheit: Die Verkündigung des Evangeliums von der Gerechtigkeit sei gerade in den christlichen Ländern mit der Entrechtung der wirtschaftlich Schwachen einhergegangen. Es sei eine Schande für die Kirche, dass nicht sie, sondern die religionsfeindlichen Leute dies benannt hätten.

Wichtig sei für Rauschenbusch nach Meinung des Rezensenten: Er möchte die „soziale Botschaft des Evangeliums" wieder „lebendigmachen" (177). Wenn man die einleitenden Sätze der „sozialen Bedeutung des Evangeliums" lese, dann werde man in diese Gedanken hineingeführt und gelange damit auch zum rechten Verständnis dieses Gebetsbuches. Hier bete einer, der sich als „ein Glied" der weltweiten Menschheit verstehe, er „ringt um die Durchdringung alles Menschenwesens mit den Himmelskräften des Evangeliums". So drücke sich beispielsweise in den Fürbitten für Arbeiter und Geschäftsleute eine große soziale Empathie aus; wer möchte nicht mitbeten wider „die Mammonsknechtschaft". Dieses Gebetsbuch habe eine „große Mission" zu erfüllen.

Auch die deutschen Freikirchen, so der Rezensent, würden stärker mit den sozialen Problemen konfrontiert werden. Man müsse die soziale Dimension der Evangeliumsverkündigung ernster nehmen; dazu könne einem Rauschenbuschs Gebetsbuch verhelfen. Es könne das „soziale Gewissen des Einzelnen" aufrütteln und ihn in die „Gemeinschaft aller sozialgesinnten Christen" vor Gott stellen. Der Glaube an die Erhörung von Gebeten bringe den einzelnen Christen in die „weltumspannende Gebetsgemeinschaft der sozial bewussten Christenheit".

Der Rezensent schließt mit den Worten: Dieses Buch „hat eine Mission auch für unsere Gemeinschaft" (178).

Und wenn sich einer in Deutschland von Rauschenbusch inspirieren ließ, dann ist es der schon erwähnte Johannes Schneider in seiner oben erwähnten Artikelserie.[73] So rechnete er Rauschenbusch zur religiös-sozialen Bewegung, die den Reichs-Gottes-Gedanken stärker betone (42). Schneider sprach vom sozialen Gedanken in der Urchristenheit; er kritisierte, dass die Baptisten die gegenwärtige Sozialordnung weitestgehend akzeptiert hätten. Er ging die diversen sozialen und ökonomischen Problemfelder der Reihe nach durch und zeigte auf, was die Baptisten hier tun sollten. Er sprach davon, dass die

---

[73] Schneider: Der soziale Gedanke.

Sünde nicht nur eine individuelle Angelegenheit darstelle, sondern sich auch in den „Verhältnissen und Ordnungen" befinde (58). Er schloss mit den Worten, dass zum ganzen Evangelium auch das soziale Evangelium gehöre (67).

Wenn man die Ausführungen Gieselbuschs und Schneiders – er sprach von baptistisch-sozial – resümiert, dann muss man feststellen, dass hier tatsächlich zwei namhafte Baptisten die Anregungen Rauschenbuschs aufnahmen und für eine stärkere Beachtung der sozialen Dimension des Evangeliums im Denken und Handeln eintraten.

8. Resümee

Zuerst ist festzustellen, dass sich die deutschen Baptisten eingehend mit sozialen und politischen Fragen beschäftigten. Zu fragen wäre, wie weit diese Themen in den Gemeinden verankert waren. Albert Hoefs war 1928 nicht sehr davon überzeugt, wenn er schrieb, der Baptismus sei weithin nicht viel mehr „als eine Evangelisations- und Gemeindebewegung". Soziale und wirtschaftliche Fragen hätten die „Gesamtheit" der Baptisten noch nicht wirklich erreicht.[74] Günter Balders kommentiert dann aber diese Aussage mit dem Verweis auf die Zunahme von sozialen Aktivitäten.[75] Auch auf das Schrifttum bezogen kann man festhalten: Es fand durchaus eine intensive Auseinandersetzung mit dem Sozialismus und Kommunismus (Bolschewismus) statt.

Die einzelnen Beiträge zeigen ein breites Spektrum durchaus unterschiedlicher, konträrer Auffassungen auf. Dass man die Dringlichkeit der sozialen Frage erkannte, konnte anhand der einzelnen Beiträge belegt werden. Man kam dabei durchaus auch zu sehr kapitalismuskritischen Aussagen und zeigte sich offen gegenüber bestimmten wirtschaftlichen und sozialen Forderungen der Arbeiterbewegung. Dabei war man durchaus bereit, auch von der religiös-sozialen Bewegung zu lernen, was daran deutlich wird, dass Carl August Flügge einen Beitrag von Eberhard Lempp in seinem Sammelband abdruckte. Johannes Schneider nahm das sogar als einen Impuls auf und meinte, man kenne die Parolen evangelisch-sozial, religiös-sozial und fragte, warum es nicht eigentlich auch die Losung baptistisch-sozial gebe. Denn nach Schneiders Auffassung beinhaltete das Evangelium sowohl eine individuelle als auch eine soziale Dimension.[76] Damit waren theologische Ansätze entstanden, die man hätte weiterverfolgen können, was aber leider nicht geschah.

---

[74] Hoefs: Unsere Grenzen, in: WZ 44 (1928), 352, zit. nach Balders: Kurze Geschichte, 84.
[75] Ebd.
[76] Schneider: Der soziale Gedanke, 42 f.

Fragt man nach den Lösungsvorschlägen bezüglich der sozialen Frage, dann muss man mit Balders konstatieren, dass man, „pietistischer Tradition" folgend, meinte, nur Glaubende könnten durch ein Handeln, das in der christlichen Liebe verwurzelt sei, Veränderungen schaffen.[77] Man blieb dann, wie es auch in der Inneren Mission Tradition war, bei dem individuellen Handeln stehen. Eine rühmliche Ausnahme stellte auch hier Schneider dar, der in seiner Artikelreihe nicht nur ganz konkrete Beispiele nannte, wie man Gemeindeangehörigen bei sozialen (beispielsweise bei der Arbeitsvermittlung) und wirtschaftlichen Schwierigkeiten helfen könnte, sondern dass man auch die Not außerhalb der Gemeinde sehen müsse. Schneider zählte die verschiedenen Bereiche mit ihren Herausforderungen auf, denen sich auch die baptistischen Christen vom Evangelium her stellen müssten. Er wies in diesem Zusammenhang darauf hin, dass es nicht nur persönliche, sondern auch soziale Sünden gebe.[78] Auch hier muss man bedauern, dass diese Auffassung keine größere Resonanz erzeugte.

Zieht man ein Fazit bezüglich der Auseinandersetzung mit dem Sozialismus und Kommunismus, dann kann man sagen, dass man versuchte besonders der Sozialdemokratie gerecht zu werden. Überlagert wurde aber die konkrete Beschäftigung mit deren sozialen und politischen Auffassungen von den religionskritischen, ja atheistischen Aussagen der Sozialdemokraten. Fast alle Beiträge thematisierten diese Fragen. Wiederholt fragten Baptisten, weshalb die Sozialdemokraten diese religionsfeindliche Linie verfolgten. Es ist historisch unbestritten, dass diese Einstellung sich erst grundlegend durch das Godesberger Programm der SPD von 1959 änderte.

Dass die Sozialdemokraten sich noch in den 20er Jahren des letzten Jahrhunderts häufig antikirchlich äußerten und dies dabei oft auch sehr polemisch formulierten – dafür führten Flügge und andere Autoren viele Beispiele an. Dass diese Wortmeldungen auch sehr verletzend wirkten, ist nachvollziehbar. Besonders Flügge zeigte sich sehr betroffen über die öffentlich geäußerte Kritik an zentralen Glaubensaussagen. Für viele baptistische Autoren stellte die Einstellung der Sozialdemokratie zur Religion eine unüberwindliche Hürde dar, sich mit den politischen und wirtschaftlichen Inhalten der sozialdemokratischen Programmatik sachlich auseinanderzusetzen.

Aber es gab auch Versuche, sich nicht von der Religionsfeindlichkeit der Sozialdemokratie abhalten zu lassen, um sich mit programmatischen Aussagen sachlich auseinanderzusetzen. So konzedierte schon Gustav Gieselbusch 1905, dass es durchaus Gründe für diese Kirchenfeindschaft gäbe. Die enge Verbindung von Kirche und Staat gerade im

---

[77] Balders: Kurze Geschichte, 79.
[78] Schneider: Der soziale Gedanke, 66.

protestantischen Kaiserreich diskreditierte erstere besonders während der Sozialistengesetze völlig. Gerade er als Freikirchler sah sich von dieser Beurteilung frei, da auch die
Freikirchen vom Obrigkeitsstaat „drangsaliert" worden seien, deshalb – so der Eindruck
Gieselbuschs – sähen die „Genossen" relativ wohlwollend auf die Freikirchen. Wenn dieses wirklich zuträfe, dann hätte man aber auch eine Verantwortung gegenüber der Sozialdemokratie, indem man ihr verdeutlichen müsse, dass Religion tatsächlich eine Privatsache sei und die Baptisten nicht nach kirchlicher Herrschaft strebten.[79] Offensichtlich sah
Gieselbusch hier Möglichkeiten, die Verhärtung bezüglich des Verständnisses der Sozialdemokratie aufzubrechen. Diesen Ansatz hätte man in der Tat weiterverfolgen können,
denn die Freikirchenangehörigen unterschieden sich von den Sozialdemokraten, die als
Reichsfeinde galten, nicht prinzipiell, sondern nur graduell.

Aber auch Schneider formulierte 1924, die Gegnerschaft gegenüber der Sozialdemokratie hätte sich nur in der Bekämpfung der „materialistischen Weltanschauung" zeigen dürfen, nicht aber in der Ablehnung der „Gesamterscheinung des Sozialismus".[80] Diese Aussage erinnert an eine Formulierung des evangelischen Theologen Helmut Gollwitzer, der
zwischen einem „als Weltanschauung verstandenen Marxismus und einem Marxismus
als begrenzter Methode" zur Analyse gesellschaftlicher Phänomene unterschied.[81]

Beide baptistischen Beispiele machen deutlich: Auch die festzementierte areligiöse Haltung der deutschen Sozialdemokratie hätte gerade von freikirchlicher Seite aus aufgebro-
chen werden können: Selbst einer verfolgten religiösen Minderheit angehörend hätte man
sich durchaus auf sie zubewegen können.

Manche Äußerungen baptistischerseits unterstreichen allerdings die Ausführungen
Lempps in seinem Brief an Flügge, weshalb den deutschen Gemeinschaftskreisen und
Freikirchen nicht das Gleiche wie in England gelungen sei, obwohl die soziale Struktur
gerade der Methodisten derjenigen in Großbritannien sehr ähnlich wäre. Einen Grund
vermutete Lempp in dem „weltflüchtigen, nur der eignen Heiligung und Seligkeit nachstrebenden Frömmigkeitsideal vieler Pietistenkreise".[82] Gerade der ständige Verweis auf
die englischen Verhältnisse besonders bei Flügge zeigen aber, dass er sich durchaus
eine nicht religionsfeindliche Arbeiterpartei, in der Christen hätten mitwirken können, vorstellen konnte.

---

[79] Gieselbusch: Sozialdemokratie, 135.

[80] Schneider: Der soziale Gedanke, 42.

[81] Gollwitzer: Marxistische Religionskritik, 12.

[82] Flügge: Christentum, 12; er zitierte hier aus einem Brief, den Lempp an ihn geschrieben hatte.

Gerade aber die Fixierung Flügges auf die religionsfeindlichen Ansichten der Sozialdemokratie verhinderte dann später eine sachliche Auseinandersetzung mit dem Kommunismus bzw. Bolschewismus. Wenn Flügge 1918 in seiner Artikelserie auf die Lügen der Sozialdemokratie hinwies und meinte, die Bolschewisten kämpften als Antichristen, dann schien der russische Bolschewismus das in Reinkultur zu verkörpern. Wenn dann noch die Unterdrückung von Christen ab Ende der zwanziger Jahre zu beobachten war, dann zeigte sich der Kommunismus in seinem ganzen gottfeindlichen Charakter. Auch bei Paul Schmidt ist die Distanz zum Kommunismus schon ganz früh zu beobachten. Diese setzte sich auch in der Zeit des Nationalsozialismus fort; Schmidt war deshalb überzeugt, dass ein Krieg gegen diesen antichristlichen Kommunismus gerechtfertigt sei. Dass sich Baptisten fast ausschließlich an der distanzierten bis völlig abweisenden Haltung gegenüber der Religion von Sozialdemokraten und Kommunisten abarbeiteten – dieses ist als eine Konstante von der Zeit des Kaiserreiches bis zum Ende des Zweiten Weltkrieges anzusehen.

Was aber schon in der Rezension des Gebetbuches von Rauschenbusch 1911 formuliert wurde, dem stimmten auch die anderen, hier besprochenen Verfasser mehr oder minder zu: „Auch wir müssen unsere sozialen Aufgaben, die wir mit der Evangeliumsverkündigung überkommen haben, verpflichtender erkennen als bisher."[83]

---

[83] [Gieselbusch]: Rezension zu Rauschenbusch, 177.

Quellen- und Literaturverzeichnis

1. Ungedruckte Quellen

• Bundesarchiv Berlin:
Reichsministerium für kirchliche Angelegenheiten: R 5101/23997, Bl. 281–305: Neef, Paul: Wie sehen wir heute den Sieg des Nationalsozialismus über den Bolschewismus im Lichte der Prophezeiung Jesu? Öffentlicher Vortrag in den Kirchen und Kapellen der Baptistengemeinden des In- und Auslandes

• Archiv des Bundes Freier evangelischer Gemeinden, Witten:
Akte Pickhardt: Erklärung der Vereinigung evangelischer Freikirchen, Juli 1941 (DOK 8); Brief von Paul Schmidt an Ernst Pickhardt, 27.09.1941

2. Gedruckte Quellen und Literatur

Balders, Günter: Johannes Schneider, in: Johannes Schneider: Das Evangelium nach Johannes. Aus dem Nachlass hg. unter Leitung von Erich Fascher (ThHK Sonderband), Berlin 4. A. 1988

Ders.: Kurze Geschichte der deutschen Baptisten, in: ders. (Hg.): Ein Herr, ein Glaube, eine Taufe. Festschrift 150 Jahre Baptistengemeinden in Deutschland, Wuppertal/Kassel 1984, 17–167

Donat, Rudolf: Die soziale Not unserer Zeit, in: Flügge, Carl August (Hg.): Sozialismus und Christentum (Friedensboten-Bücherei XII), Kassel 1928 (DOK 7)

Ders.: Das wachsende Werk. Ausbreitung der deutschen Baptistengemeinden durch sechzig Jahre (1849 bis 1909), Kassel 1960

Fenske, Hans: Deutsche Parteiengeschichte. Von den Anfängen bis zu Gegenwart, Paderborn u. a.1994

Flügge, Carl August: Wege zur Lösung sozialer Fragen, Neuruppin o. J. [1913]

Ders.: Vom Gottesglauben der Gelehrten. Die Lüge der Monisten und Sozialdemokraten, in: WZ 14–17 (1918), 107 f., 116 f., 124 f., 133 f.

Ders.: Wie kann's am schnellsten besser werden? Gedanken zur politischen Neuordnung, Kassel o. J. [1919]

Ders.: Sozialismus und Christentum, in: ders. (Hg.): Sozialismus und Christentum, Kassel 1928 (DOK 6)

Ders.: Kann ein Christ Sozialdemokrat sein? Kassel 1929

Ders.: Notschreie aus Russland. 60 Briefe von Augenzeugen, Kassel 1930

Förster, Karin: Walter Rauschenbusch. Eine biographische Skizze, in: ZThG 18 (2013), 143–152

Gassenschmidt, Christoph: Die Evangelisch-Lutherische Kirche in der Sowjetunion 1917–1941, in: ders. / Tuchtenhagen, Ralph (Hg.): Politik und Religion in der Sowjetunion 1917–1941 (Schriftenreihe zur Geistesgeschichte des östlichen Europas 23), Wiesbaden 2001, 109–138

Geldbach, Erich: John Clifford: Sein Konzept eines „individuellen Sozialismus", in: ZThG 17 (2012), 62–83

Gieselbusch, Gustav: Rundschau. Sozialdemokratie und Christentum, in: HB 25 (1905), 129–137 (DOK 3)

[Ders.]: Rezension: Ein baptistisches Gebetsbuch! Walter Rauschenbusch, For God and the People. Prayers of the Social Awakening. (1910) „The Pilgrim Press." Boston, Neuyork, Chikago, in: HB 31 (1911), 174–178

Gneuss, Christian: Die Entfremdung zwischen Kirche und Arbeiter, in: Christen und Bolschewisten. Eine Vortragsreihe mit Beiträgen von Klaus von Bismarck u. a. (Kröners Taschenbuchausgabe 251), Stuttgart 1957, 17–30

Grebing, Helga: Geschichte der deutschen Arbeiterbewegung. Von der Revolution 1848 bis ins 21. Jahrhundert, Berlin 2007

[Hoefs, Albert]: Aus der Schmiede, in: WZ 2/3/9 (1919),11, 19, 67

Klassen, Peter: Eine Doppelfeier der Baptisten Russlands, in: WZ 12 (1928), 95

Kösling, Günther: Die deutschen Baptisten 1933/34. Ihr Denken und Handeln zu Beginn des III. Reiches (Diss. masch.), Marburg 1980

Lindemann, Gerhard: Dissentertum und Liberalismus im England des 19. Jahrhunderts, in: Rothkegel, Martin / Assmann, Reinhard (Hg.): Eine freie Kirche in einer freien Gesellschaft. Freikirchliche Perspektiven auf das Verhältnis von Kirche und Staat (Schriftenreihe des BISKF 30), Berlin 2019

Miller, Susanne / Potthoff, Heinrich: Kleine Geschichte der SPD. Darstellung und Dokumentation 1848–1983, Bonn 5. A. 1983

Nipperdey, Thomas: Deutsche Geschichte 1866–1918, Band I: Arbeitswelt und Bürgergeist, München 2. A. 1991

Ders.: Deutsche Geschichte 1866–1918; Band II: Machtstaat vor der Demokratie, München 2. A. 1993

Nowak, Kurt: Evangelische Kirche und Weimarer Republik. Zum politischen Wandel des deutschen Protestantismus zwischen 1918 und 1932, Göttingen 2. A. 1988

Peters, Claus: Walter Rauschenbusch †, in: WZ 1 (1919), 5 f.

Prüfer, Sebastian: Sozialismus statt Religion. Die deutsche Sozialdemokratie vor der religiösen Frage 1863–1890 (Kritische Studien zur Geschichtswissenschaft 152), Göttingen 2002

Rauschenbusch, Walter: Die soziale Bedeutung des Vaterunsers, in: HB 31 (1911), 161–164 (DOK 4)

Reitz, Rüdiger: Christen und Sozialdemokratie. Konsequenzen aus einem Erbe, Stuttgart 1983

Schmidt, Paul: Gegenwartsaufgaben, in: WZ 12 (1928), 91 f.

Schneider, Johannes: Der soziale Gedanke in unseren Gemeinden, in: WZ 1 (1924), 6–9

Tuchtenhagen, Ralph: Zwischen sozialer Utopie und Verfolgung. Protestantische Freikirchen in der Sowjetunion 1917–1941, in: Gassenschmidt, Christoph / Tuchtenhagen, Ralph (Hg.): Politik und Religion in der Sowjetunion 1917–1941, Wiesbaden 2001, 139–166

Weerts, Bernhard: Die Nationalversammlung, in: WZ 26 (1918), 205 (DOK 5)

Weir, Todd H.: „Der Untergang des Abendlandes wird ekklesiogiert." Ein Kulturkampf am Ende der Weimarer Republik, in: Historisches Jahrbuch 137 (2017), 327–350

Wilkens, Johann Bernhard: Christentum und Sozialismus, in: WZ 38–40 (1890), 301, 309, 317 (DOK 1)

Windolf, Hermann [Emil?]: Der Christ und die soziale Bewegung, Kassel o. J.; auch in: WZ 41–46 (1911), 325, 332 f., 341 f., 349, 356 f., 365 f.

Wittchow, Bernd: Johannes Schneider: Ein baptistischer Exeget und Lehrer. Sein Leben und sein Gemeindeverständnis, in: ZThG 3 (1998), 83–101

Wunderer, Hartmann: Zwischen Konfrontation und taktischer Kooperation: Die Religionspolitik der KPD 1919–1948, in: Kirchliche Zeitgeschichte 2 (1993), 331–348

Simone Thiede

Marxisten und Christen in der DDR.
Zum christlich-marxistischen Dialog

„Einen substantiellen Dialog zwischen Christen und Marxisten in der DDR hat es nicht gegeben."[84]

So lautet das Fazit von Friedrich Schorlemmer in einem Vortrag „Die Kirche in einem atheistischen Umfeld" vom Juli 2008. Sein Wort hat Gewicht, geboren 1944 in Wittenberge, evangelischer Theologe, Bürgerrechtler in der DDR, Mitbegründer des demokratischen Aufbruchs 1989 und meinungsstarker Redner.

M.E. gab es in der DDR durchaus weitgehende Ansätze eines christlich-marxistischen Dialogs, stellt dieser Dialog in der DDR einen Beispielfall des Dialogs zwischen Religionen und säkularen Weltanschauungen dar. Als eine besondere Form des gesamtgesellschaftlichen Dialogs weist er als spezifizierendes Merkmal auf, dass er zwischen Personen und Gruppen geführt wird, deren Unterscheidungsmerkmal auf weltanschaulichem Gebiet liegt: Menschen, die sich dem christlichen Glauben verpflichtet fühlen und Anhängern der Marx'schen Gesellschaftslehre. Es handelt sich um einen Dialog weltanschaulich differenter, in ihrem Interesse für den Dialog gleichgestellter Personen.[85]

Dialog – pluralistische Theologie der Religionen

Reden wir über den Dialog, dann haben wir es mit einem schillernden Begriff in der theologischen, religionspädagogischen und religionswissenschaftlichen, kommunikationstheoretischen Literatur zu tun. Mit ihm verbinden sich ganz unterschiedliche Vorstellungen

---

84 Http://www.friedrich-schorlemmer.de/docs/2010-12-30-Kirche%20in%20einem%20atheistischen%20Umfeld.pdf (abgerufen am 14.04.2020).

85 Der Text greift auf meine Dissertation (1998) an der Universität Bremen im Fachbereich Religionswissenschaft zurück; vgl. Simone Thiede: Der Dialog zwischen Religionen und säkularen Weltanschauungen, Frankfurt a. M. 1999.

und Standorte. Im angloamerikanischen Raum wird der Diskurs unter dem Stichwort „Pluralistische Theologie der Religionen"[86] geführt als einer überkonfessionellen und in der Tendenz sogar überreligiösen Bewegung. Ihr zentrales Anliegen ist eine neue Beziehung zwischen den Religionen: indem auf jede Form von Absolutheitsansprüchen verzichtet wird, keine Exklusivansprüche auf Alleingeltung und keine Ansprüche auf eine höhere Geltung einer Religion erhoben werden. Daraus ergibt sich ein Verhältnis der Ebenbürtigkeit. Trotz grundlegender Differenzen zwischen Religionen – was Glaubensinhalte, Lehre oder Kult betrifft –, die nicht vernachlässigt werden können, gehen pluralistische Religionstheologien davon aus, dass es etwas grundlegend Verbindendes zwischen ihnen gibt.

Dieses Verbindende sehe ich auch beim christlich-marxistischen Dialog. Wenngleich ich den Marxismus als *säkulare* Weltsicht verorte, so dass die pluralistische Theologie der *Religionen* nur bedingt zu übertragen ist. Außerdem ist es eine normative Sicht, an die sich die Frage stellt, ob sie voraussetzungslos auf spezifische, sich immer in bestimmten gesellschaftlichen Kontexten realisierende Dialoge, übertragen lässt. Denn praktizierter Dialog findet ja nicht im luftleeren Raum statt, sondern realisierte sich im Spannungsverhältnis von Staat und Kirche und wurde von konkreten Menschen geführt. Die Dialogpartner waren Repräsentanten dieser Institutionen. Deshalb werde ich grob die Kirchenpolitik in der DDR nachzeichnen als die Kulisse des Dialogs, in zwei Richtungen: Kirchenpolitik als Politik des Staates in Bezug auf die Kirchen und als Politik der Kirchen in Bezug auf den Staat.

1. Allgemeine Grundzüge der Kirchenpolitik der DDR

Die Beschreibung und Analyse gesellschaftlicher Bedingungen stellt einen Zugang zum Erfassen des Phänomens des christlich-marxistischen Dialogs in der DDR dar. Der Dialog realisierte sich innerhalb des Spannungsverhältnisses von Staat und Kirche. Folgende Prämissen habe ich den nachfolgenden Zeitabschnitten zugrunde gelegt:

1. Die DDR war eine säkular verfasste Gesellschaft, in der die Trennung von Staat und Kirche das vorherrschende kirchenpolitische Prinzip war und darauf basierend die verfassungsmäßig (normativ) zugesicherte Eigen- und Selbstständigkeit der Kirchen. Trennung von Staat und Kirche beinhaltete: Die Kirchen hatten laut Verfassung der DDR das

---

[86] Vgl. Paul F. Knitter: Nochmals die Absolutheitsfrage, in: Karl-Josef Kuschel (Hg.): Christentum und nichtchristliche Religionen, Darmstadt 1994, 86–101; Leonhard J. Swidler: After the Absolute, Minneapolis 1990.

Recht, ihre inneren Angelegenheiten – Glaubensfragen, Verkündigung, Personalangele-
genheiten, Finanzen – selbst zu regeln. Aber: Die Kirche in der DDR wurde stets als ein
Überbleibsel einer überholten Gesellschaftsordnung gesehen und so auch behandelt. Es
darf nicht vergessen werden: Religion galt nach Karl Marx als „Opium des Volkes"[87].

2. Als eine Besonderheit der DDR verkörperte die Kirchenpolitik des Staates die Kirchenpolitik einer Partei. Sich in die DDR-Zeit hineinzuversetzen bedeutet: In der DDR war die
Sozialistische Einheitspartei Deutschlands (SED) die einzig führende Partei der Arbeiterklasse. Sie besaß die absolute Macht. Deshalb kann man auch von einer Staatspartei
sprechen. Kirchenpolitik in der DDR war Kirchenpolitik der SED. In der Umsetzung der
Kirchenpolitik ist zwischen der staatlichen Ebene und der Parteiebene zu unterscheiden.
Es gab eine doppelte Struktur von Partei- und Staatsinstanzen, die organisatorisch getrennt waren:

- Es gab staatlicherseits den Staatssekretär für Kirchenfragen, der als Leiter seiner
  Dienststelle (gegründet 1957) zuständig war für die Beziehung des Staates zu den
  Kirchen und Religionsgemeinschaften. Zum Beispiel Klaus Gysi, der Vater des Lin-
  ken-Politikers Gregor Gysi, war von 1979 bis 1988 Staatssekretär für Kirchenfragen.
  Einen tatsächlichen Einfluss auf die Gesetzgebung und den Erlass von Verordnungen
  in Kirchenfragen hatte der Staatssekretär jedoch kaum.

- Und es gab die Arbeitsgruppe Kirchenfragen beim Zentralkomitee der SED als Abteilung auf Parteiebene. Sie war wichtiger und de facto der staatlichen Ebene überge-
  ordnet. Hier wurden die grundsätzlichen kirchenpolitischen Entscheidungen getroffen.

3. Das Verhältnis zwischen Kirche und Staatsführung war ambivalent und von politischen
Kurswechseln geprägt. Es funktionierte über ein System von Kooperation und Konfrontation und realisierte sich über großzügiges, gönnerhaftes Entgegenkommen einerseits und
restriktivem Herangehen andererseits, Liberalisierung und Repression, beide waren ständig vorhanden, phasenweise überwog die eine Seite. Grundsätzlich ging es aber darum,
den Einfluss der Kirche einzudämmen.

4. Die Hauptmethode der Kirchenpolitik war ein System der Differenzierung: die Unterteilung kirchlicher Amtsträger, Laien, Landeskirchen, kirchlicher Gruppen in „progressiv",
„loyal" und „reaktionär", was sich in einem unterschiedlichen Umgang mit ihnen wider-
spiegelte. Kriterium der Differenzierung war die Staatsverträglichkeit. Zum Teil wurde das
Prinzip bewusst machtpolitisch benutzt – „Teile und herrsche" –, um Kontrolle zu erzielen.

---

[87] Karl Marx: Zur Kritik der Hegelschen Rechtsphilosophie. Einleitung, in: Marx/Engels Werke,
Bd. 1, Berlin 1988, 378–391.

Als Beispiel für eine innerkirchliche Gruppierung, die als progressiv bewertet wurde, ist die Kirchliche Bruderschaft Sachsens anzuführen, die 1961 von Pfarrer Walter Feurich (1922–1981) gegründet wurde, der bis zu seinem Tod auch Vorsitzender war. Ziel dieser vom SED-Staat vielfältig geförderten Organisation war es, eine Brücke zwischen Kirche und sozialistischer Gesellschaft zu bauen. Der Sozialismus galt als die beste Gesellschaftsordnung, deshalb musste ein Dialog zwischen den Kommunisten und Christen entstehen, so das Ziel der Kirchlichen Bruderschaft Sachsens.

5. Die Kirchenpolitik der SED verfolgte eine Doppelstrategie, die sich letzlich als unlösbarer Widerspruch herausstellte:

- Die Mitarbeit von christlichen Bürgern war erwünscht und entsprach dem Anliegen, Gläubige in die Gesellschaft zu integrieren. Unerwünscht war aber das politische Engagement der Institution Kirche. Der Staat versuchte, der Kirche den Bereich des Kultes und der Seelsorge als Handlungsfeld zuzuweisen und sie in ihrem Handeln auf ihre eigenen Kirchenmitglieder zu beschränken.

- Gleichzeitig jedoch wurde die Zustimmung der Kirche zur Politik der SED aus Gründen der inneren Stabilität und der äußeren Reputation angestrebt. Im Falle von Kritik wurde diese als Einmischung in staatliche Angelegenheiten begriffen und zurückgewiesen.

Politischer Neubeginn nach 1945

Diese ersten Jahre nach Kriegsende wiesen in der sowjetischen Besatzungszone einige Besonderheiten auf. Die Mehrheit der hier und in der späteren DDR lebenden Christen war seit der Reformation evangelisch. Die katholische Kirche machte nur zehn Prozent der Gesamtbevölkerung aus und war nur im thüringischen Eichsfeld und in der Oberlausitz (Sachsen) bedeutsam.

Die Kulturoffiziere der Sowjetischen Militäradministration (1945–1949) waren zunächst um gute Beziehungen zu den Kirchen und die Ermöglichung kirchlichen Lebens bemüht. Diese relativ gemäßigte Politik schlug sich in Folgendem nieder:

- Mit der CDU nahm 1945 eine christliche Partei ihre Tätigkeit auf.

- Die Landesverfassungen sowie die erste DDR-Verfassung vom 7. Oktober 1949 garantierten Glaubens- und Gewissensfreiheit.

- Der kirchliche Grundbesitz wurde nicht enteignet.

- Gottesdienstsendungen innerhalb des Rundfunks wurden genehmigt.

- Theologische Fakultäten wurden auf Bitten der Kirchen an staatlichen Universitäten geöffnet, was eine Besonderheit innerhalb des sozialistischen Lagers war.

- Kirchliche Zeitungen und Zeitschriften erschienen, wie „Glaube und Heimat" (1945), „Die Kirche" (1945), „Friede und Freiheit" (1946), „Zeichen der Zeit" (1947) und „Die Christenlehre" (1948).

Aus der gemeinsamen Erfahrung des antifaschistischen Kampfes erwuchs eine Zusammenarbeit, Gespräche fanden statt, ohne dass sich jedoch von einem Dialog sprechen lässt.

- Die Konzentrationslager durchlitten Christen und Kommunisten gemeinsam. Die Staatssekretäre für Kirchenfragen – die staatliche Ebene – Werner Eggerath (1957–1960), Hans Seigewasser (1960–1979) und Klaus Gysi (1979–1988) hatten diesen antifaschistischen Erfahrungs- und Erlebnishintergrund.[88]

- Auch dem 1943 gegründeten Nationalkomitee Freies Deutschland (NKFD) gehörten neben kommunistischen Funktionären Christen an, die als Wehrmachtspfarrer oder Soldaten in Kriegsgefangenschaft geraten waren. Ihre gemeinsamen Themen waren: die Aufgabe von Christen im Kampf gegen Hitler sowie das künftige Verhältnis zwischen Christen und Marxisten sowie Kirche und Staat.

Durch diese Zusammenarbeit wurde die Nähe von christlichen und sozialistischen Idealen – wie Gleichheit, Gerechtigkeit, Frieden, Humanismus – deutlich. Es ging in dieser Zeit um die Gewinnung aller Kräfte für den Neuanfang. Die SED bemühte sich um Toleranz gegenüber den Kirchen, die taktisch als Bündnispartnerinnen begriffen wurden.

Die 1950er und 1960er Jahre: Konfrontation

1949 waren mit der Entstehung der Bundesrepublik und der Gründung der DDR zwei selbstständige Staaten entstanden. Die Bundesrepublik betrachtete sich als alleinige Nachfolgerin des Deutschen Reiches. Die meisten Kirchenführer glaubten an den nahen Zusammenbruch der DDR und waren von der baldigen Wiedervereinigung überzeugt. Davon war die Kirchenpolitik des Staates und die Haltung der evangelischen Kirchen in der DDR geprägt, die trotz Zweistaatlichkeit weiterhin gemeinsam in der 1948 in Eisenach gegründeten gesamtdeutschen „Evangelischen Kirche in Deutschland" (EKD) vereinigt

---

[88] Christlicherseits wurde ihnen wegen „der menschlichen Würde, Böses nicht mit Bösem zu vergelten" großer Respekt entgegengebracht; vgl. Curt-Jürgen Heinemann-Grüder: Pfarrer in Ost und West. Kirche zwischen Herausforderung und Anpassung, Frankfurt a. M. 1988, 34 f.

waren. Die EKD erstreckte sich als ein Kirchenbund über alle deutschen Besatzungszonen und die vier Sektoren Berlins.

Ab Mitte der 50er Jahre schlug der Kalte Kriege auch voll auf die Beziehungen zwischen Christen und Marxisten durch. Es gab massive Kritik an dem, was teilweise zu Recht als politischer Klerikalismus in der BRD bezeichnet wurde. Diese Jahre sind gekennzeichnet durch eine militante Kirchenfeindlichkeit des Staates und durch eine Feindlichkeit der evangelischen Kirchen gegenüber dem neu gegründeten Staat DDR, so dass Auseinandersetzungen und Konfrontationen zwischen Staat und Kirche vorherrschend waren. Es war eine Zeit massiver Sprachlosigkeit, eines Nicht-sprechen-Wollens, in der an einen Dialog überhaupt nicht zu denken war.

Insbesondere in der Metapher und der Strategie des Überwinterns zeigte sich das Hoffen der Kirchen auf einen „Frühling", der mit dem in Kürze zu erwartenden und von westlichen Medien prophezeiten Zusammenbruch der DDR anbrechen würde. Die von Bischof Otto Dibelius (1880–1967), dem ersten EKD-Ratsvorsitzenden, entwickelte Strategie propagierte die totale Verweigerung der Kirche gegenüber der DDR-Gesellschaft.[89] Es war eine Komplettabsage an die Gesellschaft.

Diese Strategie der evangelischen Kirchen in der DDR, der eine strikt antikommunistische Grundhaltung entsprach, wurde bis mindestens Mitte der 1960er Jahre praktiziert, was zu einer Zuspitzung und deutlichen Verschlechterung des Staat-Kirche-Verhältnisses führte. Wir haben es mit einem harten kirchenpolitischen Kurs der SED zu tun.

Die „Differenzierungspolitik", um einen Keil zu treiben, äußerte sich vornehmlich in repressiven Maßnahmen gegen einzelne Personen oder Pfarrer, um politische Passivität zu erzwingen, und in der Förderung nichtkirchlicher Angebote und der Behinderung der kirchlichen. Drei Beispiele verdeutlichen das gespannte Verhältnis zwischen Staat und Kirche:

1. Im Jahr 1953 wurden Oberschüler, die zur Jungen Gemeinde gehörten z. T. relegiert und christliche Lehrer entlassen. Schätzungen gehen von 3.000 Oberschülern aus.[90] Es wurden inszenierte Schauprozesse geführt mit dem „Vorwurf der kriegshetzerischen und Agenten- und Sabotagetätigkeit". Die EKD und einzelne Landeskirchenleitungen protestierten.

2. Der konfrontative politische Kurs ist außerdem an den Auseinandersetzungen um die Jugendweihe (1954) ablesbar. Die Jugendweihe sollte – obwohl der Gelöbnistext

---

[89] Vgl. Otto Dibelius: Obrigkeit, Stuttgart/Berlin 1963.

[90] Vgl. Reimund Blühm/Martin Onnasch: Staat und religiöse Erziehung in der DDR, in: Horst Dähn (Hg.): Die Rolle der Kirchen in der DDR, München 1993, 177.

nicht explizit ein atheistisches Bekenntnis enthielt – als atheistisches Bekenntnis zur Konfirmation durchgesetzt und für alle Schüler zur unbedingten Pflicht gemacht werden. Im Jahr 1959 wurden bereits 82 Prozent der Schüler für die Jugendweihe gewonnen.

3. Zu einem offenen Konflikt kam es im Zusammenhang mit der Ratifizierung des Militärseelsorgevertrages 1957 zwischen der (gesamtdeutschen) EKD und der Bundesregierung. Der Vertrag wurde 1957 von Bundeskanzler Konrad Adenauer und Bischof Otto Dibelius unterzeichnet und zwei Wochen später auf einer Tagung der Synode der EKD in Berlin angenommen. Diese Mehrheit war dadurch zustande gekommen, dass sich die Synodalen aus der DDR nicht ihrer Stimme enthalten hatten, obwohl sie der Inhalt des Vertrages nicht betraf. Das war ein Affront gegenüber der DDR-Regierung, die daraufhin die offiziellen Kontakte zur EKD abbrach.

Außenpolitisch herrschte Kalter Krieg zwischen Ost und West. Kriegsgefahr lag in der Luft: Am 6. Mai 1955 trat die Bundesrepublik der NATO bei. Die DDR wurde wenige Tage später Mitglied im Warschauer Pakt, dem militärischen Gegengewicht zur NATO. Am 7. Juli 1956 beschloss der Deutsche Bundestag die allgemeine Wehrpflicht und 1962 wurde die Wehrpflicht in der DDR eingeführt.

Für die DDR standen Fragen ihrer Legitimation und Identität im Vordergrund. Die Kirche wurde seitens des Staates als Verbündete des Klassengegners betrachtet. Seitens der Kirche wurde der DDR-Staat als Unrechtsinstitution angesehen. Es handelte sich daher weniger um eine weltanschauliche Auseinandersetzung – religiöse versus areligiöse Weltsicht – als vielmehr um eine politische Kontroverse zwischen Staat und Kirche.

Die Kirchenpolitik der SED und des DDR-Staates war in dieser Zeit darauf gerichtet, die einzelnen Landeskirchen differenziert zu behandeln in Bezug auf Druckgenehmigungen, Ausreisen, Baufragen und einen unterschiedlichen Umgang mit Kirchenvertretern zu praktizieren. Es wurde differenziert zwischen progressiven Kräften in der Kirche, die gezielt gestärkt und unterstützt wurden, und reaktionären Kräften, die bekämpft wurden.

Das Taktieren in kirchenpolitischen Fragen ist an der Person des Thüringer Landesbischof Moritz Mitzenheim (1891–1977) ablesbar. 1964 und 1966 fanden auf Mitzenheims Amtssitz hochrangige Gespräche mit dem Staatsratsvorsitzenden Walter Ulbricht statt, die sogenannten Wartburggespräche. Sie wurden durch den „Thüringer Weg" begründet: ungeachtet weltanschaulicher Differenzen auf eine Zusammenarbeit mit dem Staat zu setzen. Ergebnisse dieser Politik waren Zugeständnisse des Staates: Rentner durften in die Bundesrepublik reisen sowie die Einführung eines waffenlosen Armeedienstes als Bausoldat.

Die 1970er Jahre: Entspannung

Die Zeit ist geprägt durch eine zweite Generation von DDR-Bürgern: Sie erlebten den Mauerbau (1961) und die Zweistaatlichkeit als Status quo und sahen Reformen als Hoffnung für die Verbesserung des sozialistischen Systems an.

Durch den erschwerten Kontakt zur EKD in den 1960er Jahren beschlossen die ostdeutschen Landeskirchen eine eigene Interessenvertretung und gründeten am 10. Juni 1969 den „Bund der Evangelischen Kirchen in der DDR" (BEK). Damit verselbstständigten sich die acht Landeskirchen in der DDR gegenüber der EKD. Die organisatorische Gemeinsamkeit mit der EKD war immer mehr zur Fiktion geworden, weil die Kirchen vor unterschiedliche Aufgaben gestellt waren, die Synoden nicht gemeinsam tagten und deren Beschlüsse unterschiedlich waren. Der BEK stellte eine eigenständige Identität der DDR-Kirchen her. Zwanzig Jahre nach der Teilung Deutschlands in zwei selbstständige Staaten waren damit nun ebenfalls die Kirchen formal, d. h. kirchenrechtlich, getrennt.

Die Gründung des DDR-Kirchenbundes BEK stellt eine Zäsur im Verhältnis von Staat und Kirche dar. Als Folge der Verselbstständigung der DDR-Kirchen gegenüber der EKD wurde die Formel „Kirche im Sozialismus" verwandt. Sie war eine Selbstbezeichnung und eine Standortbestimmung der evangelischen Kirchen in der DDR. Trotz unterschiedlicher Interpretationen stellte sie eine Absage an die Strategie des Überwinterns dar und hatte dadurch positive Auswirkungen auf das Verhältnis von Staat und Kirche:

1. 1968 formulierte Bischof Moritz Mitzenheim: „Wir wollen nicht Kirche gegen den Sozialismus sein, sondern Kirche für die Bürger in der DDR, die in einer sozialistischen Gesellschaft mit ungekränktem Gewissen Christen sein und bleiben wollen."[91]

2. 1970 formulierte der BEK auf seiner Synode in Potsdam-Hermannswerder: „Der Bund wird sich als Zeugnis- und Dienstgemeinschaft von Kirchen in der sozialistischen Gesellschaft der DDR bewähren müssen."[92]

3. 1973 bei der Bundessynode in Schwerin fand sich dann erstmals die Formel: „Wir wollen nicht Kirche neben, nicht gegen, sondern im Sozialismus sein."[93]

In dieses Ringen, welche Rolle die Kirchen im Sozialismus spielen können, platzte die Selbstverbrennung von Oskar Brüsewitz, wodurch das Staat-Kirche-Verhältnis eine schwere Belastungsprobe erfuhr: Ein evangelischer Pfarrer übergießt sich 1976 auf dem Marktplatz in Zeitz mit Benzin und verbrennt sich. Unmittelbar vor dem Suizid hatte er ein

---

[91] Günter Wirth u. a. (Hg.): Auf dem Wege der sozialistischen Menschengemeinschaft, Berlin 1971, 19.

[92] Kirchliches Jahrbuch für die evangelische Kirche in Deutschland 1968, Gütersloh 1970, 301.

[93] Mitteilungsblatt des Bundes der Evangelischen Kirchen in der DDR 3 (1973), 38.

Transparent auf sein Auto montiert. Darauf stand: „Funkspruch an alle – Funkspruch an alle – Wir klagen den Kommunismus an wegen Unterdrückung der Kirchen in Schulen an Kindern und Jugendlichen".[94]

Für die DDR kam dieser spektakuläre Tod zu einer denkbar unpassenden Zeit. Sie wollte weder nach außen noch nach innen als religionsfeindlicher Staat dastehen. Nur ein Jahr zuvor hatte die SED-Regierung die Schlussakte von Helsinki unterzeichnet und sich damit auch zur Einhaltung der Religionsfreiheit verpflichtet. Kirche und Staat in der DDR waren gerade dabei sich anzunähern. Die SED war einem Gespräch mit der Kirche lange ausgewichen. Auf Grund der angespannten internationalen Lage und der innenpolitischen Stagnation konnte es sich die SED-Führung nicht leisten, gegenüber der Kirche auf Konfrontationskurs zu gehen. Nun war aber auch ihr klar, dass sie mit der Kirche zu einer Vereinbarung kommen muss.

Das Spitzentreffen zwischen Erich Honecker und der Konferenz der Evangelischen Kirchenleitungen in der DDR (KKL) im März 1978 bringt der Kirche schließlich einige Erfolge. Vor allem ermöglicht es eine gewisse Autonomie und Handlungsspielräume, so dass unter dem Dach der Kirche oppositionelle Gruppen entstehen können. Im Anschluss an die im Spitzengespräch diskutierten Sachfragen kam es zu Erleichterungen der kirchlichen Arbeit: Die Seelsorge in staatlichen Einrichtungen (wie Alten- und Pflegeheimen, Gefängnissen), kirchliche Sendungen in Radio und Fernsehen, Literaturbezug aus dem Westen sowie Reiseerleichterungen wurden möglich. Kirchliche Kindergärten sollten in ihrem bisherigen Umfang erhalten bleiben. Es erfolgte eine größere Wertschätzung der diakonischen Arbeit durch den Staat, die ansonsten eher in Konkurrenz zum staatlichen Gesundheitswesen gesehen wurde. Das resultierte auch aus der praktischen Notwendigkeit, dass der Staat allein seine Aufgaben nicht lösen konnte, was die gesundheitliche Versorgung der Bevölkerung betraf, er somit auf die Hilfe kirchlicher Dienste angewiesen war.

Dieses Grundsatzgespräch vom 6. März 1978 zwischen den obersten Repräsentanten von Staat und Kirche, dem Vorsitzenden des Staatsrates, Erich Honecker, und dem Vorsitzenden der KKL, Albrecht Schönherr, stellt das ranghöchste Gespräch seit der Gründung des BEK dar. Es wird kirchlicherseits zumeist mit den Begriffen „Burgfrieden", „Arrangement", als „Konfliktvermeidungsstrategie" bezeichnet. Die Staat-Kirche-Beziehungen waren nun so geregelt, dass sich die Rolle der Kirche in der DDR-Gesellschaft stabilisierte.

Dies wurde möglich, weil sich die Kirche in der DDR als langlebig erwies (sie wollte nicht „absterben") und damit als ein neu zu berücksichtigender gesellschaftlicher Faktor und

---

[94] Matthias Judt (Hg.): DDR-Geschichte in Dokumenten, Berlin 1997, 411.

weil den Kirchen der Sozialismus in der DDR als langlebig erschien, sie sich darin einrichten wollten und auf eine offene Konfrontation verzichteten.

Diese kirchenpolitische Zäsur wurde von dialogischen Marxisten interpretiert als ein Impuls in die Gesamtgesellschaft hinein zu mehr Souveränität im Umgang mit Andersdenkenden, im Umgang mit Menschen, die dieses Land anders sehen als SED-Mitglieder;
also ein Stück geistige Befreiung und Beweglichkeit in einer zunehmend erstarrenden
Gesellschaft.

Die 1980er Jahre

Eine weitere Zäsur in der Kirchenpolitik der DDR war die Luther-Ehrung im Jahr 1983:
das Gedenkjahr zum 500. Geburtstag des Reformators. Von Staat und Kirche wurde eine
gemeinsame (auf gut DDR-Deutsch:) „Erbe-Rezeption" angestrebt. Dem ging eine lang-
jährige, seit Ende der 1970er Jahre geführte Diskussion unter Historikern voraus, was als
das Erbe der DDR anzusehen sei. Fazit der theoretischen Diskussion über das Erbe war,
dass dies die gesamte historische Hinterlassenschaft umfasst, dass die DDR-Tradition
nunmehr auch das christliche Erbe beinhaltet. Jahrelang hatte die SED einen sehr viel
engeren Blickwinkel auf diese Geschichte und war bemüht, das eigene Regime von feu-
daler und bürgerlicher deutscher Vergangenheit abzugrenzen und den Staat der Arbeiter
und Bauern als unvergleichbare revolutionäre Leistung darzustellen.

Einer meiner Interviewpartner, der in der Dienststelle des Staatssekretärs für Kirchenfragen arbeitete, formuliert es so:

> „Nun war klar, wenn wir uns Martin Luther nähern, wird das nicht ohne oder gegen
> die Kirche gehen. Wir müssen mit Hilfe von Martin Luther eine Form von Kirchenpolitik
> prägen, in der Kirche zur selbstverständlichen und öffentlich wahrnehmbaren Größe
> in dieser Gesellschaft wird. Sie nicht mehr als eine Verlegenheit dieser Gesellschaft
> verschwiegen, sondern als eine Normalität betrachtet wird. Warum soll man den So-
> zialismus nicht mit Christen praktizieren, die Jesus Christus lieben?"

Das, was die Menschen dann erlebten, das gab es noch nie: Als am frühen Abend des
4. Mai 1983 die Deutschen in Ost und West ihre Fernseher einschalten, sehen sie sowohl
im Ersten DDR-Fernsehen als auch im ARD-Fernsehen einen Gottesdienst live vom In-
nenhof der Wartburg. Der thüringische Landesbischof Werner Leich, der auch Vorsitzender des kirchlichen Lutherkomitees ist, eröffnet in Amtstracht und mit Bischofskreuz das
Gedenkjahr zum 500. Geburtstag des Reformators Martin Luther. In der Gemeinde sitzen
Richard von Weizsäcker, der evangelische Regierende Bürgermeister von West-Berlin,
und Horst Sindermann, der kommunistische Präsident der DDR-Volkskammer, einträch-
tig beieinander.

Die Luther-Ehrung ist insgesamt im Kontext der gesamten deutschlandpolitischen und außenpolitischen Situation zu sehen. In einer Zeit der Nachrüstung durch eine neue Generation von Mittelstreckenraketen und des NATO-Doppelbeschlusses feiern Spitzenpolitiker aus der DDR und der Bundesrepublik gemeinsam einen Gottesdienst und erinnern – gewollt oder ungewollt – an die verbindende deutsche Geschichte.

Die kirchenpolitische Zäsur bestand darin, eine neue Form des Umgangs zu entwickeln, dass sieben Kirchentage mit einer Viertelmillion Teilnehmern in der DDR stattfinden konnten, dass Kirche in den Medien der DDR präsent war, dass die Verkrampfungen sich ein wenig lösten.

Die zweite Hälfte der 1980er Jahre

Die sich verstärkenden Krisenerscheinungen waren unübersehbar in den realsozialistischen Ländern. Insbesondere die ökonomischen Probleme waren gravierend und traten immer offensichtlicher zutage: Schon seit 1982 existierte in der DDR eine schwere Versorgungskrise und Zahlungsunfähigkeit drohte. Die Wirtschaft war so marode, dass es am Ende der DDR – wie böse Zungen behaupteten – nur noch einen Exportschlager gab: 33.755 DDR-Bürger durften bis 1989 den Staat verlassen – gegen eine Zahlung von ca. 3,5 Milliarden D-Mark. Die Wahlfälschungen wurden unverfrorener, die Zahl der Ausreiseanträge erhöhte sich deutlich.

Die Hauptmethode der Kirchenpolitik war weiterhin ein System der Differenzierung: die Unterteilung in progressiv, loyal und reaktionär, und ein jeweils unterschiedlicher Umgang. Dieses kirchenpolitische Mittel der Differenzierung spiegelte sich auch in den Ereignissen um die Greifswalder Domeinweihung wider. Im Juni 1989 lud der Greifswalder Bischof Horst Gienke Parteichef Honecker zur Wiedereinweihung ein. Besonderheiten, die die politische Brisanz dieses Aktes verdeutlichen, lagen in zwei Aspekten:

- Zum einen handelte es sich um den ersten Gottesdienstbesuch des Staatsratsvorsitzenden.

- Zum anderen war die Einladung Gienkes nicht mit dem BEK abgestimmt, was große innerkirchliche Spannungen hervorrief. Es kam zum Eklat, als Bischof Gottfried Forck als Vertreter des obersten Leitungsgremiums des BEK vom Greifswalder Oberbürgermeister nicht wie vorgesehen zu der Begegnung mit Honecker eingeladen wurde, was einen Affront darstellte. Es gab daraufhin am 1. Juli 1989 eine Protestnote, „dass eine unterschiedliche Behandlung einzelner Gliedkirchen von staatlicher Seite kein

Weg der Verbesserung des Verhältnisses von Staat und Kirche sein könne und Tendenzen dieser Art ausdrücklich widersprochen werde."[95]

Bischof Horst Gienke wurde später als Inoffizieller Mitarbeiter der Stasi (IM „Orion") enttarnt, was die Vermutung nahelegt, dass es sich mit der Honecker-Einladung nicht um einen Alleingang, sondern um ein höher angesiedeltes strategisches Projekt handelte.[96]

Das Kompromisshafte zeigte sich auch auf Seiten der Kirchen: Altbischof Schönherr sprach zum wiederholten Male deutlich aus, dass die Kirche kein Sammelbecken der Opposition sei. Stabile Verhältnisse, in denen Straßendemonstrationen keinen Platz haben und in denen der Staat der DDR eine gute Entwicklung nehmen möge, waren wenige Tage später der Wunsch von Konsistorialpräsident Manfred Stolpe, der später erster Ministerpräsident des Landes Brandenburg wurde.

Werner Krusche, Landesbischof der Kirchenprovinz Sachsen, schreibt rückblickend 1991 über das Verhältnis der Kirche zum Staat: „Unter dem äußeren Zwang zur Zusammenarbeit haben wir Streit mehr vermieden als ausgetragen."[97]

Dieser Kompromiss war vielen Menschen an der kirchlichen Basis gegenwärtig, was zu Kritik an der institutionellen Kirche und Suche nach Alternativen und Freiräumen innerhalb des engmaschigen gesellschaftlichen Systems der DDR führte. Die Kirche hatte hier eine Art Schirmfunktion als informelles Kommunikationsnetz, das sich aufgrund der fehlenden öffentlichen politischen Kommunikation entwickelte. Weil es für diese Art der Interessensvertretung in der DDR keine andere Institution gab, spiegelte sich die soziale Vielfalt der Gesellschaft in der Kirche wider. Pazifisten, Umweltschützer, Frauen, Lesben und Schwule nutzten diesen Freiraum, und als Reaktion darauf ist das Auftreten von gesellschaftskritischem und kreativem Potenzial in Form von Gruppen anzusehen.

Ohne den Schutz der Kirchen wären diese Menschen Gefahr gelaufen kriminalisiert zu werden, da sie sich außerhalb des gesellschaftlich-politischen Rahmens des sozialistischen Staates bewegten. Sie formierten sich innerhalb und außerhalb der Kirchen. Es gab alternative Gruppen neben traditionellen Kirchengemeinden: Friedens-, Ökologie-, Menschenrechtsgruppen. Sie hatten alternative Wertvorstellungen, übten Kritik und nahmen den Freiraum kirchlicher Gemeinden in Anspruch, z. B. „Initiative Frieden und Menschenrechte", „Frauen für den Frieden", „Umweltbibliothek", „Freundeskreis Totalverweigerer". Und es gab Gruppen innerhalb der Kirchen, z. B. „Kirche von unten", Arbeitskreis

---

[95] Greifswalder Domeinweihung, in: Junge Kirche 7/8 (1989), 477.

[96] Siehe Gerhard Besier: Der SED-Staat und die Kirche 1969–1990, Berlin/Frankfurt a. M. 1995, 605.

[97] Werner Krusche: „Denkt daran, daß im Herrn Eure Mühe nicht vergeblich ist", in: Junge Kirche 6 (1991), 329.

„Solidarische Kirche", die sich im Zusammenhang mit gesellschaftlichen Problemfeldern, aber auch aus Unzufriedenheit bzw. in Opposition zur etablierten Kirche gebildet hatten und innerkirchliche Kritik übten.

Die Gruppen beanspruchten Schutz unter dem Dach der Kirche, der ihnen nach dem Selbstverständnis der Kirche als „offen für alle" auch zustand. Damit saß jedoch die Kirche zwischen zwei Stühlen. Zum einen machten die Friedens-, Umwelt- und Menschenrechtsgruppen Probleme bewusst, die innerhalb der Gesellschaft verdeckt waren, zum anderen brachten sie damit Unruhe in die Kirchen und belasteten das Verhältnis zum Staat.

Insbesondere seit 1987/88 verschärften sich die innenpolitischen Widersprüche, bildeten die Kirchen vor allem in Leipzig, Wittenberg, Dresden und Berlin Zentren für politisch Andersdenkende. In zunehmendem Maße bezogen die Landeskirchen und die Kirchenleitungen Stellung zu politischen Tagesereignissen:

- Die Berlin-Brandenburgische Kirchenleitung plädierte für die Freilassung der Inhaftierten von der Liebknecht-Luxemburg-Gedenkdemonstration am 17. Januar 1988, als Demonstranten mit Transparenten mit dem Luxemburg-Zitat „Freiheit ist immer Freiheit des Andersdenkenden"[98] wegen staatsfeindlicher Äußerungen weggesperrt wurden.

- Die Thüringische Landeskirche reagierte auf die zunehmenden Ausreisen von DDR-Bürgern und bekräftigte in einem Rundbrief das Recht eines jeden DDR-Bürgers, gesellschaftliche Veränderungen anzumahnen.

2. Der Dialog

Unter dem Eindruck von Glasnost und Perestroika und der damit verbundenen Proklamierung eines „Neuen Denkens" nahm der Dialog in der DDR in den 1980er Jahren seinen Anfang und wurde Mitte der 1980er Jahre intensiver. Die Ursachen liegen in den außen- und innenpolitischen Veränderungen und in einer Verlagerung der Orientierung von Konflikt auf Konsens bei den späteren Dialogteilnehmern. Es gab verschiedene Ansätze sich in der DDR zu bewegen: Es gab Menschen, die auf Dialog setzten und mit loyaleren Leuten unter ihren scheinbaren Gegnern sprachen. Und es gab Menschen, für die stärker die Perspektive der eingeschränkten Religionsfreiheit, der Nichtbeachtung von Menschenrechten im Fokus stand und die gezielt auch diejenigen Christen unterstützten, die im Gefängnis waren. Das sind zwei unterschiedliche Pole, an einem Ende des Pols

---

[98] Rosa Luxemburg: Die russische Revolution, in: Gesammelte Werke, Bd. 4, Berlin 1979, 359.

bewegten sich die Dialogteilnehmer. Nachdem ab Mitte der 1980er Jahre – mit Ausnahme des Spitzengesprächs vom 3. März 1988 zwischen Landesbischof Werner Leich und Erich Honecker – praktisch keine hochrangigen Gespräche zwischen der zentralen Partei- und Staatsführung und den Kirchenleitungen stattfanden (Verhandlungen), vollzog bzw. verlagerte sich diese Art der Kommunikation auf eine andere Ebene: in die Dialogrunden (Dialog). Dort diskutierten Christen und Marxisten direkt miteinander.

Um eine Vorstellung von der Größenordnung des Dialogs zu vermitteln: Hans Lutter, der als Leiter der Forschungsgruppe „Marxistische Religionswissenschaft" in Güstrow zahlreiche Dialogveranstaltungen initiierte und wissenschaftlich begleitete, gibt für das letzte Drittel des Jahres 1988 über 40 Dialogveranstaltungen an.[99] Die Teilnehmerzahl bewegte sich zumeist zwischen 20 und 80 Personen. Es gab jedoch auch kleinere Diskussionsrunden mit 7 bis 15 Personen und Großveranstaltungen mit 100 bis 300 Teilnehmern.

Der Dialog in der DDR realisierte sich in großem Umfang über informelle Beziehungen, die durch einen geringen Öffentlichkeitsgrad charakterisiert waren, die in schriftlichen Äußerungen so nicht fixiert sind. Um auch diese Seite des Dialogs offenzulegen, entschied ich mich für Interviews mit direkt Beteiligten. Ich begreife die Dialogteilnehmer als Experten ihrer Dialoggeschichte und habe fünf christliche und vier marxistische Dialogteilnehmer ausgewählt:

Meine fünf christlichen Interviewpartner waren vier Theologen und eine Laienchristin:

- Interviewpartner 1 ist ein promovierter Pfarrer, der in verschiedenen theologischen Bildungseinrichtungen auf dem Gebiet der Praktischen Theologie gearbeitet hat. Er war als Generalsuperintendent ein hochrangiger Amtsträger in der Evangelischen Kirche in Berlin-Brandenburg. Den Anstoß zum Dialog gab sein Geschichtslehrer, „ein aufregender Lehrer, der als ehemaliger Jesuitenschüler, Nationalsozialist, Leutnant, Ritterkreuzträger, Strafbataillon-Teilnehmer und NKFD-Mitbegründer[100] mit dem Pathos eines frisch bekehrten Marxisten versehen war. Der hatte sich nach kurzer Zeit auf mich eingeschossen. Ich war damals aufgrund der Tradition aus einem christlichen Elternhaus ein begeisterter Anhänger der Jungen Gemeinde und wir haben uns immer mit ihm angelegt. Und als er merkte, dass ich auch noch Theologie studieren wollte, haben wir uns dauernd Redeschlachten geliefert". In Kontakt mit Marxisten kam er über seine Tätigkeit im Predigerseminar, die hatten offiziell mit ihm aufgrund

99 Siehe Hans Lutter: Evangelische Christen und Kirchen in der sozialistischen Gesellschaft der DDR, in: Deutsche Zeitschrift für Philosophie 5 (1989), 387.

100 Nationalkomitee Freies Deutschland, 1943 in Krasnogorsk bei Moskau gegründet.

ihrer kirchenpolitischen Arbeit zu tun. Einer wurde für ihn zum Vorzugsgesprächs-partner, mit ihm lieferte er sich „wahnsinnige Redeschlachten".

- Interviewpartner 2 ist ein methodistischer Laienprediger, der von seiner Frau zum Christentum bekehrt wurde. Er war Journalist, Autor und Funktionär der DDR-CDU, war als Sekretär der Christlichen Friedenskonferenz (CFK) federführend in der DDR. Sein Ansatzpunkt für den Dialog war: „Wir wollten einerseits einiges vom Marxismus lernen, andererseits konnten wir seine Einschätzung und Beurteilung von Religion und christlichem Glauben so nicht akzeptieren". Für ihn war gesellschaftliche Verantwor-tung der entscheidende Punkt. Er fühlte sich einem Handeln im Sinne des Menschen und sozialer Gerechtigkeit verpflichtet und sieht darin Berührungspunkte mit dem Marxismus: „Ich kann doch für sozialistische Politik sein und muss deswegen nicht Atheist sein".

- Interviewpartnerin 3 ist eine Laienchristin, die über ihren Mann zum Dialog kam. Sie definierte sich als Pfarrfrau und nahm an der Seite ihres Mannes am Dialog teil, führte ihn nach seinem Tod als Lebenswerk weiter. Wie stark sie in ihrer Selbstpositionie-rung von ihrem Mann geprägt ist, zeigt sich darin, dass sie auf meine Frage, wie sie zum Dialog gekommen ist, erzählt, wie ihr Mann Zugang zum Dialog fand.

- Interviewpartner 4 ist ein Vertreter der Nachkriegsgeneration – im Unterschied zu meinen anderen Gesprächspartnern, die als Jugendliche den Nationalsozialismus er-lebt hatten. Er ist promovierter Theologe, der nach dem Studium mehrere Jahre im Fachbereich Systematische Theologie an einer Uni im Norden arbeitete und zum Zeitpunkt des Dialogs Gemeindepastor war. Er sagt über sich: „Ich weiß gar nicht, ob ich im Dialog drin gewesen bin, für mich war Dialog in meiner Biografie niemals etwas Organisiertes oder Institutionalisiertes". Stattdessen „hat es immer Berührungs- und Gesprächspunkte gegeben, dass ich Leute von marxistischer Seite kennengelernt habe, die mir interessante Gesprächspartner waren, manchmal auch auf sie zuge-gangen bin, manchmal auch durch Freunde vermittelt, und dass ich dann mit denen mehr oder weniger kontinuierlich im Gespräch gewesen bin".

- Interviewpartner 5 wurde in den 1950er Jahren zum Priester geweiht, war Kaplan und Pfarrer und setzte sich als Professor für Philosophie an einer theologischen Ausbil-dungsstätte in Thüringen über viele Jahre intensiv mit dem Atheismus auseinander. Über seine Tätigkeit im „Päpstlichen Sekretariat für den Dialog mit den Nichtglauben-den" lernte er den internationalen Dialog kennen und beschrieb Dialog als großen Prozess „in Form von konzentrischen Kreisen, dass die Kirche sich öffnen soll dem

Gespräch, einmal im inneren Kreis der Christen, in einem weiteren Kreis für die Menschen, die überhaupt religiös sind und an Gott glauben und dann in einem dritten Kreis dem Dialog mit den Nichtglaubenden".

Meine vier marxistischen Gesprächspartner waren vier auf dem Gebiet der Philosophie habilitierte Akademiker, die alle Mitglied der SED waren:

- Interviewpartner 1 arbeitete als Philosophieprofessor in der Lehrerausbildung in Mecklenburg. Er begründete und leitete eine Forschungsgruppe zur Religionswissenschaft, die sich mit dem Protestantismus in der DDR befasste: Von 1978 bis 1990 gab es dort insgesamt 7 Habilitationsschriften und 15 Dissertationen, mehr als 200 Publikationen. Er beschritt einen Bildungsweg, wie er nur in der DDR möglich war: Arbeiterkind – Maurer – Neulehrer – Schuldirektor – Schulrat – Diplom – Promotion – Habilitation – Dozent – Professor. Aus einem persönlichen Interesse heraus beschäftigte er sich viele Jahre mit Religion und Theologie und kam „zunehmend zu der Erkenntnis, dass die jahrhundertelange Feindschaft zwischen Marxisten und Christen in dieser Weise nicht begründet ist, sondern dass es viele Gemeinsamkeiten zwischen dem Christentum und dem Marxismus gibt".

- Interviewpartner 2 ist Philosophieprofessor an einer Universität im Vorpommern, er lehrte Philosophie und Geschichte und legte Wert darauf, „die christlichen Gesprächspartner nicht zu säkularisieren, wollte umgekehrt aber auch nicht missioniert werden". Der Dialog leitet sich für ihn aus der konkreten gesellschaftlichen Entwicklung ab, „dass eine Vielzahl sozialer Probleme ungelöst sei, dass es sich lohne, für eine gerechtere Zukunft zu streiten und einzutreten."

- Interviewpartner 3 ist Historiker, war nach Studium und Promotion im Staatsapparat tätig als hochrangiger Mitarbeiter im Büro des Staatssekretärs für Kirchenfragen, bezeichnet sich als „Kirchenpolitiker aus Leidenschaft", der jahrzehntelange Kontakte zu kirchlichen Amtsträgern hatte, aus denen sich allmählich dialogischere Gesprächsformen ergaben. Sein Ansatz ist „die Überzeugung, da reden zwei Minderheiten miteinander, die beide eine Vision haben, eine ganzheitliche Vorstellung von Mensch und Gesellschaft, die ihnen ein Stück Wegweiser für Lebensgestaltung ist".

- Interviewpartner 4 ist Philosoph und war als Dozent an einer Universität. Er habilitierte sich zu Problemen der kritischen Friedensforschung und kam so in Kontakt mit der CFK, er war Leiter einer Forschungsgruppe an der Humboldt-Universität zu Berlin. Neben seinem theoretischen Interesse stand bei ihm der politische Gedanke im Vordergrund, „dass im Sozialismus alle Menschen eine Perspektive haben und demzufolge auch die Christen".

An Hand der Personen wird deutlich: Christlich-marxistischer Dialog spielte sich hinsicht-lich der Teilnehmer weitgehend im akademischen Raum ab. Es waren hochgebildete In-tellektuelle, die den Sozialismus als gerechtere Form des Zusammenlebens ansahen.

Dialog wird also zwischen Personen und Gruppen geführt, deren Unterscheidungsmerk-mal auf weltanschaulichem Gebiet liegt: Menschen, die sich dem christlichen Glauben verpflichtet fühlen, und Anhänger der Marx'schen Gesellschaftslehre. Es handelt sich um einen Dialog weltanschaulich differenter, in ihrem Interesse für den Dialog jedoch gleich-gestellter Personen.

Für den Dialog scheint mir wichtig: Dieses Weltverständnis, die Weltanschauung, kann auf beiden Seiten mit einer festen Option verbunden sein, mit Absolutheitsansprüchen, die einen Dialog unmöglich machen oder mit offenen Optionen, die eigene Option zur Diskussion stellen, was einen Dialog ermöglicht.

Was verstanden die Dialogteilnehmer unter Dialog?

Es geht um Anknüpfungspunkte zwischen den beiden Denksystemen Christentum und Marxismus, die gesehen wurden. Die Dialogakteure definierten den christlich-marxisti-schen Dialog als „spezifische Form partnerschaftlicher Kommunikation"[101]. „Spezifisch" meint und umfasst eine Eingrenzung in der Richtung, dass es sich a) um bestimmte Per-sonen handelt, die diesen Dialog führen – Personen, die sich hinsichtlich ihrer Weltan-schauung unterscheiden, und b) dass die „weltanschauliche Grundorientierung [...] für die Erkenntnisfindung relevant wird".[102]

Der Dialog wurde weiterhin charakterisiert als:

- Mittel zur Beförderung einer Kooperation in Denken und Handeln,

- Erkenntnisprozess,

- auf die Zusammenarbeit, gemeinsame Aktionen und die Verständigung über ge-meinsame Aufgaben bei der Gestaltung der Gesellschaft zielend.

Es gab weniger einen theoretischen Diskurs zum Wesen des Dialogs an sich, wie es bei der pluralistischen Theologie der Religionen ist. Dialog wurde über praktische Aspekte definiert: über seine Notwendigkeit, Prinzipien und Ziele.

---

[101] Hans Lutter: Der Dialog – seine Chancen und seine Probleme, in: Studienhefte zur Mecklen-burgischen Kirchengeschichte 2 (1989), 25.

[102] Bernd Stoppe: Theoretische Anmerkungen zum Dialog zwischen Marxisten und Christen in un-serer Zeit, in: Wissenschaftliche Zeitschrift der Karl-Marx-Universität Leipzig 2 (1988), 168.

Die Notwendigkeit

Die Notwendigkeit des Dialogs wurde praktisch-politisch hergeleitet, eben z. B. nicht anthropologisch, etwa dass der Dialog Ausdruck menschlichen Seins innerhalb der pluralistischen Gesellschaft ist, oder aus einem dialogischen Begreifen der Welt. In solchen Sphären bewegte sich die Begründung des Dialogs in der DDR nicht. Dialog wurde nicht als intellektuelles Exerzitium gesehen, sondern als eine Kultur des Umgangs, eine bestimmte Qualität sozialer Interaktion.

Als Argumente für die Notwendigkeit eines Dialogs wurden ganz praktisch-politisch die Friedenssicherung und die Lösung globaler Probleme der Menschheit benannt, Aufgaben, für die es alle humanistischen Kräfte zu sammeln und zu vereinen galt. Die Notwendigkeit wurde vorrangig aus der Verhinderung eines Nuklearkrieges und der Sicherung des Weltfriedens erklärt, aus Gefahren heraus also. Dazu gehörte das Wirken von Menschen, die gelernt haben und gewillt sind, sich im Kampf um den Frieden mit allen ebenfalls am Frieden interessierten Menschen zu verbünden – nicht nur unabhängig von allen zwischen ihnen bestehenden weltanschaulichen und politischen Unterschieden, sondern bewusst bemüht, eben diese Unterschiede für das gemeinsame Friedens-Engagement fruchtbar zu machen.

Angesichts der weltpolitisch äußerst komplizierten Situation (Friedensbedrohung, Umweltzerstörung, Ausbeutung der Dritten Welt, Hunger...), deren Bewältigung nur in gemeinsamer Verantwortung und durch gemeinsames Handeln von Menschen unterschiedlicher weltanschaulicher und religiöser Überzeugungen möglich war, wurde der Dialog als ein Instrument zur Lösung dieser Probleme angesehen.

Ausgangspunkt, dass das nur gemeinsam möglich ist, war die Überlegung, dass es 1. grundlegende Gemeinsamkeiten zwischen Christentum und Marxismus gibt, das Streben nach Humanität und gemeinsame Werte wie soziale Gerechtigkeit und Frieden, und dass 2. Christen und Marxisten mit den gleichen Problemen konfrontiert waren, dass es gemeinsame Interessen gibt.

Was macht ein Gespräch zu einem Dialog?

Als Grundprinzipien, die als Handlungsanleitung dienen, galten Dialogbereitschaft und Dialogfähigkeit.

Dialogbereitschaft als das Interesse und die Bereitwilligkeit, eine Geisteshaltung, mit anderen zu kommunizieren und zusammenzuarbeiten. Die wichtigste Grundregel ist das Einverständnis, miteinander zu sprechen, einander zuzuhören und nach einem verbindenden Moment zu suchen. Diese Suche braucht Zeit, Ruhe und Gelassenheit.

Dialogfähigkeit als menschliche Qualität, das Eigene zu bewahren und das Andere zu achten: klar in der Sache, sich auf das besinnen, was man heute den Markenkern nennt, sich nicht der Beliebigkeit aussetzen. Als Prinzipien des christlich-marxistischen Dialogs wurden benannt:

- Respektierung der weltanschaulichen Grundpositionen des Partners,
- grundsätzlicher Verzicht auf Missionierung und Säkularisierung,
- Orientierung am Gemeinsamen,
- weltanschauliche Unterschiede aushalten, keine faulen Kompromisse oder Anbiederei,
- Lern- und Korrekturbereitschaft,
- Sachlichkeit, Geduld, Ehrlichkeit, und Vertrauen,
- Klassenkampfideologie ablegen und sich auf eine ehrliche Diskussion einlassen.

Ziele des Dialogs

Als Ziel des Dialogs wurde die „Verständigung über gemeinsame Standpunkte" angegeben „mit dem Ziel, bei der Lösung humanistischer oder gesellschaftlicher Aufgaben zusammenzuarbeiten"[103] und sich auch um die Entkrampfung des Verhältnisses von Christen und Marxisten zu bemühen.

Das bedeutet: Nicht jedes Gespräch zwischen Christen und Marxisten ist als Dialog zu beschreiben, sondern erst, wenn dieses Gespräch mit einer bestimmten Zielrichtung geführt wird, kann das Gespräch zum Dialog werden. Anders als in einer Diskussion, bei der Entscheidungsfindung und der Kampf der Argumente im Vordergrund stehen, geht es beim Dialog darum, abweichende Sichtweisen der anderen akzeptieren zu lernen – selbst, wenn diese ursprünglich für inakzeptabel gehalten wurden.

Die Behauptung ihrer „Richtigkeit" wird dafür zunächst zurückgestellt und hinsichtlich ihres Geltungsanspruchs in der Schwebe gehalten. Das ermöglicht den Teilnehmern, sich für die Ansichten und Meinungen der anderen zu öffnen und die dahinterliegenden Erfahrungen in den Blick zu nehmen. Das Wechselspiel der ausgetauschten Gedanken kann Anstöße für neue bieten. Die widersprüchliche Vielfalt der geäußerten Gedanken und Erfahrungen regt dazu an, verschiedene Einzelaspekte neu zu kombinieren und nach Zusammenhängen zwischen den Unterschieden zu suchen. So kann Neues entstehen, das sich ohne diesen Anstoß nicht entwickelt hätte.

---

[103] Hans Lutter: Evangelische Christen und Kirchen in der sozialistischen Gesellschaft der DDR, in: Deutsche Zeitschrift für Philosophie 5 (1989), 388.

Die Dialogformen

Wie wurde Dialog geführt, welche Dialogformen gab es? Für die Begegnung unterschiedlicher Menschen braucht es Formen und Räume, die bewusst Gelegenheiten zum Dialog bieten: Begegnungsorte, in denen unterschiedliche Menschen zu Wort kommen, und Gelegenheiten, an denen man nicht unter seinesgleichen bleibt, an denen man nicht nur mit denen spricht, die die gleiche Meinung teilen.

1. Die wohl häufigste Form: Marxisten wurden zu kirchlichen Veranstaltungen als Referenten und Diskussionspartner eingeladen: bei Tagungen der Evangelischen Akademien, Veranstaltungen der Studentengemeinden oder auf Kirchentagen, z. B. Tagung Systematischer Theologen zum Thema „Sinn des Lebens und Bedeutung der Arbeit" 1986, Tagungen der Kirchlichen Bruderschaft Sachsens zum Thema „Wissenschaftlich-technischer Fortschritt – menschliches Handeln zwischen Herrschaftsstreben und Schöpfungsbewahrung".

2. Christen, zumeist Theologen, wurden als Referenten eingeladen zu Veranstaltungen der marxistischen Seite, z. B. Tagung der Forschungsgruppe „Marxistische Religionswissenschaft" an der Pädagogischen Hochschule Güstrow zum Thema „Christliche Werte".

3. Christen und Marxisten trafen sich in paritätischer Zusammensetzung zum theoretischen Diskurs bei Veranstaltungen oder in kleineren Diskussionsrunden:

    a) z. B. monatliche Arbeitstreffen von marxistischen Philosophen und evangelischen Theologen im Rahmen der Forschungsgruppe „Marxisten und Christen im Dialog für Humanismus, Frieden und Fortschritt" an der Humboldt-Universität zu Berlin oder die Gründung des „Universitätszentrums für Frieden und Verständigung" an der Uni Rostock und

    b) kleiner privater Kreis in der Wohnung von Pfarrer Walter Feurich von der Kirchlichen Bruderschaft Sachsen: In diesen Gesprächen wurden häufig gesellschaftliche und kulturelle Themen in zwangloser Runde besprochen, mitunter auch diskutiert.

Größere organisierte Dialogveranstaltungen gab es in der DDR erst ab Mitte der 1980er Jahre. Voraussetzung war, eben auch theoretisch den Dialog erst einmal zum Thema zu machen, um sich dann dem Dialog in der Praxis, in Dialogveranstaltungen zuzuwenden.

Dialogzentren, Forschungszentren zur Religionswissenschaft waren Veranstalter und Organisatoren:

1. Forschungsgruppe „Marxistisch-leninistische Religionswissenschaft" an der Pädagogischen Hochschule Güstrow, gegründet 1974, Leitung Hans Lutter, forschte zum

Protestantismus in der DDR, publizierte „Forschungsberichte und Beiträge"; er überwand das vorwissenschaftliche Stadium marxistischer Religionswissenschaft;

2. Forschungsgruppe „Wissenschaftlicher Atheismus" an der Ingenieurhochschule für Seefahrt Warnemünde/Wustrow, gegründet 1972/73, Leitung Olof Klohr, forschte zum Katholizismus in der DDR, zur Religionssoziologie, publizierte die Reihe „Wissenschaftlicher Atheismus";

3. Forschungsgruppe „Marxisten und Christen im Dialog für Humanismus, Frieden und Fortschritt" an der Humboldt-Universität zu Berlin, gegründet 1979, Leitung Fritz Welsch, publizierte „Beiträge zur Theorie und Geschichte der Religion und des Atheismus";

4. Problemrat „Weltanschauliche Probleme der Zusammenarbeit von Kommunisten und Gläubigen" an der Akademie für Gesellschaftswissenschaften beim ZK der SED in Berlin, gegründet 1981, Leitung Wolfgang Kliem, publizierte „Beiträge zur Geschichte der Kirchenpolitik der SED".

Von 1986 bis 1990 gab es über 80 dokumentierte Dialogveranstaltungen mit einigen tausend Teilnehmern. Was unspektakulär klingt, sieht im DDR-Kontext ganz anders aus. Der Dialog zwischen Christen und Marxisten war eben unter DDR-Verhältnissen mehr als ein „Biologen konferieren mit Soziologen" oder „Mathematiker arbeiten mit Physikern interdisziplinär zusammen". Die Politik schwang mit, der Dialog konnte nicht losgelöst von ihr gesehen werden. Zwar standen nicht politische Entscheidungsfragen im Vordergrund, spielten aber immer eine Rolle mit, so dass für die Gesprächsteilnehmer der Druck vorhanden war, sich entsprechend gängiger politischer Konstellationen positionieren zu müssen bzw. auch die Bewertung über diesen Aspekt vorgenommen wurde. Dialog bedeutet aber, sich nicht gleich in einen politischen Stellungskrieg gedrängt zu fühlen. Er hat Chancen, wenn er sich auf die Ebene bezieht, die den politischen Positionierungen zugrunde liegt: Wertvorstellungen, ethische Prinzipien, Welt- und Menschenbilder oder Vorstellungen vom richtigen Leben.

Inhalte und Themen des Dialogs

Inhalte und Themen des Dialogs waren neben dem neuen Denken über Krieg und Frieden, Friedensverantwortung, Abrüstung, Wehrpflicht/Wehrersatzdienst, Pazifismus:

1. Humanismus, Menschenrechte (Gerechtigkeit, Freiheit), soziale Gerechtigkeit

2. Wissenschaftlich-technischer Fortschritt, Beherrschbarkeit von Natur und Technik, Wissen und Glauben

3. Marxismus und Religion, Atheismus

4. Staat und Kirche, staatliche Kirchenpolitik, kritische Rolle der Kirche, Christ in der sozialistischen Gesellschaft

5. Ethik und Moral, Menschenbild, Verantwortung

6. Sinn- und Existenzfrage

7. Demokratie in der DDR

8. Historische Themen im Zusammenhang mit der Erbe-Rezeption und der National-geschichte, Geschichtsdeutung, Zukunft.

Diese „allgemeinen" Themenstellungen, theoretischen Dialoginhalte, waren immer mit praktisch-politischen Themen gekoppelt. Betont wird, dass der Dialog der Religionen und Weltanschauungen nicht allein im Zeichen von Konsenssuche und Harmonie stehen kann, sondern auch im Zeichen von Differenz und der Aufgabe eines produktiven und respektvollen Umgangs mit bleibenden Unterschieden. Deshalb gehört zum Dialog nicht nur die Bereitschaft, dem Anderen mit Achtung, Respekt, Lernbereitschaft zu begegnen, sondern auch der Mut, sich dem Anderen mit der eigenen Glaubensperspektive zuzumuten.

Grenzen des Dialogs und Bewertung

Der christlich-marxistische Dialog wurde von der SED beargwöhnt. Er konnte ja zu ideo-logischen Aufweichungen oder zu revisionistischen Tendenzen führen, vielleicht gar die offizielle Kirchenpolitik der SED unterlaufen. Schon der Begriff „Dialog" war in der DDR über viele Jahre hinweg geradezu verpönt, genau nämlich seit dem Jahr 1968, als dieser Dialog recht intensiv den „Prager Frühling" begleitete. So wurde zwar in Politik und Wis-senschaft viel über die „Zusammenarbeit von Marxisten und Christen" geredet und ge-schrieben, aber der Begriff „Dialog" wurde nicht verwendet. Später wurde der Begriff in Anführungsstrichen geschrieben.

Die Begrenztheit des Dialogs hatte verschiedene Ursachen. Zum einen war auf beiden Seiten das gegenseitige Misstrauen auf Grund der gepredigten prinzipiellen Unversöhn-lichkeit von Marxismus und Christentum weit verbreitet. Dass Christen und Marxisten in der DDR und anderswo auf vielen Gebieten zusammenarbeiteten, wurde nicht als Ge-genbeweis akzeptiert, sondern in den Bereich politisch-taktisch begründeter Notwendig-keit eingeordnet.

Zum anderen auch: Die säkulare Verachtung von Glauben, weil dieser für veraltet oder irrational gehalten wird, ist ein Hindernis für den Dialog. Der Dialog setzt auf Freiheit, auf Begegnung und auf Respekt voreinander, was oft auch eine psychologische Frage ist.

Der Umgang mit dem Fremden, gerade wenn er in der Form von Letztüberzeugungen daherkommt, stellt einen selbst in Frage.

3. Ausblick

Thiede versus Schorlemmer – das war meine Ausgangsfrage. Dialog ja oder nein?

Die Antwort sollte sich nicht am Normativen orientieren, sondern an dem unter den jeweiligen Bedingungen Möglichen. Seitens der Dialogführenden in der DDR wurde der Dialog relativ einhellig als ein Verständigungs- und Kommunikationsprozess sowie als Erkenntnisprozess definiert mit dem Ziel einer Zusammenarbeit von Christen und Marxisten. Unter Annahme dieser Dialogdefinition lässt sich feststellen: Ja, es gab in der DDR einen christlich-marxistischen Dialog.

Er blieb gesamtgesellschaftlich gesehen in einem begrenzten Rahmen. Aber auch eine kleine Minderheit ist von Bedeutung als Teil des Ganzen. Es gab ihn, den christlich-marxistischen Dialog – vorrangig im akademischen Bereich – als eine kleine Denkfabrik, der aber eine geschlossene Gesellschaft war.

Mit der Wende verlor der christlich-marxistische Dialog an Bedeutung. Aber er könnte heute neue Perspektiven eröffnen für den Umgang mit differierenden Weltsichten, dass jetzt gemeinsam Themen aufgegriffen werden – mit dem Ziel, gesamtgesellschaftlich gehört zu werden, dass intelligente Dialogbereitschaft doch eigentlich ein *Muss* ist.

Reinhard Assmann

Der Bund Evangelisch-Freikirchlicher Gemeinden im DDR-Sozialismus und seine Rolle in der Friedlichen Revolution

Einleitung und Vorbemerkungen

September 1989:

„In unserem Lande ist die Kommunikation zwischen Staat und Gesellschaft offensichtlich gestört. [...] Auch die Kommunikation über die Situation und die Interessenlage ist gehemmt, [...] die Wünsche und Bestrebungen sind sehr verschieden [...]. Auf der einen Seite wünschen wir uns eine Erweiterung des Warenangebotes und bessere Versorgung, andererseits sehen wir deren soziale und ökologische Kosten und plädieren für die Abkehr von ungehemmten Wachstum. Wir wollen Spielraum für wirtschaftliche Initiative aber keine Entartung in eine Ellenbogengesellschaft. Wir wollen das Bewährte erhalten und doch Platz für Erneuerung schaffen, um sparsamer und weniger naturfeindlich zu leben. Wir wollen freie, selbstbewusste Menschen, die doch gemeinschaftsbewusst handeln. Wir wollen vor Gewalt geschützt sein und dabei nicht einen Staat von Bütteln und Spitzeln ertragen müssen. Faulpelze und Maulhelden sollen aus ihren Druckposten vertrieben werden, aber wir wollen dabei keine Nachteile für sozial Schwache und Wehrlose. Wir wollen ein wirksames Gesundheitswesen für jeden, aber niemand soll auf Kosten anderer krankfeiern. Wir wollen an Export und Welthandel teilnehmen, aber weder zum Schuldner und Diener der führenden Industriestaaten noch zum Ausbeuter und Gläubiger der wirtschaftlich schwachen Länder werden."[104]

Soweit ein Zitat aus dem Aufruf des Neuen Forums, der im September und Oktober 1989 auch in manchen Baptistengemeinden zur Unterschrift auslag.[105]

---

[104] Aufbruch 89 – Neues Forum, September 1989, in: Privatarchiv Reinhard Assmann.

[105] Werner: Verhalten, 51, Anm. 137; ein detailliertes Quellen- und Literaturverzeichnis befindet sich im Anschluss an diesen Beitrag.

Mit anderen Worten: Wir wollen ein verbessertes Land – aber die Errungenschaften des Sozialismus nicht abschaffen. So etwa dachten noch bis zum Dezember 1989 die weitaus meisten DDR-Bürger. Wie viel Sozialismus hatten wir längst akzeptiert und verinnerlicht?

In meinem Referat beschränke ich mich mit dieser Frage auf die DDR-Baptisten. Ich habe dazu ihr Verhältnis zum Sozialismus in den verschiedenen Phasen der DDR-Geschichte untersucht sowie ihre Rolle in der Friedlichen Revolution.

Folgende weitere Vorbemerkungen sind zunächst nötig:

1. Der „Bund Evangelisch-Freikirchlicher Gemeinden (BEFG) im Sozialismus" spielt natürlich auf die Formel „Kirche im Sozialismus" an, die 1971 von Bischof Albrecht Schönherr für den Bund Evangelischer Kirchen in der DDR eingeführt wurde. „BEFG im Sozialismus" – war das mehr als nur eine Ortsbeschreibung?

„Sozialismus" verstehe ich in diesem Referat nicht als umfassenden theoretischen Lehrbegriff, sondern schlicht als Gesellschaftsformation, als Umschreibung der realen sozialistischen Gesellschaft der DDR. Dieser Sozialismus als Gesellschaftsordnung war in der DDR allerdings in den engen Rahmen einer SED-Parteidiktatur gezwängt, die sich obendrein noch mit einer marxistisch-atheistischen Weltanschauung schmückte. Wenn es Reibung gab, dann zuerst daran, nicht am Sozialismus. Mir ist klar, dass der Sozialismus-Begriff allerdings 1990 dennoch so kompromittiert war, dass er – mit Werner Krusche gesprochen – für lange Zeit unbrauchbar geworden war.[106] Versuchen wir also nun, nach 30 Jahren, uns ihm wieder vorsichtig zu nähern.

2. Der BEFG bezeichnet einen Bund aus Baptisten-, Brüder- und Elimgemeinden, die in diesem Referat nicht gesondert untersucht werden. Wenn verkürzt von Baptisten die Rede ist, müssen die anderen zumeist mitgedacht werden.

3. Ich beschränke die Geschichte des BEFG in der DDR heute nur auf sein Verhältnis zum Sozialismus und bin mir bewusst, dass das den Blick verzerrt – aber um die ganze Bundesgeschichte nur annähernd darzustellen, reicht natürlich die Zeit nicht aus.

4. Die eigentlichen Akteure des Bundes sind seine Gemeinden und letztlich die einzelnen Mitglieder. Wenn wir aber nach Quellen suchen, finden sich zunächst im Wesentlichen nur Aussagen der Bundesleitungsebene sowie offizielle Statements in Zeitungen und Zeitschriften, und diese sind naturgemäß positiv im Blick auf den Sozialismus formuliert. Kritik am Sozialismus gab es eher nicht schriftlich.

Wenn es um einzelne Baptisten im Sozialismus geht, müssen wir schließlich bei jeder Aussage genau hinschauen, von wem sie stammt. Ich unterscheide vier Grundtypen:

---

[106] Siehe Krusche: Rückblick, 33.

Es gab 1. die „Engagierten", die ihr Christsein als Auftrag, als Zeugnis und Dienst verstanden und die sich über ihre Gemeinde hinaus missionarisch und/oder gesellschaftlich einsetzten.[107]

Es gab 2. die „Bewahrer", die die Gemeinde als Zufluchtsort in feindlicher oder sich verändernder Umgebung suchten. Auch sie haben manchmal evangelisiert, um Menschen aus der Welt heraus zu retten in die Gemeinde.

Es gab 3. die „Pragmatiker"[108], die noch mehr vom Leben wollten als Zeugnis und Dienst, die eigene Lebensentwürfe pflegten und für die Gemeinde nur soweit wichtig war, wie sie in ihr Leben passte und ihnen nützte.

Und es gab schließlich 4. die hauptamtlichen „Funktionäre", die in Gemeinden und Bund verantwortlich waren, die anvertrauten Gemeinden zu bewahren, die Gespräche mit staatlichen Vertretern führen mussten, um Genehmigungen zu erwirken und auch in einzelnen Krisenfällen zu helfen.

Sie alle hatten einen sehr unterschiedlichen Bezug zum Sozialismus. In der folgenden Untersuchung kommen allerdings fast nur Beispiele aus der ersten „Engagierten"-Gruppe und der letzten „Funktionäre"-Gruppe zur Sprache, auch wenn mir bewusst ist, dass sie offensichtlich die Minderheit stellten. Kaum Zeugnisse haben wir von den „Bewahrern", sie wollten eher unpolitisch sein.[109] Und die „Pragmatiker" konnten sich je nach Situation und Nutzen angepasst oder auch widerständig verhalten, viele aus dieser Gruppe flohen in den 50er Jahren oder dann zum Ende der 80er Jahre in den Westen.

5. Ein letzter Hinweis zu den verwendeten Quellen, in denen sich verwertbare Aussagen finden: Interessant sind die jährlichen Berichte der Präsidenten zu den Bundeskonferenzen, weiterhin die Bundesbriefe, Artikel aus der Monatszeitschrift „Wort und Werk" sowie aus der CDU-Tagespresse. Zugleich finden sich einige Einschätzungen aus staatlicher Sicht in den Unterlagen des Innenministeriums und des Staatssicherheitsdienstes. Nach der Wende gab es einzelne Veröffentlichungen – immer noch ergiebige Quellen sind die

---

[107] Dietrich Mendt beschreibt sie als Menschen, die meinten, einen doppelten Auftrag von Gott in diesem Lande zu haben: Menschen für Jesus Christus zu werben und die DDR menschlicher und gerechter zu machen im Sinne von „Suchet der Stadt Bestes" (Jer. 29, 7), in: Mendt, Kirche, 7.

[108] Detlef Pollack spricht von den „glücklichen Pragmatikern", zit. bei Wolf: Staatsbürgerschaft, 38.

[109] Prediger Paul Markowski bezeichnet in einem Presseartikel die Unpolitischen als den größten Feind des deutschen Volkes, da durch sie Hitler an die Macht kam und der gegenwärtige Wiederaufbau gefährdet sei; siehe Paul Markowski: Der größte Feind des deutschen Volkes, Manuskript vom 30.01.1946 in: OAE A25/13 Presse BEFG (DOK 9).

beiden Sammelbände von Jörg Swoboda, „Die Revolution der Kerzen", und Ulrich Ma-terne und Günter Balders, „Erlebt in der DDR", beide leider vergriffen. Von meinem Leit-faden zur Geschichte des BEFG in der DDR gibt es noch einzelne Restexemplare des Verlages am Büchertisch, ebenso von dem Beiheft 9 zum Theologischen Gespräch von Simon Werner zur Auswertung einer Umfrage von 2003 zum BEFG-DDR. Dieses letztere ist eine Fundgrube zum politischen Verhalten einzelner Mitglieder und Gemeinden – al-lerdings natürlich aus dem Rückblick.

Ich lade nun ein zu einem Weg durch die verschiedenen Phasen der Geschichte des BEFG in der DDR, auf dem wir wahrnehmen, wie sich das Verhältnis zum Sozialismus gestaltete. Ich habe die Phasen grob nach den vier Jahrzehnten der DDR eingeteilt und die kurze Vorgeschichte 1945–49 sowie die Zeit der Friedlichen Revolution 1989/90 hin-zugefügt.[110]

0. Stabilisierung zum Ende der 40er Jahre: Die Vorgeschichte (1945–49)

Die Zeit nach Kriegsende war geprägt durch die Sicherung des Überlebens und den be-ginnenden Wiederaufbau. Schon bald zeichnete sich eine unterschiedliche Entwicklung in Ost und West ab, die Währungsreformen verstärkten den Trennungsprozess.

Im Osten fanden sich die Kirchen nun in der sowjetisch besetzten Zone vor, das Gegen-über war die Sowjetische Militäradministration (SMAD); wie sollte man sich den bisher abgelehnten Bolschewisten gegenüber verhalten? Überraschend daher, dass die Sow-jets die Kirchen anfangs recht freundlich behandelten. Christen und Kommunisten waren sich in den KZs begegnet und hatten sich achten gelernt. Klaus Gysi, SED-Staatssekretär für Kirchenfragen, betonte über 30 Jahre später, wie wichtig dieses kostbare geschichtli-che Erbe für die Beziehungen zwischen Staat und Kirche sei.[111] Männer der Bekennen-den Kirche (BK) hatten Widerstand geleistet – so kamen nach dem Krieg die Kirchen als einzige Institutionen relativ glimpflich davon (sie wurden von der Bodenreform ausgenom-men, konnten ihre diakonische Arbeit, ihre Verlagsarbeit und theologische Ausbildung schnell wieder fortsetzen).[112]

1947 formulierte der Bruderrat der Evangelischen Kirche in Deutschland (EKD), der alte Leitungskreis der BK, in Darmstadt ein Schuldbekenntnis, das weit über das Stuttgarter Bekenntnis von 1945 hinausging. Darin heißt es:

---

[110] Vgl. Assmann: Bund, 14–20.
[111] Siehe Schönherr: Weg, 10.
[112] Ebd., 10f.

„Wir sind in die Irre gegangen, als wir übersahen, dass der ökonomische Materialismus der marxistischen Lehre die Kirche an den Anfang und die Verheißung der Gemeinde für das Leben und Zusammenleben der Menschen im Diesseits hätte gemahnen müssen. Wir haben es unterlassen, die Sache der Armen und Entrechteten gemäß dem Evangelium von Gottes kommendem Reich zur Sache der Christenheit zu machen."[113]

Noch während des Krieges hatte der Kommunist Wilhelm Pieck, späterer Präsident der DDR, von einer dringend notwendigen Zusammenarbeit zwischen Kommunisten und Christen gesprochen.[114] Otto Buchwitz, Mitglied des Zentralkomitees der SED (ZK), wandte sich 1946 in einem offenen Brief an alle Christen und bemühte sich, gemeinsame Überzeugungen zu formulieren, die in der Frage gipfelten: „Kann und muss nicht ein wahrhafter Christ ein überzeugter Anhänger des konsequenten Marxismus sein? Ich meine ja [...]."[115] Und das ZK der SED veröffentlichte am 27. August 1946 eine Klarstellung zu einem programmatischen Artikel des CDU-Vorsitzenden Jakob Kaiser, der erklärt hatte, es gehe heute ums Prinzip: Christentum oder Marxismus. (Die CDU vertrat noch in ihrem Ahlener Programm einen „christlichen Sozialismus" in Konfrontation zum marxistischen.) Die ZK-Erklärung stellte klar: „Der christliche Glaube und die Zugehörigkeit zu einer Religionsgemeinschaft sind kein Hinderungsgrund für das Bekenntnis zum Sozialismus und für die Mitgliedschaft in der marxistischen Partei."[116]

Dies betraf auch die 1946 gebildete Freie Deutsche Jugend (FDJ), die ausdrücklich auch die gläubigen Jugendlichen zur Mitarbeit einlud.

Im BEFG wurden bereits im Juli 1945 die ostdeutschen Brüder der Bundesleitung (BL) für die Gemeinden in der SBZ bevollmächtigt; seit 1948 durften sie eigenständig Beschlüsse für ihr Gebiet fassen. Prediger Otto Ekelmann suchte gleich nach Kriegsende Kontakt zur SMAD und konnte nach wenigen Monaten ein Mitteilungsblatt für die Gemeinden herausgeben, 1947 erhielt er die Lizenz für das Monatsblatt „Wort und Werk" und zwei Jahre später für einen Verlag – nicht ohne den Widerstand der westdeutschen Bundesleitung, die Konkurrenz zu den bundeseigenen Veröffentlichungen befürchtete.

---

[113] Wort des Bruderrates der Evangelischen Kirche in Deutschland zum politischen Weg unseres Volkes, These 5, in: KJ 1945–48, 220–222.

[114] Siehe: Aus der Rede Wilhelm Piecks über die Zusammenarbeit von Christen und Kommunisten vor der 10. Vollsitzung des Nationalkomitees „Freies Deutschland" vom 15.06.1944, in: Dohle: Wege, 133.

[115] Siehe: Aus dem offenen Brief an alle Christen von Otto Buchwitz, Mitte August 1946, in: ebd., 162–164.

[116] SED und Christentum. Eine notwendige Klarstellung des Zentralkomitees der Sozialistischen Einheitspartei Deutschlands vom 27.08.1946, in: ebd., 165–167.

Noch bis Anfang der 50er Jahre konnten diese westlichen Schriften mehr oder weniger unbehindert in den Osten geliefert werden. Dazu bedurfte es eines Beschlusses der Gesamt-BL, „in unseren Blättern und in anderen Verlagserscheinungen sich nicht in eine politische Auseinandersetzung mit dem Kommunismus einzulassen, weil die Vorgänge im Bereich des politischen Kommunismus nicht in unser Aufgabengebiet gehören".[117]

Otto Ekelmann hingegen nahm in „Wort und Werk" in dieser Zeit hin und wieder politische Fragen auf, ergriff vehement Stellung gegen die Wiederaufrüstung im Westen[118] und erinnerte 1948 an den 65. Todestag von Karl Marx[119]. Zu den Themen Atheismus und Kommunismus ließ er geschickt stets andere Autoren zu Wort kommen oder berichtete über Christen und Kommunisten in Rot-China: „Der Erzbischof von York, Dr. C. Carbett, bezeichnete die Behauptung gewisser Kreise, dass in einem kommunistischen Staat kein Platz für das Christentum sei, als unwahr."[120] oder: „Der Prager Theologe, Professor Hromádka, sagte bei der Amsterdamer Weltkirchenkonferenz: [...] Obwohl der Kommunismus eine atheistische Lebensform sei, habe er viel vom sozialen Schwung des Christentums."[121]

In den Gemeinden waren andere, Überlebens- und Genehmigungsfragen, bestimmend. Die neuen Behörden vor Ort mögen hin und wieder skeptisch im Blick auf Freikirchen gewesen sein – es liegen einzelne offensichtlich eingeforderte Loyalitätserklärungen von Gemeinden gegenüber der Obrigkeit vor, z. B. aus der Evangelisch-Freikirchlichen Gemeinde (EFG) Gera, wo vermutlich antisowjetische Flugblätter bei Gemeindegliedern aufgefunden wurden.[122]

Diese erste Phase bis zur Gründung der DDR war geprägt von der Anpassung an die neue Nachkriegsordnung. Stellungnahmen zum Sozialismus sind trotz der deutlich signalisierten Offenheit der SED allerdings eher rar.

---

[117] Bundesleitung-Protokoll 01./02.11.1948, in: OAE A3 BL-Protokolle V, 310.

[118] WuW 2 (1949), 23.

[119] Umschau, in: WuW 4 (1948), 48.

[120] WuW 11 (1948), 132.

[121] WuW 12 (1948), 144 (Zitat im Original fehlerhaft).

[122] Siehe: Niederschrift Mitgliederversammlung der EFG Gera vom 01.08.1948, in: OAE A25/21 Briefe 115.

1. Neuorientierung in den 50er Jahren: Missionieren!

Die erste wirkliche DDR-Phase begann mit der DDR-Gründung 1949 und – nach dem Scheitern von Stalins Plänen für ein einheitliches Deutschland – dem SED-Beschluss zum Aufbau des Sozialismus 1952. Sie war geprägt durch eine repressive stalinistische Innenpolitik, die u. a. 1953 zum Volksaufstand in der DDR führte und die eine Massenabwanderung der Bürger in den Westen zur Folge hatte. Auch die Kirchenpolitik der SED führte in den 50er Jahren immer wieder zu Konfrontationen mit der EKD, die ihrerseits der DDR eher ablehnend gegenüberstand. Konfliktfelder wie die Kampagne gegen die Jungen Gemeinden, die Einführung der Jugendweihe, die Militärseelsorge und eine verschärfte atheistische Propaganda heizten die Auseinandersetzungen an.

Der EKD fiel es schwer, den DDR-Staat als Obrigkeit ernst zu nehmen. Ihr Ratsvorsitzender Bischof Otto Dibelius war bekannt für seine kuriose Äußerung, dass man einem atheistischen Regime nicht gehorsam zu sein habe – und z. B. Geschwindigkeits-Begrenzungs-Schilder im Osten für ihn keine Beachtung fänden.[123] Viele westliche Kirchenführer rechneten mit einem baldigen Ende der „Ostzone". Und auch im Osten galten Anfang der 50er Jahre 75 % der Pfarrer als politisch unzuverlässig, 13 % als offene Gegner und nur 12 % als „fortschrittlich".[124] Die weitaus meisten fühlten sich nach wie vor mit der Tradition des „Christlichen Abendlandes" und ihren Privilegien als Volkskirche verbunden.[125] Und nun wurde die Kirche in ihrer jahrhundertealten führenden Rolle in Gesellschaft, Bildung und Kultur beschnitten. Als die EKD-Synode 1957 den Militärseelsorgevertrag mit der Bundesrepublik abschloss (mit den Stimmen der ostdeutschen Synodalen!), galt sie für die SED nur noch als „NATO-Kirche"; alle Kontakte zum Rat der EKD wurden abgebrochen.

In der Folge versuchten ostdeutsche Kirchenvertreter, vor allem der thüringische Bischof Moritz Mitzenheim, den Gesprächsfaden mit der DDR-Regierung wieder aufzunehmen. Nach drei Gesprächsrunden 1958 mit Ministerpräsident Otto Grotewohl vereinbarten sie, dass der Militärseelsorgevertrag für die Kirchen in der DDR keine Bedeutung habe, und

---

[123] Siehe Dibelius: Obrigkeit, 1959.

[124] Kühl: Bund, 9.

[125] Einer der wenigen, die dagegen polemisierten, war Johannes Hamel, Dozent am Katechetischen Oberseminar in Naumburg: „Wer das bekennende Nein gegenüber der marxistischen Heilslehre proklamiert, muss sich fragen lassen, ob er statt Jesus Christus im Grunde nur das Christliche Abendland oder etwa nur die traditionelle, einflussreiche Stellung der Kirchen Europas [...] meint.", in: Hamel: Christenheit, 52. Hamel, der über ein Jahr in Politischer Haft saß, trat stets gegen die Gleichsetzung des Marxismus mit dem Atheismus und Antichristentum ein. Und er zitierte Gustav Heinemann, der 1958 vor dem Bundestag formulierte, dass „Christus nicht gegen Karl Marx, sondern für uns alle gestorben ist", ebd. 37, 40.

– man beachte –: Die Christen in der DDR „respektieren die Entwicklung zum Sozialismus"![126]

Für die sogenannten „fortschrittlichen" Christen war dies ein Erfolg. Sie hatten längst ihr Bekenntnis zum Sozialismus vollzogen und übten sich, vor allem innerhalb der CDU-Ost, im gesellschaftlichen Engagement.

Wie standen die Baptisten in dieser Zeit zum Sozialismus?

Die 50er Jahre waren im BEFG Missionsjahre. Bundesevangelisten für den Osten wurden berufen, besonders die junge Generation ließ sich missionarisch aktivieren. Während sich Anfang der 50er Jahre der Konflikt der SED mit den Jungen Gemeinden aufheizte, radelten die jungen Baptisten frank und fromm auf Missionstour durch die DDR von Gemeinde zu Gemeinde, offensichtlich weitgehend unbehelligt. Baptisten antworteten auf den kirchenfeindlichen atheistischen Kurs der SED nicht mit politischem Widerstand, sondern mit Mission.[127]

1951 mahnte die BL-Ost die Gemeinden, mehr Disziplin zu zeigen, „damit kein Abgleiten auf das politische Gebiet vorkommt".[128] Vor Augen stand das Schicksal des Evangelisten Helmut Samjeske, der 1950 aufgrund kritischer politischer Äußerungen verhaftet wurde und 1952 im Gefängnis verstarb.[129] Aber er blieb eine der wenigen Ausnahmen.

Baptisten hatten – anders als die Landeskirchen – keine Privilegien zu verlieren, und sie konnten wegen ihrer Bundesstruktur relativ leicht vom Westen unabhängige Strukturen entwickeln. Schon 1951 gab es eine erste eigene Bundeskonferenz Ost.

Das Hauptproblem in diesen Jahren war weniger das Verhältnis zum Staat, sondern die Abwanderung zahlreicher Mitglieder in den Westen. Und die Hauptgefahr für die Gläubigen sah man nicht in der Anpassung an den Sozialismus – nein, die ernste Gefahr war die Anpassung an das weltliche Leben! Davor warnten viele Artikel in „Wort und Werk".

Otto Ekelmann schrieb 1950:

> „(Wir Freikirchen in der DDR) sind nicht berufen, als Schiedsrichter im Auftrag großer weltweiter Ideologien aufzutreten. Schon deswegen nicht, weil wir klar erkennen, dass das Ende eines bürgerlich-liberalen Zeitalters da ist. Und *ungestüm und unauf-*

---

[126] Das sogenannte Kommuniqué vom 21.07.1958, in: KJ 1958, 144 f.

[127] Siehe Assmann: Missionare, 98.

[128] Bundesleitung-Protokoll vom 01.05.1951, in: OAE A3 BL-Protokolle I.

[129] Siehe Assmann: Samjeske, 639 f.

haltsam das sozialistische Zeitalter seinen Aufbruch nimmt. Der *eine* Auftrag der lebendigen neutestamentlichen Gemeinde ist, der Welt die frohe Botschaft zu sagen."[130]

Und er beklagt die „Weltversuchungsstunde" des Westens „auf der Grundlage des Reichtums, des schrankenlosen Genusses und der Flut der Unsittlichkeits-Zeitschriften".

Mit zahlreichen Bibelstellen begründete der Schriftleiter von „Wort und Werk", dass die Gemeinde keinen politischen Auftrag habe, sondern ausschließlich den Missionsauftrag. Sie habe auch kein Wächteramt der Kirche über den Staat, vielmehr sei sie „gern Untertan jeder Regierung, unter deren Schirm sie ein ruhiges und stilles Leben in Frömmigkeit führen kann."[131]

Viel weiter ging Pastor Franz Dreßler in seiner Broschüre „Die soziale Verantwortung der Christen", eine der ersten Veröffentlichungen im soeben genehmigten Verlag 1950. Er zitiert zu Beginn den Anfang des Kommunistischen Manifestes und beklagt, dass die Kirchen und Christen blind für die junge sozialistische Bewegung gewesen seien, obwohl die Bibel voller sozialer Forderungen stecke und die Botschaft des Reiches Gottes uns schon in dieser Welt in die Verantwortung für den Menschen rufe. Und er zitiert Hans Lutz:

> „Nur indem wir den Menschen ganz ernst nehmen, nehmen wir Gott ganz ernst. Karl Marx hat den Menschen ganz ernst genommen in seiner unmenschlichen Existenz. Die Kirche glaubte, Gott ganz ernst zu nehmen, und nahm die unmenschliche Existenz des Menschen nicht ernst genug. *Wer von beiden hat nun Gott wirklich ernst genommen?*"[132]

Erst fünf Jahre später – nach langer politischer Abstinenz – überraschte „Wort und Werk" unvermittelt mit dem Artikel „Kann ein Christ Marxist sein?", der Autor wird nicht genannt.[133] Darin heißt es: Zwar würden viele Gläubige den Marxismus ablehnen wegen seiner gottfeindlichen Propaganda und auch wegen politischer Tagesereignisse mit ihren Härten, aber die Ablehnung der Beschäftigung mit seinen Grundanschauungen sei verantwortungslos. Der Autor stellt sodann die Grundzüge des Marxismus (nach Stalin) zusammen und resümiert: Der gläubige Christ habe die Gesetzmäßigkeiten der gesellschaftlichen Entwicklung unvoreingenommen anzuerkennen, er glaube aber, dass Gott der Ursprung aller Gesetze ist. Und er vermerkt, dass er sich mit diesem Artikel an die

---

[130] WuW 8 (1950), 95 (Hervorhebungen im Original).

[131] WuW 11 (1950), 129.

[132] Dreßler: Verantwortung, 8 (Hervorhebung im Original) (DOK 10); vgl. A[lfred] Wolf: Die soziale Verantwortung der Christen, in: WuW 12 (1951), 137 f.

[133] WuW 9 (1955), 100 (DOK 7).

Gläubigen wende, die meinen, an alten sogenannten christlichen Gesellschaftsmodellen festhalten zu müssen und damit irren. Und er wolle diejenigen ansprechen, die sich überhaupt nicht um Politik kümmern. Es gehe ihm darum, „nicht unbedacht und leichtfertig den Marxismus, der von Gott gebraucht wurde, eine satt und in höchstem Maße ungerecht gewordene Welt aufzurütteln, ab(zu)tun und (zu) kritisieren!"[134] – Begeistert zitierte die CDU-Zeitung „Neue Zeit" diesen Beitrag und vermerkte, dass sich, wie schon mehrfach gemeldet, in den kleinen Religionsgemeinschaften „häufig eine größere Aufgeschlossenheit für die Fragen unserer Zeit vorfindet als in den großen Konfessionen".[135]

Und ja, es gab sie auch im BEFG, die engagierten fortschrittlichen Brüder, oft ironisch auch die „roten Friedenspfarrer" genannt. Sie hatten einschneidende Erfahrungen in Krieg und Gefangenschaft gemacht und engagierten sich nun aus tiefer Überzeugung in der staatsnahen Friedensbewegung. Zu ihnen gehörten die Prediger Otto Ekelmann, Herbert Kautz, Paul Markowski, Lothar Reuter, Alfred Wolf.[136] Andere fanden in der CDU eine Plattform für ihr gesellschaftliches Mittun, u. a. Siegfried Fischer, Gottfried Geißler, Walter Riedel, Manfred Specht. Ab Ende der 50er Jahre meldeten sie sich auch zum Thema Sozialismus zu Wort.

Walter Riedel, Unternehmer mit staatlicher Beteiligung, Mitglied der Dresdener Brüdergemeinde und Abgeordneter der DDR-Volkskammer, äußerte sich in der „Neuen Zeit" zum Thema Atheismus: Die marxistische Kritik an der Religion sei die Kritik am Komplott der Kirchen mit den herrschenden Gesellschaftskreisen in der Geschichte und bis heute (Adenauer) gewesen. Das bigotte Christentum des Kapitalismus könnten auch wir nur ablehnen. Und an der Seite der Marxisten, trotz weltanschaulicher Unterschiede, mitarbeiten. Und er beklagt, dass in seiner Jugendzeit in der Gemeinde nur über moralische und sittliche Fragen gesprochen wurde und nicht über Fragen wie: Woher kommt Eigentum? Was ist Mehrwert? Dabei habe Christus doch immer den ganzen Menschen gesehen und sei damit Vorbild für den Weg in den Sozialismus.[137]

Walter Riedel hatte 1956 als einer der ersten mittelständischen Unternehmer bewusst den Weg in die Halbstaatlichkeit gewählt. Die SED hatte der CDU die Konzeption dieses einzigartigen Wirtschaftsmodells überlassen. Riedel als Mitglied des Hauptvorstandes

---

[134] Ebd., 108.

[135] Der Christ und der Sozialismus, in: NZ, 07.09.1955.

[136] Siehe Reinhard Assmann: „Sie sind doch auch für den Frieden?", in: Materne/ Balders: Erlebt, 267–282, hier: 267; dass es unter ihnen auch einzelne gab, die sich bereitfanden, mit dem Staatssicherheitsdienst zusammenzuarbeiten, beschreibt Andrea Strübind: Kennwort: „Herbert aus Halle". Ein Forschungsbericht über die Verbindungen zwischen Baptisten und dem Ministerium für Staatssicherheit in der DDR, in: ZThG 2 (1997), 164–201.

[137] Walter Riedel: Taten allein überzeugen, in: NZ, 27.11.1958 (DOK 12).

der CDU begründete diesen Weg natürlich mit den Lehren von Marx und Engels, auch wenn ihm bewusst war, dass dies eine Gratwanderung bedeutete. Für ihn war deshalb auch der geschäftsmoralische Aspekt wichtig – darin sei der Unternehmer im Sozialismus den Kapitalisten der Bundesrepublik haushoch überlegen, auch wenn manche derer Geschäftsbücher auf der ersten Seite zeichneten: „Mit Gott". 1972 war dieser Sonderweg allerdings vorbei, die Betriebe mit staatlicher Beteiligung wurden enteignet. Riedel durfte bis zum Ruhestand als Betriebsleiter verbleiben.[138]

Im Rückblick auf diese erste Phase schrieb Rolf Dammann, Geschäftsführer des BEFG-Ost, recht kühl einen Beitrag zum 10. Jahrestag der DDR: Der Stadt Bestes suchen und für sie beten ist sein Thema – er kommt gänzlich ohne den Begriff Sozialismus aus.[139] Die letzten der 50er Jahre hatten erheblichen Konfliktstoff mit staatlichen Behörden beschert, es hatte massive Behinderungen gegeben bei der Teilnahme am Kongress der Europäischen Baptisten (EBF) 1958, an der Evangelisation mit Billy Graham und der letzten gemeinsamen Bundeskonferenz 1960 – alle drei fanden in Westberlin statt.

2. Konsolidierung in den 60er Jahren: Anpassen!

Die zweite Phase begann mit einer erneuten Fluchtwelle, ausgelöst durch das LPG-Gesetz von 1959, und mit der Grenzschließung 1961. Geprägt war diese Phase vor allem durch die Verschärfung des Kalten Krieges zwischen Ost und West (Kuba-Krise 1962, Einmarsch der Warschauer-Pakt-Truppen in die CSSR 1968). Innenpolitisch beruhigte sich das Klima zunächst, auch zwischen Staat und Kirche, aber neue Gesetze, wie die Wehrpflicht 1962, das Jugendgesetz 1964, die vormilitärische Ausbildung und die neue Verfassung 1968 eröffneten erneut Konfliktfelder.

1960 hatte der Staatsratsvorsitzende Walter Ulbricht vor der Volkskammer eine programmatische Erklärung abgegeben, darin hieß es: „Das Christentum und die humanistischen Ziele des Sozialismus sind keine Gegensätze."[140] Viele verstanden dies als Ansatz für einen weiteren Dialog. Dieser fand – da es keine Gesprächsebene mehr mit der EKD gab – zunächst nur mit einzelnen Persönlichkeiten statt.

---

[138] Siehe Walter Riedel: Staatsbeteiligung contra business „Mit Gott", in: NZ, 29.04.1960 (DOK 13); vgl. Riedel: Unternehmen, 57 ff., 83 ff.

[139] Siehe R[olf] D[ammann]: „Suchet der Stadt Bestes!", in: WuW 10 (1959), 2.

[140] Aus der Programmatischen Erklärung des Vorsitzenden des Staatsrates der Deutschen Demokratischen Republik, Walter Ulbricht, vor der Volkskammer am 4. Oktober 1960, in: Dohle: Wege, 36 f.

Prof. Emil Fuchs, Theologe, Quäker und religiöser Sozialist (zu seiner Person wäre ein eigenes Referat notwendig) reagierte darauf mit einem offenen, dankbaren Brief an Ulbricht. Am 9. Februar 1961 überbrachte er ihn Ulbricht mit weiteren 32.000 Unterschriften von Christen aus der DDR. In dieser Begegnung, bei der auch freikirchliche Vertreter anwesend waren, bekräftigte Ulbricht erneut die gemeinsame Verantwortung von Christen und Marxisten trotz unterschiedlicher Weltanschauungen.[141]

Bischof Mitzenheim verstand sich als Sprecher der ostdeutschen Landeskirchen. Zu erwähnen ist vor allem sein legendäres Gespräch 1964 mit Ulbricht auf der Wartburg, bei dem der Weg der gemeinsamen humanistischen Verantwortung beim Aufbau des Sozialismus bekräftigt wurde.[142]

Die Konferenz der Kirchenleitungen der DDR sah ihrerseits die Zeit gekommen für eine theologische Grundsatzerklärung „Über Freiheit und Dienst der Kirche", bekannt als die „Zehn Artikel" von 1963, formuliert im Stil der Barmer Erklärung von 1934. Besonders wichtig daraus zu vermerken: Auch ein Staat, der seinen Auftrag verfehlt, bleibt unter der Herrschaft Gottes. Und: Die Kirche ist verpflichtet, für die Wahrheit einzustehen, zum Missbrauch der Macht nicht zu schweigen und Gott mehr zu gehorchen als den Menschen. Schließlich: Die Weltrevolution kann nicht die letzte Entscheidung sein.[143] – Ein Dokument, das zwischen der totalen Ablehnung (Dibelius) und einer ideologischen Vereinnahmung (Mitzenheim) einen Mittelweg sucht, die DDR als Obrigkeit anzuerkennen, nicht aber den Absolutheitsanspruch der Ideologie.

Der Weißenseer Arbeitskreis, eine Gruppe eher linker evangelischer Theologen, kritisierte die Zehn Artikel als zu abwehrend und plädierte für ein mehr positives solidarisches Verhältnis zu Staat und Gesellschaft. Er verfasste „Sieben Thesen" und verstand sie als weiterführend. Es heißt darin: „(Wir) können so auch in der sozialistischen Gesellschaftsordnung verantwortlich mitleben [...] – frei von Antikommunismus und Opportunismus – [...] ohne eine christliche Front aufzurichten."[144]

---

[141] Siehe: Die Dokumente des 9. Februar 1961, in: ebd., 38–60; zu seinen bedeutenden Veröffentlichungen gehört die zweibändige „Christliche und marxistische Ethik" 1958/59.

[142] Siehe: Ausführliche Fassung des Gesprächs des Vorsitzenden des Staatsrates der Deutschen Demokratischen Republik, Walter Ulbricht, mit dem Landesbischof der Evangelisch-Lutherischen Kirche Thüringen, D. Dr. Moritz Mitzenheim, auf der Wartburg bei Eisenach am 18.08.1964, in: Dohle: Wege, 61–80.

[143] Siehe: Zehn Artikel über Freiheit und Dienst der Kirche vom 08.03.1963, in: KJ 1963, 181–185.

[144] Von der Freiheit der Kirche zum Dienen. Theologische Sätze des Weißenseer Arbeitskreises, in: ebd., 194–198, hier: 196.

Die Gründung des Bundes Evangelischer Kirchen in der DDR 1969 bot schließlich eine neue Ebene für die Begegnung mit dem staatlichen Gegenüber in der nächsten Phase der Kirchenpolitik.

Das Verhältnis des BEFG zum Staat schien Anfang der 60er Jahre eher abgekühlt. In einer Analyse der Volkspolizei vom Juli 1961 wurde eingeschätzt: „Sie haben sich den Deckmantel der Loyalität umgehängt, um ungehindert ihren Interessen nachzukommen."[145] Das Bestreben des Staates war daher groß, dem BEFG und anderen Freikirchen ein deutliches Bekenntnis zur DDR und dem Weg des Sozialismus abzuringen, unterstützt von engagierten Brüdern wie Walter Riedel. Bundesvorsitzender Herbert Weist erstellte im Herbst 1961 einen Entwurf für eine Loyalitäts-Erklärung der Vereinigung Evangelischer Freikirchen (VEF), die nach mehreren Gesprächen verabschiedet wurde. Erwartet wurde ein Bekenntnis, das deutlich über das Kommuniqué mit den evangelischen Kirchen hinausging. Darauf ließen sich die VEF-Vertreter trotz erheblichem Druck nicht ein und formulierten nur, dass sie gemäß der Bibel der Obrigkeit Loyalität schuldig seien und die Entwicklung zum Sozialismus achten.[146] Kirchliche Vertreter bemerkten diesen Vorgang und die damit verbundene kirchenpolitische Absicht des Staates, die Kirchen durch Differenzierung zu schwächen. Es kam zu Gesprächen mit Herbert Weist, die 1963 zur Konstituierung einer Arbeitsgemeinschaft Christlicher Kirchen im Raum der DDR führten.[147]

Als offizielle Statements zu Bundes- und gesellschaftlichen Fragen galten die Präsidentenberichte zu den Bundeskonferenzen[148], die von den Delegierten der Gemeinden entgegengenommen wurden. Herbert Weist benannte 1963 und 1966 als zentrale Aufgabe den Missionsauftrag, der, so 1966, auch die Liebe zu denen mit anderer Weltanschauung einschließe. 1969 berichtete Rolf Dammann (H. Weist war 1968 überraschend verstorben) u. a. über die Diskussion zur sozialistischen Verfassung – hier taucht der Sozialismusbegriff erstmalig auf: Trotz mancher Probleme sollten wir bemüht sein, zum Wohl unseres Staates beizutragen.[149] Das klingt noch sehr bemüht und distanziert.

---

[145] Analyse über den BEFG vom 17.07.1961, BArch, Bestand Staatssekretär für Kirchenfragen, DO 4/720.

[146] Vgl. Strübind: EFG, 261–278; Beaupain: Freikirche, 203–214; siehe DOK 14.

[147] Siehe Assmann: Anmerkungen, 311 ff.

[148] Seit 1962/63 fanden Bundesratstagungen und Bundeskonferenzen getrennt in West und Ost statt; in der DDR alle drei Jahre.

[149] Siehe: Bericht der Bundesleitung an den Bundesrat 1969, 6 f., in: OAE D K33.

In einer Analyse der Polizeidirektion zum BEFG von 1966 wurde denn auch die pauschal verwendete Formel „Wir anerkennen jede Obrigkeit" vieler Baptisten als Lippenbekenntnis entlarvt, dahinter stecke bei vielen eher eine Parteinahme für den westdeutschen Staat als für die Ziele des sozialistischen Staates. Ursache dafür sei die Zwiespältigkeit der Haltung führender Kirchenmänner. Dies liege auch daran, dass die sozialistische Gesellschaft als atheistisch und damit feindlich suggeriert würde und damit eine aktive Mitarbeit am Aufbau des Sozialismus nicht möglich sei.[150]

Gegen Ende der 60er Jahre, im Vorfeld der Diskussionen über die neue Verfassung, meldeten sich die engagierten Brüder verstärkt öffentlich zu Wort. Die „Neue Zeit" zitierte eine Erklärung Walter Riedels: „In der Epoche des Sozialismus ist uns Christen aufgetragen, die sozialethischen Forderungen des Evangeliums neu zu durchdenken und zu praktizieren."[151]

In seinem Plädoyer für die neue Verfassung nahm Riedel eine Entschließung des CDU-Parteitages auf: „Christen und Marxisten [...] halten gemeinsam den Sozialismus für die den Bedingungen unserer Zeit einzig gemäße, den Entwicklungsgesetzen der Gesellschaft und den Interessen der Gesellschaft entsprechende Gesellschaftsordnung." Daraus habe sich für uns Christen, so Riedel, eine neue Dimension der Mitarbeit eröffnet, die bereits gute Früchte trage:

> „Diese Früchte in unserem sozialistischen Staat heißen schöner, besser und glücklicher, heißen menschlich leben. Welcher Christ sollte sich darüber nicht von Herzen freuen?"[152]

Prediger Herbert Kautz aus Halle beschrieb es als großes Geschenk, dass in unserem Land Gemeinschaft zwischen gläubigen Christen und bewussten Atheisten möglich sei:

> „Über alle Unterschiede in den weltanschaulichen Ausgangspunkten und Endfragen hinweg haben wir in der DDR einen Staat, einen sozialistischen Staat, der unser aller Vaterland sein will, sein kann und sein soll."[153]

Und Gottfried Geißler, Heimleiter des Rüstzeitenheims in Schmiedeberg, bezeugte in der „Sächsischen Zeitung", dass es in unserer Gesellschaftsordnung „leichter ist, in Wahrhaf-

---

[150] Siehe: Analyse zum „Bund Evangelisch-Freikirchlicher Gemeinden in Deutschland" in der DDR, BArch Bestand Mdl 171/3, 25–50, hier: 30f, 43; Abdruck in: Materne/Balders: Erlebt, 61–86.

[151] Walter Riedel: Vertiefung des Miteinanders. Vertreter der Freikirchen zum Großen Oktober, in: NZ, 16.11.1967.

[152] Walter Riedel: Unabdingbare Gemeinsamkeit, in: NZ, 04.02.1968.

[153] Herbert Kautz: Wir haben Grund zur Dankbarkeit, in: NZ, 01.07.1967.

tigkeit Christ zu sein, als in einer kapitalistischen Gesellschaftsform der sozialen Unsicherheit, des rücksichtslosen Konkurrenzkampfes und der Existenzunsicherheit, wobei man noch den Namen Christus für antihumanistische Ziele missbraucht."[154]

Bekannt geworden ist der Versuch einiger dieser Brüder, bei der Präsidentenwahl 1969 einen der „fortschrittlichen" Brüder durchzusetzen, Herbert Kautz, um stärker auf eine positive Haltung des Bundes zum sozialistischen Staat Einfluss zu nehmen. Der Versuch misslang.[155] Dozent Adolf Pohl hatte bereits in der Bundesleitung deutliche Worte gefunden, die allerdings nur im Stasi-Protokoll zu lesen sind:

> „Wir lassen uns unseren Präsidenten nicht vom Staat vorschreiben. Der neue Präsident muss 100%ig unser Mann sein. [...] Was die Menschen heute brauchen, ist das Evangelium, und ob wir das über oder unter Wasser verkünden ist egal."[156]

Unvermeidbar und geräuschlos hingegen schien auf diesem Bundesrat 1969 die Entscheidung, den BEFG-Ost endgültig umzubenennen in BEFG in der DDR. Bereits 1962/63 hatten sich die Bundesräte Ost und West gegenseitig freigegeben.

Diese zweite Phase ist geprägt von der Auseinandersetzung mit den gefestigten neuen politischen Verhältnissen. Offizielle Bekenntnisse zum Sozialismus klangen pflichtschuldig, die Verantwortlichen passten sich notwendigerweise an und versuchten zwischen den konservativen westorientierten und auf der anderen Seite progressiven staatsnahen Kräften im Bund zu lavieren. Um den letzteren eine Plattform zu geben, sie gleichzeitig aber auch lenken und bremsen zu können, wurde 1969 der Arbeitskreis für Öffentlichkeitsfragen (AKÖ) eingesetzt.[157] Bereits im April 1969 fand unter seiner Regie eine erste Begegnung mit dem Staatssekretär für Kirchenfragen Hans Seigewasser statt. Und zum 20. Jahrestag der DDR richtete der AKÖ-Vorsitzende Herbert Kautz das Wort an die Gemeinden: Dankbar seien wir, dass wir inmitten einer sozialistischen Gesellschaftsordnung im Sinne unseres Herrn Jesus Christus zum Wohl der Menschen tätig sein dürften – trotz anfänglicher Vorbehalte. Die Seelsorger im Bund hätten auch die Aufgabe, Gemeindeglieder immer besser zu befähigen, in der neuen sozialistischen Gesellschaftsordnung zurechtzufinden und ihre Mitverantwortung wahrzunehmen.[158]

---

[154] Gottfried Geißler: Hier können wir unserem Glauben und Auftrag gemäß leben, in: Sächsische Zeitung 26.03.1968.

[155] Siehe Günter Balders: Die Präsidentenwahl 1969 – ein Kapitel für sich, in: Materne/Balders: Erlebt, 87–109; Strübind: Bund, 86–88.

[156] Treffbericht GI „Herbert" vom 04.03.1969, BStU MfS HA XX/4 AIM 10036/78 II, 92 f.

[157] Siehe Assmann: Bund, 45; vgl. Storek: Verhältnis, 3–14.

[158] Siehe Herbert Kautz: Zum 20. Jahrestag, in: WuW 9 (1969), 2.

3. Etablierung in den 70er Jahren: Akzeptieren!

Kennzeichnend für die 70er Jahre war zunächst eine spürbare internationale und innenpolitische Entspannung (Grundlagenvertrag mit der Bundesrepublik und Aufnahme in die UNO 1973, KSZE-Schlussakte 1975, die internationale Anerkennung der DDR). Der Wechsel von Ulbricht zu Honecker und eine Reihe sozialpolitischer Maßnahmen weckten neue Hoffnungen, die aber zum Ende der Phase wieder zerbrachen (Biermann-Ausweisung 1978, Reaktion auf die Ereignisse in Polen 1980).

Auch kirchenpolitisch wehte ein neuer erfrischender Wind. Die Rede des SED-ZK-Mitglieds Paul Verner vom 8. Februar 1971 wirkte als eine endgültige Absage an eine konfrontative Kirchenpolitik. Beigetragen dazu habe der Beginn der eigenständigen Entwicklung der Kirchen in der DDR. Um Bedenken gegenüber diesem Weg zu zerstreuen, erklärte er, es habe zwar eine Verpreußung der evangelischen Kirchen gegeben, eine nationalistische, sogar faschistische Verfälschung der christlichen Botschaft – „eine ‚Sozialisierung' der christlichen Lehre hat es bisher nicht gegeben und wird es auch in Zukunft nicht geben."[159] Gerald Götting, Vorsitzender der DDR-CDU, betonte in seinem Koreferat u. a., dass der sozialistische Staat endlich auch die völlige Gleichbehandlung aller Kirchen und auch der kleineren christlichen Gemeinschaften praktiziere, was selbst in der Weimarer Republik nur unzulänglich verwirklicht gewesen sei.[160]

Der Bund der Evangelischen Kirchen in der DDR (BEK) fand auf der Suche nach einer neuen Ortsbestimmung 1971 zu der Formulierung: „Wir wollen nicht Kirche neben, nicht gegen, sondern wir wollen Kirche im Sozialismus sein."[161] Für Bischof Albrecht Schönherr konnte der Weg der Kirchen als „Zeugnis- und Dienstgemeinschaft" nicht im luftleeren Raum stattfinden – ihr Platz und damit ihr Auftrag sei in dieser Gesellschaft, so hatte er es von Bonhoeffer gelernt („Kirche für andere"). Dies bedeute einerseits die Anerkennung der bestehenden Machtverhältnisse sowie die Absage an ein Aussteigertum aller Art, andererseits aber auch eine *kritische* Solidarität" mit einem „verbesserlichen Sozialismus" (Heino Falcke) und einen prophetischen Dienst der Kirche in dieser Welt.[162]

Die „Krönung" dieser Entwicklung zwischen Staat und Kirche (so Honecker) war das Gespräch des Vorstandes der Konferenz der Kirchenleitungen mit dem Staatsratsvorsitzenden

---

[159] Verner/Götting: Christen, 37.
[160] Siehe ebd., 84.
[161] Schönherr: Weg, 32.
[162] Ebd., 33 f.; vgl. Falcke: Christus, 242–255.

Erich Honecker am 6. März 1978, das u. a. eine Reihe von Erleichterungen für den kirchlichen Dienst in der Öffentlichkeit brachte.[163]

Und dennoch gab es Konflikte. Paul Verner hatte den Christen zugestanden, ihren Glauben im Sozialismus zu leben, aber zugleich betont, dass auch die Marxisten nicht auf die Verbreitung ihrer Weltanschauung verzichten werden.[164] Im Bildungssektor gab es auch fernerhin keine Zugeständnisse, im Gegenteil.[165] Die 70er Jahre waren geprägt von Impulsen für eine verstärkte atheistische Erziehung. Bereits 1963 wurde in Jena ein Lehrstuhl für „Wissenschaftlichen Atheismus" eingerichtet; der in Hamburg geborene Olof Klohr hatte in Leipzig studiert und wurde als Professor berufen. Die Kirchen protestierten, er wurde 1969 an die Ingenieurhochschule Warnemünde versetzt, wo er mit Hans Lutter u. a. eine Forschungsgemeinschaft „Wissenschaftlicher Atheismus" gründete.[166]

Wenige Monate nach der Rede Verners beschloss der VIII. Parteitag der SED, die marxistisch-leninistische Weltanschauung in allen ihren Bestandteilen zu propagieren. Dabei sollte stärker ihr atheistischer Charakter zur Geltung gebracht werden. Zahlreiche Aufsätze beschäftigen sich nun mit der Durchsetzung.[167] Die christlichen Kirchen hätten, vor allem mit ihrer Ethik und ihrer Lehre vom Sinn des Lebens noch zu viel Einfluss, besonders für Jugendliche. Moderne theologische Strömungen würden versuchen, das traditionelle religiöse Bewusstsein an die neuen Verhältnisse anzupassen. Olof Klohr forderte deshalb für die atheistische Erziehung nicht nur die Ablehnung, sondern auch bewusste Kritik der Religion, auch wenn dies zu Schwierigkeiten in der Bündnispolitik (Zusammenarbeit von Christen und Marxisten) führe. Umfangreiche Analysen und Strategien wurden erarbeitet. Klohr sah diesen dringenden Bildungsauftrag für die FDJ, die sozialistische Schule und Hochschule.[168]

Die Auseinandersetzung um den Atheismus eskalierte Mitte der 70er Jahre, als zwei Veröffentlichungen aus dem Jugendverlag Neues Leben verbreitet wurden: „Was ist Kommunismus?" und „Kommunismus und Religion", beide von sowjetischen Autoren verfasst. Darin finden sich Aussagen wie:

---

[163] Siehe Schönherr: Weg, 24–30.

[164] Siehe Verner/Götting: Christen, 41.

[165] Bischof Schönherr beklagt noch 1986 als gravierendes Defizit, dass auf dem Bildungssektor immer noch nicht eindeutig formuliert wurde, dass kommunistische Erziehung keine Absage an den christlichen Glauben einschließt. Christliche Kinder seien den Lehrern gegenüber in einer ausgesprochen schwachen Position; in: Schönherr: Weg, 38.

[166] Siehe https://de.wikipedia.org/wiki/Olof_Klohr (abgerufen am 14.04.2020).

[167] Siehe Zander: Verstärkung, 1–18.

[168] Klohr: Atheismus, 11.

„Religion und Kirche [...] vergiften das Bewusstsein der Menschen, behindern ihre geistige und moralische Entwicklung [...]. Auch unter den Bedingungen des Sozialismus ist die Religion ein Bollwerk der Unwissenheit und hemmt das geistige Aufblühen der Gesellschaft. Einige Sekten (Fußnote: [...] Baptisten, Adventisten und andere) heben sich durch ihre Grausamkeit hervor. Sie üben Bräuche aus, die nicht selten psychische Krankheiten oder vorzeitigen Tod zur Folge haben. [...] Die Religion verbreitet die Ideologie sklavischen Gehorsams und verkrüppelt den Willen und das Bewusstsein der Gläubigen."[169]

Scharf wenden sich die Autoren auch gegen sogenannte linke Christen, die den Marxismus vom Atheismus zu trennen versuchen und behaupten, die Ziele des Kommunismus und des „wahren" Urchristentums seien vereinbar.[170]

Viele christliche Gruppen in der DDR studierten diese Bände, einzelne schrieben Eingaben an den Verlag. Die lapidare Antwort: Es ginge ihnen um die Vermittlung der marxistisch-leninistischen Weltanschauung, nicht darum, die Christen zu diffamieren.[171]

Ein junger Baptist aus der Gemeinde Templin schrieb in dieser Zeit in einem Schulaufsatz der 9. Klasse, er könne zwar den sowjetischen Menschen lieben, nicht aber den sowjetischen Staat wegen der Verbreitung des Atheismus. Dies bescherte ihm die Zurücknahme der Zulassung zum Studium an der Medizinischen Fachschule.[172]

CDU-Vertreter in der DDR hatten stets diesen geistigen Spagat versucht. Hans-Hinrich Jenssen, praktischer Theologe an der Humboldt-Universität zu Berlin, erklärte, dass die Bejahung bestimmter Erkenntnisse des Marxismus-Leninismus möglich sei, ohne atheistische Verallgemeinerungen mitzuvollziehen. Allerdings lehnte er auch westliche „revisionistische Versuche" strikt ab, die den Marxismus und christliche Theologie miteinander zu verbinden suchten.[173]

Die Bundessynode des BEK hatte 1974 eine interne Studie zum Verhältnis von Glauben und Ideologie in Auftrag gegeben. Der Ausschuss Kirche und Gesellschaft legte 1976 einen Text vor. Darin wird gefragt: Kann eine Kooperation von Christen und Marxisten „Hand und Fuß haben, wenn Kopf und Herz und Mund gegeneinander arbeiten?" Die

---

[169] Autorenkollektiv: Kommunismus, 167.

[170] Timofejew: Kommunismus, 47, 150–156.

[171] Siehe z. B. Briefwechsel von Superintendent Johannes Rißmann, Berlin, mit dem Verlag Neues Leben, April/Mai 1976, in: Privatarchiv Reinhard Assmann.

[172] Siehe Alfred Kunz: Mein Beitrag in Vorbereitung auf den 30. Jahrestag der Befreiung des deutschen Volkes vom Faschismus, Hans-Beimler-Oberschule Gerswalde, 17.03.1975, in: OAE A25/22 Briefe 125; vgl. Briefwechsel Alfred Kunz an den Direktor der Medizinischen Fachschule Neustrelitz vom 11.07.1976: Begründung meines Einspruchs, in: ebd.

[173] Jenssen: Grundfragen, 289 f.

exzellente Analyse und Argumentationen des Papiers können hier aus Zeitgründen nicht dargestellt werden. Fazit: Es gibt letztlich keine Alternative zur Praxis der Kooperation.[174]

Diese Ausarbeitung wurde durch die Arbeitsgemeinschaft christlicher Kirchen (AgCK) per Einschreiben auch an die Leitungen der Freikirchen versandt. Im Archivbestand des BEFG ist sie bisher nicht auffindbar. Bereits die Erarbeitungen der Theologischen Studienabteilung zur atheistischen Erziehung hatten aber das Interesse des BEFG geweckt. Das zugesandte Material wurde von Rolf Dammann dem Präsidenten, dem Jugendpastor und dem Theologischen Seminar zur Kenntnis gegeben.[175] Weitere Spuren der Aufnahme und Verarbeitung der Thematik im BEFG sind bisher allerdings nicht erkennbar.

Die anfänglichen 70er Jahre hatten auch im BEFG viele neue Türen aufgetan: ungeahnte Möglichkeiten für internationale Kontakte durch neue Reisemöglichkeiten, geistliche Aufbrüche unter der Jugend, Missionskampagnen, steigende Taufzahlen, wachsende ökumenische Beziehungen. Gegen Ende der Phase verlor sich diese Aufbruchsenergie schnell wieder in wachsenden Konflikten mit der Brüder- und der Elimgruppe im Bund sowie mit der charismatischen Bewegung.

Die ersten 70er Jahre waren zudem geprägt durch zahlreiche gesellschaftliche Kontakte des BEFG. Im Ringen um die politische Orientierung des Bundes mühten sich vor allem die Mitglieder des AKÖ um eine deutlich „progressivere" Positionierung des BEFG. „Linke" Institutionen wie die CDU, die Christliche Friedenskonferenz (CFK), der Bund Evangelischer Pfarrer suchten engere Beziehungen zum BEFG. Die gewachsenen Kontakte zum BEK halfen in diesen Fragen zu differenzierten Positionen.

1970 erinnerte Rolf Dammann an 25 Jahre Befreiung. Christen und Marxisten hätten Hand in Hand den Neuaufbau geleistet, auch wenn es unüberwindliche Schranken zwischen Marxismus und Christentum gäbe. Ja, Christen hätten einen Auftrag für das Wohl des Mitmenschen, seines Volkes und Staates. Aber zugleich benannte er auch die Notwendigkeit der Verhandlungen zwischen der DDR und der BRD und verwies auf den internationalen Horizont der Baptisten.[176]

---

[174] Siehe: Ausschuss „Kirche und Gesellschaft" des BEK: Wie wird das Evangelium über die Motivation hinaus für das Engagement von Christen im gesellschaftlichen Leben wirksam?, 1976, in: Akte Pabst (AgCK), EZA 147/26.

[175] Siehe: Brief der Theologischen Studienabteilung an den BEFG, Herrn Generalsekretär Dammann, vom 28.04.1976, mit handschriftlichen Randnotizen, in: ebd.

[176] Siehe Rolf Dammann: Notwendiges Erinnern. Zum 25. Jahrestag der Befreiung, in: WuW 4 (1979), 12.

Eine zweite bemerkenswerte Begegnung mit dem Staatssekretär für Kirchenfragen Hans Seigewasser fand im April 1971 in Schmiedeberg statt, mit dabei die Bundesleitung und der erweiterte AKÖ. Herbert Morét, neu gewählter Präsident, trug dazu eine umfangreiche Erklärung der Bundesleitung vor, die in „Wort und Werk" im Wortlaut abgedruckt wurde und auch in den Partei-Tageszeitungen Beachtung fand: Der BEFG, der als Freikirche bewusst seinen Platz in der DDR annehme, an den ihn Gott gestellt habe, sei auch nach seiner Stellung in der heutigen Gesellschaft gefragt. Morét begrüßte die Aussagen von Paul Verner als hilfreiche Orientierung und unterstrich:

> „Unser Platz ist nicht nur geographisch in der DDR, sondern als christliche Bürger leben wir bewusst in diesem Staat und sind bemüht, ihn durch unsere Arbeit und Leistung mitzugestalten. [...] Es ist uns ein Anliegen, in der Sorge um den Menschen und zum Wohl unserer Republik mit Menschen anderer Weltanschauung zusammen-zuarbeiten."[177]

Breiten Raum in der Erklärung nahmen der Vorrang des Missionsauftrages sowie die internationale Vernetzung der Baptisten ein.[178]

In seinem ersten Präsidentenbericht vor dem Bundesrat 1972 räumte Morét auch ein kritisches Echo aus den Gemeinden auf diese Begegnung ein, betonte aber, dass wir Christen immer mehr lernen sollten, nicht per Distanz oder gar Ressentiments zu leben. Bewusst zitierte er nochmals Verner, dass in unserem Staat jeder geachtet wird, auch derjenige, der seine Leistung für die sozialistische Gesellschaft aus christlicher Überzeugung tut. In einem langen Absatz beklagte er sodann, dass vielen Kindern aus den Gemeinden das Abitur verwehrt wird bzw. ein Hochschulstudium, weil sie nicht in der FDJ sind oder keine Jugendweihe haben oder sich für die Bausoldaten entschieden haben. Erstmals erhalten in einem solchen Bericht die gesellschaftlichen Fragen einen ungewöhnlich breiten Raum.[179]

Auch das Thema dieser Bundeskonferenz „Durch Christus befreit zu Zeugnis und Dienst" öffnete neue Räume. Zum ersten Mal fanden parallel drei verschiedene Foren statt, zu

---

[177] In: Mitarbeit in der Gesellschaft. Begegnung der Bundesleitung mit dem Staatssekretär für Kirchenfragen in Schmiedeberg, in: WuW 4 (1971), 12 und 5 (1971), 10 (DOK 15).

[178] Vgl. auch: Hilfreiche Orientierung. Leitung einer Freikirche würdigt Aussagen des 8. Februar, in: NZ, 04.04.1971; In gemeinsamer Verantwortung für die Stärkung der DDR. Aus einer Erklärung der Bundesleitung des Bundes Evangelisch-Freikirchlicher Gemeinden in der DDR, in: NZ, 10.04.1971; Christen berichten über ihre humanistische Mitarbeit. Offene Aussprache mit Staatssekretär Seigewasser, in: Berliner Zeitung, 04.04.1971; vgl. auch die Analyse zur Erklärung von Daniel Storek in: Storek: Verhältnis, 15–21.

[179] Siehe Herbert Morét: Bericht der Bundesleitung an den Bundesrat 1972 des BEFG in der DDR, 11 f., in: OAE D K32b; vgl. G(ünter) L(orenz): Das Bundeswerk in Rückschau und Ausblick. Aus dem Bericht des Präsidenten unseres Bundes an den Bundesrat, in: WuW 6 (1972), 1–3.

Partnerschaft, Gemeinschaft der Kirchen und zur Gesellschaft. Prediger Erhard Bachmann referierte zu „Zeugnis und Dienst in der Gesellschaft". Er benannte die Probleme
in der Zusammenarbeit mit Marxisten, den propagierten Atheismus, ermutigte aber dennoch, durch Christus befreit, es als Chance zu sehen, als Christ im Sozialismus zu leben
und der Gesellschaft zu dienen.[180] Veröffentlicht wurden natürlich nur die Referate und
Gesprächsergebnisse der beiden ersten Foren in „Wort und Tat" (Arbeitsmaterial für den
Prediger).

Urplötzlich tauchte das Thema „Gemeinde in der sozialistischen Gesellschaft" im Bund in
ungewohnter Häufigkeit und Offenheit auf. Am Theologischen Seminar in Buckow wurden
1973 zwei Abschlussarbeiten zum Thema geschrieben: Bernhard Kühl, „Der BEFG in der
DDR – eine Kirche im sozialistischen Staat", und Christoph Güra, „Der kommunistische
Atheismus und der christliche Glaube – in Anlehnung an Helmut Gollwitzer".[181] Es gab
Gespräche der Bundesleitung mit der CDU-Führung (1972) und mit CFK-Vertretern
(1973) sowie eine große „Tagung für gesellschaftlich engagierte und interessierte Gemeindeglieder" 1973 in Schmiedeberg, vorbereitet vom AKÖ. Neben dem Thema „Christsein im Sozialismus" weitete sich hier der Blick auch auf internationale Fragen der Gerechtigkeit und der Bekämpfung des Rassismus.[182] Die 80 Teilnehmer regten regelmä-
ßige Fortsetzungstagungen an, der AKÖ löste sich allerdings mit dieser Tagung auf.[183]
Es hatte offensichtlich Differenzen gegeben zwischen dem AKÖ und Rolf Dammann, der
sich die gesellschaftspolitischen Kontakte und Entscheidungen nicht von Brüdern aus der
Hand nehmen lassen wollte, die ihm zu staatsnah waren. Die Vermutung, dass kritische
Äußerungen von Teilnehmern der Tagung als Informationen an die Stasi weitergegeben
wurden, hatte diese Entscheidung bekräftigt.[184]

---

[180] Siehe Erhard Bachmann: Durch Christus befreit zu Zeugnis und Dienst in der Gesellschaft.
Thesen der Referate, Unterlagen der Bundeskonferenz 05.–07.05.1972, in: OAE D K33.

[181] Beide Texte in: OAE S3 Abschlussarbeiten TS.

[182] Siehe Siegfried Fischer: Um Entscheidungen aus christlicher Verantwortung. Von einer Tagung für gesellschaftlich engagierte und interessierte Gemeindeglieder in Schmiedeberg, in:
WuW 1 (1974), 7. Dieser Bericht wurde übrigens von der Bundesgeschäftsstelle für die Veröf-
fentlichung „zensiert": Herbert Morét teilte dem Autor u. a. mit, dass die von ihm verwendete
Bezeichnung „Sozialistischer Staatsbürger christlichen Glaubens" gestrichen wurde, „weil wir
darüber noch mehr nachdenken müssten" und diese auch bei den anderen Kirchen bisher
nicht verwendet würde; in: Briefwechsel Herbert Morét an Siegfried Fischer vom 23.11.1973,
in: Unterlagen von Siegfried Fischer.

[183] Siehe Herbert Morét: Bericht des Präsidenten an den Bundesrat 1975 des BEFG in der DDR,
6, in: OAE D K32b.

[184] Siehe Bundesleitung-Protokoll vom 23.02.1974, in: ebd., und Kommentar zum AKÖ von Rolf
Dammann vom 26.02.1993, in: Beilage zur Mappe AKÖ, ebd. K84.

Die ungewöhnlich zahlreichen politischen Aktivitäten der ersten 70er Jahre kulminierten in der Erklärung des Präsidenten Herbert Morét vor dem Bundesrat 1975:

> „Auch wir stehen zu der Aussage des Bundes der Evangelischen Kirchen in der DDR, dass wir nicht Kirche neben dem oder gar gegen den Sozialismus, sondern im Sozialismus sind. Hier ist unser Lebensraum, unser Betätigungs- und auch Bewährungsfeld. Gott liebt die Welt. Ihr gab er seinen Sohn. Auch mit uns baut er in unserer Zeit und Umwelt seine Gemeinde. Sie soll der Sünde abgewandt, aber den Menschen zugewandt leben. Ihnen sind wir das Zeugnis der Liebe Gottes in Wort und Tat schuldig."[185]

Ausführlich benannte er anschließend wiederum die Probleme im Bildungswesen und beim Wehrdienst. Und zitierte das Wort der VEF zum 25. Jahrestag der DDR, das die Standortfindung nicht so vollmundig umschreibt:

> „Wir verhehlen nicht, dass es nicht immer einfach war, in der ideologisch bedingten Auseinandersetzung zwischen Marxisten und Christen inmitten unserer Gesellschaftsordnung den rechten Standpunkt zu finden."[186]

Es scheint: Der BEFG hatte sich in der Gesellschaft etabliert, der Sozialismus war akzeptiert, auch wenn es an der Gemeindebasis noch einzelne Probleme gab. Nach dem Gespräch Honeckers mit dem Vorstand der Kirchenleitungen am 6. März 1978 wuchs die Hoffnung, dass die Vereinbarungen auch zur Klärung mancher kritischen Situationen vor Ort helfen würden. Morét betonte, dass die Freikirchen diesem Gespräch große Bedeutung beimessen.[187]

In den Gemeinden lebte natürlich immer auch die Frage, wieviel Nachteile, Leid haben wir hinzunehmen und wo haben wir unser Recht einzufordern? Pastor Manfred Specht schrieb in einer Bibelarbeit zu Apg. 22, 22–29 für das Jugend-Rüstzeitmaterial 1974:

---

[185] Herbert Morét: Bericht des Präsidenten an den Bundesrat 1975, 11; vgl. G(ünter) L(orenz): Unsere Bundesgemeinschaft im Überblick. Aus dem Bericht von Präsident Herbert Morét an den Bundesrat in Zwickau-Planitz, in: WuW 6 (1975), 3–5; das Thema „Kirche im Sozialismus" wurde ansonsten im BEFG weniger reflektiert, viel häufiger fand sich das biblische Motto: „Suchet der Stadt Bestes", siehe Wolf: Und siehe, 67.

[186] Herbert Morét: Bericht des Präsidenten an den Bundesrat 1975, 12; vgl.: „Wir stehen nicht abseits". Die Vereinigung Evangelischer Freikirchen zum 25. Jahrestag der DDR, in: WuW 9 (1974), 2; darin auch die viel vorsichtigere Formulierung: „Wir wissen, dass es auch künftig vieler Anstrengungen bedarf, den eingeschlagenen Weg des Friedens und des Sozialismus zielstrebig fortzusetzen. Als evangelische Freikirchen in der DDR wollen wir nicht abseits stehen."

[187] Siehe Herbert Morét: Bericht des Präsidenten an den Bundesrat 1978 des BEFG in der DDR, 9, in: OAE D K32b.

„In Bezug auf das [...] Hinnehmen von Nachteilen muss sicher manchmal die Frage an die Christen unserer Tage gestellt werden, ob es denn z. B. immer so sein *muss*, dass unsere Kinder die EOS besuchen oder studieren oder die höchsten und bestbezahlten Posten bekleiden müssen. Sind nicht z. B. soziale Berufe uns Christen geradezu auf den Leib zugeschnitten, weil bei ihnen ja das Dienen, von dem wir so viel reden, am besten zum Tragen kommt?"[188]

Zur ideologischen Auseinandersetzung mit dem atheistischen Marxismus finden sich im BEFG nur wenige offizielle Spuren. Natürlich gehörte der dialektische und historische Materialismus auch zum Ausbildungsprogramm am Theologischen Seminar, gelehrt als ein Exkurs im Fach Philosophiegeschichte. In den 70er und 80er Jahren kam Pastor Erhard Bachmann für acht Doppelstunden dafür nach Buckow. In seiner Vorlesung stellte er die Grundlagen des Marxismus dar und setzte sich kritisch mit ihnen auseinander.[189] Dass hier eine von der SED-Diktatur erwartete ideologische Schulung nachgewiesen werden sollte, wie Andrea Strübind vermerkt, ist unwahrscheinlich, da sich die SED diese Schulungen nicht aus der Hand nehmen ließ.[190]

Von Pastor Roland Mischke, 1979 Jugendpastor in der Vereinigung Ost, existieren aus dieser Zeit zwei Aufsätze, deren Anlass und Zielgruppe allerdings nicht mehr erkennbar sind. Zum einen: „Die Herausforderung des Atheismus. Mut zum Dialog zwischen Marxisten und Christen".[191] Der Protest des Atheismus habe für uns Christen einen reinigenden Wert. Er fordere unser Denken heraus. Angesichts verfälschter und missbrauchter Religion in der Geschichte sei der Atheismus für uns Christen eine Chance. Christen gehörten nicht in die Defensivecke. Und im Blick auf den Dialog schrieb er: „Wir brauchen nicht Eiferer für unsere Sache, sondern Verständnisvolle für die Sache der anderen. Erst dann erhält unsere Sache Gewicht." Der Herausforderung des atheistischen Marxismus, so Mischke, können wir nur wirkungsvoll begegnen, wenn wir sie als Herausforderung (und nicht als Affront) verstehen und sachlich, dialogbereit und gelassen darauf reagieren.

Im zweiten Aufsatz mit dem Titel: „Mündiges Christsein in der atheistischen Welt"[192] geißelte Mischke ein sattes, selbstgenügsames Christsein, das das Evangelium wie eine

---

[188] Manfred Specht: Apg. 22, 22-29: Der Christ in der DDR, in: Jugend-Rüstzeitmaterial des GJW 1974, 31, in: Privatarchiv Reinhard Assmann.

[189] Vorlesungsmitschrift 1980, in: Privatarchiv Reinhard Assmann. Selbst in der Bibelschule Burgstädt gab es in den 70er Jahren eine Unterrichtseinheit zur Philosophie der Gegenwart, die von Pastor Manfred Lusky gelehrt wurde, in: ebd.

[190] Siehe Strübind: Bund, 92; vgl. dazu: Wolf: Und siehe, 68.

[191] Die Texte blieben unveröffentlicht, kursierten aber als Samisdat, in: OAE A25/22 Briefe 123 (DOK 16).

[192] Ebd. (DOK 17).

Torte in den eigenen vier Wänden verschlingt, ohne dass draußen jemand etwas abbe-kommt. „So fallen wir mit Recht unter das treffende Urteil des Karl Marx." Die entschei-dende Frage heute sei die nach dem mündigen Christen. Und er führte das gesellschafts-politische Erwachen der letzten Jahrzehnte in der Christenheit, das Begreifen der christ-lichen Mitverantwortung für die Welt, auf den Marx'schen Impuls zurück. Der Marx'sche Atheismus sei ein humanistischer, eine philosophische Lehre nicht gegen Gott, sondern für den Menschen gewesen.

Selbstbewusst und angriffig äußerte sich in diesen Jahren der baptistische Theologe Dr. Carl-Jürgen Kaltenborn – auf ganz anderer, universitärer Ebene. An der Humboldt-Uni-versität zu Berlin hatte er zu Bonhoeffer promoviert. In mehreren Veröffentlichungen und auch Gemeindevorträgen trat er für eine klare Unterscheidung von Evangelium und Welt-anschauung ein. Nur so könnten Christen und Marxisten gemeinsam den Sozialismus gestalten und sich weltweit für Gerechtigkeit einsetzen.[193]

Im BEFG gab es aber offenbar am Ende der 70er Jahre andere Schwerpunkte. Neben den erwähnten innerbundlichen Auseinandersetzungen standen große Bauvorhaben auf dem Programm: Das neue Seminargebäude in Buckow, das Diakonat für die Bibelschule in Burgstädt, das Gemeindezentrum in der Berliner Matternstraße...

4. Profilierung in den 80er Jahren: Engagieren!

Die 80er Jahre begannen mit der Auseinandersetzung um die Nachrüstungsbeschlüsse. Die evangelischen Kirchen nahmen die Friedensdiskussion auf und boten Friedens- und bald auch Umweltgruppen Schutzraum. Hier wurden zunehmend auch Veränderungen in der DDR diskutiert, ermutigt durch die Veränderungen in der Sowjetunion (Gor-batschow)[194]. Ein weiterer Faktor, der die SED-Herrschaft immer mehr unter Druck setzte, war die Ausreisebewegung, die am Ende der 80er Jahre nach der politischen Öffnung in den Nachbarländern zum Kollaps der DDR beitrug.

---

[193] So z.B. in: Dressler/Kaltenborn: Theologen, 174f.; 1983 übernahm er den Lehrstuhl für Öku-menische Theologie an der Humboldt-Universität; viele Jahre arbeitete er zugleich als interna-tionaler Sekretär im Stab der Christlichen Friedenskonferenz; vgl. dazu Gesprächsbeitrag C.-J. Kaltenborns, in: Podiumsdiskussion zum Thema „Christliche Friedenskonferenz", in: FF 7 (1997), 154–189, hier: 174f.

[194] Auch im Blick auf die Kirchen in der UdSSR gab es plötzlich versöhnliche Veröffentlichungen aus sowjetischen Verlagen, die die bisherige atheistische Hetze verurteilten und für die Kir-chen mehr Freiheiten forderten, z.B. Furman: Dialog, 40ff.

Der Beitrag der Evangelischen Kirche zur Friedensdiskussion in den 80er Jahren drückte sich in einer Fülle von Synodenbeschlüssen, Grundsatzdokumenten, Arbeitshilfen aus, die hier nicht beschrieben werden können. Das Bekenntnis zum Frieden, das in den 50er und 60er Jahren eher formelhaft in den kirchlichen Statements wiederholt wurde, galt anfangs als Loyalitätsbekenntnis zur DDR und ihrer Friedenspolitik. Nun in den 80er Jahren gewann es aufgrund der akuten Bedrohungslage plötzlich an unmittelbarer Aktualität. Und zur Ironie der Geschichte gehört, dass es in Gestalt von Friedensgruppen und Friedensgebeten schließlich das Ende der DDR einleitete.

Den Anstoß zur jährlichen Friedensdekade gab 1980 die Arbeitsgemeinschaft Christlicher Jugend in der DDR (AGCJ) – hier saßen die Baptisten von Anfang an mit im Boot. Leider waren sie gerade personell nicht gut aufgestellt: DDR-Jugendpastor Jörg Swoboda war 1981 ans Theologische Seminar gewechselt und sein Nachfolger Siegfried Rosemann begann erst 1983 seinen Dienst. Gerade in dieser politisch brisanten Zeit (vgl. den Konflikt um den Aufnäher „Schwerter zu Pflugscharen") fehlte den baptistischen Jugendgruppen jemand, der sie engagiert und kompetent mit der Friedensthematik angesteckt hätte. Auch der neue Geschäftsführer im Gemeindejugendwerk (GJW) Klaus Pritzkuleit begann erst 1981 seinen Dienst, er nahm in dieser Zeit allerdings viele der ökumenischen Kontakte für den Bund wahr.

Die sogenannten fortschrittlichen Brüder im BEFG hielten sich in den 80er Jahren mit ihren Statements zum Sozialismus merklich zurück. Eine neu verfasste Broschüre über Geschichte und Gegenwart der Evangelisch-Freikirchlichen Gemeinden kam gänzlich ohne ein Sozialismus-Bekenntnis aus.[195] Und auch die offiziellen Erklärungen und Berichte des Bundes klangen nicht mehr vollmundig und bekenntnishaft. Die Präsidentenberichte griffen verstärkt problematische Fragen auf und thematisierten zunehmend die Friedens- und Abrüstungsfragen. Grundsätzlich wurde nach wie vor die staatliche Friedenspolitik unterstützt, aber weitergehende Forderungen aus den eigenen Reihen, z. B. nach einem sozialen Friedensdienst, führten die Bundesleitung 1983 in eine Klausur. Das Ergebnis war die Berufung eines Arbeitskreises „Friedensfragen", der die eigene Sprachlosigkeit überwinden helfen sollte. Man wusste um durchaus kontroverse Positionen in den Gemeinden zu den friedenspolitischen Fragen, versuchte dazu grundsätzlich Stellung zu

---

[195] G. Lorenz: Die Evangelisch-Freikirchlichen Gemeinden. Geschichte und Gegenwart, 1986; noch in den 70er Jahren hatte Lorenz selbst in westdeutschen Lizenzausgaben, die er im BEFG-Verlag der Evangelischen Versandbuchhandlung O. Ekelmann Nachf. veröffentlichte, „sozialistische" Einschübe gemacht, z. B. in: Wilhard Becker: Der unvergleichliche Weg, Berlin 1970, 62.

nehmen[196] und war dankbar für kirchliche Äußerungen und auch für internationale baptistische Erklärungen, hinter die man sich öffentlich stellen konnte.

Ein Indiz für die Haltung zum Sozialismus in den Gemeinden war die Jugendweihe. 1985 nahmen über 97 % aller DDR-Jugendlichen daran teil.[197] Die Baptisten hatten die Jugendweihe nicht – wie in den Landeskirchen – als Affront gegen die Konfirmation erlebt, hielten sich mit gesamtdurchschnittlich 17 % der Beteiligung aber dennoch auffallend zurück. Anfang der 80er Jahre stieg die Beteiligung allerdings deutlich auf 32 %. Simon Werner weist nach, dass die Gemeindmitgliedschaft der Eltern und deren Arbeitsstellen die prägenden Entscheidungsfaktoren waren.[198] Anpassung und Konfliktvermeidung waren offensichtlich stärkere Motive als die leidige Debatte über den Stellenwert des Bekenntnisses zum Sozialismus und zu seiner Verteidigung. Solche Bekenntnisse waren inzwischen eh in allen Bereichen des Alltags gang und gäbe. Der Sozialismus war nun verinnerlicht – nur wenige bemühten sich noch um eine inhaltliche Auseinandersetzung. Die Bundesleitung stellte den Gemeinden 1984 erneut eine Orientierungshilfe „Jugendweihe" zur Verfügung, aber nur bei 13 % der befragten Mitglieder war sie bekannt.[199]

Ein ähnliches Konfliktfeld stellte die Mitgliedschaft in den politischen Massenorganisationen dar. Etwa ein Drittel der Befragten gab an, zur Pionierorganisation bzw. zur FDJ gehört zu haben.[200] Auch hier standen wohl eher pragmatische Gründe im Vordergrund. Dennoch kursierten in einzelnen Gemeinden hektografierte Stellungnahmen, die von einer Mitgliedschaft eher abrieten. Für die EFG Berlin-Lichtenberg erstellte z. B. Uwe Dammann 1988 eine Arbeitshilfe, in der er die ideologisch-weltanschaulichen Ziele dieser Organisationen herausstellte, die durchaus ernst genommen werden sollten.[201] Solche konkreten Auseinandersetzungen sind aus den übrigen Gemeinden allerdings kaum bekannt.

Im Allgemeinen wurden die großen Themen Sozialismus und Atheismus in diesen Jahren kaum noch bemüht. Am Theologischen Seminar schrieb Friedemann Heinrich eine Ab-

---

[196] Der AK erarbeitete einige sehr fundierte Texte zu gesellschaftlich aktuellen Fragen, diese gelangten allerdings nicht in die Gemeinden; siehe dazu: AK Friedensfragen, in: OAE D K124.

[197] Chowanski/Dreier: Jugendweihe, 272.

[198] Siehe Werner: Verhalten, 21 f.

[199] Ebd., 80; bereits 1964 hatte ein Ad-hoc-Arbeitskreis der Bundesleitung eine erste Orientierungshilfe verfasst, vgl. Assmann: Bund, 57.

[200] Werner: Verhalten, 78.

[201] Siehe Uwe Dammann: Unser Kind zwischen Sonntagschule und Pioniernachmittag – Christliche Erziehung und sozialistische Schule. Arbeitshilfe, EFG Berlin-Lichtenberg 1988, in: Privatarchiv Reinhard Assmann.

schlussarbeit, in der er zwar ausführlich den Atheismus und das Menschenbild der sozialistischen Gesellschaft darstellte, aber betonte, dass es ihm nach der am Seminar einseitig sozialethischen Ausrichtung des Themas darum ging, einen ausschließlich missionarischen Schwerpunkt zu setzen. So beschrieb er die Defizite des Sozialismus hauptsächlich als Ansätze für die missionarische Existenz und Verkündigung.[202]

Am beginnenden philosophisch-theologischen Dialog, den Simone Thiede dargelegt hat, waren Baptisten nicht beteiligt.

In einem bibliophilen Minibuch von 1985 mit dem Titel „Christen. Leben und Wirken in der DDR" vom CDU-Union-Verlag heißt es im Resümee, dass das Hauptproblem der Gegenwart nicht die weltanschauliche Auseinandersetzung sondern der Kampf um den Frieden sei.[203] Auch die Freikirchen hätten ihren gebührenden Platz, sie seien in der DDR gleichberechtigt und gleichgeachtet und es bestehe ein gutes Verhältnis zu den staatlichen Organen. „Sie wissen vor allem zu schätzen, dass sie im sozialistischen Staat nicht mehr – wie in früheren Zeiten des Staatskirchentums – benachteiligt werden, sondern frei und gleichberechtigt ihren Dienst tun können."[204] Das Foto vom neuen Gemeindezentrum in der Matternstraße durfte nicht fehlen.[205]

Einer, der sich auffällig oft und theologisch kompetent zu den Fragen gesellschaftlicher Verantwortung im Sozialismus geäußert hat, war Pastor Christian Wolf. Als Dozent am Theologischen Seminar versuchte er bereits, den Studierenden wichtige sozialethische Zusammenhänge zu vermitteln. Drei zentrale Referate aus den 80er Jahren zeigen seinen prägenden Einfluss für das politische Bewusstsein im BEFG: 1981 zur Bundesratstagung in Halle, 1984 zum Kongress der Europäischen Baptistischen Föderation (EBF) in Hamburg und 1988 bei einer Kommissionstagung des Baptistischen Weltbundes auf den Bahamas.

1981 hieß sein Vortrag: „Christen leben in der Gesellschaft".[206] Wolf nennt es darin unbiblisch, im Namen der Hoffnung auf ein kommendes Reich Gottes diese Welt ihrem Schicksal zu überlassen. Die biblischen Propheten würden auch davor warnen, das Rad der Geschichte zurückdrehen zu wollen. Nein, wir sollten Gott auch mit in die sozialistische Gesellschaftsordnung nehmen. Weder der pietistische Rückzug aus der Welt noch

---

[202] Friedemann Heinrich: Bedingungen für Gemeindearbeit in der sozialistischen Gesellschaft der DDR, 1989, in: OAE S3 Abschlussarbeiten TS.

[203] Fischer: Christen, 50 f.

[204] Ebd., 21, 41 f.

[205] Ebd., 319.

[206] Wolf: Christen, 1981 (DOK 18); vgl. hierzu Bruno Bajorat: Bei Christus bleiben – mit Christus wirken. Aus der Arbeit am Thema der Bundeskonferenz in Halle, in: WuW 8 (1981), 4.

der bedenkenlose Applaus für eine Staats-Ideologie seien ein christlicher Weg für uns. Wolf plädiert für das Konzept einer politischen Diakonie, einer vernünftigen Kooperation und für eine prophetische Existenz der Gemeinde Jesu.

In seinem Referat von 1984 „Suchet der Stadt Bestes"[207] geht er nach Jer. 29 vom jüdischen Exil in Babylon aus und beschreibt, wie lange die Kirchen in der DDR gebraucht haben, sich im neuen Lebensraum zu orientieren. „Wenn sie sich heute als Kirchen im Sozialismus bezeichnen, so heißt das, dass sie den Platz akzeptieren, an den Gott sie gestellt hat." Ohne ein solches Ja würde man wohl auch nicht in Prag oder Stockholm Gott und den Menschen dienen können. Der Prophet Jeremia weise aber darüber hinaus auf eine Zukunft Gottes: Euer Lebensraum „ist weder das Paradies noch die Hölle, es ist die Supermacht Babylon, mit der es eines Tages ein Ende haben wird." Dennoch bleibe uns heute das Beste zu suchen – er bezieht es aktuell auf den nötigen Widerstand gegen die Rüstungspolitik.

Das Referat von 1988 „Christliche Staatsbürgerschaft in einer sozialistischen Gesellschaft"[208] hielt Wolf vor Sozialethikern aus aller Welt. Er merkt zunächst an, dass die strikte Trennung von Staat und Kirche den Minderheitskirchen, auch Baptisten, erstmals gleiche Rechte gab, die sie nie zuvor hatten. Das Prinzip habe andererseits aber seitens des Staates die ungehinderte Ausbreitung des Atheismus ermöglicht. Trotz religionspolitischer neuer Freiheiten unter Gorbatschow bleibe die Führungsrolle der kommunistischen Partei bestehen. Aber die Kirche müsse den Sozialismus nicht mit dessen eigenen Augen sehen – sie müsse ihn von der Perspektive des Reiches Gottes betrachten. Aus dieser Sicht sei der Sozialismus keineswegs ewig. Wolf beschreibt den mühsamen Weg der Kirchen in der DDR, ihren Platz in der Gesellschaft anzunehmen – als Zeugnis- und Dienstgemeinschaft. Dienst könne heute z. B. auch bedeuten, jungen Menschen einen sicheren Freiraum zu geben für gesellschaftliche Kritik und Protest.

Damit ist schon die Brücke gebaut zur letzten Phase, besser gesagt, zu den wenigen Wochen der Friedlichen Revolution.

---

[207] Wolf: Suchet, 1984; siehe auch: Wenn es heute um der Stadt Bestes geht... Eine biblisch-theologische Grundlegung von Christian Wolf beim Europäischen Baptistischen Kongreß, in: WuW 10 (1984), 3–6.

[208] Wolf: Staatsbürgerschaft, 1988; auch in: Materne/Balders: Erlebt, 34–41.

5. „Gott sei Dank für die Wende!" Die Rolle des BEFG in der Friedlichen Revolution

Welche Rolle spielte der BEFG in der Friedlichen Revolution? Die erste pauschale Antwort muss lauten: Keine. Von Uwe Dammann stammt der Satz: Wir kamen zu spät, wir waren noch nicht so weit.

Nein, es gab keinen Aufruf der Bundesleitung, sich in den oppositionellen Gruppen zu engagieren. (Den gab es übrigens auch nicht von den Landeskirchen.) Aber: Kirchengemeinden hatten ihnen Wirkungsräume eröffnet. In der Ökumenischen Versammlung 1988/89 wirkten die Gruppenvertreter mit, auf Augenhöhe mit den Kirchendelegierten, auch den baptistischen. Und in vielen der Gruppen saßen Kirchenleute, auch Baptisten.

Nein, es gab sie nicht, die Pastoren und Bundesverantwortlichen, die die Demos anführten. (Das waren in den meisten Fällen auch keine evangelischen Kirchenleitenden.) Aber: Oft haben sie die Gespräche zuvor geführt, die Genehmigungen erwirkt, den Engagierten den Rücken freigehalten, wenn es brenzlig wurde.

Welche Quellen aus dieser Zeit stehen zur Verfügung?

Wenn es um die Rolle des BEFG in der Revolution geht, müssen wir die Gemeinden anschauen. Und dazu gibt es bis heute kaum Untersuchungen. Es liegen einzelne Zeugnisse von Zeitzeugen vor: in den erwähnten Sammelbänden, in Zeitschriften, zuletzt in „Die Gemeinde" vor wenigen Wochen[209]. Dazu kommen mündliche Berichte aus lebensgeschichtlichen Interviews, die im Arbeitskreis „Zeitzeugenbefragung im BEFG" des Oncken-Archivs gesammelt sind.

So beteiligten sich einzelne vor allem junge Gemeindeglieder an den Fürbitte-Gottesdiensten in den Kirchen. Im Neuen Forum bzw. bei den ersten Demonstrationen haben sich danach weitere Personen, meist auch Pastoren, engagiert, z. B. in Annaberg, Bitterfeld, Mühlhausen, Plauen, Stollberg, Sonneberg, Wernigerode – die Liste ist offen, ich hoffe, wir ergänzen sie heute. Oft arbeiteten diese und später auch weitere Mitglieder unserer Gemeinden mit an den verschiedenen Runden Tischen.[210]

Nach der erwähnten Umfrage von 2003, an der 900 Gemeindeglieder teilgenommen hatten, wurde der Aufruf des Neuen Forums in 9 % der Gemeinden bekannt gemacht, das wären ca. 20 Gemeinden. In ca. 35 Gemeinden habe es Friedensgebete gegeben. Aber 57 % der Befragten gaben an, dass sich einzelne Mitglieder der Gemeinde an den Demos

---

[209] Verschiedene Beiträge zu 30 Jahre Friedliche Revolution und Mauerfall, in: DG 22 (2019).

[210] Vgl. auch Manfred Sult: Allgemeine Berichte zur Bundesleitungssitzung am 07.12.1989 und 02.03.1990, in: OAE D/32a; Anträge und Berichte an den Bundesrat 1991, 280 f.

beteiligt hätten. Ein Hinweis darauf, dass die Gruppen, die sich gewöhnlich unter dem Dach der Evangelischen Kirche sammelten, ökumenisch aufgestellt waren – ausschließlich eigene baptistische Aktivitäten hätten der gemeinsamen Sache nicht genützt.[211]

Bekannt ist weiterhin eine Masterarbeit von Andreas Queck von 2012,[212] in der er Zeitzeugeninterviews aus dem BEFG u. a. zu Aussagen über ihre Rolle in den Wendeereignissen untersucht. Auch hiernach waren es nur Vereinzelte.

Eine weitere schriftliche Quelle der Zeit sind Predigten. Alle 1989 aktiven Pastoren wurden 2014 dazu in einem Projekt angefragt.[213] Leider fanden sich nur wenige, die für eine Veröffentlichungsreihe in „Die Gemeinde" verwendbar waren.

Aus dem Vorfeld des Herbstes 1989 lassen sich eher weitere Quellen finden:

Die Ausreisewelle seit dem August 1989 bewegte natürlich auch den BEFG. Unisono tönte es hier, nicht nur von baptistischen Kanzeln: Baptisten bleiben hier! Im Allgemeinen Bericht der Bundesleitung vom 8. September 1989 beklagte Präsident Manfred Sult, dass sich jüngere Menschen vom Staat abwenden und die Ausreise anstreben würden, denn sie, oft gut ausgebildet, würden für die Entwicklung unseres Landes fehlen. Und er rief zum Gebet für die Regierenden auf, dass sie Fehlentwicklungen korrigieren, damit es für alle leichter wird, in diesem Land zu leben und zu bleiben. Sult blieb in seinem Statement auf der politischen Ebene.[214] Erst im Bericht vom 7. Dezember benannte er auch die herben Verluste, die durch den Weggang für die Gemeinden entstehen würden.[215]

Aus der Umfrage geht hervor, dass aus Gemeinden mit konservativ-loyaler Grundhaltung deutlich mehr Menschen geflohen sind bzw. einen Ausreiseantrag gestellt haben, dies gilt übrigens für alle vier Jahrzehnte der DDR. Offensichtlich, so folgert Werner, fanden sie, die Unzufriedenen, nicht einmal hier im Schutzraum der Gemeinde Möglichkeiten, über die empfundenen Missstände zu reden.[216]

In der Gemeinde Berlin-Lichtenberg formulierte Pastor Uwe Dammann im September 1989 ein geistliches Wort des Gemeinderates, darin heißt es: „Wir erkennen, dass die Sehnsucht, das Missionsland DDR zu verlassen, nicht vom Herrn stammt. Gott mutet uns

---

[211] Siehe Werner: Verhalten, 51.

[212] Queck: Suchet, 2012.

[213] R. Assmann: „Wende"-Predigten aus der DDR 1989. Einleitung zur Predigtreihe, in: DG 16 (2014), 14; vgl. Predigtreihe zur „Wende" in: DG 16 (2014) bis 01 (2015).

[214] Manfred Sult: Allgemeiner Bericht zur Bundesleitungssitzung am 08.09.1989, in: OAE D/32a.

[215] Manfred Sult: Allgemeiner Bericht zur Bundesleitungssitzung am 07.12.1989, in: ebd.

[216] Werner: Verhalten, 42 f., 51 f.

den Dienst in diesem Land zu.“[217] Selbstkritisch bemerkte er später, zwar theologisch argumentiert, aber unter gesellschaftlichem Aspekt mit dem Aufruf zum Hierbleiben systemerhaltend gewirkt zu haben.[218]

Aus dem Herbst 1989 liegen weiterhin einzelne Briefe aus den Gemeinden und von Jugendtagen an die Leitung des BEFG vor, in denen sie auf der Suche nach Orientierung eine deutliche Stellungnahme der Bundesleitung zu den Problemen im Land fordern.[219] Leider gab es gerade in dieser brisanten geschichtlichen Stunde wieder eine personelle Veränderung auf der Leitungsebene des BEFG: Im August 1989 beendete Rolf Dammann nach 31 Jahren seinen Dienst als Generalsekretär des Bundes. Im Herbst war sein Nachfolger Ulrich Materne noch dabei, sich in dieses neue Amt einzuarbeiten. So findet sich im Nachrichtendienst des Bundes vom September kein einziger Hinweis auf die politische Situation. Erst im Oktober bedauerten Materne und Sult dies und versandten zwei Stellungnahmen an die Gemeinden: die des Arbeitskreises Friedensfragen vom 14.10. sowie des Freikirchenrates der Vereinigung Evangelischer Freikirchen (VEF) vom 18.10.

Auf dieser gemeinsamen Ebene der Freikirchen gab es immerhin am 22.11. eine Sondersitzung des VEF-Präsidiums, in der nächste Schritte vereinbart und ein Forderungskatalog für demokratische Veränderungen an das neue Amt des Ministerrates für Kirchenfragen versandt wurden.[220]

Zu einem „Wort der Bundesleitung“ des BEFG kam es erst nach ihrer Dezember-Sitzung. Es wurde am 29.12. an die Gemeinden versandt und beginnt mit einem Schuldbekenntnis:

> „Wir haben allen Grund uns zunächst zu beugen, weil jeder in den zurückliegenden Jahren weithin angepasst gelebt hat. Unrecht wurde von uns zu wenig als Unrecht benannt. [...] Sicher haben wir auch zu wenig gebetet und geglaubt, dass der Herr einen Weg finden wird, um die Macht der Diktatur zu brechen.“[221]

---

[217] In: Swoboda: Revolution, 106.

[218] Uwe Dammann: Gemeinde unter ideologischem Druck, in: Materne/Balders: Erlebt, 380–386, hier: 385; vgl. auch bereits 1988: Christian Wolf: Glauben und Bleiben – in der DDR.

[219] Siehe z. B. die Briefwechsel: EFG Plauen an Manfred Sult vom 06.10.1989; Jugendpastor Siegmar Assmann von den Herbstjugendtagen der Vereinigung Nord in Prenzlau und Parchim an die Bundesleitung vom 21.10. und 22.10.1989; Studentenwart Ralf-Peter Greif von der Herbsttagung der Studentenarbeit an Manfred Sult vom 24.10.1989; Jugendpastor Siegfried Holtz vom Herbstjugendtag in Luckenwalde an Manfred Sult vom 24.10.1989; in: Nachlass Manfred Sult, „Veränderungen in der DDR“, OAE I Manfred Sult.

[220] Manfred Sult: Allgemeiner Bericht zur Bundesleitungssitzung am 07.12.1989, in: OAE D/32a.

[221] Anlage zum Nachrichtendienst des BEFG vom 29.12.1989, in: Nachrichtendienst, OAE D K84, dokumentiert in: Szobries: Schuldbekenntnisse, 70 f.

Schon im Freikirchenwort vom Oktober wurde zwar der Auftrag, der Stadt Bestes zu suchen und die Gesellschaft mitzugestalten bekräftigt, aber gleichzeitig festgestellt:

> „Wir bekennen, dass wir aus pragmatischen Erwägungen und in weltabgewandter
> Frömmigkeit der Versuchung zur Anpassung oft erlegen sind."[222]

Dies sollten die einzigen offiziellen Schuldbekenntnisse in dieser Zeit bleiben.[223] Die Ereignisse der Umgestaltung des Landes bis zur Vereinigung 1990 hielten Bund und Gemeinden in Atem und ließen vorerst eine weitere Besinnung auf den zurückliegenden
Weg im Sozialismus nicht zu.

Es gab nur wenige mahnende Stimmen, die eine Aufarbeitung der Geschichte des BEFG
und auch das Nachdenken über unser Versagen anmahnten. Uwe Dammann, Pastor in
Berlin, beklagte vor allem das theologische Versagen der Gemeinden in den Fragen der
politischen Ethik: Unsere einseitige Gemeindetheologie und -praxis habe alle unsere
Kräfte gefordert; die gesellschaftliche Dimension des Glaubens hätten wir weitgehend
außer Acht gelassen. Die Wende in der DDR sei somit auch keine Frucht Evangelisch-
Freikirchlicher Gemeinden gewesen.[224]

In den weitaus meisten Erklärungen und Veröffentlichungen nach dem Mauerfall und auf
dem Weg zur deutschen Einheit überwog allerdings das Bekenntnis: Gott sei Dank, er
hat Großes getan. Wie auch in der Gesellschaft waren die Wege und Erfahrungen der
vergangenen 40 Jahre plötzlich kein Thema mehr. Die Orientierung auf die Herausforderungen der neuen Gesellschaft nahm auch die Gläubigen voll in Anspruch.

Viele der „Bewahrer" und der „Pragmatiker", die vor allem angepasst gelebt und sich
kaum mit dem Sozialismus beschäftigt hatten, fanden relativ schnell auch in die neuen
gesellschaftlichen Verhältnisse hinein.

Die wenigen, die die Gratwanderung versucht hatten, den Sozialismus grundsätzlich bejaht hatten, aber sich immer wieder an ihm rieben, sich auseinandersetzten mit dem Atheismus, die die Statuten der FDJ, des FDGB usw. wirklich lasen (vielleicht als Einzige

---

[222] Der Freikirchenrat der Vereinigung Evangelischer Freikirchen vom 18.10.1989 zur Situation in
der DDR, Anlage zum Brief des BEFG in der DDR an die Evangelisch-Freikirchlichen Gemeinden, Bundeswerke und Mitarbeiter vom Oktober 1989, in: ebd., 102 f.

[223] In der Aussprache zum Präsidentenbericht an den Bundesrat 1990 hatte es eine kontroverse
Debatte über ein erneutes schriftliches Schuldbekenntnis gegeben; der Bundesrat verzichtete
darauf mit Verweis auf die beiden vorliegenden Texte; vgl. Protokoll über die Bundesratstagung des BEFG in der DDR 1990, 19.1., in: Anträge und Berichte an den Bundesrat 1991 und
amtliches Protokoll des Bundesrates 1990, 314, 318.

[224] Uwe Dammann: Wendeerfahrungen, DG 34 (1990), 4 ff.

überhaupt), kritische Eingaben schrieben, die sich versuchten in der Friedlichen Revolution zu engagieren, waren nach der Wende wieder in der Minderheit. Sie hatten ihr Christsein als Verantwortung, Zeugnis und Dienst in dieser Welt verstanden. Und sie hinterfragten die These, dass es auch für Christen ein Recht zur Anpassung geben müsse. Das Evangelium ließ ihnen keine Ruhe.

Vorläufiges Resümee

1. Der BEFG in der DDR fand auf einem langen Weg von einer unpolitsch-distanzierten Haltung zum Sozialismus über eine vorsichtige Akzeptanz hin zu der Aussage, Kirche im Sozialismus sein zu wollen. Für diesen Weg hatte es in der Geschichte kein Vorbild gegeben. Deshalb suchten die Verantwortlichen verstärkt die Nähe zu den landeskirchlichen Geschwistern, die ökumenischen Beziehungen waren ein Geschenk dieser Zeit und gipfelten in der bewegenden Erfahrung der Ökumenischen Versammlung 1988/89. Als Minderheitskirche nahm der Bund Anteil an dem viel schwierigeren Transformationsprozess der Landeskirchen von einer Volkskirche zu eben solch einer Minderheitskirche. Und nahm sehr wohl wahr, wie die Kirchen diesen Prozess geistlich-theologisch zu bewältigen versuchten. Bischof Schönherr sprach 1979 von der „Chance der kleinen Schar", die ein deutlicheres Zeugnis ihres Glaubens geben könne und leichter Abstand nehmen könne von einer abendländischen Vermischung von Glauben und Mammonskult.[225] Besonders überzeugend und ansteckend war, dass dieser Schrumpfungsprozess nicht etwa in einen Rückzug, eine Überwinterungsmentalität mündete, sondern dass die Geistlichen sich herausgefordert sahen, das Zeugnis des Evangeliums auch und gerade in der sozialistischen Gesellschaft zu leben. Kirche kann nicht ohne Ort sein – also musste auch die DDR ein Wirkungsfeld sein können.

Andrea Strübind, die sich vielfach mit der Geschichte des DDR-Bundes befasst hat, kritisiert zu recht die grundsätzlich loyale Einstellung des BEFG gegenüber der DDR-Diktatur aus Sorge um den Erhalt der Institution.[226] In dem Konzept „Zeugnis und Dienst als Kirche im Sozialismus" steckt aber nicht einfach nur Anpassung um des eigenen Überlebens willen, sondern die Entscheidung zur Mitgestaltung des Ortes, an den Gott uns gestellt

---

[225] Siehe Schönherr: Auftrag, 370 f.; vgl. dagegen U. Woronowicz, der 1976 in einem Memorandum beklagte, dass die Rechte der Kirche, die in der zweitausendjährigen Geschichte des Abendlandes gewachsen seien, zerstört würden; in: Neubert: Kirche, 12.

[226] Siehe Strübind: Bund, 89 f., 94; vgl. ähnlich kritisch zum Konzept „Kirche im Sozialismus" Gerhard Besier in: Besier: SED-Staat, 721 f.

hat. Der BEFG hat dies an der Seite der Landeskirchen, wenn auch zögerlich, lernen können.

Als biblisches Leitwort für diesen Weg avancierte der alte Prophetenspruch „Suchet der Stadt Bestes" (Jer. 29, 7a) zu einem der meist zitierten Bibelworte in der DDR, wobei sich freilich diese Haltung im Rückblick dem Vorwurf aussetzen musste, das Staatswesen und damit die Diktatur stabilisiert zu haben.[227]

2. Der rigorose Führungsanspruch der marxistisch-leninistischen SED und der damit verbundene strikte Atheismus hat viele in die Defensive getrieben, andere resignieren lassen und wieder anderen Argumente für ihre Flucht in den Westen geliefert. Es war ein Lernprozess, zu glauben, dass auch der sozialistische Staat unter der Herrschaft Gottes steht und dass die Fixierung auf den propagierten Atheismus nicht nötig ist. Wir müssen ihn nicht ernster nehmen, als es sich für Leute geziemt, die an den Auferstandenen glauben! So hat es Bischof Werner Krusche im Rückblick bekannt.[228] Und Heino Falcke hatte schon 1972 gesagt, dass wir es uns als Christen nicht nehmen lassen, weder von Sozialisten noch von Antikommunisten, unsere Gesellschaft im Licht der Christus-Verheißung zu verstehen. Er, Christus, befreit zu „einer aus Glauben mündigen Mitarbeit, die von einer besseren Verheißung getragen ist, als der Sozialismus sie geben kann".[229] Diese Glaubenskraft steckte – trotz aller Rückschläge und Enttäuschungen – immer neu an, auch uns Baptisten.

3. Inwieweit das Konzept einer mitwirkenden Kirche im Sozialismus auch in den Gemeinden angekommen ist und angenommen wurde und wie sich die sogenannten „unpolitischen" und „pragmatischen" Christen[230] verstanden, lässt sich kaum feststellen. Zwar äußerten im Dezember 1989 noch 71 % der DDR-Bürger, dass die DDR ein souveräner Staat bleiben solle.[231] Aber schon im März 1990 sprachen die Ergebnisse der ersten freien Wahlen – 48 % für die „Allianz für Deutschland", die für das Ende aller sozialistischen Experimente eintrat – eine deutliche Sprache. Der SED war es nicht gelungen, in der Breite der Bevölkerung ein nachhaltiges sozialistisches Bewusstsein zu festigen. Es gab wohl Leute, die nach der ersten Westreise bezeugt hatten, eine eigene DDR-Identität gefunden zu haben. So manche wurden allerdings erst nach dem Ende der DDR mit ihren wirtschaftlichen Zerbrüchen zu Sozialisten…

---

[227] Siehe Erklärung des Rates der EKD vom 26.01.1992: Kirche – Gesellschaft – Staatssicherheit, in: epd-Zentralausgabe vom 27.01.1992.

[228] Siehe Krusche: Rückblick, 29.

[229] Falcke: Christus, 251.

[230] Siehe Vorbemerkungen zum Referat.

[231] 98 Prozent gegen die Funktionäre, in: Der Spiegel 51 (1989).

4. Die Religionsgeschichte der DDR wird gewöhnlich entweder als Opfergeschichte geschrieben – oft von Menschen, die in dieser Zeit Verfolgung erlebt haben – oder es wird eine Art Strategiegeschichte verfasst, in der es vor allem um die Taktik der Kirchen im Umgang mit der Staatsmacht geht und in der der Grat zwischen Anpassung und Verweigerung thematisiert wird.[232] Im Blick auf den BEFG würde ich eher von einer Lerngeschichte sprechen. Wir haben politisch gelernt, dass es durchaus Brücken zwischen einer sozialistischen Gesellschaft und biblischen Gesellschaftsmodellen gibt. Wir haben gelernt, Menschen anderer Weltanschauung zu schätzen in ihrem hohen ethischen Anspruch und konstruktiv mit ihnen zusammenzuarbeiten. Wir haben vor allem theologisch gelernt, das Evangelium nicht nur als Weg für unser persönliches Heil zu verstehen, sondern als Botschaft für Gottes geliebte Welt. Und dabei festgestellt, dass die Menschen nicht nur Missionsobjekte sind, sondern dass Gott uns auch Verantwortung für ihr Wohlergehen übertragen hat. Dies gehörte natürlich schon immer zu baptistischer Praxis – aber in der speziellen Situation einer sozialistischen Diktatur konnte ein solches Ja zum Dienst in der Gesellschaft und zu ihrer Mitgestaltung nur langsam wachsen. Wir haben in den Fragen der Friedensethik dazugelernt und verstanden, dass die Schöpfung zu bewahren ist. Schließlich haben wir gelernt und lernen immer noch, dass das Wort „Trachtet zuerst nach dem Reich Gottes und nach seiner Gerechtigkeit, so wird euch das alles zufallen" (Mt. 6, 33) seine Gültigkeit hat. In dem Maße, wie wir die Sorge um den Erhalt und die Zukunft unserer Kirche und Gemeinden dem Herrn überlassen und uns um die Sorgen der Menschen kümmern, werden wir erfahren, dass diese Verheißung Jesu trägt.[233]

Ich schließe – vielleicht überraschend – mit Sätzen von Walter Riedel (wir haben ihn ausgiebig kennengelernt), im Rückblick auf den BEFG im Sozialismus:

> „Wir hatten unseren Weg damals als den Weg Gottes mit uns gesehen und nach seinem Wort gehandelt. Gott hatte uns lieb, das spürten wir und wir bekannten Gott als den lebendigen Herrn und Heiland vor unserer sozialistischen Welt. Ich mag diese Zeit nicht missen in meinem Leben! Gott weiß, dass wir auch Fehler gemacht haben und sei uns gnädig."[234]

---

[232] Siehe Kirsch: Religionen, 63.
[233] Vgl. Linn: 40 Jahre, 18.
[234] Briefwechsel Walter Riedel an Rolf Dammann vom 05.03.1993, in: OAE A25/22 Briefe 121 (Hervorhebung im Original).

Quellen- und Literaturverzeichnis *(Auswahl)*

Assmann, Reinhard: Der Bund Evangelisch-Freikirchlicher Gemeinden in der DDR. Ein Leitfaden zu Strukturen – Quellen – Forschung (Baptismus-Studien 6), Kassel 2004

Assmann, Reinhard: Helmut Samjeske, in: Harald Schultze/Andreas Kurschat (Hg), „Ihr Ende schaut an ...". Evangelische Märtyrer des 20. Jahrhunderts, Leipzig 2006, 639–640

Assmann, Reinhard: Anmerkungen zur Gründung der Arbeitsgemeinschaft Christlicher Kirchen in der DDR, in: FF 19 (2010), 311–315

Assmann, Reinhard: „Wir bleiben Missionare". Der Bund Evangelisch-Freikirchlicher Gemeinden in der DDR. Response, in: KZG 1 (2016), 95–101

Ausschuss „Kirche und Gesellschaft" des Bundes der Evangelischen Kirchen in der DDR: Wie wird das Evangelium über die Motivation hinaus für das Engagement von Christen im gesellschaftlichen Leben wirksam?, 1976, in: Akte Pabst (AgCK), EZA 147/26

Autorenkollektiv (Hg.): Was ist Kommunismus? Was man über die Gesellschaft wissen muß – Teil II (nl-Konkret 14), Berlin 1974

Beaupain, Lothar: Eine Freikirche sucht ihren Weg. Der Bund Freier evangelischer Gemeinden in der DDR, Wuppertal 2001

Bertinetti, Ilse: Vom Ressentiment zum Engagement. Ein Beitrag zur Standortfindung evangelischer Christen und Kirchen, Berlin 1981

Besier, Gerhard: Der SED-Staat und die Kirche. Der Weg in die Anpassung, München 1993

Chowanski, Joachim / Dreier, Rolf: Die Jugendweihe. Eine Kulturgeschichte seit 1852, Berlin (2000)

Dibelius, Otto: Obrigkeit? Eine Frage an den 60jährigen Landesbischof (Hanns Lilje), Berlin 1959

Dohle, Horst u. a. (Hg.): Auf dem Wege zur gemeinsamen humanistischen Verantwortung. Eine Sammlung kirchenpolitischer Dokumente 1945 bis 1966 unter Berücksichtigung von Dokumenten aus dem Zeitraum 1933 bis 1945, Berlin 1967

Dreßler, Franz: Die soziale Verantwortung der Christen, Berlin 1950 (DOK 10)

Dressler, Helmut / Kaltenborn, Carl-Jürgen (Hg.): Junge Theologen im Sozialismus, Berlin 1979

Falcke, Heino: Christus befreit – darum Kirche für andere. Referat auf der 4. Tagung des BEK in der DDR 30.06.–04.07.1972 in Dresden, in: KJ 1972, 242–255

Fischer, Gerhard (Hg.): Christen. Leben und Wirken in der DDR, Berlin 1985

Fuchs, Emil: Christliche und marxistische Ethik. Lebenshaltung und Lebensverantwortung des Christen im Zeitalter des werdenden Sozialismus, Erster und zweiter Teil, Leipzig 1958/1959

Furman, Dmitri u. a.: Dialog zum Wohle des Vaterlandes, in: Das 20. Jahrhundert und der Frieden 7 (1988), 40–48

Güra, Christoph: Der kommunistische Atheismus und der christliche Glaube – in Anlehnung an Helmut Gollwitzer, Seminar-Abschlussarbeit, Theologisches Seminar Buckow 1973, in: OAE S3 Abschlussarbeiten TS

Hamel, Johannes: Christenheit unter marxistischer Herrschaft (unterwegs 7), Berlin (West) 1959

Heinrich, Friedemann: Bedingungen für Gemeindearbeit in der sozialistischen Gesellschaft der DDR, Seminar-Abschlussarbeit, Theologisches Seminar Buckow 1989, in: OAE S3 Abschlussarbeiten TS

Jacob, Günter: Der Christ in der sozialistischen Gesellschaft. Theologische Probleme und Folgerungen. Ein Sagorsker Vortrag, Stuttgart 1975

Jenssen, Hans-Hinrich: Die Grundfragen der christlichen Entscheidung für den Sozialismus, in: Evangelisches Pfarrerblatt 11 (1971), 287–290

Kirsch, Anja: Religionen im Realsozialismus. Widerspruch oder Tatsache? Eine wissenschaftliche Expertise zum aktuellen Forschungsstand, in: Zeitschrift für junge Religionswissenschaft Vol. III 1 (2008), 43–72.

Klohr, Olof: Atheismus und Religion, aus: Beiträge für das marxistisch-leninistische Grundlagenstudium für Hoch- und Fachschullehrer, XI. Jahrgang (1972), Heft 2, Leipzig; Material der Theologischen Studienabteilung des BEK 1975 (hektographiert), in: OAE D K31

Krusche, Werner: „Denkt daran, dass im Herrn eure Mühe nicht vergeblich ist" (1. Kor. 15, 59 Einheitsübersetzung). Rückblick auf 21 Jahre Weg- und Arbeitsgemeinschaft im Bund der Evangelischen Kirchen. 3. Tagung der VI. Synode des Bundes der Evangelischen Kirchen 22.–24. Februar 1991 in Berlin, Berlin 1991; sowie in: ZdZ 1 (1991), 9–15

Kühl, Bernhard: Der Bund Evangelisch-Freikirchlicher Gemeinden in der DDR – eine Kirche im sozialistischen Staat, Seminar-Abschlussarbeit, Theologisches Seminar Buckow 1973, in: OAE S3 Abschlussarbeiten TS

Linn, Gerhard: 40 Jahre unterwegs. Was Kirchen in den einst sozialistischen Ländern Europas für ihren künftigen Weg gelernt haben können, in: ZdZ 1 (1991), 15–19

Lorenz, Günter: Die Evangelisch-Freikirchlichen Gemeinden. Geschichte und Gegenwart, Berlin 1986

Lusky, Manfred: Die sozialethische Verantwortung der Gemeinde Jesu Christi, in: WuT 75 (1975), 1–24

Materne, Ulrich / Balders, Günter (Hg.): Erlebt in der DDR. Berichte aus dem Bund Evangelisch-Freikirchlicher Gemeinden, Wuppertal/Kassel 1995

Mendt, Dietrich: Stasiverseuchte Kirche? Eine Flugschrift, Leipzig 1995

Mischke, Roland: Die Herausforderung des Atheismus. Mut zum Dialog zwischen Marxisten und Christen, Samisdat 1979, in: OAE A25/22 Briefe 123 (DOK 16)

Mischke, Roland: Mündiges Christsein in der atheistischen Welt, Samisdat 1979, in: ebd. (DOK 17)

Neubert, Erhart: Kirche und Opposition in der DDR (Rapporte der Konrad-Adenauer-Stiftung 19/2010), Warschau 2011

Pollack, Detlef: Religion und Kirche im Sozialismus, in: ZdZ 1 (1989), 6-14

Queck, Andreas: Suchet der Stadt Bestes! Auf der Straße oder im stillen Kämmerlein? Eine Untersuchung über das evangelisch-freikirchliche Verständnis vom Verhältnis zwischen Kirche und Staat, Masterarbeit, Institut für gemeindeorientierte Weiterbildung Zürich 2012, in: OAE S3 Abschlussarbeiten

Riedel, Walter: Unternehmen Leben. Erinnerungen, Dresden 2001

Scheidacker, Werner: 30 Jahre Kirche in der DDR – Erwartungen vor 30 Jahren und Erfüllungen, in: ZdZ 10 (1979), 361–368

Schönherr, Albrecht: Über Auftrag und Weg der Kirche Jesu Christi in der sozialistischen Gesellschaft der DDR, in: ZdZ 10 (1979), 369–380

Schönherr, Albrecht: Zum Weg der evangelischen Kirchen in der DDR, Berlin 1986

Storek, Daniel: Das Verhältnis von Gemeinde und Staat in der DDR am Beispiel des Arbeitskreises für Öffentlichkeitsarbeit des BEFG in der DDR 1968–1973, M.A.-Paper für das Theologische Seminar Elstal (FH) 2010, in: OAE S3 Abschlussarbeiten

Strübind, Andrea: Evangelisch-Freikirchlichen Gemeinden in der DDR aus der Sicht des SED-Staates, in: ZThG 8 (2003), 245–279

Strübind, Andrea: Der Bund Evangelisch-Freikirchlicher Gemeinden in der DDR (Baptisten), in: KZG 1 (2016), 77–94

Swoboda, Jörg (Hg.): Die Revolution der Kerzen. Christen in den Umwälzungen der DDR, Wuppertal/Kassel 1990

Szobries, Heinz: Schuldbekenntnisse aus dem Bund Evangelisch-Freikirchlicher Gemeinden und anderen Kirchen in Deutschland nach 1945. Zeugnisse von Schwachheit und Kraft beim Einstehen für die eigene Vergangenheit (Baptismus-Dokumentation 3), Elstal/Norderstedt 2013

Timofejew, Wiktor: Kommunismus und Religion. Über die sozialen Prinzipien (nl-Konkret 18), Berlin 1975

Verner, Paul / Götting, Gerald: Christen und Marxisten in gemeinsamer Verantwortung, Berlin 1971

Werner, Simon: Das politische Verhalten der Mitglieder Evangelisch-Freikirchlicher Gemeinden in der DDR. Auswertung einer Umfrage, in: ThG Beiheft 9 (2007)

Wirth, Günter u. a. (Hg.): Auf dem Wege der sozialistischen Menschengemeinschaft. Eine Sammlung von Dokumenten zur Bündnispolitik und Kirchenpolitik 1967–1970, Berlin 1971

Wolf, Christian: Christen leben in der Gesellschaft, Referat auf der Bundeskonferenz in Halle/Saale 1981, in: WuT 65 (1985), 3–18 (DOK 18)

Wolf, Christian: Suchet der Stadt Bestes, Referat auf dem Kongress der Europäisch-Baptistischen Föderation in Hamburg 1984, in: WuT 65 (1985), 19–27

Wolf, Christian: Christliche Staatsbürgerschaft in einer sozialistischen Gesellschaft. Vortrag in der Studienkommission des Baptistischen Weltbundes „Christliche Ethik" am 14.07.1988 in Nassau (Bahamas), in: ThG 1 (1989), 14–20

Wolf, Christian: Glauben und Bleiben – in der DDR (Referat 1988 in Buckow), in: ders., Die Sprache des Herzens und die Sprache Gottes. Alttestamentliche Predigten aus drei Jahrzehnten, Wuppertal/Kassel 1997, 38–42

Wolf, Christian: „Und siehe, wir leben". Christliches Leben und Überleben hinter der Mauer, in: ThG 2 (2010), 53–72

Zander, Ruth: Die Verstärkung der atheistischen Erziehung seit dem XXIV. Parteitag der KPdSU und dem VIII. Parteitag der SED 1971 – Strategien und Tendenzen, Material der Theologischen Studienabteilung des BEK 1975 (hektographiert), in: OAE D K31

Zeitzeugen-Interview mit
Carl-Jürgen Kaltenborn

Reinhard Assmann (RA): Wenn es um Zeitzeugen zum Thema Baptismus und Sozialismus geht und wenn man in der DDR und in diesem Bund gelebt hat, dann fällt einem sehr schnell der Name Carl-Jürgen Kaltenborn ein. Er hat die Mühen nicht gescheut heute hierher zu kommen, trotz körperlicher Beschwerden, darüber freuen wir uns.

Der zweite Zeitzeuge wird danach Diethard Dahm sein, der etwas über die Beziehung zum Sozialismus in der Bundesrepublik sagen kann, zumindest zu einer Episode in der Bundesrepublik, zu den 68ern, die sich damals sehr stark mit dem Marxismus beschäftigt haben.

Kommen wir zu unserem ersten Interview mit Professor Dr. Carl-Jürgen Kaltenborn. 83 Jahre alt bist du schon, hast eine typisch baptistische Biografie, hast am Theologischen Seminar in Hamburg studiert, dann aber, nicht so ganz typisch, an der Humboldt-Universität in Berlin Theologie weiterstudiert, bist in dieser Zeit Mitglied der Baptistengemeinde in Berlin-Weißensee gewesen, hast promoviert mit einer Arbeit zu Bonhoeffer, warst wissenschaftlicher Assistent an der Humboldt-Universität, internationaler Sekretär der Christlichen Friedenskonferenz – auch ein sehr spannendes Thema. Du warst stets bemüht, die Zusammenarbeit zwischen Marxisten und Christen zu fördern. Bis 1993 reichte deine Lehrtätigkeit an der HU, jetzt lebst du in Bernau. Du hast viel veröffentlicht, deine Bücher und Aufsätze aus der DDR-Zeit will ich hier nicht aufzählen, will bloß die beiden letzten Titel nennen. Das eine liegt auch am Büchertisch: „Methusalems Ökumene. Fragwürdige Bibel- und Weltsicht", vielleicht kommen wir darauf noch ganz am Schluss. Das andere gibt es nur noch antiquarisch: „Die Eine-Welt-Fibel", die sehr schön – fast lyrisch – geschrieben und gestaltet ist und einfach Spaß macht zu lesen.

Wir haben vereinbart, dass wir jetzt ein persönliches Gespräch führen und anschließend Zeit haben für Rückfragen aus dem Publikum.

Unser Thema: „Baptist und Sozialist in der DDR". Meine erste Frage leite ich damit ein, dass ich noch mal erinnere: Du hast eine ganz herkömmliche baptistische Biografie gehabt: hast dich bekehrt, taufen lassen, hast in der Gemeinde-Jugendarbeit und missionarischen Arbeit mitgewirkt, bist aus der FDJ ausgetreten, hast schließlich in Hamburg am Theologischen Seminar studiert. Aber dann hat sich dein Leben verändert. Und du sprichst von zwei „Bekehrungen", von einer theologischen und einer politischen Bekehrung. Was hat sich da bei dir konkret in deinem Denken verändert und was war die Ursache dafür?

Carl-Jürgen Kaltenborn (CJK): Was die zweite – in Anführungszeichen gesprochen – „Bekehrung" betrifft, war es die Bekehrung in der Zeit des Pinochet-Putsches gegen die Allende-Regierung in Chile und parallel dazu des Vietnam-Krieges der USA. Zu der Zeit war ich Assistent an der Theologischen Fakultät, und ich wurde einfach durch die Diskussionen unter der Studentenschaft mit dem jungen Assistenten Carl-Jürgen Kaltenborn dazu genötigt, mich etwas näher damit zu beschäftigen: Wo liegt eigentlich der Ursprung dieses Krieges in Vietnam? Welche Geschichte hat überhaupt dieses vietnamesische Volk, das sich da gegen einen übermächtigen Gegner wehrt? Und das war die Zeit, in der ich merkte – und ich knüpfe mal an die „typisch baptistische Karriere" an, die du genannt hast – man kann nicht einfach so, wie ich bis dahin, „unpolitisch" sein, was ja zu dieser typisch baptistischen Biografie gehörte. Ich habe gemerkt, ich muss jetzt Farbe bekennen. Und das war dann diese „zweite Bekehrung", als ich merkte: Du musst jetzt sagen, auf welcher Seite du stehst. Und da wurde mir klar: Ich muss auf der Seite der Vietnamesen stehen, weil die Vietnamesen ja die US-amerikanische Armee nicht eingeladen haben, sondern diese zertrümmert ein Land, das überhaupt nichts mit den USA zu tun hat. Und dies war für mich, genauso wie der Pinochet-Putsch, ein Anlass dafür, nun doch sehr schnell zunächst meinen Nachholbedarf an politischer Existenz im Sinne der politischen Information zu decken und aufzufüllen.

Und an dem Punkt ist dann ein für mich entscheidendes Detail eingetreten in meinem Denken, nämlich die klare Unterscheidung zu lernen zwischen Glaube und Weltanschauung. Dies betraf alle Gespräche, die ich dann geführt habe, sämtliche Diskussionen – und es gab heiße Diskussionen in der Gemeinde Weißensee damals, wo mir vorgeworfen wurde, geradezu ein Verräter am Herrn Jesus zu sein, insofern ich zwar meinen Kindern gestattete in die FDJ zu gehen, aber ihnen nicht gestattete bzw. es für schlecht hielt, dass die Kinder in der Kinderunterweisung der Gemeinde unbedarft Leuten ausgeliefert waren, die gar keine Katechetinnen und Katecheten waren, Leuten, die keine Ahnung hatten, wie man Evangelium oder biblisches Grundwissen vermittelt. – Zurück zur Unterscheidung zwischen Glauben und Weltanschauung, ich will es mal ganz knapp sagen: Für mich ist Glaube – und ich denke, da werden alle Anwesenden im Wesentlichen Ja zu sagen – ein Geschenk Gottes durch den Heiligen Geist. Das kann man Nichtglaubenden schwer verklickern, das können sie nur dann merken, wenn man seinen Glauben versucht zu leben. Weltanschauung ist dagegen etwas völlig anderes, sie ist etwas, was man sich erarbeitet, nicht durch bloßes Vor-sich-Hindösen, sondern durch Erfahrungen Sammeln und aus den Erfahrungen merken, wie man jeweils in den verschiedenen Situationen zu reagieren hat. Für mich ist Weltanschauung also eine Orientierungshilfe und gleichzeitig ein Handwerkszeug. Das Letztere bedeutet aber, wenn ich ein Handwerkszeug habe, das mir hilft bei bestimmten Arbeitsvorgängen, dann kann ich dieses Handwerkszeug bei anderen Arbeitsvorgängen aus der Hand legen, wenn es mir nicht mehr nützlich ist. Das kann ich aber im Glauben nicht machen. Ich kann nicht sagen: Ich glaube an den Gott, der sich in Jesus Christus geoffenbart hat, aber jetzt kommt eine neue Situation, da lege ich das ganze zur Seite und versuche es mal mit irgendetwas anderem.

Und diese klare Unterscheidung in Glaube und Weltanschauung – und zwar muss ich sagen: Unterscheidung, nicht Trennung, das ist wichtig – diese klare Unterscheidung ist für mich dann auch eine Hilfe gewesen, mit Marxisten und Leuten jedweder Couleur, wenn sie nur als Menschen mit mir kooperieren wollten, auch wirklich zu kooperieren. Leute, die diese Unterscheidung, die keine Trennung bedeutet, nicht nachvollzogen haben, haben mir dann oft unterstellt: Der Mann läuft ja schief. Ich glaube aber, dass das noch bis heute ein wesentlicher Punkt ist. Ich will das mal klären an dem Beispiel, dass ich nicht zum Friseur gehe, weil er ein Christ ist und er mir deshalb christlich die Haare schneidet, sondern ich gehe zum Friseur, weil der gut schneidet. Oder ich rufe einen Tischler zur Hilfe, weil irgendein Stuhl bei uns in der Wohnung kaputtgegangen ist, da gehe ich nicht zu einem christlichen Tischler, sondern gehe zu einem guten Tischler. Das kann dann zufälligerweise auch ein guter Tischler sein, der Christ ist, aber ich kann nicht sagen: Dieser Tisch oder dieser Stuhl ist christlich getischlert worden. Und genau dies ist das Wesentliche.

RA: Nun war es aber in der DDR so, dass die marxistische Weltanschauung untrennbar mit dem Atheismus verknüpft war. Das machte es ja vielen Christen schwer, sich auf den Marxismus-Leninismus einzulassen. Manche haben deswegen auch Nachteile gehabt in der Schule, im Studium. Die Kirchen haben sich benachteiligt gefühlt. Wie konntest du dein politisches Engagement damit vereinbaren?

CJK: Da kann ich genau im Blick auf den Marxisten sagen: Wenn ein Marxist sich wirklich ernst nahm als jemand, der sich marxistisch-weltanschaulich orientierte – der nicht irgendwo in die Analyse der Gesellschaftsordnung, in die Analyse und Aufarbeitung einer bestimmten Situation in der Welt, zum Beispiel die Solidarität mit Vietnam, hinein geheimniste: Und außerdem ist Karl Marx ein großer Mann gewesen – so konnte ich auch bei den Marxisten darauf stoßen, dass sie das machten, was ich im Grunde auch machte: Ich lebe einen unreflektierten ursprünglichen Atheismus insofern, als wenn ich irgendein Mittag zubereite oder einen Arbeitsvorgang mache, nicht sage: Das und das ist sachgemäß daran, wir tragen einen Tisch die Treppe hoch und außerdem ist der Herr Jesus auferstanden. Das wäre lächerlich. Aber genau dies ist das, was für mich überhaupt keine Angstzustände erzeugte, dass ich sage: Was die machen, das kann ich auch machen. Ich habe keine „christliche" Ethik – was sollte diese christliche Ethik anders sein als eine gute, menschliche. Und insofern berührten wir uns da, wenn ein Marxist nicht bloß vorgab, Marxist zu sein, sondern wenn er versuchte, Gesellschaft zu verstehen, um sie zu verändern im positiven menschlichen Sinne – da war ich auf seiner Seite und umgekehrt er auf meiner.

RA: In deiner Zeit haben das glaube ich aber nicht so viele Baptisten verstanden.

CJK: So ist es.

RA: Und dein Weg ist nicht ohne Kritik geblieben. Du hast zum Beispiel damals von deiner Heimatgemeinde ein Predigtverbot bekommen. Wie bist du damit umgegangen, dass es für diesen Weg so wenig Christen und auch Baptisten gab?

CJK: Also, es war ja noch viel infamer, es war ja kein offiziell ausgesprochenes Predigtverbot, sondern man hat mich einfach nicht mehr auf den Predigtplan gesetzt, und das war's dann. Ich musste ein Jahr lang darum ringen, dass wir mal eine Aussprache hatten im Rahmen der Gesamtgemeinde, indem ich darauf bestanden habe: Ich habe vor dieser Gesamtgemeinde seit Jahren gepredigt, und wenn man mir jetzt unterstellt, ich würde Jesus verraten oder irrlehren, dann soll das bitte in aller Öffentlichkeit genauso öffentlich wie die Predigten vorher ausdiskutiert werden. Aber da man nun ein Jahr lang unterschwellig die Atmosphäre so vergiftet hatte, dass ich als Verräter am Evangelium vorkam, war die Situation so hoffnungslos versaut, dass da nichts mehr dran zu drehen war. Im Übrigen war es nicht meine Heimatgemeinde, sondern die Gemeinde, in die ich von Hamburg aus verwiesen wurde und wo ich auch eine Menge vorher gemacht hatte in der Jugendarbeit und so weiter.

RA: In der DDR gab es ja die CDU, die Partei der „roten Christen" wurde sie oft genannt und auch oft belächelt, weil sie ja kein eigenes Wahlprogramm hatte, sondern immer betonte: Wir stehen hinter dem Programm der SED. Aber es gab dort einige Männer und Frauen, auch von den Baptisten, die gesagt haben: Wir wollen mit den Marxisten zusammenarbeiten, wir wollen die sozialistische Gesellschaft aufbauen und gestalten. Warum hast du dich nicht in der CDU engagiert?

CJK: Da war ich durch Karl Marx und Karl Barth und Dietrich Bonhoeffer „verdorben" – in Anführungszeichen –, will heißen: Ich habe von meinem Hauptlehrer Dietrich Bonhoeffer gelernt, dass es keine christliche Ethik geben kann und damit auch keine christliche Weltanschauung. Und dass Christentum, Christus und das Evangelium aus jedem Wahlkampf herauszuhalten sind und damit auch in kein Parteiprogramm hineinpassen. Das ist mir so einleuchtend gewesen, wie ich vorhin schon gesagt habe – im Blick darauf, dass ich einen Friseur nicht deshalb gernhabe, weil er mir christlich die Haare schneidet, sondern weil er es gut macht. So habe ich auch nicht nachvollziehen können, dass man extra eine christliche Partei braucht, um mit ihr einzuwirken und mitzugestalten. Im Übrigen – das ist jetzt ja ganz aktuell, über mehrere Fernsehkanäle gerade vor einigen Tagen gekommen, wie Greenpeace diesen Gag gestartet hat am CDU-Adenauerhaus, das große „C" von der Fassade wegzutragen, was ich lustig fand. Und dann blieb nur noch übrig: „DU". Und dahinter haben sie das Transparent gehängt: (DU) „sollst das Klima schützen". Soweit, würde ich sagen, ist das zu illustrieren, was ich meine: Ich achte Leute, die meinten, sie könnten etwas bewirken, indem sie die vorhandene CDU nutzten, um darin mitzugestalten. Aber ich selber hätte nie aus Überzeugung in eine christliche Partei gehen können, wie ich auch keine christliche Ethik habe. Ich habe das auch immer den Marxisten gesagt, mit denen ich zu tun hatte: Leute, was ich mache ist eigentlich dasselbe, was ihr wollt.

Also, um es vielleicht mal knapp zusammenzufassen: Lessings Ringparabel. Das heißt, das, was mich durchs Evangelium motiviert, kann ich gar keinem zeigen. Ich kann ja auch nicht mein Inneres öffnen und sagen: Guckt mal, hier drinnen, das alles ist vom Glauben gestaltet. Das kann ich gar nicht, ich bin da in einer ohnmächtigen Situation, etwa wie der Bruder Paulus in seinem ersten Brief an die Korinther schreibt, Kapitel 2, 9 – typisch für einen Baptisten, der muss das zitieren – das kann man ja nachschlagen: „Was in keines Menschen Sinn gekommen ist, was kein Auge gesehen hat und kein Ohr gehört hat, das hat Gott denen, die ihn lieben, geschenkt." Das ist genau der Punkt, das heißt: Sowenig wie ich eine christliche Weltanschauung habe, sowenig wie ich eine christliche Ethik habe, keine christliche Moral, sowenig kann ich überhaupt mein Christentum beweisen. Ich kann nur gestalten, mit den anderen zusammen. Und das genau war wahrscheinlich der Reibungspunkt, wo liebe Schwestern und Brüder ganz erstaunt davorstanden und sagten: Der verrät das Evangelium.

RA: Wie hast du das Ende der DDR erlebt, der DDR, in der ja nun dieses Miteinander von Christen und Marxisten versucht worden war, und was siehst du im Rückblick kritisch an der DDR?

CJK: Um bei der ersten Frage anzusetzen: Als die DDR in sich zusammensackte, war ich auf Kuba, im Rahmen der Christlichen Friedenskonferenz, hatte dort Kontakte mit Leuten, die auch mehr in Richtung der Theologie der Befreiung dachten. Und habe dann, als ich zurückkam und die Dinge eigentlich schon gelaufen waren, an den bekannten Roman „Heimkehr in ein fremdes Land" denken müssen. Das heißt, was mir da entgegenkam, war etwas, das mich ganz traurig machte. Ich habe so viel Nachholbedarf gehabt mich darüber mit meiner Frau auszutauschen. Und dann bekam ich von allen möglichen mir nahestehenden Leuten Informationen, wie die Dinge gelaufen waren.

Ich muss gestehen und das dann gleich auch mit der zweiten Frage verbinden: Ich bin traurig, dass die DDR zusammengesackt ist. Heute feiert man dauernd den soundsovielten Jahrestag der Wiedervereinigung – ich kann das nicht nachvollziehen, weil für mich nichts *wieder*-vereinigt wurde. Es ist nicht mal was vereinigt worden, sondern es ist ein Experiment einer neuen Gesellschaftsordnung dem anderen ökonomisch vor Kraft strotzenden Staat untergejubelt worden. Das, was wirtschaftlich über die Treuhand lief, das lief ideologisch, über die verschiedensten Massenmedien und Denkapparate, so, als ob man das mal eben rucki-zucki machen kann. Das Experiment, eine Gesellschaft neu zu bauen, ohne Ausbeutung, oder zumindest mit einem nur minimalen Versuch – und nicht die eigentliche Macht heimlich den Banken und Großkonzernen zu überlassen, sondern neue Mechanismen zu finden – das ist uns nicht gelungen. Und ich sage es bewusst: „uns" nicht gelungen, ich schließe mich ein. Ich bin traurig darüber, dass es die DDR nicht mehr gibt, weil da ein hoffnungsvoller Neuansatz war, der dann leider durch jene Leute, die dann versuchten, an diesem neuen Feuer ihr Süppchen zu kochen, kaputt gespielt worden ist. Aber ich möchte jetzt nicht sagen, die anderen sind da schuld, sondern ich würde selber sagen, auch mir ist es nicht gelungen, in der Kooperation mit Marxisten zusammen etwas Neues so zu gestalten, dass es lebensfähig geworden wäre. Im Nachhinein würde ich sogar auch sagen, es ist unheimlich schwer, weil ja der andere deutsche Staat gut funktionierte, was das Wirtschaftliche und Technische anbetrifft, und es ist schwer, etwas neu zu machen, wenn man – und jetzt verstehe ich sogar, warum man eine Zeit lang sogar versucht hat, die Mauer aufrecht zu erhalten, zu sagen: Lasst uns mal in unserer guten Stube – bloß leider ist dann die gute Stube nicht eine gute geworden, sondern eine, die so viel Defekte hatte, dass die Massen sagten: Wir wollen raus.

RA: Ich muss schon die letzte Frage stellen: Wie viel Sozialismus ist in deinem Nach-Wende-Leben übriggeblieben und wo drückt sich das vielleicht aus?

CJK: Also, soweit das mich, nur meine Person anbetrifft, so viel, wie auch innerhalb der DDR-Zeit. Ich denke, dass, wenn man weltweit denkt und über lange Strecken, nicht nur in Wahlperioden, dann kann diese Erde nur noch länger existieren, wenn eine neue Form des Miteinanderlebens in Gesellschaften gefunden wird. Ich denke, dass diese Form des Zusammenlebens, wie wir sie in den hochentwickelten kapitalistischen Staaten haben, sich auch immer quasi-kolonial betätigen muss, denken wir nur an ein Beispiel: Wenn also unser Gesundheitsminister in ein afrikanisches Land oder nach Mexiko reist, um dort hochgebildete Leute für *unseren* medizinischen Bedarf zu holen, dann ist das für mich Kolonialismus. Und insofern bin ich noch immer ein überzeugter Sozialist, und – egal welches Wort man benutzt – ein Antikapitalist. (Beifall)

RA: Aus Zeitgründen würde ich noch zwei Rückfragen zulassen, will jemand noch reagieren und fragen?

Volker Warmbt, Harzgerode: Ich würde mal eine Tagung und Auseinandersetzung sehr gut finden, wo es genau um diese Zukunftsfrage geht, die jetzt ganz am Schluss angesprochen wurde. Wir leben wieder in einer Situation der Anpassung an den Neoliberalismus. Kapitalismus ist nicht nur eine Wirtschaftsform, sondern eine Weltanschauung. Und die Form des Neoliberalismus ist mit dem Christentum nicht vereinbar, und zwar absolut nicht. – Die Frage ist, ob da nicht Widerstand angesagt ist, nicht nur rückwärts gewandt, also was haben wir in der DDR versäumt oder was haben wir in der Nazizeit versäumt, sondern was ist unsere Aufgabe heute, auch angesichts von „Fridays for Future" und so weiter?

RA: Eine nächste „friedliche Revolution" also...

Bernd Stummvoll, Velten: Ich wollte vorhin schon mal fragen bei der Vorrednerin, ich denke nun, Bruder Kaltenborn, Sie sind der Richtige: Welchen Einfluss hatte die Theologie der Befreiung auf den Dialog zwischen Staat und Kirche in der DDR?

CJK: Ich denke keinen. Soweit ich mich mit der Theologie der Befreiung auskenne – also ich habe ja das Buch „Die Anthologie" herausgegeben von Ernesto Cardenal, einem der Vertreter – ich würde sogar sagen: „Theologie im Prozess der Befreiung" – alle diese Genitiv-Verbindungen: Theologie der... der... der... halte ich nicht für so gut. Ich denke, man wird die Dinge auch nicht im Sinne eines ostalgischen Denkens angehen können und auch nicht im Sinne eines schwärmerischen Lateinamerika-Denkens. Da ist ja was, da sind revolutionäre Kräfte, aber es zeigt sich jetzt auch, dass alle Neuaufbrüche, sei es Venezuela oder in Bolivien, kurz oder lang kaputtgespielt werden. Es geht da immer um die knallharte Machtfrage, wie Wirtschaft und dann meinetwegen Ethik zusammenkommen können.

Wir müssen uns *hier* in unserer Gegend konzentrieren auf das, was nach uns kommt und sagen: Was können wir tun, um die Generationen, die nach uns kommen, soweit mit hineinzunehmen, dass wir einer Zukunft entgegenarbeiten. Ich habe für mich, ausgehend von dem Senfkorn-Glauben, dem Bild vom Senfkorn, mal das Beispiel gefunden vom Bakterium, uns zu sehen als Bakterien, positiv – man setzt ja ganz bewusst bestimmte gezüchtete Bakterien ein in einen kontaminierten Boden, damit die Bakterien die Kontamination langfristig aufhalten können. Ich denke, wir alle sind Bakterien, die in dem, wovon sie überzeugt sind, zu wirken haben. Und wenn sie gemeinsam mit anderen Bakterien die große Geduld haben – oder sagen wir Beharrlichkeit, Geduld ist kein gutes Wort, ich bin nicht geduldig, sondern beharrlich – die große Beharrlichkeit haben, zu sagen, wir denken über mehrere Generationen hin, dann sage ich, wir sollen mit uns, unseren Zeitgenossen und denen, die nach uns kommen, Bakterien bilden, die eine Epidemie, die durchaus eine Inkubationszeit von vielleicht 200 Jahren hat, in Gang zu bringen. Und darin könnte unser Auftrag liegen, wegzukommen davon: Wenn ich nicht die Früchte dessen ernte, was ich heute in den Boden bringe, fange ich erst gar nicht an. Wenn ich aber so, bakteriell, denke, dann könnte vielleicht das eine Aufgabe von uns allen sein, zu sagen: Nach dem Scheitern einer alternativen Gesellschaftsordnung, die nicht kapitalistisch sein wollte, aber daran kaputtgegangen ist, könnten wir sagen, wir resignieren nicht, und sagen – zum Beispiel die Sache in Zusammenhang mit der Umwelt, den Klimaaktivisten – das alles zusammenbinden und sagen: Wir tragen dazu bei, dass wir als die, die jetzt leben, und die, die nach uns kommen – und da hilft uns dann vielleicht auch der liebe Gott, ich sage vielleicht, weil er vielleicht auch ganz andere Ideen hat, aber hier könnte das Evangelium wirksam sein – über unseren Tod hinaus das zu tun, was wir für nötig ansehen, und dann darauf zu hoffen, dass die bakterielle Inkubationszeit lange nach unserem Tode etwas auswirkt.

RA: Vielen Dank. In welchen großen Zeiträumen Carl-Jürgen Kaltenborn denkt, zeigt sein neues Buch „Methusalems Ökumene" – Methusalem war bekanntlich der älteste Mensch der Welt nach der Bibel – also Zeiträume von hunderten Jahren siehst du, Carl-Jürgen, hier durchaus als wirksam... Vielen Dank für deine Impulse, auch für die anregenden Bilder und Gedanken, die du uns mitgegeben hast. – Wir kommen nun zum nächsten Interview.

Zeitzeugen-Interview mit
Diethard Dahm

Andreas Liese (AL): Wir kommen jetzt zum zweiten Interview der ersten Runde. Jetzt geht es um Marxismus und Kommunismus in der Bundesrepublik. Diethard Dahm, dazu kannst du etwas beitragen, vielleicht sagst du zuerst kurz etwas zu deiner Person, Beruf, Gemeinde, damit wir dich besser einordnen können.

Diethard Dahm (DD): Gut, ich muss sagen, ich bin eine ganz andere „Bakterie" als mein Genosse Carl-Jürgen Kaltenborn. Ich würde von seinen Sätzen vielleicht 20 bis 25 Prozent bejahen und unterstützen können, sonst habe ich eine gegenteilige Auffassung. Zum Beispiel meine ich, dass mit meinem christlichen Glauben auch eine gewisse Ethik, ein Kern von Ethik verbunden ist. Du würdest dem widersprechen, Carl-Jürgen, darüber müssten wir uns länger unterhalten, aber haben heute nicht die Zeit dafür. – Nur, damit ihr ungefähr wisst, mit welcher Subjektivität ihr bei mir rechnen müsst: Ich bin schon seit 1958 Christ und Baptist, bin seit 1960 Mitglied in der Baptistengemeinde Berlin-Steglitz und habe dort etwa in jeder Gruppe, die es überhaupt gibt, mitgearbeitet. Das will ich nicht weiter ausführen, das könnt Ihr Euch sicher lebhaft vorstellen. Beruflich: Also, ich habe studiert aus Interesse, erstens Psychologie, zweitens, weil ich sehr wissensdurstig war, hab ich Soziologie und Politikwissenschaft studiert. Hier habe ich im Rahmen der Politikwissenschaft eine wöchentlich einstündige Vorlesung über Recht gehört und habe festgestellt: Mensch, Recht ist ja nichts zum Auswendiglernen, sondern dient der aktiven Lösung von menschlichen Konflikten, und dabei gibt es auch eine erhebliche Gestaltungsmöglichkeit, und da habe ich das genommen, und das war schließlich auch Ausgang für meinen Beruf. Ich war dann zuerst wissenschaftlicher Mitarbeiter und dann 32 Jahre Richter und gehörte zu den höchsten Richtern in Berlin und Brandenburg. Ich habe eine ganz andere Bodenhaftung als mein Genosse Carl-Jürgen Kaltenborn, also, mit 32 Jahren Richterberuf habe ich mit tausenden von Menschen und deren menschlichen Schicksalen zu tun gehabt. Ihr könnt also bei mir, denke ich mal, das ist meine Subjektivität, mit sehr viel mehr Realismus rechnen als bei Carl-Jürgen. Gut.

AL: Wir kommen zur ersten Frage. Wir sprechen heute über den Kommunismus – in der Bundesrepublik Deutschland war ja bis in die 60er Jahre hinein der Antikommunismus vorherrschend. Wie hat sich dieser Antikommunismus in den baptistischen Gemeinden gezeigt? Gab es ihn überhaupt oder nicht?

DD: Also zunächst unterschieden wir westdeutschen und Westberliner Baptisten uns ja nicht von den Ostdeutschen und Ostberlinern. Wir haben genauso gemeint, dass Politik nicht zum Glauben gehört, wir waren also apolitisch, bis wir merkten, auch Leute, die sich als apolitisch bezeichnen, wirken schließlich doch politisch. Antikommunismus rührte von den Erfahrungen des Krieges her, von der Besatzung durch die sowjetischen Truppen, und war dann verstärkt von den Medieninhalten, die bei uns in Westdeutschland und Westberlin verbreitet wurden. Das Schlimmste waren die Springer-Zeitungen, also Bild-Zeitung, B.Z., Berliner Morgenpost und Die Welt, und sie sind bis auf den heutigen Tag noch nicht vorzuziehen zu lesen. Zu dieser Zugehörigkeit zur westdeutschen Gesellschaft gehörte, dass Baptisten eben auch Antikommunisten waren, jedenfalls zu 90 oder 99 Prozent. Zwar sollte der Glaube apolitisch sein, aber wenn das Apolitische noch ein bisschen überwunden wird, dann ist er jedenfalls antikommunistisch. Das ist eigentlich die Antwort.

AL: 1967/68 entdeckten Studenten den Marxismus neu. Gab es das auch bei baptistischen Studenten, dass sie sich plötzlich für dieses Thema begeisterten und den Marxismus als eine Methode der Gesellschaftsanalyse für sich entdeckten?

DD: Also erstens: Die Studenten haben in den Jahren 1966/67 Studienreformen vorgeschlagen, die waren gut durchdacht, aber die Professoren haben das für nicht erforderlich angesehen und haben es arrogant abgelehnt. Und das führte dazu, dass gerade die sehr engagierten und auch die sehr schlauen Studentinnen und Studenten frustriert waren und sagten: Wir müssten dagegen rebellieren. Wir kennen noch den Spruch über die Professoren: „Muff von tausend Jahren unter den Talaren". Deshalb begann ein Widerstand, es gab Sit-ins, Go-ins und auch Demonstrationen, wenn Ihr die Fotos von der Zeit anseht: Die Studenten waren damals gut angezogen und gekleidet, die gingen mit Schlips und Kragen zur Demonstration. Als dann festgestellt wurde, dass die Universität, jedenfalls die Lehrkörper, die Professorenschaft alle Reformvorschläge blockierte, führte das dazu, dass Studenten weiter überlegten: Ist es eigentlich nur die Universitätsordnung oder ist es die Herrschaftsordnung, die an der Universität besteht? Und in einem weiteren Gedanken: Ist es eigentlich eine verfehlte Herrschaftsordnung, die in unserer Gesellschaft besteht? Damit stand die kapitalistische Gesellschaftsordnung auf dem Prüfstand. Es gab eine Art Revolte, ein neues Denken über die Gesellschaft, und man überlegte: Was ist eigentlich mit dem Gegenmodell des Marxismus? Da gibt es ja jenseits der Mauer den Marxismus. Was machen die eigentlich, was denken die, wie sind die dazu gekommen? Dieses Nachdenken stieß sofort auf Widerstand sowohl in unserer Gesellschaft wie auch in unserer Gemeinde: Mit Marxismus befassen wir uns nicht, der ist atheistisch. Das reichte uns Studenten aber nicht, denn wir wollten es ja geistig durchschauen: Was sind denn die Entstehungsgründe, was macht das dann aus? Deswegen haben wir uns mit Marxismus beschäftigt, auch als Baptisten. Wir haben uns als baptistischer Studentenkreis als Allererstes mit Theologie beschäftigt, wir haben im Laufe der Monate nahezu alle Westberliner Pastoren eingeladen und haben uns von ihnen Vorträge angehört, um uns theologisch besser zu bilden. Und als wir aber merkten, es geht über theologische Fragen hinaus, haben wir gesagt, wir müssen auch mal aktuelle Probleme behandeln wie die Differenz zwischen Marxismus und Kapitalismus. Und wir haben das behandelt, stießen dabei aber auf Widerspruch in unseren Gemeinden, die in dem herkömmlichen Antikommunismus sagten: Mit Marxismus beschäftigt man sich gar nicht! Wenn ihr das lest, dann seid ihr verkappte Atheisten! – Das vielleicht als Erklärung.

AL: Wie hat sich diese Beschäftigung der Studenten, der Studentenbewegung ausgewirkt? Hat sie deiner Meinung nach innerhalb des Baptismus etwas verändert? Wenn ja, was?

DD: Also, unsere Offenheit, unsere Bereitschaft als Studenten, aktuelle Fragen anzusprechen, auch wenn sie nicht rein theologisch sind, führte zu einer Ablehnung bei unserem baptistischen Führungspersonal. Ich muss da differenzieren, es gab wirklich sehr gute Leute, mit denen wir auch gut sprechen konnten. Dazu gehörte Hans Luckey, dazu könnte ich noch einige andere nennen, die dann viele von uns zunächst dabeigehalten haben: Wir bleiben im Baptismus, weil wir immerhin auch einige gute Leute dabeihaben. Andere haben uns abgelehnt und haben auch letztendlich – ich fasse es kurz – die Studentenarbeit verboten, das müsst ihr euch mal vorstellen, nicht jeder von euch weiß das noch. Wir haben Publikationsorgane gehabt, wie zum Beispiel die „semesterzeitschrift" oder die Zeitschrift „praegaudia" – der Name ist ein Witz, ja, der ist aus dem Lateinischen und heißt „Vorfreuden" – und wir als Studenten hätten doch, wenn wir linksradikale Atheisten gewesen wären, nicht einen lateinischen Namen gewählt – nein, wir haben extra einen lateinischen Namen genommen, praegaudia, Vorfreuden, weil wir auf das hofften, was noch kommt. – Kurz und gut, das Verbot der Studentenarbeit führte dazu, dass unsere ganze junge baptistische Intelligenz abgeschreckt war, und von den, sagen wir mal 100 Studenten, die zu den überregionalen Treffen kamen, schieden die meisten aus den Baptistengemeinden aus, weil sie sagten: Es ist ja vergeblich, die Leute sind steif und stockbeinig, sind unbelehrbar, sie hören nicht zu, sie wollen nur unterdrücken – also da scheiden wir aus. Und diese Studentinnen und Studenten sind dann in die Landeskirche gegangen und haben dort mitgearbeitet, nicht nur als Chorleiter, sondern in allen Gremien, die es in der Landeskirche gibt. Nur wenige sind dabeigeblieben, ich gehöre dazu, weil ich von vornherein und lange Zeit und über die Jahrzehnte immer begeistert war und überzeugt, dass unser freikirchliches Konzept das bessere theologische und christliche Konzept ist. Also, wir haben im Baptismus nichts verändert, weil wir 1971 verboten wurden. Aber die Tatsache, dass plötzlich die ganze überregional zusammenarbeitende studierende Jugend wegfiel, hat doch im Laufe von Jahren dazu geführt – es gab noch eine Bundeskrise – bis in die 80er Jahre, dass sich unsere baptistische Führungsetage sagte: Nein, also wir müssen eigentlich doch ein bisschen aufgeschlossener werden und nicht mehr ganz so engstirnig wie bisher. Und dann, sagen wir mal ab 2000, gab es doch eine Öffnung hin zu stärkerem Interesse an Weltzusammenhängen und Weltproblemen.

AL: Als die Studenten 1967/68 demonstrierten, haben viele Bürger gesagt: Geht doch rüber, geht in den Osten, da gehört ihr hin. Und die Studenten haben gesagt: Nein, das ist ja gar nicht unsere Vorstellung von Marxismus, was da passiert, wir haben eine ganz andere Vorstellung. – Wurde sowas auch diskutiert unter den Studenten? Welche Form des Marxismus authentischer ist, weil man sagte: Dieser DDR-Marxismus, das ist ja eigentlich der Staatssozialismus, da wollen wir auch nicht hin. War sowas Thema bei den Studenten?

DD: Ja, es war Thema bei den baptistischen Studenten, die dieses Interesse mitbrachten. Ich kann jetzt nicht davon sprechen, dass 100 Prozent meiner Mitstudenten die gleiche Auffassung hatten – wir waren nur eine Minderheit, sagen wir mal von 40 Prozent, die diese Aufgeschlossenheit und dieses Interesse hatten. Und bei denen gab es eine eindeutige Ablehnung des DDR-Kommunismus, weil wir sagten: Moskau, das ist Zentralverwaltung, das ist zentral verwaltete Wirtschaft, das ist autoritär, das ist im letzten Ende Diktatur, das wollen wir ja gar nicht, wir wollen eine *Verbesserung* der Verhältnisse, wir wollen erstens Emanzipation und zweitens Demokratie und Demokratisierung. Deswegen waren wir völlig ablehnend gegenüber einer politischen Richtung, die Moskau zuzuordnen war. Ein Mitglied unseres Studentenkreises, er war Westdeutscher, der konnte damals auch nach Ostberlin reisen als Westdeutscher, was wir Westberliner nicht konnten, der kriegte ein Einreiseverbot, weil ihm nachgesagt wurde, er hätte trotzkistische Neigungen. Wir waren gänzlich gegen die Moskauer Richtung.

AL: Gab es zum Beispiel dann eher Sympathien für die Dubček-Richtung?

DD: Ja, natürlich, das war für uns eine Tragödie, der Einmarsch der Warschauer-Pakt-Truppen 1968 nach Prag, das war, ja, ein Grund zur Depression. Das war noch 1968, wir wurden ja erst 1971 verboten – das Verbot war für uns natürlich noch ein größerer Grund zur Depression.

AL: Also, ein Thema zieht sich ja durch den heutigen Tag wie ein roter Faden: marxistische Religionskritik. Helmut Gollwitzer hat ein sehr lesenswertes Buch geschrieben: „Die marxistische Religionskritik und der christliche Glaube", wo er sich, gerade aus der Tradition von Karl Barth herkommend, mit dieser Thematik beschäftigt. War so etwas Thema in Baptistenkreisen?

DD: In Baptistenkreisen nicht, bei uns Studenten ja. In Baptistenkreisen galt, und vielleicht ist es heute immer noch so: Theologie und theologische Bücher muss man eigentlich nicht lesen. Also, was erbaulich ist und fromm, das lesen wir, aber was theologisch ist, das lesen wir nicht. Einer der führenden Baptisten in Westberlin sagte zu mir: Also, wenn du theologische Literatur liest, Bultmann oder so etwas, das kannst du zu Hause vor dem Einschlafen lesen, aber bitte nicht in die Gemeinde bringen. So war die allgemeine Auffassung. Bei uns Studenten – wir waren natürlich darauf erpicht, mehr zu wissen, unseren Wissensdurst zu stillen – war das so, dass wir gerade Gollwitzers Vorstellungen gefolgt sind. Gollwitzer unterscheidet beim Atheismus zwischen einem dogmatischen Atheismus und einem methodischen Atheismus. Ich erkläre das kurz. Der methodische Atheismus sagt: Ich kann nicht entscheiden, ob es Gott gibt und ob der Glaube zurecht besteht. Der dogmatische Atheismus dagegen sagt: Nein, ich behaupte, dass es keinen Gott gibt. Und wir sagten: Ja, die wirtschaftstheoretischen und wirtschaftswissenschaftlichen Kenntnisse von Marx, soweit sie die These Gott überhaupt nicht behandeln, die können wir auch mal mit durchdenken, die können wir uns mal anhören und überlegen, ob das ein Analysematerial auch für die gegenwärtige Gesellschaft ist. Der dogmatische Atheismus dagegen wurde von uns abgelehnt, weil wir unseren Glauben natürlich nicht ablegten, sondern wir sagten: Gut, also Wissenschaftsmethoden ohne die These Gott, das machen wir mit, aber nicht den Verrat am Glauben, das machen wir nicht mit.

AL: Wir sind schon fast am Ende unserer Zeit. Eine abschließende Frage: Nach 1989 schien es ja so: Marx ist tot, das Thema ist völlig überholt, Schnee von gestern. Kann es sein, dass Marx wieder aktuell werden könnte in der Zukunft, wenn man sich die gegenwärtige Weltsituation anschaut?

DD: Das ist eine Frage, die man nicht so in einem Satz beantworten kann. Also, erstens muss man sehen: Die Marx'sche Analyse beruht auf Mitte des 19. Jahrhunderts. Seine Thesen kann man so nicht übernehmen, das ist unmöglich. Man kann gewisse Methodiken übernehmen, die hart an den regulären Wirtschaftsläufen sind, das kann man übernehmen, aber sonst bleibt nicht viel davon übrig und ich halte das nicht für aktualisierbar, was Marx gesagt hat. Was wir zweitens als baptistische Studenten auch gänzlich abgelehnt haben, war das Menschenbild, das wir im Marxismus vorfinden, das ist nicht unser christliches Menschenbild. Und da liegt auch der entscheidende Irrtum an der marxschen Theorie.

AL: Vielen Dank erstmal. Zwei, drei Fragen sind noch möglich vom Zeitplan her. Studentenarbeit ist ja ein interessantes Thema, leider noch nicht aufgearbeitet, auch da hoffen wir auf Menschen, die sich darum kümmern werden, weil das eine ganz spannende Sache ist, die uns zu vielen Erkenntnissen führen könnte über das, was Ende der 60er, Anfang der 70er Jahre passiert ist.

DD: Ehe sich der erste meldet, muss ich noch sagen: Da liegt eine Broschüre von Marc Schneider: „Die Diskussion im deutschen Baptismus um die 68er Bewegung" vom Oncken-Archiv in Elstal. Das ist ein Buch, das meines Erachtens nicht hinreichend theologische Zusammenhänge berücksichtigt, das spiegelt die Verhältnisse von 1968 überhaupt nicht wider, weil es auf theologische Argumente und theologische Zusammenhänge verzichtet. Nur als Anmerkung.

AL: Wer hat noch etwas anzumerken zu dem Thema? Denn das, was damals gelaufen ist, hat die Baptistengemeinden ganz schön erschüttert, mit Sicherheit kein Ruhmesblatt unserer baptistischen Geschichte…

DD: …der Verlust der Studierenden…

AL: …eine Gruppierung, die uns heute sehr fehlt.

Reinhard Assmann, Berlin: Gab es Kontakte der Studentenarbeit West mit der Studentenarbeit Ost? Hat man also über die Grenze hinweg auch über solche Fragen diskutiert?

DD: Wichtige Frage, ich muss die Frage leider verneinen. Und zwar war das so: Nach dem Bau der Mauer war es für Westberliner nicht leicht möglich, nach Ostberlin und in die DDR einzureisen. Erst 1963 gab es die ersten Möglichkeiten von Verwandtenbesuchen zwischen Weihnachten und Neujahr. Ihr müsst euch vorstellen, um so ein Visum zu bekommen von den DDR-Beamten, musste man etwa sieben Stunden anstehen. Da gab es eine Schule mit diesen Beamten, und da konnte man sieben Stunden drauf warten. Dann, ab 1972, war es erleichtert, man konnte mit dem Zwangsumtausch auch in die DDR einreisen. Aber 1972 waren wir als baptistische Studenten schon verboten, also da hatten wir auch keine Möglichkeit mehr uns zu treffen. Wir haben in unseren Publikationen allerdings versucht, Texte zu bekommen von Studenten oder Theologen aus der DDR, zum Beispiel von Carl-Jürgen Kaltenborn. der hat in unserer „semesterzeitschrift" einen Artikel geschrieben. Wir haben auch einen Artikel von Carl Ordnung veröffentlicht, der allerdings diese Moskauer Richtung hatte, wir haben das gelesen, aber sozusagen mit zusammengebissenen Zähnen. Und wir haben versucht, diese Kontakte herzustellen, aber das ist uns nichts gelungen. Das war dann auch zu gefährlich, also wer seinen Passierschein benutzte und dann nach Ostberlin fuhr und politische Gespräche führte – also das ist zu gefährlich gewesen.

Bernd Stummvoll, Velten: Ich habe natürlich von dem Verbot der Studentenarbeit schon oft gehört, ich bin erst 1971 als nicht-baptistisches Kind zum Baptismus gekommen, hab immer meine Generation vermisst, bin 1952er. – Wieso habt ihr euch denn überhaupt verbieten lassen? Das ist doch überhaupt gar nicht baptistisch.

DD: Das baptistische Führungspersonal hatte in den 50er Jahren eine Ordnung der Studentenarbeit von oben herab gegeben, und wir haben uns 1969 darangesetzt, uns eine demokratische Verfassung zu geben. Und wir erhielten auch gewisse Zuschüsse, zum Beispiel für unsere Zeitschriften oder für unsere bundesweiten Treffen, Pfingstkonferenzen und dergleichen. Und zuerst hatte die Bundesleitung – heute heißt es Präsidium des Bundes – gesagt: So, diese Mittel streichen wir euch, und wir verbieten euch, den Namen „evangelisch-freikirchlich" in euren Publikationen zu führen, so war das. Und dann musste der Bundesrat, das ist ja unser höchstes demokratisches Gremium, darüber entscheiden, ob diese Entscheidung der Bundesleitung gedeckt wird. Und der Bundesrat hat sich so entschieden mit etwa 80 Prozent der Stimmabgaben. Als diese Entscheidung aufkam, wurde mir berichtet, gab es ein großes Klatschen und Trampeln, und einer von uns – es war sogar ein Redakteur unserer Zeitschrift „sz", der jüdische Vorfahren hat – sagte sich: Ach, das ist so in Deutschland, Ausschluss der Studenten, weil sie nicht konformgehen und weil sie sich unter anderem mit Marxismus beschäftigen. Das ist nicht mehr mein Feld. Es war klar, dass er ausstieg aus den Gemeinden. Und für uns, da wir nun nicht mehr publizieren konnten mit dem Namen „evangelisch-freikirchlich" – ja, was sollten wir nun machen? Wir konnten nur eine andere Kirche wählen oder wir konnten, wie ich, als „Bakterie" uns einkapseln und auf Frühling warten. (Beifall)

Zeitzeugen-Podium mit
Ingrid Ebert und Uwe Dammann[235]

RA: Diese letzte Runde wird ein Gespräch sein, das wir hier vorn beginnen und dann hoffentlich mit euch zusammen führen, ihr habt also die Möglichkeit, mit einzusteigen in das Gespräch.

Wir haben für diese letzte Runde zwei Leute ausgewählt, die in irgendeiner Weise politisch engagiert waren im BEFG in der DDR und die auch das Scheitern des Sozialismus miterlebt haben. Zu beidem ein paar Fragen von uns an euch beide. Ich beginne und frage: Was fehlt euch denn heute vom DDR-Sozialismus?

Ingrid Ebert (IE): Mir fehlt nichts, ich habe viel gewonnen.

Uwe Dammann (DU): Die Bananen.

IE: Die Sehnsucht danach.

RA: Gut, wenn wir so weitermachen, haben wir noch viel Zeit. – Gleich noch so eine „dumme" Frage: Wir hatten eben Carl-Jürgen Kaltenborn hier vorn sitzen. Hätte er zu DDR-Zeiten bei euch predigen dürfen?

IE: Ich komme aus Forst in der Lausitz, hart an der polnischen Grenze, ich glaube ja, also ich hoffe es.

UD: Ich komme hier aus dieser Bethel-Gemeinde und Carl-Jürgen Kaltenborn war hier öfter und wir haben uns immer gefreut, wenn er kam, und haben uns aufgeregt und waren angeregt und es war immer wertvoll.

RA: Bitte sag uns zwei, drei Sätze zu deiner Person: Ingrid Ebert aus Forst –

---

[235] Gesprächsleitung: Reinhard Assmann (RA) und Andreas Liese (AS).

IE: Ja, ich weiß jetzt nicht, wo ich anfangen soll, aber ich war in der CDU, das sage ich gleich, falls Gerüchte herumgehen, bin also eine „Blockflöte". Ich habe bei einer Tageszeitung gearbeitet, beim Union-Verlag, war über 30 Jahre lang Redakteurin, habe also einen völlig atypischen Beruf für eine Baptistin – die sind ja immer alle Krankenschwestern oder Frauen von Pastoren. Und habe in unserer Gemeinde auch alle Arbeitsgruppen durch, die es gab: Habe in der Kinderarbeit angefangen, dann Jugendarbeit, dann Erwachsenenarbeit, später dann Kaminabende organisiert, die auch wieder völlig untypisch für Baptistengemeinden

sind, und habe mir oft die Frage anhören müssen: Wie viele haben sich da eigentlich nun schon bekehrt, aufgrund der Teestube oder der Kaminabende. Oder aber – neulich sagte eine liebe Schwester zu mir: Missioniert ihr auch manchmal? Und ich weiß dann damit gar nichts anzufangen. Ich habe gesagt: Wir missionieren ständig. Jeder Gottesdienst, jede Arbeit mit unseren Asylbewerbern, die Arbeit mit Alkoholikern – alles ist Mission für uns. Aber wir sagen das vielleicht nicht immer so.

RA: Der zweite hier auf dem Podium ist Uwe Dammann, Ur-Berliner. Sag bitte etwas zu deiner Person.

UD: Ja, Jahrgang 58, hier in Berlin geboren und aufgewachsen, habe aus dieser Stadt nie rausgefunden, bin also die ganze Zeit hier. Ich habe zunächst Kfz-Schlosser gelernt mit Abitur, weil ich nicht zur Erweiterten Oberschule durfte. Dann später schloss sich das Theologiestudium in Buckow an, dann Gemeindedienst in Lichtenberg, dann war ich Pastor in der Bethel-Gemeinde in Lichterfelde, im Vorstand des Diakoniewerks Bethel und bin jetzt seit sechs Jahren wieder Gemeindepastor in Köpenick.

AL: Eine nächste Frage: Wie würdet ihr eure Rolle als Christen in der sozialistischen DDR beschreiben? Ingrid, du hast ja schon gesagt, du warst Mitglied der CDU. War das eine politische Aussage, war das eine Rolle, die man einnahm? Oder wie kann man das beschreiben?

IE: Ich wollte zur Zeitung, das heißt, ich wollte Schreiben lernen, um dann mal vielleicht zum Magazin zu gehen und als Auslandskorrespondentin die Welt zu bereisen, das war mein Plan. Ich bin aber nirgendwo angekommen, weil ich auf gar keinen Fall SED-Mitglied werden wollte. Ich will nicht irgendwo dazugehören, wo die immer alle Recht haben. Ich bin dann beim Union-Verlag in Dresden gelandet. In Görlitz in einer ganz kleinen Redaktion habe ich angefangen als Volontärin. Und als ich da war, nach wenigen Tagen, schob mir mein Chef ein Antragsformular rüber und sagte: Hier. Ich sagte: Was ist das, ein Antragsformular für die CDU? Ich will eigentlich in keine Partei. Und er sagte: Das wird vorausgesetzt. Und da konnte ich zum ersten Mal überlegen: Will ich nun Schreiben lernen, will ich Journalistin werden? Oder sag ich jetzt: Nein, ich gehe nicht in die CDU. Und dann habe ich beim nächsten Heimaturlaub mit unserem Pastor gesprochen, das war damals Gerhard Fuchs, was er dazu sagt. Und er hat zu mir gesagt: Weißt du, ich glaube, es ist gut, wenn Gott überall seine Leute hat. Und dann bin ich in die CDU gegangen.
Ich muss noch etwas dazu sagen: Ich wollte immer politisch, gesellschaftlich oder überhaupt engagiert leben. Und ich wollte eigentlich gerne, ich wäre eine glühende Kommunistin geworden, eine große Verfechterin für die sozialistische Sache, wenn die Partei, die immer Recht hat und wenn dieser Staat, der als Diktatur gearbeitet hat – das kam heute gar nicht zur Sprache – wenn der mich nicht ganz zeitig zum Klassenfeind gemacht hätte. Einfach weil ich Christ war, war ich in der Schule – das kennst du auch – ganz schnell Klassenfeind. Da konnte ich nicht mehr Kommunistin werden, so einfach war das.

AL: Noch eine Anschlussfrage: Wie sah dein politisches Engagement aus, gab es so etwas denn? Du hattest es dir vorgenommen, ist das geschehen? Konntest du dich politisch engagieren?

IE: Na ja, ich bin ja dann zur Tageszeitung gegangen, da war ich ja praktisch Funktionär der CDU-Zeitung. Das ist mir erst später bewusstgeworden. Nein, ich hab mich immer schon engagiert, aber dann habe ich mir mehr diese Bereiche gesucht, die mir zustanden, habe den Fernkurs „stud.Christ" der evangelischen Kirche absolviert, der mir half, bewusst als Christ in der DDR zu leben.

AL: Uwe, wie würdest du rückblickend deine Rolle als Christ in der sozialistischen Gesellschaft beschreiben?

UD: Es gibt glaube ich zwei Phasen bei mir in meinem Leben. Die eine Phase ist die, wo man in der großen Abhängigkeit der Gesellschaft lebte, also der Schule und in der Ausbildung, wo man ja irgendwie mit dem System zurechtkommen musste. Und dann als Theologiestudent und später als Pastor – da hatten wir ja doch etliche Vorteile gegenüber unseren Schwestern und Brüdern in der Gemeinde, wir hatten so eine Art Narrenfreiheit. Wir konnten zu den Funktionären zu den regelmäßig stattfindenden „Rotlichtbestrahlungen" gehen und mit denen offen diskutieren, wir konnten einen Dialog führen, der bei uns selten zu beruflichen Nachteilen führte. Das war ja nun bei unseren Leuten in den Gemeinden ganz anders. Und da habe ich immer großen Respekt gehabt vor meinen Geschwistern, die – wenn ich am Sonntag irgendeine flapsige Bemerkung von der Kanzel machte, war das nett. Aber wer die in seinem Betrieb machte, hatte möglicherweise seinen nächsten Karriereschritt vermasselt. Deshalb hatte ich auch eine andere Sicht auf den Sozialismus gewonnen. Ich konnte so ein bisschen von oben draufgucken und war in vielen Punkten nicht so betroffen wie andere.

AL: Gab es die Überlegung, dich auch politisch zu engagieren?

UD: Unter dem Aspekt, dass es kein unpolitisches Leben gibt, habe ich mich als Christ im Sozialismus engagiert. – Ich will noch etwas sagen, was heute noch nicht so vorkam: Wir haben uns ja den Sozialismus in der DDR nicht ausgesucht. Wir hatten ja nicht die verschiedenen gesellschaftspolitischen Entwürfe vor uns, die wir geprüft haben und dann gesagt haben: Der Sozialismus ist das Beste und da helfen wir mit. Sondern wir waren ja in einer geschichtlichen Konstellation vom Nationalsozialismus, vom Untergang des Faschismus, von der Befreiung davon, wir waren in der Sowjetischen Besatzungszone, in der DDR. Und wir mussten uns mit dem ganzen Sozialismus auf einmal auseinandersetzen, obwohl wir ihn nicht gesucht haben. Und das finde ich eigentlich das Spannende an dieser ganzen Geschichte, dass der liebe Gott uns Atheisten vor die Tür gesetzt hat, die uns getrietzt haben mit Gedanken, die genuin zu uns gehören mussten: Gerechtigkeit, Frieden, später dann noch der Einsatz für die Umwelt. Die Atheisten haben uns mit ihrem Sozialismus, den wir uns nie ausgesucht hatten, die Themen gebracht, die wir aus der Heiligen Schrift schon längst hätten wissen müssen. Und das verdanken wir denen eigentlich auch. Und das vermisse ich jetzt auch. Wir haben ja schon wieder so schöne Schuldbekenntnisse heute gesehen. Ich möchte die mal sehen mit Blick auf *diese* Gesellschaft, dass wir sagen: Wir haben zu lange angepasst gelebt, wir haben zu lange das Geld herrschen lassen, wir haben zu lange Konkurrenz zugelassen und so weiter. Also da können wir noch eine Menge bekennen. (Beifall)

RA: Gab es in DDR-Zeiten bei euch in der Gemeinde, in den Kreisen, in denen ihr wart, eine Auseinandersetzung mit den weltanschaulichen Fragen des dialektischen Materialismus, mit dem Atheismus, mit der Religionskritik? Hat das irgendwo eine Rolle gespielt in der Gemeinde? Wurde darüber diskutiert?

IE: Ich habe mich persönlich sehr, sehr mit ganz vielen Philosophen und weiteren Richtungen auseinandergesetzt; und ich habe Marxismus-Leninismus studiert. Marx hat sich besser gelesen als Lenin, Lenin war ein bisschen schwulstig. Und ich fand vieles sehr gut. In der Gemeinde habe ich niemanden gehabt, mit dem ich darüber hätte reden können, das heißt, ich weiß es nicht. Wir waren sehr viel in der Jungen Gemeinde, wir haben beim Superintendenten Stappenbeck im Hinterstübchen gesessen und haben politisch diskutiert in großer Runde. Da weiß ich nicht mehr, wer war da Katholik, wer war evangelisch, wer war freikirchlich. Wir haben uns die Gruppen gesucht, wo wir diskutieren konnten und weiterdenken. Und ich muss mal sagen: Ich habe bis zum Sommer 1989 auch nie gedacht, dass die DDR plötzlich weg sein könnte. Und ich habe auch lange Zeit, eigentlich immer geglaubt, dass der Sozialismus das Bessere, das moralisch weit Bessere ist als der Kapitalismus. Was sich dann allerdings alles offenbart hat, diese Scheinheiligkeit zwischen dem, was man gelernt hat und dem, was Sache hinter der Bühne war, das hat natürlich auch was kaputtgemacht. Ich muss widersprechen, wenn es darum geht, ob ich… – also ich bedaure es nicht, dass die DDR nicht mehr ist, weil ich die DDR als Diktatur erlebt habe, als eine Diktatur, die Menschen kaputtgemacht hat. Ich habe die Staatssicherheit erlebt, die in meiner Wohnung ein- und ausgegangen ist und die mich unter Druck gesetzt hat. Ich habe die Ängste erlebt. Und ich sage: Gott sei Dank, das ist vorbei. Ich lebe jetzt in der Demokratie, und ich will nicht sagen, dass ich alles gut finde, überhaupt nicht. Aber ich habe viele, viele Möglichkeiten, auch wieder etwas zu tun. Aber diese Grundangst und dieser Zwiespalt in der DDR – Was sage ich wo? Wie rede ich wo? – der ist vorbei, Gott sei Dank. Und diese große Sache dürfen wir uns nicht wieder wegnehmen lassen von neuen Leuten, die wieder eine Diktatur machen wollen, so erlebe ich die Gegenwart. (Beifall)

RA: Ich frage noch mal nach zu dieser theoretischen Auseinandersetzung mit dem Marxismus und dem Atheismus: Hat das irgendwo eine Rolle gespielt oder hat man das so hingenommen?

UD: Das hat es in den Gemeinden sicherlich in Einzelgesprächen und auch mal in der Jugendstunde gegeben – aber eigentlich hatte man die Nase voll von dem ganzen Thema, leider. Aber es ist uns so vergällt worden durch die realexistierende Form, die wir erlebten, so dass man nicht mal mehr das Schöne, das Wichtige daran finden konnte.

RA: Ich habe vorhin in meinem Referat nicht darüber gesprochen, dass wir in unserer theologischen Ausbildung am Theologischen Seminar in Buckow auch dialektischen Materialismus als Unterrichtsfach hatten, das gehörte mit zur Philosophiegeschichte. Und Erhard Bachmann, der hier Pastor in dieser Gemeinde war, kam nach Buckow und hat uns darin gelehrt, acht Doppelstunden. Andrea Strübind, die sich sehr viel mit der DDR-Geschichte beschäftigt hat und darüber viel publiziert hat, behauptet, dass der Staat gefordert hätte, dass auch in unserem Seminar Marxismus-Leninismus gelehrt wird. Dem widerspreche ich, weil sich der Staat dieses Monopol nicht aus der Hand nehmen ließ. Das, was Erhard Bachmann gemacht hat, war eine kritische Darstellung und Draufsicht, und er hat uns viele Argumente geliefert, die uns in der Diskussion halfen. Kannst du dich daran noch erinnern, Uwe?

UD: Ich habe ja drei Jahre später als du studiert, bei uns gab es das nicht mehr, wir kannten das dann schon. (Heiterkeit) Aber es wäre gut gewesen, wir hätten es noch mal kritisch bedenken können. Ich fand es schade, dass wir das nicht mehr hatten.

AL: Du hast ja schon eine Menge angesprochen über das Erleben der DDR-Wirklichkeit. Hat sich diese Haltung zum DDR-Sozialismus auch verändert im Laufe der Zeit, als jüngerer Mensch und dann als älterer? Hat sich die Einstellung zum DDR-Sozialismus verändert?

IE: Ja natürlich, wie sich alles verändert. Als ich hier reinkam, da fiel mir ein: Ich war – glaube ich – hier bei der Eröffnung dabei. Und das war so eine schöne tolle Gemeinde, das war ein Riesensaal, und das war alles so… Wahnsinn, damals die Matternstraße. Und heute kam ich hier rein: Ach, das war das, so klein? Und ich hoffe, dass wir später dann auch wieder zu vielen Dingen aus unseren Gemeinden sagen: Aha, so klein.

Natürlich verändert sich die Einstellung. Ich war wie gesagt sehr überzeugt als Kind. Mein Vater war aus dem Krieg zurück, der ist dann auch SED-Mitglied geworden, weil er gesagt hat: Die Kommunisten hatten recht: Wer Hitler wählt, wählt den Krieg. Der wollte eine neue Gesellschaftsordnung aufbauen. Und zu Hause wurde – in Gegenwart der Kinder – auch nicht öffentlich RIAS gehört oder sowas. Und ich hab mit meinem Opa diskutiert über den Mauerbau, wie wichtig der war für den Frieden. Mein Opa hatte eine andere Meinung dazu gehabt. Aber wie gesagt, in der Schule, durch die Lehrer – also Schule war das Schlimmste eigentlich, fand ich –, durch die Schule zu gehen als Christ in den 50er Jahren, das war wirklich nicht schön. Und da, denke ich, wurde ich plötzlich zu jemand gemacht, der sabotiert und der ein Feind ist, und der dann mit dem Abitur in der Tasche sich erst mal einen Arbeiterstandpunkt in Schwarze Pumpe erarbeiten soll, also nicht studieren durfte und all diese Dinge. Da verändert sich der Blickwinkel auf den Sozialismus ganz schnell, weil das nicht der Sozialismus war, den ich mal studiert hatte.

Das war ein Sozialismus – das war überhaupt kein Sozialismus, das war eine Diktatur. Das war eine Diktatur von einer Partei, die immer recht hat, das dürfen wir nicht vergessen. Und dann kriegt man so viele Schicksale mit und dann fangen Leute an in dieser Bewegung dann in den 80er Jahren, die wollen es besser machen. Und jeder, der es besser machen wollte, war ganz schnell eingesperrt oder verkauft in den Westen oder wo auch immer. Dann kriegt man natürlich eine andere Sicht auf diesen Sozialismus. Es wäre komisch, wenn ich noch *den* Blick auf den Sozialismus hätte wie als Kind. Den hat man mir ausgetrieben.

RA: Konntest du dann trotzdem weiterschreiben?

IE: Ich war beim Union-Verlag Dresden eigentlich sehr gut aufgehoben. Ich habe viel Anfechtung von Seiten der Baptistengemeinden bekommen, wie man als Christ überhaupt Journalist sein kann. Ich muss sagen, der Union-Verlag in Dresden, das war auch ein Nischenverlag. So wie auch die Blockparteien so eine Art Nischen waren für Leute, die nicht SED sein wollten, nichts werden konnten, und dann sind sie in andere Parteien oder woandershin gegangen. Und ich hatte ein ziemlich freies Arbeiten. Ich habe über Kultur geschrieben, ich habe über Menschen geschrieben, ich hab Gerichtsberichte geschrieben. Und als *ein* Gerichtsbericht bei der Stasi mal nicht gut angekommen war, hatte ich dann ein Verbot, weiterhin Gerichtsberichte zu schreiben. Und nach einem halben Jahr habe ich meinen Chef gefragt: Sag mal, gilt das eigentlich noch? Und er sagte: Mach mal weiter. – Also, ich hatte es eigentlich gut. Zunehmend aber zu sehen, was im Land los ist und das nicht schreiben zu dürfen, weil die Schere im Kopf ja gut funktioniert hat, das hat mich schon unter Druck gesetzt. Und dann habe ich überlegt, dass ich ein bisschen noch was anderes machen will. Aber zum Schluss kam die Wende und dann war wieder alles anders.

AL: Uwe, wie hat sich dein Blick so verändert?

UD: Irgendwann in den 80er Jahren muss es eine Begegnung der Bundesleitung mit dem Staatssekretär für Kirchenfragen gegeben haben. Die kamen dann nach Hause, und der Herr Klaus Gysi hätte da wohl irgendwelche prominenten Baptisten erwähnt, also Martin Luther King, Walter Rauschenbusch, William Carey und so, die so ganz wesentlich für die Weltgeschichte gewesen wären. Walter Rauschenbusch war ja religiöser Sozialist in den USA. Und dann bekam ich von unserem Bund einen Forschungsauftrag, der brachte mir sogar eine Westreise ein, weil ich ins Archiv nach Hamburg musste. Und so fing ich an, über Religiösen Sozialismus zu forschen, von dem ich – das muss ich zu meiner Schande gestehen – bis dahin noch gar nichts wusste. Das hat mir einen ganz neuen Impuls gegeben: Jetzt setze dich mal nicht nur mit der DDR als Ein-Parteien-Diktatur auseinander, sondern mit dieser *Idee*. Ich habe dann viel kapiert in diesem Zusammenhang, wie viel Sinnvolles eigentlich im Sozialismus steckt, jetzt mal unabhängig von der SED. Und ich hatte ja den Luxus: Als Pastor kann einem ja keiner was. Das war schon schön. Ich habe das dann erforscht und in mir kam dann so die Sehnsucht, die sich dann in der Wendezeit erfüllte: Nun lass uns doch mal diese Alternative, von der Bruder Kaltenborn vorhin sprach, lass uns das doch noch einmal neu durchdenken. Gibt es wirklich nicht eine alternative Gesellschaftsform in dieser Welt, die demokratisch sein muss, die friedlich sein soll, die auf Gerechtigkeit besteht. Und als das dann alles losging mit dieser Wende und die Menschen auf die Straßen gingen, dann war das für mich ein ganz großes Hoffnungszeichen, nicht: Ich will jetzt wieder vereint sein mit irgendwas anderem, sondern: Vielleicht kriegen wir Tatsache noch mal eine Chance, etwas zu probieren, was es in dieser Form bis jetzt auf der Welt noch nicht gibt.

IE: Also bin ich nicht die einzige, die darauf noch gehofft hat?

UD: Nö, wahrscheinlich nicht, die ganzen „roten Socken" hier ja auch. (Heiterkeit)

RA: Na ja, ich auch nicht. Und damit sind wir schon bei dieser Zeit vor 30 Jahren: Friedliche Revolution, Wende – manche sagen auch Kehre, Anschluss oder wie auch immer. Wie weit waren eure Gemeinden in diese Zeit involviert und engagiert? Haben sie in irgendeine Weise eine Rolle gespielt? Was habt Ihr bei euch gemacht?

IE: Ich erzähl mal ganz kurz: Im Frühjahr 1989 war das, glaub ich, da war wieder so eine Veranstaltung in Forst, „Christliche Kreise" oder was weiß ich, also da kam der Chef von Inneres vom Bezirk Cottbus, der dummerweise mal mein erster Schulfreund war, mit Pastoren, Pfarrern und CDU-Leuten zusammen, und ich war als Journalist dabei. Und in der Pause – es ist immer etwas schwierig, wenn man mal befreundet war, aber sich dann 25 Jahre später im Grunde als Feind gegenübersteht – aber der nahm mich dann in der Pause und dann sagte er plötzlich zu mir – und wie gesagt, ich bin aus Forst und er aus Cottbus –: Also Ingrid, ich wollte dir bloß mal sagen, was ihr da mit den Alkoholikern macht, das finden wir gut – ich bin immer ein bisschen peinlich berührt, wenn einer „wir" sagt, „das finden wir gut" –, aber da sind einige, er wusste natürlich auch genau wer, die machen da in der Friedensarbeit mit, Umweltbibliothek und Umbruch und so was, gebt denen mal eine andere Aufgabe. Und da habe ich gesagt: Wir geben bei uns niemandem eine Aufgabe, wir sind alle autonom, jeder macht da mit, wo er denkt. Und da sagt er: Ja, ich will dir bloß sagen, ich weiß, ihr seid ja nicht so viele. Wir könnten euch auch alle mal zum Essen einladen, mal freundschaftlich reden. Also Stasi-Chef und redet so mit mir. Und dann sagt er: Wir können es natürlich auch ganz schnell beenden. Und das sind dann so Drohungen: Das bekommt euch dann nicht gut, da sind wir dran. Und das sind dann manchmal so Drohungen, da geht es einem wirklich eiskalt den Rücken runter. Und ich weiß nicht, ob die dann auch – es geht ja auch immer darum, ob die Gemeindeleitung waren oder – ich denke mal, das kam heute auch schon ein bisschen zur Sprache, dass auch die Gemeindeleitungen, auch die Pastoren, wahrscheinlich sehr unter Druck gestanden haben. Denn wenn man eine kleine Gemeinde unter sich hat und man möchte nicht, dass die Tür geschlossen wird, dass die alle verhaftet werden oder was weiß ich, ist man vielleicht extrem vorsichtig. Aber diese Begegnungen immer wieder, dass man genau wusste: Aha, aus eurer Gemeinde, da sind welche ganz aktiv dabei – und die laufen jetzt gerade alle als Zeitzeugen herum und erzählen ganz viel aus dieser Zeit –, die waren schon da, aber sie haben in unserer Gemeinde nicht den Rückhalt gefunden. Ich habe in einer Akte von Maria Nooke, in einem Buch gelesen, wie einer, der sich bei uns bekehrt hat – aufgrund dessen, dass man bei uns so gute Gesprächskreise hatte und man miteinander reden konnte – sich hat taufen lassen, seine Frau auch, die sind dann weggegangen aus der Gemeinde, weil es ihnen zu eng war, dass nur gebetet wurde und dass sie mit ihrer politischen Arbeit nicht diesen Rückhalt hatten. Und das bedaure ich so sehr. Uwe, du hast es vorhin so schön gesagt: Wir hinken als Baptisten – ich will jetzt nicht pauschalisieren – immer und überall, aber doch sehr, sehr oft, immer so hinterher. Es gibt noch Gemeinden bei uns, da darf ich nicht predigen! Wenn ich mich auf die Kanzel stelle, verlassen welche den Raum, also werde ich da auch nicht predigen. Leute, wo leben wir denn! Es gibt Gemeinden, da können Menschen, die homosexuell sind, überhaupt nicht mitarbeiten. Leute, wir hinken so hinterher, das tut mir so weh. Ich möchte gern Baptist bleiben, aber es fällt mir zunehmend so schwer. Wir hinken hinterher, immer wieder. Und dann kommt in 50 Jahren ein Schuldbekenntnis, wie wir mit Menschen, die anders als die große Masse sind, umgegangen sind. Wir können das Schuldbekenntnis heute schon machen. Das ärgert mich, das ärgert mich. (Beifall)

RA: Stichwort Friedliche Revolution?

UD: Hier in Berlin – ich war ja in Berlin-Lichtenberg Pastor – waren mehrere Kirchen für diese ganze Sache aktiv, da war die Samariterkirche, die gehört zu Friedrichshain, da war die Erlöserkirche, die Kirche in Friedrichsfelde, da war ein sehr beherzter Pfarrer Gartenschläger – es hätte eigentlich hier gar keinen Sinn gemacht, alleine eine Gruppe in der Sache zu bilden, sondern die Leute, die bei uns engagiert waren, die haben sich in kirchliche Gruppen mit integriert. Nach meinem Eindruck waren es aber wenige, denn dieses Verständnis des Christseins als unpolitische Existenz haben wir im deutschen Baptismus total verinnerlicht. Ich erinnere mich, dass ich '89 den Aufruf vom Neuen Forum ans Schwarze Brett in Lichtenberg gehängt habe. Der war am nächsten Tag ab, den hat irgendeiner abgehängt. Und ich habe ihn wieder hingehängt und er war wieder ab. Also es gab Leute, die hat das so geärgert, dass wir die „Welt" in die Gemeinde holen. Man muss ja sagen, das war Ende der 80er Jahre, also das war ja nicht mehr direkt

Mittelalter. Aber so erlebe ich das heute teilweise auch noch. Und das finde ich ja auch wieder als etwas Schönes: Die Welt, da kann passieren was will: Wir ändern uns nicht. Das ist doch auch was. (Heiterkeit)

IE: Aber jetzt muss ich widersprechen. Also, ich wäre wahrscheinlich schon lange keine Baptistin mehr, wenn ich nicht in Forst zu Hause wäre, weil wir ein bisschen anders sind, Gott sei Dank. Aber es ist ganz dünnes Eis, das merken wir immer wieder. Es hängt mit denen zusammen, die gerade so ein bisschen die Dinge in der Hand haben.

UD: Aber wenn du mal überlegst: Wir haben die Kaiserzeit überlebt, wir haben den Nationalsozialismus überlebt, wir haben die DDR überlebt, wir überleben die BRD – wir sind ein Schiff, das steuert durch alle Klippen der Geschichte.

IE: Ich bin als Kind so mit fünf Jahren in die Gemeinde gekommen, mit 16 habe ich mich taufen lassen. Aber in meiner Kindheit war es sehr wichtig, dass man abgeschottet leben sollte, um sein Christsein nicht zu verlieren, also kein Kino, kein Theater, tanzen sowieso nicht, keine Musik, wo man sich vielleicht rhythmisch bewegt – so bin ich noch auf Freizeiten gezogen –, all diese Dinge, möglichst nicht nach außen gehen, damit der Feind einen nicht vom Tisch zieht. Inzwischen lebe ich in einer Gemeinde, wo ganz viele Leute aus der Gemeinde in ganz vielen Bereichen sich außerhalb der Gemeinde engagieren. Ob das die Flüchtlingsarbeit ist, ob das die Mitarbeit in irgendwelchen Gremien ist oder so, also ganz viele Bereiche, ganz viel auswärts. Gerade mache ich bei einem Projekt mit: 30 Jahre Friedliche Revolution, natürlich. Wir haben festgestellt: Wenn wir vernetzt sind mit Menschen, die ganz anders reden, ganz anders denken, das tut uns so gut. Wir wären ja längst eingeschmort in unserem Saft. Also es ist so wichtig, dass man rausgeht und sich woanders engagiert, das ist so wichtig. Und ich bin so dankbar, dass ich jetzt in einer Gemeinde bin, wo das so ist. Und dann können wir uns nämlich austauschen. Und plötzlich kommen Leute – wir gehen gar nicht missionieren, aber plötzlich kommen Leute zu uns. Ich kann die Zukunft nicht anders sehen. Entweder gibt es bald keine kleinen Baptistengemeinden mehr oder man öffnet sich.

AL: Noch eine Bemerkung zu diesem Unpolitisch-Sein: Ganz so ist das eigentlich nicht von unserer Tradition her, ich habe heute Morgen referiert, dass ich entdeckt habe, dass sich viele Baptisten auch gerade in den 20er Jahren durchaus mit diesen Fragen beschäftigt haben. Also das heißt, es gab positive Impulse in unserer Geschichte, die leider nicht so zum Zuge gekommen sind, aber es gab positive Geschichten in der Vergangenheit. Und ich denke, unsere Aufgabe ist es, diese Sachen zu entdecken, zu aktualisieren und zu sagen: Es gibt auch andere Beispiele, gerade auch international. – Zum Schluss die entscheidende Frage: Wenn man sich die Gemeinden in den östlichen Bundesländern anschaut, was ist da aus der DDR-Zeit, aus der sozialistischen Vergangenheit an Prägungen übriggeblieben? Und haben die Impulse der Friedlichen Revolution ihre Spuren in den Gemeinden hinterlassen? Ist da etwas übriggeblieben von dem Aufbruch, von dem, was du gesagt hattest: Wir hatten eine Vision, vielleicht kann man noch eine andere gesellschaftliche Möglichkeit entwickeln, nicht diesen Staatssozialismus einerseits und den Kapitalismus andererseits – was ist da in den Gemeinden übriggeblieben von dieser Aufbruchsstimmung und den Impulsen von 1989? Eine Doppelfrage quasi.

IE: Was so übriggeblieben ist? Also, ich sag es jetzt mal nicht so von den Gemeinden her. Bei uns ist es, dass wir sehr viel offener geworden sind was auch politische Sachen betrifft. Ich hoffe, dass wir sehr viel mehr über den Tellerrand gucken und dass wir in unserer Gemeinde – jedenfalls der große Teil der kleinen Schar – gemerkt haben, dass die Welt sehr viel bunter ist als nur schwarz-weiß. Und dass es nicht bloß ein Lebensmodell gibt – hier Christ und da Nichtchrist oder so – und dass wir angefangen haben in unserer Gemeinde, so zu arbeiten, dass wir keinen mehr ausschließen. In meiner Kindheit wurde ja noch jemand ausgeschlossen, der erwischt wurde, weil er Sonntag die Wäsche gebügelt hat oder sowas. Ja, da hat sich schon sehr viel geändert. Oft wird mir gesagt von Leuten, die nicht unbedingt aus der Gemeinde kommen: Früher war mehr Solidarität, früher gab es mehr Freundschaften, früher hatten wir mehr Zeit, um miteinander zu reden. Und dann sag ich immer: Das können wir ja, die wir jetzt Rentner sind auch, noch vieles machen. Ich denke, übriggeblieben ist bei uns schon ein soziales Grundverhalten – aber ich kann es nicht vergleichen mit dem Westen, ob es da ganz genauso ist, ich will keinem aus dem Westen weh tun –, also dieser Wunsch, dass wir sozial miteinander umgehen, zum Beispiel für die Flüchtlinge da zu sein, ihnen zu helfen sich zu integrieren. Vorher waren es die Russlanddeutschen oder die Alkoholiker, die Aufgaben ändern sich ständig. Und dieser Wunsch zu helfen – ich weiß nicht, ist das sozialistisch, ist das baptistisch, christlich? Keine Ahnung, da würde ich mich gerne mit jemand unterhalten, der sagt: Bei uns im Westen ist das genauso oder ganz anders.

Es wird viel geredet in unserer Gemeinde, auch über Politik, es gibt nach dem Gottesdienst immer noch ein Kaffeetrinken. Und da gibt es zum Beispiel einen jungen Mann, der hat null Bock auf Politik, interessiert sich gar nicht dafür, der sagt immer: Also, bei euch im Gottesdienst, wenn zum Beispiel Werner Piel kommt und predigt, da erfahre ich immer, was in der Welt los ist. Und das finde ich gut. Vielleicht ist das etwas, was übriggeblieben ist?

UD: Ich denke, es gibt einige Begriffe, die sind so verdorben durch die Geschichte, dass man sie kaum noch verwenden kann. Dazu gehört, finde ich, im Augenblick der Begriff „Sozialismus", den ich als Ostdeutscher nicht mehr denken kann ohne die Diktatur des

Proletariats. [**IE:** Kein -ismus mehr!] Und leider entwickelt sich ja im Augenblick in unserem Land auch eine Stimme, dass man den Begriff „Alternative" nicht mehr verwenden kann, die wir eigentlich bitter nötig hätten. Deshalb kann ich gar nicht so genau sagen, unter welchem Begriff leben denn die Ideale sozialistischen Denkens weiter. Aber ich denke, was der Konziliare Prozess Ende der 80er Jahre formulierte, ohne den Begriff Sozialismus zu verwenden, war ja eigentlich das: Gerechtigkeit, Frieden, Bewahrung der Schöpfung. Das sind eigentlich die Dinge gewesen, die wir zutiefst mit einer alternativen Gesellschaft verbunden haben. Und ich glaube, dass das schon bei vielen Leuten verinnerlicht, auch wenn das nicht immer große praktische Auswirkungen hat, aber dass das ganz normal dazugehört. Hier in Berlin gibt es jetzt neuerdings durch den Ökumenischen Rat Berlin-Brandenburg ein ökofaires Siegel, für das die Gemeinden sich bewerben können, dass sie sich ökologisch und wirtschaftlich fair beteiligen. Und da haben wir als Gemeinde Köpenick mitgemacht und haben es bekommen. Wo auch gleich wieder Leute sagen: Ja, was hat denn das nun mit unserem Glauben zu tun? Wir können immer nur sagen: Um Gottes Willen hat das was mit unserem Glauben zu tun! Und wenn wir sagen, wir wollen ganz und gar bei Jesus bleiben oder Leute das von uns fordern, dann müssen wir sagen: Ja, das ist es gerade doch, sich um die Armen zu kümmern – und das ist es ja, was wir besonders gerne machen, diakonisch tätig sein. Wir haben eine Ausgabestelle für „Laib und Seele", da werden 300 bis 400 Leute pro Woche mit Lebensmitteln versorgt, mit denen streite ich mich immer herum und sage: Mit unserer Diakonie sorgen wir dafür, dass ungerechte Zustände bleiben. Gleichzeitig, wenn wir Diakonie nicht täten, würden wir dafür sorgen, dass Menschen nicht versorgt sind und andere auf der anderen Seite Lebensmittel wegwerfen. Also es bleibt alles sehr komplex. Aber ich finde, man sollte sich die Hoffnung für diese Welt nicht nehmen lassen.

IE: Aber, jetzt muss ich noch mal nachfragen: Hatte denn der Konziliare Prozess nur mit der DDR zu tun oder nicht auch genauso im Westen? Also die drei Begriffe, die uns so wichtig waren und über die wir als Jugendliche in Hirschluch tagelang diskutiert haben – Bewahrung der Schöpfung, Gerechtigkeit und Frieden – ist das nicht das Gleiche auch im Westen gewesen?

RA: Ja, aber dort war es nicht so ausgeprägt gesellschaftsverändernd…

IE: …für uns war das Ausweg zeigend!

RA: Diese Ökumenischen Versammlungen waren ja eigentlich wie der Startschuss für das, was dann im Herbst 1989 passierte.

(Zum Publikum) Ich möchte Euch jetzt gern mit einbeziehen in das Gespräch. Was würdet Ihr gern fragen oder beitragen zum gesamten Bereich „Baptismus – Sozialismus" und vor allem auch zur Aktualisierung, bei der wir gerade angekommen sind. Seht Ihr irgendwo noch etwas von dieser Utopie oder Alternative oder wie auch immer? Und wie gehen wir weiter mit der Geschichte um, an die wir heute erinnert haben?

William Yoder, Russland: Gibt es eine Fortsetzung von heute? Wir sind nicht alle Kapitalisten oder Historiker, ich bin auch nicht für die Bildung von neuen unnötigen Gruppen. Aber wir müssten irgendwie im Gespräch bleiben, wir haben ähnliche Anliegen. Sicher, wir müssen uns nicht alle nur baptistisch betätigen, aber die Fortsetzung des Gesprächs wäre mir wichtig.

RA: Die Möglichkeit besteht, dass wer über diese Themen weiterreden möchte, natürlich die Mail-Adresse von unserem Flyer verwenden kann und sich zu Wort melden. Und dann schauen wir mal, ob daraus etwas wird.

Horst Küger, Mennonitengemeinde Berlin: Die Angst, die bei den Bespitzelungen durch die Stasi und so weiter immer präsent war oder offensichtlich nicht ganz so stark, aber doch…, das hat ja sehr viele Verletzungen mit sich gebracht und Ängste. Hat es da mal eine Aufarbeitung, einen Heilungsprozess, eine wirkliche Befreiung gegeben?

IE: Für mich oder generell? Also ich kann nur sagen, nachdem mein ehemaliger Schuldirektor, unter dem ich so unter Druck geraten war, vor meiner Tür stand und einen Persilschein von mir haben wollte und sich nicht mehr erinnern konnte – und ich habe gemerkt, ich zittere immer noch und kriege Schweißausbrüche, wenn ich ihm gegenüberstehe – habe ich das Buch „Hammer, Kreuz und Schreibmaschine" geschrieben und habe mir alles von der Seele geschrieben. Und ich sage heute; Gott sei Dank, dass das alles so war, dass ich das erlebt habe – ich hätte sonst nie so ein dickes Buch zustande bekommen. Also Aufschreiben kann eine Art Bewältigung sein, Gespräche führen mit anderen. Ich bin da ohne Hass oder so, aber ich habe nicht vergessen, in welcher Angst man stehen kann und unter welchen Druck man kommen kann als Kind, als Schülerin und auch später. Und wie das ist, wenn man vom Staatssicherheitsdienst als Inoffizieller Mitarbeiter geworben wird – und man ist ja nicht gegen den Staat, sonst könnte man ja diesen Beruf nicht machen – und wie verhält man sich, wenn einem die Knie schlottern und man hält die Hände unter den Tisch, damit der nicht sieht, wie die zittern. Und dann aber 25 Jahre später seine Akte liest: „Sie hat kategorisch abgelehnt", dann ist man doch sehr erleichtert. Aber ich vergesse das nicht, auch wenn es mir nicht mehr Angst macht, das habe ich abgearbeitet, habe alles hinter mir gelassen.

UD: Ich glaube, da muss noch ganz viel heil werden. Wenn ich das mit der Geschichte vergleiche, wie viele Geheimnisse aus dem Nationalsozialismus nach dem Krieg nicht mit den Kindern besprochen wurden und wie jetzt auch bei mir Fragen an meine Eltern- und Großeltern-Generation auftauchen, die ich nicht mehr stellen kann, und ich jetzt merke, wie mich meine Kinder auch nicht fragen – weil sie keine Zeit haben –, dann denke ich, wir werden das in unserer Geschichte wieder bis in die nächste Generation mitnehmen, bis das heil wird. Ich persönlich habe nicht so schlimme Erfahrungen gemacht wie du, Ingrid, ich glaube, wir Pastoren hatten doch einen anderen Stand, ein bisschen mehr Freiheit, Narrenfreiheit, und sind auf alle Fälle in unserer beruflichen Existenz ja niemals bedroht gewesen. Bei dir hätte deine Existenz drangehangen. Mich hätte es höchstens geadelt.

RA: Ich würde gern etwas zum Thema Stasi ergänzen und auf diese Frage antworten: Die Baptisten haben bald nach der Wende einen seelsorgerlichen Beirat berufen, der die Fälle, die offensichtlich waren oder die sich dann durch die Akten ergeben haben, versucht hat seelsorgerlich zu begleiten, sowohl die mit einer Bespitzelungsakte als auch die, die eine IM-Akte hatten. Dieser seelsorgerliche Weg war umstritten, es gab auch andere, die meinten, das müsse alles öffentlich passieren. Das, so denke ich, wird auch ein nächster Schritt sein, dass man die Mechanismen und Strategien und Absichten der Stasi öffentlich macht. Aber auf dem persönlich-seelsorgerlichen Weg ist da eine ganze Menge passiert.

Johanna Schulze, Rathenow: Es ist so vieles, worüber man noch sprechen könnte, was man noch erklären könnte. Wir müssen das mal bedenken: Wir waren eine kleine Gemeinde in der Provinz, und viele sind abgehauen – und wir wurden noch kleiner. Und dann gab es oft auch gespaltene Gemeinden: Brandenburg, Rathenow – die Jugend war weg, es gab da irgendwelche gemeindlichen Erneuerungen, wie man das auch nennt. Ja, wir waren sehr mit uns beschäftigt. Und dazu muss ich noch sagen: Der Baptist, von Hause aus, wie du es gesagt hast, geht nicht so in die Öffentlichkeit, ist still, nicht ins Kino, nicht tanzen und so weiter, das kennen wir ja alles. Wir waren Arbeiter im Hintergrund, und wir haben unser Christsein den Mitmenschen gegeben, wir haben in den Betrieben mit den Menschen zusammengearbeitet und haben sie unterstützt in ihrem Leben. Und das war eine sehr große Aufgabe, finde ich. Heute haben wir wieder unseren Dienst, ohne dass man in die Politik geht, wir sehen das Leid am Menschen. Und wer nach Rathenow kommt: Unsere Gemeinde ist völlig anders: Wir haben dreiviertel Ausländer und alte Deutsche, wir sind die Jüngsten. Aber wir machen die Arbeit sehr gerne, ohne dass es in die Politik geht, auch wenn man darum in der Öffentlichkeit nicht so gesehen wird. Aber die Leute kommen sehr gern zu uns. Das ist eigentlich unsere Aufgabe als Baptisten.

RA: Es bleibt uns noch Zeit für ein Schlusswort hier vorn in der Runde. Habt ihr noch etwas auf dem Herzen, was ihr bisher noch nicht losgeworden seid?

IE: Ich habe noch etwas auf dem Herzen: Uwe Dammann, bitte lass „Paule hat jesagt" wieder aufleben! Es gibt so viele Dinge, die Paule noch sagen könnte. Ich würde auch wieder Radio hören!

UD: Eine Sache, die mir noch wichtig ist – und da treffe ich mich mit den Geschwistern, die sagen: Es muss uns doch hauptsächlich um Jesus gehen! – dann kann man einfach sagen: Ja genau deshalb, weil es uns um Jesus geht, geht es uns um die Menschen und wollen wir uns den Menschen zuwenden. Und wir müssen immer wieder im Gespräch bleiben, auch mit anderen Leuten, dass es nicht nur die persönliche Hilfeleistung gibt, sondern dass diese Welt immer wieder Strukturen hervorbringt, die für Menschen schädlich sind. Es ist aber nicht die Welt, die diese Strukturen hervorbringt, sondern es sind Menschen, die diese Strukturen machen. Das sollten wir immer wieder bedenken. Das ist genauso, wie wenn es irgendwo heißt: Der Krieg ist ausgebrochen. Der Krieg bricht nicht aus, den macht einer. Diese ganzen Sachen, die Menschen guttun oder die Menschen schlechttun, die macht irgendjemand. Und wir sollten bei denen sein, die guttun – das sind wir ja wohl sowieso.

RA: Vielen Dank, besonders euch beiden, dass ihr in euer Herz schauen lassen habt. – Morgen ist der erste Advent. Die Adventszeit bietet die Möglichkeit, auch die „utopische" Seite unseres Glaubens wieder neu zu bedenken, die Fragen nach dem Reich Gottes, nach dem Kommenden. Und dann sind wir genau bei unserem Thema. Eine gesegnete Adventszeit!

Dokumentation (DOK)

1. *Johann Bernhard Wilkens[236]:* Christentum und Sozialismus
   aus: Der Wahrheitszeuge 38-40 (1890), 301, 309, 317

2. *Walter Rauschenbusch[237]:* Kann ein Christ auch ein Socialist sein?
   Vortrag gehalten im Deutschen Christlichen Verein Junger Männer von Philadelphia
   Druck von H. R. Graßmann, Philadelphia 1894

3. *Gustav Gieselbusch[238]:* Sozialdemokratie und Christentum
   aus: Der Hilfsbote 25 (1905), 129–137

4. *Walter Rauschenbusch:* Die soziale Bedeutung des Vaterunsers
   aus: ebd. 31 (1911), 161–164

5. *Bernhard Weerts[239]:* Die Nationalversammlung
   aus: Der Wahrheitszeuge 26 (1918), 205

6. *Carl August Flügge[240]:* Sozialismus und Christentum
   aus: C.A. Flügge (Hg.): Sozialismus und Christentum (Friedensboten-Bücherei
   Bd. XII), Kassel o.J. (1928), 3–12

---

[236] J.B. Wilkens (1833–1922) war Prediger in Bremerhaven, Elsfleth, Halsbek/Felde; 1881–93 in Braunschweig, danach in Dortmund und Harburg.

[237] W. Rauschenbusch (1861–1918) war Pastor in New York City und seit 1897 Professor für Kirchengeschichte am Baptist Theological Seminary in Rochester; er gilt mit seinen zahlreichen Schriften als Hauptvertreter der Social Gospel Bewegung.

[238] G. Gieselbusch (1872–1922) war Prediger in Berlin, Wattstraße, und Berlin, Gubener Straße, sowie Mitherausgeber des „Hilfsboten".

[239] B. Weerts (1858–1929) war Prediger in Frankfurt a. M., Bochum und Berlin, war Mitglied und 1912–1914 Vorsitzender der Bundesverwaltung sowie 1911–1923 Vizepräsident des Baptistischen Weltbundes.

[240] C.A. Flügge (1876–1948) war Prediger in Hamburg-Eimsbüttel und seit 1921 Leiter der Christlichen Traktatgesellschaft beim Oncken-Verlag Kassel.

7. *Rudolf Donat[241]:* Die soziale Not unserer Zeit
   (nach Vortrag auf einer Jahreskonferenz der Baptisten in Pommern um 1925)
   aus: ebd., 24–37

8. Telegramm des Vorstandes der Vereinigung Evangelischer Freikirchen
   an den Führer, Juli 1941[242]
   aus: Bundesarchiv des BFeG Witten, Vereinigungsakte Pickhardt

9. *Paul Markowski[243]:* Der größte Feind des deutschen Volkes
   (am 30.01.1946 an die „Sächsische Volkszeitung", „Volksstimme" und „Union" in
   Dresden zum Abdruck übersandt)
   aus: OAE A25/13 Presse BEFG

10. *Franz Dreßler[244]:* Die soziale Verantwortung der Christen
    Evangelische Versandbuchhandlung (O. Ekelmann) Berlin 1950

11. *o.V.:* Kann ein Christ Marxist sein?
    Wort und Werk 9 (1955), 100, 108

12. *Walter Riedel[245]:* Taten allein überzeugen
    Neue Zeit vom 27.11.1958

13. *Walter Riedel:* Staatsbeteiligung contra business „Mit Gott". Auszug aus dem
    Diskussionsbeitrag zur Magdeburger Hauptvorstandstagung der CDU
    Neue Zeit vom 29.04.1960

---

[241] R. Donat (1888–1964) war Prediger in Seegefeld, Berlin-Friedrichshagen, Dramburg, Elbing und Hannover sowie Autor einer zweibändigen Geschichte der deutschen Baptistengemeinden.

[242] Zu den Hintergründen siehe Referat Andreas Liese, Kapitel 6.

[243] P. Markowski (1909–1986) war Hilfsprediger in Ostpreußen, nach dem Krieg Bürgermeister, Stadtrat und Kreisvorsitzender der CDU-Ost; seit 1953 war er Prediger in Meißen-Gröditz.

[244] F. Dreßler (1902–1998) war Beamter in der Stadtverwaltung, nach dem Krieg Prediger in Berlin-Weißensee; seit 1956 war er Vorsteher des Diakoniewerks Bethel in Berlin.

[245] W. Riedel (1910–2006) war Unternehmer eines mittelständischen elektrotechnischen Betriebes in der DDR, seit 1956 mit staatlicher Beteiligung, seit 1972 nach Enteignung als staatlicher Leiter; er war CDU-Gründungsmitglied in Sachsen, Abgeordneter der Volkskammer der DDR; er gehörte zur BEFG-Brüdergemeinde in Dresden und arbeitete in Bundesgremien mit.

14. Erklärung der Vereinigung Evangelischer Freikirchen vom 22. Februar 1962[246]
    aus: Akte des Staatssekretärs für Kirchenfragen - Freikirchen/ kleine Religions-
    gemeinschaften 1961–1966, BArch DO 4/449, 109[247]

15. Erklärung der Bundesleitung des BEFG anlässlich der Begegnung der Bundeslei-
    tung mit dem Staatssekretär für Kirchenfragen am 2. April 1971 in Schmiedeberg[248]
    aus: Wort und Werk 4 (1971), 12

16. *Roland Mischke*[249]*:* Die Herausforderung des Atheismus. Mut zum Dialog zwischen
    Marxisten und Christen (1979)
    Samisdat, aus: OAE A25/22 Briefe 123

17. *Roland Mischke:* Mündiges Christsein in der atheistischen Welt (ca. 1979)
    Samisdat, aus: ebd.

18. *Christian Wolf*[250]*:* Christen leben in der Gesellschaft
    (Referat auf der Bundeskonferenz 1981 in Halle/Saale)
    aus: Wort und Tat 65 (1985), 3–18

---

[246] Zu den Hintergründen siehe Referat Reinhard Assmann, Kapitel 2.

[247] Abdruck erfolgt mit freundlicher Genehmigung des Bundesarchivs.

[248] Zu den Begleitumständen siehe Wort und Werk 4 (1971), 12 und 5 (1971), 10.

[249] R. Mischke (Jg. 1951) war Pastor in Berlin-Köpenick und Vereinigungsjugendwart, wechselte
    1979 in die Evangelische Kirche, reiste 1981 in die Bundesrepublik aus; arbeitet als Journalist
    und Buchautor.

[250] C. Wolf (Jg. 1932) war Pastor in Meiningen und Greifswald; er war seit 1969 Dozent am Theo-
    logischen Seminar in Buckow, seit 1991 in Hamburg.

DOK 1   Christentum und Sozialismus.

Von J. B. Wilkens, Braunschweig.

Die Beantwortung der bedeutsamen Frage: „Wie stimmt der Sozialismus zu dem Christentum?" können wir uns vielleicht nicht besser geben, als dadurch, daß wir uns zuerst zwei andre Fragen zu beantworten suchen, und zwar: 1. Was ist Sozialismus und 2. Was ist Christentum? Wir können dann die Frage leichter beantworten, wie beides zusammen stimmt, und wie der Christ sich dem Sozialismus gegenüber zu verhalten hat.

Der Sozialismus, seine Ideen, Lehren und die daraus folgenden Taten, ja, alles, was mit ihm zusammenhängt, ist sehr alt, so alt wie die gefallene, sündige Menschheit. Die letzte und auch die Hauptursache des Sozialismus ist in dem Abfall von dem lebendigen Gott zu suchen, über welchen wir die traurige, aber auch untrügliche Kunde in dem Worte des Herrn erhalten. (1 Mose 3.) An dem babylonischen Turm haben vielleicht lauter Sozialisten gearbeitet, denn die Menschen, die daran bauten, wollten in offenbarer Auflehnung wider Gott ein Weltreich gründen. Babel mit seinem Turm sollte der Mittelpunkt sein. Sie arbeiteten solange daran, bis sie einander nicht mehr verstanden, da der Herr ihre Sprache verwirrte, zum heiligen Wahrzeichen, daß es mit der Verbrüderung und Verherrlichung der Menschen und ihrem Thun ohne Gott nichts ist. (1 Mose 11.) Die Menschen haben indes nicht abgelassen von ihrem Thun, wie der Herr sagt: Sie werden nicht ablassen von allem, das sie vorgenommen haben zu thun. Sozialistische und kommunistische Bestrebungen finden wir mehr oder minder im Lauf der Jahrhunderte bei den verschiedensten Völkern. Besonders stark traten sie hervor zur Zeit der Reformation und dann am Ende des vorigen Jahrhunderts zur Zeit der großen französischen Revolution. Damals wurde in der sogenannten „Roten Republik" durch obrigkeitlichen Beschluß der Tag des Herrn und jeder christliche Gottesdienst abgeschafft, eine liederliche Dirne als Göttin der Vernunft auf den Altar der Hauptkirche in Paris gestellt und das Abendmahl durch ein Branntweingelage verspottet.

Gewissermaßen ist indes der Sozialismus der Gegenwart eine Erscheinung der neueren Zeit. Bis zur Mitte dieses Jahrhunderts gab es eigentlich noch nichts dergleichen in Deutschland, was man mit dem Namen Sozialismus, oder richtiger Sozialdemokratie, bezeichnen könnte. Ferdinand Lassale, welcher 1863 zum erstenmal in Leipzig in feuriger Rede sich an die Arbeiter wandte und über die Verbesserung ihrer Lage sprach, wird der Messias des deutschen Sozialismus genannt. Er ward geboren am 11. April 1825 in Breslau und war der Sohn eines jüdischen Großhändlers. Er war ein Mann vielseitigen Wissens und von feuriger Beredsamkeit. Nach seinem Tode, den er im Duell fand (1864), ist er mit Christus verglichen worden. Man veranstaltete Totenfeiern für Lassale, und für einige Zeit ward er maßlos vergöttert. Die Zahl seiner Anhänger war zu der Zeit noch keine 5000. — Jetzt ist es anders, in kaum geahnter Weise hat sich der Sozialismus verbreitet und auch ganz besonders in unserm Vaterlande, wie das die letzten Reichstagswahlen zur Genüge bewiesen haben.

Der jetzige Sozialismus ist ein Kind unsres Jahrhunderts, zu dessen Entwickelung die ganze moderne Gesellschaft beigetragen hat. Allerdings will dies kaum eine Gesellschaftsklasse zugeben, es ist und bleibt aber nichtsdestoweniger wahr. Wie steht es z. B. in dieser Weise mit den sogenannten gebildeten Klassen? Sie, diese Gebildeten, sind es eben, die dem Volke alles Heilige verdächtigt haben. Mit unheiliger Schrift und Rede ist von ihnen die Welt überflutet und vergiftet worden. Wenn heute so viele hohnvoll reden von der wahren Religion, als von einem faulen Wechsel auf das Jenseits, so haben die sogenannten Gebildeten zum großen Teil die Schuld. Es wär ein sehr Leichtes, ein langes, langes Register solcher anzufertigen, die sich in der Leugnung der Fundamental-Wahrheiten des Christentums und Verachtung wahren christlichen Glaubens und Lebens in Wort und That hervorgethan haben. Der Sozialist B e b e l konnte darum in einer Reichstagssitzung mit Recht sagen: „Der Atheismus, die ganze moderne Weltanschauung, der Materialismus, sie sind nicht unser Werk, sondern das Produkt der modernen Wissenschaft." — Der Sozialismus ist sehr schnell zu einer Groß- und Weltmacht geworden, sowohl hinsichtlich seiner Anhänger, wie auch seiner allgemeinen Verbreitung wegen in der Welt. Er zählt seine Angehörigen in allen Ländern der Erde, und zwar nicht mehr nach Tausenden, sondern nach Millionen. Er ist längst international. Er ist über alle Länder und Völker verbreitet und ist im stande, in fortwährend verstärktem Maße seine Vertreter in die verschiedenen Parlamente zu senden, um bei der Gesetzgebung mitzuwirken, kühne Forderungen zu stellen, und die Lehren des Sozialismus, soweit es zweckmäßig scheint, zu verkünden. Die Sozialisten sind eine fest und innig verbundene Gesellschaft von lauter unzufriedenen Menschen, da niemand von ihnen die Quelle wahrer Zufriedenheit kennt, noch kennen will.

Da sehen wir zuerst die Hauptführer der Partei. Zum Teil haben sie es durch den thatkräftigen Willen ihrer Partei dahin gebracht, Reichstags- und Landtags-Abgeordnete zu sein. Sie machen sich ihre Stellung treulich zu nutze, um ihre sozialistischen Lehren zur Geltung zu bringen und neue Anhänger zu werben. Weiter sind zu beachten die vielen untergeordneten Führer, die Parteivorstände in den verschiedenen Ortschaften und die von der Partei bezahlten Reiseapostel, welche zum Teil in besonderen Schulen ausgebildet werden. Hier finden wir auch manche aus den sogenannten höheren Ständen, heruntergekommene Leute, die zu nichts Besserem Lust und Gabe hatten, als im Dienst des Sozialismus zu hetzen und zu verführen. Danach kommt die große, große Masse der Sozialisten, ein großes Heer von vielen Tausenden. Es sind Leute der verschiedensten Art, eine sehr bunte Gesellschaft. Darunter sind auch ehrliche und brave Leute, die ohne prüfen zu können oder zu wollen, in gutem Glauben an die Lehren des Sozialismus sich demselben hingegeben haben. Wir finden hier aber auch eine große Schar wirklich verkommener Menschen, alt und jung. Und wie auch junge Leute so treulich dem Sozialismus anhangen, ist geradezu erschrecklich. Burschen, welche kaum 16 bis 18 Jahre alt sind, haben den Kopf voll sozialistischer Ideen und reden als die wahrhaftigen Weltverbesserer. Die ganze Gesellschaft ist fest und innig verbunden, fester, als mancher denkt, der ihre Uneinigkeiten besonders hoch anschlägt. Freilich haben sie unter sich viele Streitereien, und die Schimpfreden, deren sie sich gelegentlich unter sich bedienen, sind gar grob und derb, aber einig sind sie doch. So nannte ein gewisser Sozialistenführer, der sich als Präsident der Menschheit unterzeichnete, Liebknecht einen ehrgeizigen, teuflischen Ränkeschmied, einen andren Führer einen Judas, und gab Carl Marx den Rat, er solle sich als tollgewordener Hering einbalsamieren und in den Schornstein hängen lassen.

Alle solche Streitereien und Uneinigkeiten haben indes sehr wenig bei ihnen zu bedeuten, in anbetracht der alle einigenden Kraft, das ist die Kraft der bittersten Unzufriedenheit und des Hasses, die alle durchdrungen hat, sowie auch durch das gleiche Ziel: die soziale Revolution. Nach ihrer eignen Aussage treten alle Sozialisten ohne Unterschied der Färbung für dies hohe Ziel ein. Mit friedlichen Mitteln, solange es möglich ist, mit ihrem Blute, wenn es nicht anders geht.

Man kann den Sozialismus trefflich bezeichnen als eine Riesen- und Drohgestalt, welche die gegenwärtige gesellschaftliche Ordnung, das gesamte staatliche, religiöse und sittliche Leben stürzen und vernichten will. Wir haben Geschichten (Märchen) gelesen, in welchen von Riesen erzählt wurde, die eine schreckliche Macht hatten. Ein Riesenfräulein hat sogar einen Bauer mit Pflug und Pferden und allem, was daran war, als Spielzeug in ihre Schürze genommen. Solche Gestalten lebten aber nur in der Märchenwelt, und vor ihnen fürchtet sich kein Vernünftiger. Mit dem Sozialismus ist es aber anders, derselbe ist in schrecklicher Wirklichkeit vorhanden, eine Riesengestalt, die alles umzustürzen droht. Derselbe scheint auch trotz aller empfindlichen Strafen und Verwundungen nur stärker und gewaltiger, böswilliger und grimmiger zu werden. Infolge des Sozialistengesetzes, dessen Gültigkeit am 30. September d. J. aufhört, über dessen Zweckmäßigkeit man von vornherein sehr geteilte Ansichten hören konnte, hat der Sozialismus viele empfindliche Strafen erlitten. Hieb auf Hieb ist gefolgt, und es hat dem Sozialismus nicht geschadet; der Mut ist nicht gebrochen und die Kraft ist nicht geschwunden, sondern beides hat eher zu- als abgenommen. Es geht dies aus ihren gelegentlichen Auslassungen hervor, wie z. B. aus einem Aufruf, wo es unter andrem heißt: „Nach fast zwölfjähriger Dauer endet am 30. September d. J. das Sozialistengesetz. Die Partei hat es siegreich überwunden. Ins Leben gerufen, um sie zu vernichten, ist es an dem Felsen der Partei zerschellt. Stärker und mächtiger, denn je zuvor, ist heute die Partei, stolz auf ihren Sieg und die Niederlage ihrer Gegner, zu weiteren Kämpfen bereit und gerüstet, immer neuen Boden erobernd, sieht sie immer weitere Kreise ihren Ideen dienstbar werden. Der Sozialismus ist eben die Frage des Zeitalters geworden, um die sich alles bewegt. Die innere und äußere Politik, alle Parteien und Gesellschaftsschichten werden von ihm beeinflußt und beherrscht. Er ist der mächtigste Faktor der Gegenwart und wird in nicht ferner Zeit der alles entscheidende sein. Bei diesem siegreichen Fortschreiten unsrer Ideen können wir gutes Mutes der Zukunft entgegen gehen."   (Fortsetzung folgt.)

(Fortsetzung.)

Von dem zu schließen, was in voriger Nummer von dem Sozialismus geschrieben, ist gewiß genügend Ursache zur Furcht vor dem Werke desselben. Selbst Bismarck, der seiner Zeit sagte: „Wir Deutsche fürchten Gott und sonst nichts in der Welt!" fürchtet sich nach seinen gelegentlichen Auslassungen, welche wir in öffentlichen Blättern zu lesen Gelegenheit hatten, weit mehr vor den Sozialisten als vor Russen und Franzosen oder irgend einer feindlichen Macht.

Der Sozialismus will vor allem alles Privateigentum aufheben. Er will nicht, wie einige meinen, daß richtig nach der Kopfzahl geteilt werde. Diesen Vorwurf weisen die Sozialisten mit Entrüstung zurück. Es würde ja auch der Anteil, der dabei auf jeden Kopf fallen würde, ein so geringer sein, daß diese allgemeine Gleichheit gleichbedeutend wäre mit allgemeiner Armut. Überdies müßte notwendigerweise die Ungleichheit am nächsten Tage wieder beginnen, denn die einen würden ihren Teil sparen und vermehren, die andren ihn womöglich am ersten Abend gänzlich verjubeln. Alles vorhandene Gut, heiße es, wie es wolle, Grund und Boden, Hütten und Paläste, Schauspielhäuser und Kirchen, Silber und Gold, Werkzeug und Maschinen u. s. w., alles soll Gemeingut eines allgemeinen Menschenbruderstaates werden, in welchem alle gleichberechtigt sind.

Das Familienleben will der Sozialismus aufheben. So soll nach der Lehre der Sozialisten die Erziehung und Erhaltung der Kinder den Eltern abgenommen und von Staats wegen besorgt werden. Gewissenlosen Eltern könnte dies freilich schon gefallen, wenn ihnen die Pflicht, für ihre Kinder zu sorgen, abgenommen würde. Aber doch keinen richtig denkenden Eltern, die sich auf das Wort des Apostels: „Ihr Eltern, ziehet eure Kinder auf in der Furcht und Vermahnung zum Herrn!" verlassen. Es ist klar, daß die Aufhebung der häuslichen Kindererziehung so gut wie gleichbedeutend mit der Auflösung der Familienbande ist. Auch ergibt sich die Aufhebung der Familie mit Notwendigkeit aus der Gütergemeinschaft. Alles soll gemeinsam sein, d. h. man ißt, trinkt, wohnt, vergnügt sich auf allgemeine Kosten in Staatsgebäuden, nach staatlicher Ordnung. Auch die Arbeit muß nach staatlicher Anordnung verrichtet werden. Mit der Arbeit würde es überhaupt, wenn es möglich wäre, einen solchen Zukunftsstaat einzurichten, kümmerlich aussehen. Wie sollte die Arbeit verteilt werden? Würde jemand wohl die niedrigste Arbeit thun wollen, der sich, berechtigt oder nicht berechtigt, berufen fühlt, gelehrte Vorlesungen zu halten? Die Sozialisten haben indes die Idee, daß der Bürger im Menschenbruderstaat ein Mädchen für alles sei. Heute reinigt er den

Stall, morgen erscheint er als Präsident eines richterlichen Kollegiums und übermorgen vertritt er die Stelle eines Kulissenschiebers im großen Theater des sozialistischen Zukunftsstaats. Die Sozialisten glauben fest an die Herrlichkeit dieses Zukunftsstaats. Sie behaupten kurzweg, das Heil der Welt sei nirgends anders zu finden, als in der sozialistischen Gleichmacherei, im kommunistischen Menschenbruderstaat. Sie behaupten, an allem Elend in der Welt, Armut, Verbrechen, Krankheit u. s. w. sei die gegenwärtige Gesellschaftsordnung und besonders auch der Gottesglaube schuld. Der Gottesglaube muß daher ausgerottet werden. Solange das nicht geschieht, versichert der Volksstaat, sei lediglich keine Hoffnung auf ein Gelingen der sozialistischen Pläne. Daß aber eine solche Paradieses-Herrlichkeit hier auf Erden ohne Gott nie kommen wird und kann, ist jedem verständigen Menschen mehr als gewiß. Die Unmöglichkeit dazu liegt in der menschlichen Natur. Die Menschen, wie sie wirklich geworden sind, infolge der Sünde, werden schon sorgen, daß jene Zeit irdischer Vollglückseligkeit ein Schemen bleibt. Der Sozialismus schreitet dennoch mutig und siegesbewußt, wie er meint, auf direktem Wege dem Ziele zu. Dies geht z. B. hervor aus einer Bemerkung Liebknechts in seiner Wahlrede zu Anfang dieses Jahres. Er sagt: „Wir sind der Überzeugung, daß keine Macht der Erde im stande ist, die von uns angestrebte soziale Umwälzung aufzuhalten. Ob sie sich auf blutigem oder unblutigem Wege vollziehen wird, läßt sich heute noch nicht sagen." Auch Bebel stimmt dem bei, betont aber, daß es lediglich von der Kapitalistenklasse abhänge, welcher Weg eingeschlagen werde, ein friedlicher oder gewaltsamer. Er setzt aber gleich hinzu: „Nach der Geschichte zu urteilen, gelangen neue Ideen in der Regel erst durch gewaltsamen Kampf zur Geltung." Daß die soziale Umwälzung sich auf friedlichem Wege vollzieht, etwa durch die Gesetzgebung, oder durch freiwilligen Verzicht der Besitzenden auf alles Privateigentum, ist nicht denkbar. Daß das andre geschieht und eine blutige Revolution über kurz oder lang ausbrechen kann, ist sehr zu befürchten. Die Sozialisten wollen zum Ziele, welches sie sich gesetzt haben, gelangen. Ihr Motto, welches noch unzählige mit ihnen gemein haben, heißt: „Macht hier das Leben gut und schön, Kein Jenseits gibt's, kein Wiederseh'n!" Und dahin zielen auch die Bestrebungen der Gegenwart, die vielfachen großartigen Arbeitseinstellungen, die sogenannten Streiks, die Forderung eines Normal-Arbeitstages von 8 Stunden, der Sonntagsruhe u. s. w. Aber die Sonntagsruhe wollen die Sozialisten nicht zur Verehrung und Anbetung Gottes, zur Erhebung der Seele zum Himmel, nein: „Den Himmel überlassen wir den Engeln und Spatzen." Sie dienen andren Göttern und verspotten den Herrn vom Himmel. Gewiß, der Sozialismus ist eine höchst traurige Erscheinung. Anders ist es mit dem Christentum.

Fragen wir also 2.: Was ist Christentum? Vom Christentum hat man im allgemeinen falsche, ja, die denkbar verkehrtesten Begriffe, und diese sind solange im Umlauf gewesen, daß man sie für wahr hält. Und weil die Begriffe verkehrt sind, so denken viele, sie leben mitten im Christentum. Sie reden von einer christlichen Kirche und einem christlichen Staat, ohne sich zu besinnen, ob die Bezeichnung „christlich" passend und richtig ist. Sie thun das trotz der Thatsache, daß Tausende mitten im sogenannten Christentum nichts vom Christenglauben haben, vielmehr die Heiligtümer des Christentums verachten. Jedenfalls ist das Christentum, welches wir in der Staatskirche haben, oft ein sehr entartetes und entstelltes. Nach dem Ausspruch Livingstones, des großen Missionars und Afrikareisenden, ist es jedoch immer noch besser, wie gar keines, und wir sind geneigt, ihm beizustimmen. Was ist indes wahres Christentum? Es ist vor allen Dingen und zuerst Wiederkehr des Menschen zu Gott, und zwar auf dem von Ihm verordneten Wege, durch den Glauben an Jesum, den alleinigen Mittler zwischen Gott und den Menschen. Ohne gründliche Bekehrung, ohne eingegangen zu sein durch die enge Pforte der Buße, welche zur Vergebung der Sünde, zum Frieden mit Gott führt, ist wahres Christentum nicht vorhanden. Es ist ferner ein Leben für Gott, und zwar in heiliger Begeisterung für seinen Ruhm, eingedenk der Worte: „Du sollst lieben Gott, deinen Herrn, von ganzer Seele, ganzem Gemüte u n d d e i n e n N ä c h s t e n a l s d i c h s e l b s t." Da gilt es sich dann nach dem Wort des Herrn richten, z. B.: „Die Diener sollen ihren Herren unterthänig sein, in allen Dingen zu Gefallen thun, nicht widerbellen, nicht veruntreuen, sondern alle gute Treue erzeigen, auf daß sie die Lehre Gottes, unsres Heilandes, zieren in allen Stücken" (Tit. 2, 9. 10). „Ihr Herren, lasset das Drohen und wisset, daß auch euer Herr im Himmel ist, und bei Ihm ist kein Ansehen der Person" (Eph. 6, 9). „Ein Arbeiter ist seines Lohnes wert" (Lk. 10, 1). Das wahre Christentum macht alles, was wir thun, sei es gehorchen oder regieren, sei es diese oder jene nützliche Thätigkeit im menschlichen Leben, zum G o t t e s d i e n s t. Freilich geht dies nicht ohne Kampf, dem Teufel muß täglich widerstanden, die Welt in uns und um uns täglich überwunden werden. Es ist dies unzertrennlich vom wahren Christentum in diesem Leben. (Schluß folgt.)

(Schluß.)

3. Wie stimmt nun der Sozialismus unsrer Zeit zum wahren Christentum? Wir sagen, sie passen zusammen wie Licht und Finsternis, wie Christus und Belial. Das Christentum kennt kein Heil außer Gott. Der Sozialismus will die Menschenglückseligkeit ohne Gott herbeiführen. Er gibt vor, daß er nicht so schnell zum Ziel gelangen könne, weil der „Gottesaberglaube" ihm im Wege stehe. Seine Anhänger bekennen wörtlich: Wenn für unsre Bestrebungen Nutzen daraus entstände, würden wir getrost des Teufels Hand annehmen.

Nach der Lehre des Christentums aber ist die Ursache des Elends und der tausendfachen Not in der Welt die Sünde, welche alle Menschen durchdrungen hat, und die sich zu unsrer Zeit schrecklich offenbart in allen Gesellschaftsklassen, ebensowohl in den oberen, wie in den unteren. Daher muß zuerst die Sünde aus der Welt geworfen und die Menschenherzen erneuert und geheiligt werden. Der Teufel muß gebunden werden, der Friedefürst hervorkommen und sein Reich mit Macht antreten. Das alles muß geschehen, ehe allgemeine Glückseligkeit herrschen und das Friedensreich kommen kann. Nach dem Sozialismus ist die Ursache alles Elendes in der Welt die gegenwärtige Staatseinrichtung, die Klassenunterschiede u. s. w. Das Christentum lehrt aber: „Seid unterthan aller menschlichen Ordnung um des Herrn willen, es sei dem Könige" u. s. w. (1 Petri 2, 13. 14). Ferner: „Jedermann sei unterthan der Obrigkeit, die Gewalt über ihn hat" u. s. w. (Röm. 13). Christus selbst sagt: „Gebet dem Kaiser, was des Kaisers ist und Gott, was Gottes ist." Aus diesen und andren Aussprüchen der Heiligen Schrift geht klar hervor, daß jeder Christ in weltlichen Dingen der Obrigkeit und den Gesetzen des Landes gehorsam zu sein verpflichtet ist. Der Sozialismus verhöhnt die Obrigkeit und die Gesetze. Verhält sich das Christentum zum Sozialismus wie das Licht zur Finsternis, so können wir sagen, daß das Licht bestimmt sei, die Finsternis zu überwinden. Christus sagt zu seinen Jünger: „Ihr seid das Licht der Welt" (Mt. 5, 14). Wie das Licht sich nicht mit der Finsternis verbindet, ebensowenig dürfen Christen mit den Sozialisten eine Sache machen, um ihre Bestrebungen in irgend einer Weise zu fördern. Sollte dies geschehen sein, so ist es tief zu beklagen. Es liegt die Gefahr ja nahe, namentlich für solche, die durch ihrer Hände Arbeit im Dienste andrer ihr Brot verdienen. Die den Herrn jedoch von ganzem Herzen fürchten, werden der Gefahr entgehen. Sie vertrauen ihrem Gott und wollen in keinem Fall am fremden Joch ziehen mit den Ungläubigen (2 Kor. 6, 14). Dem sozialistischen Treiben gegenüber erscheint für den Christen doppelt geboten: „Behütet euer Herz mit allem Fleiß" (Spr. 4, 23). Vor allem sollen wir uns vor Neid und Unzufriedenheit hüten. Das erste, wozu Satan unsre Stammmutter verführte, war Unzufriedenheit mit ihrer Lage und Begehr nach einer besseren, und zwar was wohl zu beachten ist, auf einem von Gott verbotenen Wege. Auch heute noch sucht er diejenigen, die er zu Fall bringen will, zuerst unzufrieden zu machen. Es kommt dabei eigentlich nicht in Betracht, in welchen Verhältnissen der Mensch lebt. Wir finden Unzufriedene, und nicht wenige, unter denen, die mit Gütern der Erde reichlich bedacht sind, und es gibt Zufriedene unter denen, die in ganz bescheidenen Verhältnissen leben. Für Christen ist besonders in unsrer gegenwärtigen Zeit das Wort Pauli 1 Tim. 6, 6 zu beachten und aus Erfahrung nachsprechen zu lernen: „Es ist aber ein großer Gewinn, wer gottselig ist und läßt ihm genügen." Die Sozialisten verurteilen die Genügsamkeit. Schon Lassale spottete darüber und nennt sie die „verdammte Bedürfnislosigkeit des deutschen Arbeiters." Andre sind ihm gefolgt und sagen den Arbeitern: „Ihr sollt nicht sparen, ihr sollt euch nicht nach der Decke strecken, sondern ihr sollt recht hohe Ansprüche machen, recht begehrlich sein und keinem Wunsch und keiner Begierde Zügel anlegen. Nimmermehr soll es uns einfallen, das Volk zu bereden, auch nur einen einzigen Genuß fahren zu lassen." Des Christen Verhalten dem Sozialismus gegenüber sollte sich weiter regeln nach dem Wort Jesu: „Lasset euer Licht leuchten vor den Leuten, daß sie eure guten Werke sehen und euren Vater im Himmel preisen" (Mt. 5, 16). Dies ist ein der Beherzigung wertes Wort für alle Christen, ob Arbeitgeber oder Arbeitnehmer, ob reich oder arm. Alle haben bei den verschiedensten Verhältnissen doch ein und dieselbe Aufgabe. Diese Aufgabe zeigt uns unter andern Petrus in seinem ersten Brief an die auserwählten Fremdlinge, Kap. 4, 10 und 11, wo es heißt: „Dienet einander, ein jeglicher mit der Gabe, die er empfangen hat, als die guten Haushalter der mancherlei Gnade Gottes" u. s. w. Die empfangenen Gaben sind sehr verschieden in ihrer Art und ihrem Maß, als da sind Reichtum, Macht, Ehre, Erkenntnis u. s. w. Die Aufgabe, die Gott stellt, ist: dienet damit. Indes kann der Christ, wenn er auch weder Reichtum noch Macht, noch irgend eine in die Augen fallende Gabe besitzt, durch Ratschläge und Warnungen, oder durch liebevolle Ermahnung, und besonders durch das Beispiel eines echt christlichen Lebens viel zum Wohl seiner Umgebung beitragen. Derselbe kann also seine Aufgabe lösen, sein Licht leuchten lassen. Er kann dazu beitragen, daß die Nacht der Sünde, wie wir sie nicht allein im sozialistischen Heerlager finden, erleuchtet, ja, überwunden wird. Viel ist schon gewonnen, wenn der Christ seine hohe Aufgabe und Verantwortung richtig erkennt. Er wird dann durch heilige Liebe zu seinem Herrn verbunden sein, in seinem Teil dazu beizutragen, daß das Reich der Finsternis zerstört und alle Lande Gottes und seines Christus werden. Bei dieser hohen Aufgabe, die alle Christen zu lösen suchen, haben sie den gläubigen Ruf miteinander gemein: „O Herr, hilf, o Herr, laß wohl gelingen!"

DOK 2

Kann ein Christ auch ein Socialist sein?

Kann ein Christ auch ein Socialist sein? Kann ein Socialist auch ein Christ sein? Mir ist es gleich, meine Herren, wie Sie die Frage stellen. Worauf es mir eigentlich ankommt, ist die Frage, ob Christentum und Socialismus zwei unvereinbare Mächte sind, die sich in unversöhnbarem Gegensatze gegen einander befinden, oder nicht.

Unter meinen Zuhörern habe ich wahrscheinlich Christen, die jede Berührung mit dem Socialismus schlankweg ablehnen. Und wahrscheinlich sind auch Socialisten hier, die zwischen sich und dem Christentume die Tischdecke entzweischneiden.

Was ich sagen werde, wird wohl keiner von beiden Parteien ganz genehm sein. Ich werde versuchen, nicht als Parteimann zu reden. Die Menschheit ist genug durch Mißverständnis und Vorurteil auseinandergesprengt. Lassen Sie uns versuchen so viel gemeinsamen Boden zu finden, wie möglich, und dann den übrigbleibenden Differenzen ruhig ins Auge zu sehen.

Zuerst also die Berührungspunkte. Doch bitte ich darauf zu achten, daß ich nicht, wie es zu Parteizwecken so oft geschieht, die niedrigsten und verfinstertsten Formen des Christentums und Socialismus hervorsuchen werde. Ich werde nicht den Socialismus der Kneipe als mustergiltig darstellen, sondern das socialistische Ideal zu erfassen suchen, das sich in den Herzen der Völker hervorzuringen sucht. Und ebensowenig werde ich das Christentum darstellen, wie es in den Händen der Satten und Reichen zu einem eleganten und kraftlosen Kultus herabgesunken ist. Ich finde das Christenthum in den Gedanken Jesu und seiner prophetischen Vorgänger. Diese Gedanken sind durch alle Vermummungen stets die treibende Kraft des Christentums geblieben.

I. Die Berührungspunkte zwischen Socialismus und Christentum.

1. Beide protestieren gegen den gegenwärtigen socialen Zustand der Menschheit und sehen einer Umwälzung entgegen.

Daß dies vom Socialismus wahr ist, wird wohl keines weiteren Beweises bedürfen. Er protestiert gegen die Unterdrückung und Ausbeutung des gegenwärtigen socialen Systems und schaut dem socialistischen Staate entgegen, der als mehr oder weniger klare Hoffnung in den Herzen seiner Anhänger lebt.

Derselbe Protest und dieselbe Hoffnung ist gewissermaßen das Rückgrat der Lehre Jesu und seiner Vorgänger. Die geistlichen Vorfahren des Christentums waren die Propheten des alten Testaments, und der Kern ihrer Predigt war die Verheißung eines vollkommenen Reiches Gottes auf Erden, in welchem Unterdrückung und Ungerechtigkeit aufhören würden und die Menschheit in ungetrübtem Frieden jeder unter seinem Weinstock und Feigenbaum sitzen würde. Johannes der Täufer, der Vorläufer Jesu, verkündigte das Nahen dieses Reiches und forderte als Vorbereitung darauf die Abschaffung der socialen Ungleichheit.

Dies Reich Gottes auf Erden war auch der Mittelpunkt in der Lehre Jesu selbst. Er sprach nicht in erster Linie davon, wie man in den Himmel kommen könne, sondern wie der Himmel zu uns kommen könne. „Dein Reich komme; dein Wille geschehe auf Erden!" Sie werden wohl zugeben, meine Herren, wenn in der socialen Ordnung Gottes Wille herrschend werden soll, so wird eine Umwälzung nötig sein, die an Gründlichkeit nichts zu wünschen übrig lassen würde. Es würde kommen, wie Jesus sagt, daß gar mancher, jetzt der erste ist, der letzte werden würde, und umgekehrt.

Dieser revolutionäre Gedanke lebte auch in den ersten Christen fort. Ein Grundgedanke in der Lehre der apostolischen Briefe war die Unterscheidung zwischen "ho aion houtos" und "ho aion mellon"; das heißt, zwischen der gegenwärtigen Weltperiode und der zukünftigen; oder um es mit der modernen Phrase zu bezeichnen, zwischen der gegenwärtigen Gesellschaftsordnung und der zukünftigen. Erstere weihten die Christen dem Untergange, letztere ersehnten und erstrebten sie.

Wie intensiv diese Gedanken in den Herzen wirkten, kann man z. B. aus der Offenbarung Johannis sehen. Die herrschenden Mächte der damaligen Welt werden, ihrer Gier und Grausamkeit nach, als bestialische Gestalten gezeichnet. Das kaiserliche Rom wird beschrieben als ein feiles Weib. Der Gang des Buches ist das Drama von dem Sturz der Weltmächte und der Aufrichtung eines idealen Reiches. Die Offenbarung Johannis ist eine revolutionäre Schrift.

Die bestehenden Mächte fühlten auch bald mit dem gewohnten feinen Instinkte die umstürzende Kraft dieser neuen Gedanken. Man hat meist unterschätzt, wie viel der sociale Gehalt des Christentums zu den Christenverfolgungen Roms beigetragen hat. Es gab viele neue Religionen im römischen Reiche damals, aber sie sind nicht mit der Konsequenz und Energie verfolgt worden, wie die christlichen Gemeinden, denn sie waren bloß neue Religionen und nicht Versuche zur Gründung einer neuen Menschheit.

Es kam dann freilich bald die Zeit, wo die bestehenden Mächte die jungen Riesen an ihren Wagen spannten und sich dienstbar machten. Das Christentum wurde von den Machthabern begünstigt. Zu gleicher Zeit schwand dann auch der revolutionäre Charakter. Anstatt einer neuen menschlichen Gesellschaft hatte man eine neue Religion. Doch ganz geschwunden ist der revolutionäre Charakter des Christentums nie. Es ist immer eine protestierende Macht geblieben. Wo immer Menschen es mit den Gedanken Jesu ernst genommen haben, hatte man auch sofort den Versuch die gesellschaftlichen Zustände zu ändern und das ideale Leben zu verwirklichen. In der Reformation gingen religiöse Befreiung und politische Umwälzungen Hand in Hand. Die treibende Kraft in der großen englischen Revolution war das Christentum; und aus der englischen Revolution sind alle anderen modernen revolutionären Bewegungen entsproßen, wie die Äeste aus dem Stamm. Wenn die Kirchengeschichte dies alles nicht klar hervortreten läßt, so teilt sie darin nur die Parteilichkeit der Weltgeschichte, wie sie bisher geschrieben ist. Denn die erzählt auch meist nur von Kriegen und Fürsten und wenig von dem Leben und Streben des gemeinen Volkes.

2. Socialismus und Christentum stimmen darin überein, daß sie die Schuld für das bestehende Unglück auf die oberen Klassen legen und die Sache der unteren Klassen verfechten wollen.

Die Propheten legen fortwährend die Schuld für die nationalen Mißstände in Israel auf die Reichen und die Machthaber. Ich weiß keine einzige Stelle in den Propheten, in welcher den Sünden des niederen Volkes die Schuld dafür gegeben wird.

Jesus stützte sich in seiner ganzen Thätigkeit auf das Volk. Aus dem arbeitenden Volke sammelte er seine Jünger. Die Feindschaft erwuchs ihm aus den herrschenden Klassen in der Hauptstadt. Sie wollten ihn schon lange gerne faßen, wagten es aber nicht „aus Furcht vor dem Volke".

Die christliche Gemeinde sammelte sich ihrem Grundstock nach aus den niederen Gesellschaftsklassen. Paulus weißt mit Stolz darauf hin, daß die Gemeinden wenig Gelehrte, Einflußreiche und Vornehme unter ihren Gliedern zählten. Jakobus protestiert dagegen, daß man den Reichen besondere Ehre erweise; denn es seien grade diese Reichen, welche die Christen vor Gericht schleppten; dagegen aus den Armen baute Gott die Gemeinde.

Also Christentum und Socialismus finden ihre Kraft im Volk und richten die Schneide ihrer Gedanken gegen die privilegierten Klassen.

3. Beide fordern Gleichheit der Menschen und Abschaffung der Klassen.

Jesus stellte die Sucht nach Gewalt, welche die Großen in der Welt meist charakterisiert, als seinen Grundsätzen ganz widersprechend hin. Er verbot seinen Jüngern die Titelsucht, in welcher sich die Klasseneinteilung der Menschen ausprägt. Sie sollen leben als eine Schaar von Brüdern, neben einander; nur Gott soll über ihnen sein. Den einzigen Anspruch auf Auszeichnung giebt die

Bereitwilligkeit, nichts für sich selbst zu fordern und seine Fähigkeiten anspruchslos in den Dienst der Gesamtheit zu stellen.

4. Socialismus und Christentum protestieren beide gegen Nationalstolz und Nationalhaß.

Der Socialismus setzt sich prinzipiell gegen die berechnete Entzweiung der europäischen Staaten und predigt den Arbeitern aller Völker die Solidarität ihrer Interessen. Die rothe Fahne des Socialismus bedeutet nicht, wie auch unwissende Socialisten oft meinen, Blut und Blutvergießen. Sie bedeutet die Blutsverwandschaft aller Völker und ist ein Protest gegen die nationalen Farben, weil dieselben so oft zum Symbol der Entzweiung und des Haßes gemacht worden sind.

Das Christentum hat ebenfalls von Anfang an seine Schultern gegen die Schranken der Nationalität gestemmt. Als Christus das Gleichnis vom barmherzigen Samariter erzählte, versetzte er dem jüdischen Nationalstolz einen Schlag ins Gesicht; denn die Samariter waren für die Juden das bestgehaßte Volk. Es war, wie wenn ein Redner in Berlin, gleich nach Schluß des deutsch-französischen Krieges, ein Paar Deutsche als Vertreter der Niederträchtigkeit und einen Franzosen als Beispiel der Hochherzigkeit angeführt hätte.

Bei Paulus war es eine lebenslange Bemühung, die Scheidewand von Vorurteilen, welche das jüdische Volk von den übrigen trennte, zu beseitigen und das Leben der Menschheit auf eine allen gemeinschaftliche Grundlage zu stellen.

Weder Sozialismus noch Christentum in ihren weisesten Vertretern fordern die Beseitigung nationaler Eigentümlichkeiten und des nationalen Sondercharakters. Nationale Eigenart ist so berechtigt wie individuelle Eigenart, so lange sie sich nur Recht an sich selbst zu wahren sucht und nicht andern das Recht streitig zu machen sucht, auch ihre Eigenart zu bewahren. Aber Sozialismus und Christentum halten beide dafür, daß der eingefleischte Egoismus des Menschen meist schon ausgiebig für die Aufrechterhaltung des Nationalbewußtseins sorgen wird, und daß ihre Kräfte deshalb verwendet werden können um das stets gefährdete Band der gemeinsamen Menschheit zu stärken.

5. Socialismus und Christentum stemmen sich beide gegen das Kriegführen. Christus geht darin noch viel weiter wie der Socialismus. Er erlaubte seinen Nachfolgern nicht einmal Gewalt zu brauchen, um ihn zu befreien. Er verweigert ihnen auch die gewaltsame Selbstvertheidigung. Wenn sein Name trotzdem als Kriegstrommel gebraucht worden ist, so ist das eine jener grausamen Verdrehungen, wie jeder große Name sie hat erfahren müssen.

6. Socialismus und Christentum sind beide für die Abschaffung des Eides. Christus fordert eine lautere Mannhaftigkeit, so daß eines Mannes Ja

auch ein Ja ift. „Was darüber ift, das ift vom Uebel". Aussagen über die Vergangenheit mit einem Eid zu bekräftigen ist überflüßig für einen wahrheitsliebenden Mann. Versprechen für die Zukunft mit einem Eide zu befestigen ift vom Uebel, denn die Zukunft ift nicht in unserer Gewalt. Einem Könige oder einer Verfassung Treue zu schwören ift vom Uebel, denn man giebt damit sein Gewissen in eines anderen Hand.

7. Socialismus und Christentum stimmen über= ein in ihrer ökonomischen Tendenz.

Das Christentum hat kein System der National= Oekonomie aufgestellt und hat auch jetzt keins aufzustellen. Aber es stellt gewiße moralische Prinzipien auf, und wenn ökonomische Richtungen ebenfalls moralischen oder unmoralischen Inhalt haben, richtet sich der Geist des Christentums für oder gegen dieselben.

Es werden wenige leugnen, daß das Christentum mehr Verwandtschaft hat mit Kooperation als mit Konkurrenz. Seine ganze Richtung geht darauf hin, die Interessen der Menschen zu verschmelzen und Gemeinschaftlichkeit zu erzielen, und nicht umgekehrt. Kain fragte: „Soll ich meines Bru= ders Hüter sein?" und die kapitalistische Gesellschaft fragt es ihm heute noch nach. „Traget einer des anderen Last, so werdet ihr das Gesetz Christi erfüllen"; so sagt ein großer Apostel des Christen= tums. Der Kommunismus der ersten Christen, die fortwährende Neigung kommunistische Kolonien zu gründen, welche bis heute dem Christentum in seinen radikalen Zweigen eigen geblieben ift, zei= gen, was die ökonomische Tendenz des Christen= tums ift, und mit wem dem Geiste nach verwandter ift, mit der Herrschaft der Konkurrenz oder mit dem Socialismus. Wie kann auch z. B. jemand einem anderen lieber wie sich selbst und dann ein Geschäft anfangen, mit dem er hofft dem anderen seine Kunden wegzufangen?

Vielleicht möchte mich hier mancher unterbrechen mit einem Einwurf. Mancher Socialist würde sagen: „Ja, das ift alles gut, wenn Sie von Jesus sprechen. Wir haben nichts gegen Christus, aber die Christen taugen nichts". Und umgekehrt, mancher Christ wird sagen: „Es ift viel wahres und edles im Socialismus, aber die Socialisten taugen nichts".

Ich fürchte, beide Einwände sind bis zu einem gewißen Grade sehr berechtigt. Wir haben auf beiden Seiten nicht viel zu prahlen. Die Socia= listen werden kaum schlimmeres über die Christen sagen können als ich und andere schon oft in christ= lichen Versammlungen zu ihnen gesagt haben. Und wir Christen werden kaum etwas schlimmeres über die Socialisten sagen können, als Sie selbst in Ihren Versammlungen und Blättern sich ein= ander und zu einander sagen, wenn Sie sich grade mit einander zanken. Aber ein System wird noch nicht damit beseitigt, daß man an seinen

Vertretern Fehler findet. Es ift in der menschli= chen Natur begründet, daß zwischen Ideal und Wirklichkeit, zwischen dem, was ein Mensch als Recht erkennt, und dem was er thut, immer ein weiter Abstand bleibt. Laßen Sie uns das nicht bloß bedenken, wenn wir von andern ein mildes Urteil für uns selbst verlangen, sondern auch wenn wir selbst über andere urteilen.

Ich bekenne mich ohne Scham und Zaudern als einen Christen. Ich bin Glied einer christlichen Gemeinde und erwarte es zu bleiben. Ich kenne keine Körperschaft in der menschlichen Gesellschaft, die mir höher steht. Und ich wünschte, meine socialistischen Freunde würden auch etwas gerech= ter über dieselbe urteilen, wie es oft bei ihnen der Fall ift.

1. Die christliche Gemeinde ift eine Organisation zur Besserung der Menschen. Sie ift mangelhaft in der Ausführung dieses Zweckes, wie z. B. die öffentlichen Schulen mangelhaft sind in der Aus= führung ihres entsprechenden Zweckes der intellek= tuellen Ausbildung. Unser Schulwesen hat kläg= liche Mängel und Zöpfe, aber jeder verständige Mensch strebt es zu verbessern und nicht es abzu= schaffen. So lange die christliche Kirche in ehrlicher guter Meinung ihr bestes thut um die Menschen besser zu machen, so lange verdient sie freundliche Hilfe und Zurechtweisung, und nicht Verdammnis. Nun, ich behaupte aus persönlicher Kenntnis, daß die christliche Kirche wenigstens hierzulande treulich und nach bestem Wißen versucht, die Men= schen zu beßern und ihnen gutes zu thun. Sie hält dem Menschen ein sittliches Ideal entgegen; umgiebt ihn mit hundert Einflüßen, die ihm einen sittlichen Halt bieten; wirkt auf die Bezähmung der sinnlichen Triebe und auf die Entwicklung des edleren Strebens hin und fördert tausend Bestre= bungen der helfenden Menschenliebe. Wir haben in unserm gesammten Volksleben nichts, das sich an sittlich erziehender Kraft mit den Einrichtungen der christlichen Kirche vergleichen läßt. Ich habe wieder und wieder Anstalten besucht und geprüft, die prinzipiell das religiöse Motiv ablehnten und sich auf den „rein menschlichen" Standpunkt stellten, und ich bin fast jedesmal mit einem Gefühl von Enttäuschung weggegangen. Es drängte sich mir auf, daß eine gewiße Kraftlosigkeit und Dürrheit diese Unternehmungen charakterisiere und daß eine einzige lebendige christliche Gemeinde völlig ebenso viel an erziehender und menschenfreundlicher Thä= tigkeit ausübe wie derartige Vereine, und daneben noch eine Anzahl von anderen hochwichtigen Funk= tionen im gesellschaftlichen Leben verrichte. Ich glaube, meine Herren, wenn manchem von Ihnen die Feder in die Hand gegeben würde um mit einem Federstrich die christliche Kirche mit all ihren Insti= tuten und Einflüßen aus dem Leben dieses Volkes fortzufegen ohne etwas an ihre Stelle zu setzen, Sie würden sich doch noch dreimal bedenken.

Wenn Sie deßhalb nicht mit allem überein stim=

men können, was die Kirche thut und lehrt, so betrachten Sie dieselbe doch mit wohlwollenden Augen, als eine Gesellschaft, welche das Gute will. Und prüfen Sie dieselbe nicht bloß nach Hörensagen. Ich habe, wie gesagt, schon manches nicht=christliche Institut besucht, um es wirklich kennen zu lernen. Dagegen ist noch nie ein gebildeter Socialist zu mir gekommen um sich bei mir zu informieren über die soziale Thätigkeit meiner Gemeinde. Warum nicht?

2. Die christliche Kirche dieses Landes leidet an vielen Schäden, aber sie sind lange nicht so groß und allgemein, wie sie oft dargestellt werden. In der Presse und im öffentlichen Leben treten die einzelnen großen und reichen Gemeinden besonders prominent hervor, und in denen ist natürlich das Salz des Christentums sehr kraftlos geworden. Leute, die sich nicht die weitere Mühe geben nachzuforschen, oder die schon voreingenommen sind gegen die christliche Kirche, beurteilen dann kurzweg die gesammte christliche Kirche nach diesen Exemplaren. Aber das ist ungerecht. Das ist grade so ungerecht, wie wenn christliche Bekämpfer des Socialismus einige verkommene und rotnasige Subjekte als mustergiltige Socialisten hinstellen, oder socialistische Ueberzeugungstreue an den nicht grade seltenen ehrgeizigen oder käuflichen Führern der Arbeiter illustrieren wollen. Die große Masse der christlichen Körperschaften dieses Landes besteht aus einfachen Leuten, die ihr Brot im Schweiße ihres eigenen Angesichtes essen. Die große Masse der christlichen Prediger dieses Landes besteht aus Leuten, die aus dem Volke hervorgegangen sind. Sie beziehen ein verhältnismäßig kärgliches Gehalt, weniger als Handwerker der besseren Klasse. Und sie stehen infolgedessen in ihren Sympathien den socialen Bestrebungen durchaus nicht fern. Im Gegenteil, ich habe schon viel mit gebildeten und ungebildeten Leuten über diese Fragen gesprochen und ich weiß keinen einzigen Stand, der radikalen Ideen so zugänglich wäre, wie die christlichen Prediger.

3. Es ist wahr, daß die christliche Kirche, wie sie jetzt steht, als Gesammtheit nicht als eine revolutionäre Macht bezeichnet werden kann. In Europa hat sie sich sogar vielfach in den Dienst der Monarchie und der oberen Klassen stellen lassen. Aber ich bitte zu bedenken, daß ein solches Herunterfinken von der Höhe des ursprünglichen Ideals nicht etwas specifisch christliches, sondern etwas specifisch menschliches ist. Von der mechanischen Kraft, die in der Kohle enthalten ist, wird schließlich nur etwa 15 Proz. in Form von elektrischer Kraft angewandt. Die übrigen 85 Proz. gehen im Laufe der Kraftübertragung verloren. Dasselbe stellt sich bei allen sittlichen Bewegungen der Menschheit heraus. Sie können mir kein revolutionäres Programm nennen, das ganz verwirklicht worden wäre; keine revolutionäre Bewegung, die sich nicht zum großen Teil im

Sande verlaufen hätte. Welche Hoffnungen auf sofortige Verwirklichung der menschlichen Ideale erweckte zuerst die französische Revolution! Das ist jetzt hundert Jahre her. Sehen sie sich die Lage der arbeitenden Klassen an und sagen sie mir, wie viel wir wirklich weitergekommen sind. Welch eine Bewegung war das in den '48er Jahren. Sie ist durchaus nicht spurlos verlaufen, aber nur ein kleiner Prozentsatz der damals angewendeten Kraft ist in reelle Ergebnisse umgewandelt worden.

Ein jedes menschliche Institut unterliegt mehr oder weniger diesem moralischen Gesetz der Trägheit. Die Presse, die Schule, die Wissenschaft —sind diese alle nicht in den Dienst bestehender Ungerechtigkeit herabgezogen worden? Giebt es ein Blatt der menschlichen Geschichte, das nicht mit dem schmutzigen Daumen Mammon's besudelt wäre? Oder wäre die socialistische Bewegung die einzige, die sich rein erhalten hätte und deren Wirklichkeit ganz dem aufgestellten Ideale entspräche? Haben Sie keine Redner, meine Herren, welche die Brüderlichkeit auf der Zunge und schmutzige Selbstsucht im Herzen hätten? Haben sie Niemanden, der ihre Sache um dreißig Silberlinge verkauft hat? Haben die korrupten politischen Mächte nie versucht die sociale Bewegung der Arbeiter zu ihren Zwecken auszubeuten? Und ist es ihnen nie gelungen? Wenn der Socialismus ohne Sünde ist, so werfe er den ersten Stein. Uns scheint, ehrlich gesagt, der Abstand zwischen den Idealen der christlichen Kirche und ihren thatsächlichen Leistungen durchaus nicht größer als der Abstand zwischen den Prinzipien des Socialismus und den ewigen Nörgeleien und Verdächtigungen, die zum Bedauern aller Besserdenkenden so viel Raum in Ihren Blättern und so viel Zeit in Ihren Arbeiterverbindungen in Anspruch nehmen.

Und doch steht der Socialismus erst in seinem Frühlingsanfang. Er steht jetzt da, wo die christliche Gemeinde im ersten Jahrhundert stand. Seine Gedanken haben den ersten frischen Schimmer noch nicht verloren. Die Anfeindungen und Verdächtigungen, die ihr zu Teil werden, halten die Partei verhältnismäßig noch rein. Sie kämmen ihnen die schlimmsten Schmarotzer noch aus den Haaren. Die Feuerprobe kommt erst noch für Sie, wenn der Socialismus siegreich ist und das Heft in Händen hat. Dann wird sich Ihr Lager ·mit selbstsüchtigen Spekulanten füllen. Dann werden berechnende Charaktere den Tugendmantel des Socialismus umhängen, wie jetzt den des Christentums umhängen. Dann wird sich der erste ideale Schwung verlieren. Dann wird auch der Socialismus nicht mehr einstehen für die Dinge, wie sie sein sollten, sondern für die Dinge wie sie sind. Die orthodoxe Kirche hat andersdenkende mit Gewalt behandelt. Der orthodoxe Socialismus wird es auch einmal thun. Es werden sich neue Bewegungen erheben, die noch über den Socialismus hinauswollen. Die sind dann die revolutionären Parteien und der Socialismus ist dann die große Ordnungspartei, welche die menschliche Gesellschaft zu schützen hat. Meine Herren, ich sehe keine Garantie, daß der Socialismus dann edler und reiner sein wird, als die Kirche es jetzt ist. Im Gegenteil. Sie haben niedriger angefangen als die Kirche und Sie werden niedriger aufhören. Und für mein Teil bezweifele ich, ob Ihnen der sich stets wieder verjüngende Kraft inne wohnt, die bisher troß aller degenerierenden Einflüße nach achtzehnhundert Jahren die Kirche noch immer als eine Macht im menschlichen Leben erhalten hat, der ihre Freunde mit Begeisterung anhangen und der auch ihre Gegner durch ihren Haß den Tribut der Achtung zollen.

Ich nehme also den Standpunkt ein, daß in ihren Idealen sich Socialismus und Christentum vielfach berühren, und nicht bloß äußerlich, sondern ihrem Wesen nach; ferner daß in der Verwirklichung ihrer Ideale beide hinter denselben weit zurückbleiben, und daß darin noch kein zwingender Grund zu gegenseitiger Verwerfung liegt.

II. Die Differenzpunkte zwischen Socialismus und Christentum.

Doch nun möchte ich auch einige Punkte nennen, auf denen wir wirklich auseinander gehen.

1. Der erste und wichtigste Punkt ist die religiöse Frage. Das Christentum ist Religion. Es lehrt ein geistliches Leben im Menschen und eine geistliche Macht in der Welt, die wir Gott nennen. Es leugnet, daß die Materie mit den ihr innewohnenden Gesetzen und Kräften alles sei. Es leugnet, daß der Mensch nur Materie sei, daß die Thätigkeiten seines Geistes nur Funktionen körperlicher Organe seien, und daß er mit dem Zusammenbrechen seines körperlichen Lebens als Individuum aus dem Weltall verschwinde. Die ganze Weltanschauung und die ganze Sittenlehre des Christentums ist auf diese religiösen Lehren gegründet.

Dagegen der moderne Socialismus hat sich vielfach mit der materialistischen Weltanschauung identificiert, welche in Bezug auf die obigen Säße leugnet, was das Christentum behauptet, und behauptet, was es leugnet. Ich weiß wohl, daß die Religion im socialistischen Programm für Privatsache erklärt wird. Aber das bedeutet bloß, daß die Religion nicht staatlich unterstüßt werden soll und Niemand wegen seines religiösen Glaubens oder Unglaubens staatlich behelligt werden soll. Es bedeutet nicht, daß die socialistische Bewegung sich der Religion neutral gegenüberstellt. Es bedeutet nicht, daß die Partei nicht lieber sehen würde, wenn der religiöse Glaube von der Erde verschwinden würde, und daß sie nicht willig ist ihr Teil dazu beizutragen. Viele der Führer des Socialismus sind zugleich Vertreter des Materia-

lismus und predigen ihre philosophische Weltanschauung im selben Athem mit ihren ökonomischen Lehren. Das Volk nimmt beide mit einander auf und hält sie für unzertrennlich. Die Mischung von Socialismus und Materialismus gilt unter der social-demokratischen Masse schlechthin als „Wissenschaft", als ob nichts anderes als wissenschaftlich gelten könne. Aber so weit sind wir noch lange nicht. Für mein bescheidenes Teil muß ich der materialistischen Philosophie bis jeßt noch meine Unterschrift verweigern, denn sie gibt mir keine genügende Erklärung für eine Reihe der wichtigsten Thatsachen des menschlichen Lebens, und nichts ist unwissenschaftlicher, als den Thatsachen nicht gerecht zu werden.

Ich verstehe recht wohl, wie die Führer des Socialismus durch persönliche und durch taktische Beweggründe dahingekommen sind, daß sie die Verquickung von Socialismus und atheistischem Materialismus fördern; aber ich glaube, sie machen einen Fehler, der sich auf die Dauer kolossal rächen wird. Es ist derselbe Fehler, den die römisch-katholische Kirche einst gemacht hat, als sie das Christentum und das ptolemäische System der Astronomie zusammenschweißen wollte. Die beiden waren nicht identisch. Und ebenso wenig sind Socialismus und die Leugnung Gottes und des geistlichen Lebens im Menschen identisch. Präsentiert man mir die socialistische Gans mit materialistischer Sauce, so sage ich: „Meine Herren, gebratene Gans esse ich gerne, aber mit dieser Sauce muß ich dafür danken". Es gibt viele, die mit mir derselben Meinung sind, besonders hierzulande. Eine Hauptursache, weßhalb die socialistische Propaganda bisher sich fast ganz auf die eingewanderten Europäer beschränkt hat, ist die anti-religiöse Tendenz ihrer Vertreter. Wenn sie darauf bestehen nicht bloß die ökonomischen Ansichten des amerikanischen Volkes zu verändern, sondern auch seine religiösen Ueberzeugungen zu untergraben, dann haben sie ein schweres Stück Arbeit vor sich und die Sache des Socialismus schuldet ihnen keinen Dank für ihren Eigensinn.

Und noch eins, meine Herren! Wenn es Ihnen gelingen sollte das Christentum und den religiösen Glauben aus den Herzen der Menschen zu entfernen, so behaupte ich, haben sie der Sache des Socialismus den allerschlechtesten Dienst geleistet. Der Socialismus, wenn er verwirklicht wird, wird eine neue Gesellschaftsordnung sein, und zwar eine Ordnung, welche an ihre Glieder die höchsten Anforderung stellen wird in Bezug auf sittliche Tüchtigkeit und Opferfreudigkeit. Aber sittliche Tüchtigkeit und Opferfreudigkeit sind bisher noch nie auf die Dauer und allgemein von der Religion getrennt gefunden worden. Einzelne Menschen sind leicht zu finden, die ohne religiösen Glauben ein edles und opferwilliges Leben führen, aber bei näherem Zusehen wird es sich gewöhnlich herausstellen, daß auch sie durch Erziehung und Abstammung ihren sittlichen Impuls von religiösen Kräften erhalten haben. Sie sind wie der Eisenbahnwagen, der noch eine Strecke fortrollt, nachdem er vom Zuge losgekoppelt ist. Aber in den folgenden Generationen der betreffenden Familien macht sich das Sinken schon fühlbar. Und die große Masse der Menschen kann wohl, wie es in der französischen Revolution eine Zeit lang der Fall war, durch die elektrische Spannung großer Begebenheiten momentan zu selbstverleugnender Sittlichkeit emporgehoben werden; aber auf die Dauer hält das nicht stand. Sittlichkeit ohne Religion ist wie eine abgeschnittene Blume. Eine Zeitlang behält sie ihren Duft; dann verwelkt sie, und zur Frucht kann sie es nie bringen.

Die große Frage, welche der Socialismus über kurz oder lang zu beantworten haben wird, ist die praktische Frage: "Will it work"? Die Maschine sieht sich sehr nett an auf Papier. Ihr Princip ist ein ganz geniales. Aber wenn sie nun erbaut ist, wird sie auch gehen und arbeiten? Ich wage die Prophezeiung auf Grund des bisherigen Ganges der Geschichte, daß der Socialismus sich am besten praktisch bewähren wird in denjenigen Völkern, in welchen das Christentum am meisten lebendige Kraft besitzt, und daß er, wie ein Gebäude ohne Mörtel, durch seine eigene Schwere zusammenbrechen wird in Ländern wie Frankreich, wo der religiöse Glaube versiegt ist, oder in Ländern wie Italien, wo die Religion noch äußerlich mächtig, aber innerlich verfallen ist.

Deshalb sollten Socialisten zusehen, ob sie gegen das Christenthum die Axt schwingen wollen. Sie erschweren sich damit jeden Schritt ihres Weges und sie zerhauen damit das Holz, mit dem sie hiernach den Tempel einer neuen Menschheit zu bauen haben werden. Ich glaube, daß Christus eine einfache historische Wahrheit ausgesprochen hat, als er sagte: „Wer auf diesen Stein fällt, wird zerschellen; auf welchen er aber fällt, den wird er zermalmen".

2. Der zweite Punkt, auf dem wir principiell auseinander gehen, ist die Anwendung von Haß und Gewalt. Ich gebe Ihnen gerne zu, meine Herren, daß vieles, was das Volk zu leiden gehabt hat, Haß und Gewalt gradezu herausfordern. Entschuldigung für den Haß ist genug vorhanden. Aber es ist ein großer Unterschied zwischen dem Zorn, der instinktiv einem erlittenen Unrecht folgt, und dem Groll, der principiell genährt wird.

Der Haß ist eine furchtbare Waffe. Er ist ein Schwert ohne Griff. Wer seinen Gegner damit verwunden will, muß beim Schlage die eigenen Hände daran zerschneiden. Wer mit Haß Unrecht austreiben will, der unternimmt die Kur mit einer Medicin wie Quecksilber, und die Folgen der Medicin sind oft schlimmer wie die Krankheit. Die socialistische Agitation zieht starke Hasser heran. Aber denken sie, meine Herren, nachdem sie die Fähigkeiten und Gewohnheiten des Hasses einmal großgezogen haben in den Menschen, daß das gährende Drachengift sich bei der Aufrichtung des socialistischen Staates auf einmal in die Milch der frommen Denkungsart verwandeln wird? „Mächtig ist im Menschen die Bestie," sagt Scherr; und wenn Sie die Bestie großgezogen haben, verlangt sie ihr gewohntes Futter und wenn sie auch ihren Wärter zerreißen muß. Der Haß ist keine dauerhafte Grundlage für eine Gesellschaft, die solche Proben zu bestehen haben wird, wie die socialistische. Pflastert man auch eine Schmiede mit Dynamitpatronen?

Ebenso ist es mit der Gewalt. Sie ist ein sehr zweifelhafter Bundesgenosse. Was Jesus sagt, ist nackte historische Wahrheit: „Wer das Schwert nimmt, wird durch das Schwert umkommen". Nichts hat den Fortschritt der revolutionären Bewegung so gehemmt, wie die Schreckensherrschaft in der französischen Revolution. Zuerst jauchzte ihr ganz Europa zu. Als das Blut anfing zu fließen, schlossen sich die Herzen gegen sie ab und es sind fast hundert Jahre nötig gewesen um den Rauch des Blutes verziehen zu lassen und die edlen Bestrebungen der Revolution wieder zur Anerkennung zu bringen.

Jesu Standpunkt des passiven Widerstandes ist der weisere. Christus lehrt das Unrecht zu leiden. Er lehrt nicht es gut zu heißen. Und wenn jemand, der das Unrecht ohne Haß an sich geschehen läßt, dann sich umkehrt und das Unrecht als Unrecht bezeichnet, so sind seine Worte von durchschneidender Gewalt. Wo das Unrecht mit Haß und Aufregung denunziert wird, da steigt in der Seele des Gescholtenen ein Gegenhaß auf, der sein Gerechtigkeitsgefühl trübt und seine Hand die Peitsche nur noch fester umklammern läßt. Für mein Teil, wo ich aufgeregte Angriffe gegen jemanden höre, da habe ich immer die Neigung mich auf die Seite des Angegriffenen zu stellen und die Wage der Gerechtigkeit grade zu halten, indem ich die Entschuldigungsgründe für ihn hervorsuche. Dasselbe thun, glaube ich, instinktiv alle gerechtdenkenden Menschen. Durch Haß und blinde Aufgeregtheit treiben Sie somit ihre besten Bundesgenossen auf die Seite des Feindes. Ueberredung des Urteils wirkt besser als Aufregung der Leidenschaft. Und das einzige Mittel um wirklich die Quantität des Unrechtes in der Welt zu vermindern liegt in den Worten: „Ueberwindet das Böse mit Gutem".

3. Der dritte Punkt, auf dem wir auseinander gehen, ist folgender: Das Christentum forder' sofortigen Gehorsam gegen seine Principien, sofortige Verwirklichung derselben in der praktischen That. Socialisten dagegen lehren, daß man nicht die Verpflichtung habe, socialistisch zu leben, so lange das kapitalistische System herrschend sei. Sie billigen es sogar, wenn jemand dies System ausbeutet und sich bereichert darin, wenn er nur

von dem Ertrage zur socialistischen Propaganda mitbeiträgt.

Das halte ich für moralisch unrecht. Niemand kann das eine Sittengesetz in seinem Denken und Fühlen billigen und doch nach einem ganz anderen leben, ohne daß er auf die Dauer in inneren Zwiespalt gerät und sein Gewissen besticht und ruiniert.

Sie werfen mir vielleicht vor, daß auch die Christen nicht nach der Sittenlehre Christi handeln. Ich weiß es. Das sittliche Leben der Christen bleibt weit genug hinter der Lehre Jesu zurück. Aber der Gehorsam wird doch gefordert. Sie finden nicht, daß christliche Lehrer den Leuten sagen, sie brauchen dem Gesetze Christi nicht zu gehorchen. Wenn einem christlichen Prediger vorgeworfen wird, daß er nicht lebe, wie er lehre, so wird das stets von ihm selbst und von andern Christen als ein schwerer Vorwurf betrachtet, der widerlegt werden muß, wenn er nicht seinen Einfluß einbüßen will. Dagegen wenn socialistischen Führern nachgewiesen wird, daß sie in der Eisenbahn erster Classe reisen und Champagner trinken, so spottet die socialistische Presse darüber und behauptet, solche Privathandlungen hätten nichts mit der Wahrheit des socialistischen Systems zu thun. Erkennen sie hier nicht einen prinzipiellen Gegensatz?

Das gesunde sittliche Gefühl des Volkes kehrt immer wieder zu seiner Forderung zurück und will den Baum an seinen Früchten erkennen. Es will sehen, daß die Leute, die so viel von Gerechtigkeit und Brüderlichkeit sprechen, auch wirklich liebenswürdigere Nachbarn, selbstverleugnendere Gatten und Väter, gewissenhaftere Arbeiter und selbstlosere Arbeitgeber sind als andere Menschen. Aber so viel ich weiß, ist bis jetzt das Wort „Socialist" im Volksmunde mit diesen Eigenschaften noch nicht gleichbedeutend geworden. Freilich würde es Opfer kosten in der kapitalistischen Gesellschaft die socialistischen Ideen auch nur annähernd zu verwirklichen. Aber das Opfer ist die einzige durchschlagende Beglaubigung der Wahrheit. Würden Sie ihre ökonomischen Theorien durch ein sittenreines Leben unterstützen und sofort ihre Gedanken fortschreitend in die That umsetzen, Sie hätten schon jetzt das Volk mit sich fortgerissen.

Sittliche Forderungen, die als berechtigt anerkannt worden sind, fordern ihre sofortige Verwirklichung. Wird dieselbe verweigert, so wird das Gewissen geschwächt und zerrüttet, und dagegen hilft keine versprochene Liquidierung in einer zukünftigen Gesellschaftsordnung. Und wenn einmal der socialistische Staat da ist und das socialistische Leben soll anfangen, so werden sie finden, daß das nicht so auf Kommando geht.

Das ist also das Ergebnis meiner Worte heute Nachmittag. Christentum und Socialismus sind nicht notwendig unvereinbar. Man kann ein Christ in dem Sinne Jesu sein und zugleich ein Socialist, und ein besserer Christ, deshalb weil man auch ein Socialist ist. Und umgekehrt, man kann ein Socialist sein und auch ein Christ, und ein besserer Socialist, deshalb weil man ein Christ ist. Wir erstreben auf beiden Seiten für die Menschheit ein besseres Leben auf Erden, als sie es jetzt führt.

Aber wenn Sie, meine Herren, die Menschen zu Brüdern machen wollen und doch von dem gemeinsamen Vater nichts wissen wollen; wenn Sie ein Reich Gottes aufrichten wollen und Gott auslassen; wenn Sie ein Reich der Liebe aufrichten wollen auf dem Fundament des Hasses, dann wird die Weltgeschichte den Socialismus unerbittlich als leichtwertig bei Seite schieben, grade so wie sie jede Religion bei Seite geschoben hat und bei Seite schieben wird, die, umgekehrt, den Vater verehren will ohne die Menschen als Brüder zu behandeln; die Gott dienen will ohne ein Reich Gottes auf Erden aufrichten zu wollen; und die die Liebe predigt und zugleich den Haß gestattet.

Rundschau.

Sozialdemokratie und Christentum.

Vorbemerkung: Da das folgende Referat in der Sommerfrische geschrieben wurde, wo mir nur einige wenige Notizen zur Verfügung standen, bitte ich wegen der Zitate und sonstigen tatsächlichen Angaben, die zumeist nach dem Gedächtnis gemacht wurden, um freundliche Nachsicht, hoffe aber, sie im wesentlichen korrekt wiedergegeben zu haben.

Auch in den freikirchlichen Gemeinden sammelt sich eine immer steigende Zahl von Industriearbeitern, welche in ihrem Beruf täglich in unmittelbare Berührung mit Organen und Anhängern der Sozialdemokratie kommen. Schon diese eine Tatsache nötigt unsere Prediger, wenn sie rechte Seelsorger aller Klassen ihrer Gemeindemitglieder sein wollen, sich mit der sozialen und sozialistischen Bewegung unserer Tage bekannt zu machen. Wir müssen die Anschauungen der Kreise kennen lernen, auf welche ein großer Teil unserer Leute durchaus angewiesen ist, damit wir nicht leichthin von unserm Standpunkt aus aburteilen über Fragen, welche manchen ernst christlichen Arbeitern nicht geringe Gewissensnöte bereiten. Werden doch auch nicht wenige Gemeinden in unsern Großstädten je länger desto dringender genötigt werden, zu entscheiden, ob die Mitgliedschaft in der Gemeinde sich mit der Zugehörigkeit zur sozialdemokratischen Partei oder der Betätigung sozialistischer Gesinnung vereinbaren lasse. Es empfiehlt sich auch aus diesem Grunde, daß wir hier die Stellung der Sozialdemokratie zum Christentum einmal erörtern. Es scheint müßig, die Frage aufzuwerfen. Denn die Sozialdemokratie ist zunächst eine wirtschaftlich-politische Organisation, die dem Christentum völlig neutral gegenüberzustehen vorgibt. Auch unser Bekenntnis zum Evangelium legt uns ja in keiner Weise auf ein politisches Bekenntnis fest. Jesus hat jede direkte Einmischung in soziale und politische Angelegenheiten streng von sich gewiesen: Er fühlt sich nicht berufen zum „Richter und Erbschlichter" und zieht feste Grenzen zwischen Religion und Politik, indem er uns anweist, dem Kaiser zu geben, was des Kaisers ist, und Gott, was Gottes ist. Auch seine Apostel und die Gemeinde nach ihnen haben im Sinne Jesu gelehrt und gehandelt; erst seitdem die Kirche zur Magd des Staates geworden ist, hat sie sich mißbrauchen lassen, die Herrscherthrone zu stützen und „dem Volke die Religion zu erhalten", damit es sich leichter und williger regieren lasse. Und es war nur die volle Konsequenz des Staatskirchentums, wenn das verflossene Jahrhundert das Dogma aufstellte, ein frommer Christ sein heiße notwendig auch politisch ultrakonservativ sein. Damit ist die Kirche in den Dienst der ärgsten Reaktion getreten und hat dem Christentum unendlich geschadet, da man diesem in die Schuhe schob, was einzig jene verschuldet. Erst unsere Zeit und in ihr Freikirchentum und liberale Theologie in eigentümlichem Bunde haben dem Evangelium zu seinem ursprünglichen Recht verholfen und es frei gemacht von politischem Frondienst.

Wie nun das Evangelium eine rein religiöse Macht sein will, so beansprucht die Sozialdemokratie, rein wirtschaftlich politische Interessen zu verfolgen, und hat dies in dem bekannten Satz ihres Erfurter Programms ausgesprochen: Religion ist Privatsache, d. h. eine Angelegenheit des Einzelnen, zu welcher die Partei als solche keinerlei Stellung nimmt. Es erscheint also zunächst ebenso widersinnig, zu erörtern, ob der demokratische Sozialismus christentumsfeindlich sei, wie etwa, ob das Evangelium für Schutzzölle oder Freihandel eintrete. Aber es erscheint doch nur so. Denn der Sozialismus bedeutet zugleich auch eine ganz bestimmte, in sich geschlossene Weltanschauung. Er konnte ja überhaupt erst emporblühen, nachdem ihm der wissenschaftliche Materialismus den Boden geebnet. Der radikale linke Flügel der Hegelschen Schule, welcher in Feuerbach seinen Hauptvertreter hat, ist es, dem die Sozialdemokratie ihr wissenschaftliches Rüstzeug entlehnt. Diese von den gewaltigen Fortschritten der modernen Naturwissenschaften bestimmte Philosophie der entschlossenen Diesseitigkeit in Verbindung mit dem ungeahnten Aufblühen einer mächtigen Industrie ist der Mutterboden des Sozialismus. Und sobald man diese Abstammung der Sozialdemokratie bedenkt, gewinnt der zunächst so wohltuend objektiv erscheinende Parteigrundsatz von der Religion als Privatsache eine eigentümliche und bedenkliche Beleuchtung. Diese Organisation, die all ihr Sinnen und

Trachten auf die Verbesserung der äußeren Lage ihrer Schutzbefohlenen richtet und einzig daran denkt, hier das Leben angenehm und schön zu machen, hat gar keinen Raum für religiöse Gedanken, ja, muß alles Fromm= sein, das sich höheren über diese Welt hinausweisenden Gütern zukehrt, von ihrem Standpunkt aus als rückständig und für die entschlossene Verfolgung ihrer irdischen Ziele geradezu schädlich empfinden.

Und dies ist auch die offizielle Stellung der Partei zur Religion bis auf den heutigen Tag. Zunächst bei den „wissenschaftlichen Vertretern". Marx erklärt die Religion als eine Schöpfung des Menschen, der darin sich ihm nicht durchsichtige Verhältnisse der wirklichen Welt zu erklären sucht und meint echt rationalistisch, daß erweiterte Erkenntnis der „vernünftigen Beziehungen des praktischen Werkeltagslebens zu einander und zur Natur" alle Religion unnötig machen und ersetzen wird. Auch die neueren Theoretiker, wie Engels und Kautsky, sind über diese öde Vernünftelei nur unwesentlich hinausgekommen und sprechen die Überzeugung aus, daß im sozialistischen Zukunftsstaat das Christentum und jede andere Religion überflüssig seien, weil Naturwissenschaft und Sozialpolitik in edlem Bunde das religiöse Be= dürfnis völlig ersticken würden. Es ist unter den anerkannten Führern der älteren Generation lediglich v. Vollmar, der auch im übrigen oft einsame Wege gehende bayrische Obergenosse, welcher mit dem Parteigrundsatz wörtlich Ernst machen und in der Religion ein völlig neutrales Gebiet sehen will. Dafür aber schreien die Jüngeren, soweit sie zielbewußte Genossen und nicht vom Revisionismus angekränkelt sind, um so lauter mit dem Spötter Voltäre: „Ecrasez l'infâme", „rottet die verruchte Kirche aus!" Sie sehen in allem Kirchentum ganz folgerichtig ein gewaltiges Hindernis für den Fortschritt des Sozialismus, zumal es im öffentlichen Leben eine nicht zu unterschätzende Macht darstellt, und wollen es mit allen nur möglichen Mitteln bekämpfen. Daher die Agitation für den Massenaustritt aus den Landeskirchen, daher auch die skrupellose „Aufklärung" des Volkes, die in gemeinen Schmähschriften geschieht und in der berüchtigten „Bibel in der Westentasche" ihren typischen Vertreter hat.

Auf diesem Gebiete bewegt sich die Sozialdemokratie allerdings ganz im Schlepptau der freidenkerischen und freireligiösen Kreise, welche in ihr den geeignetsten Tummelplatz für ihre zersetzende Tätigkeit sehen. Sie suchen die ganze Partei in durchaus atheistischem Sinne zu beeinflussen, und drängen die pantheistische Richtung, welche wenigstens einer ethischen Kultur das Wort redet, völlig in den Hintergrund. Hier kann man auch den dämonischen Einfluß des unseligen Nietzsche recht eigentlich studieren, dessen so aristokratisch gedachte Weisheit von dem sich auslebenden Übermenschentum den Instinkten der Masse verhängnisvoll entgegenkommt. Es ist ein unberechenbarer Schade, der durch solche halbverbauten Schlagworte in der Menge angerichtet wird, und auch hier wieder zeigt sich der grauenvolle Kreislauf des Bösen, von dem Schiller im Hinblick auf die französische Revolution sagt:

Freiheit ruft die Vernunft, Freiheit die wilde Begierde,
Und von der heil'gen Natur ringen sie lüstern sich los!

In diesen Kreisen der Sozialdemokratie lebt das Bewußtsein, das sich in der von der Parteileitung als solcher noch stets abgestrittenen, aber für die Stimmung der Genossen ungemein bezeichnenden Auslegung des Partei= grundsatzes ausspricht: Religion ist Privatsache, im übrigen aber Unsinn!

Nun ist ja freilich zu berücksichtigen, daß der Haß des demokratischen Sozialismus sich ausgesprochenermaßen zumeist gegen die Form der Religion und speziell des Christentums richtet, gegen die Kirche. Darin steckt bewußt oder unbewußt eine Unwahrheit, denn wir haben oben dargelegt, daß die Partei als solche aus ihren Grundsätzen heraus nicht nur Feindin alles Kirchentums, sondern des Christentums, schlechthin jeder Religion sein muß, soweit man darunter Erhebung über das Irdische und Bewußtsein der Abhängigkeit von Gott versteht. Aber wir können doch wohl die Frage aufwerfen, ob das wirtschaftliche Emporsteigen des vierten Standes aus innerer Nötigung Hand in Hand gegangen wäre mit einer so betrüblichen Entfremdung vom Christentum, wenn die Kirche dem Evangelium nicht im Wege gestanden und seine Kraft unterbunden hätte. Denn gerade in der Frohbotschaft Jesu von der selbstverleugnenden, dienenden Liebe, in seiner liebevollen Annahme der Armen und Bedrückten liegen Momente von höchster sozialer Kraft und Bedeutung, und deshalb hat die Person und Lehre Jesu, wie wir nachher noch näher darzulegen haben, auf einzelne Persönlichkeiten und Gruppen innerhalb der Partei tiefen und nachhaltigen Eindruck gemacht, so daß man hie und da Jesus emphatisch als „ersten Sozialisten“ in Anspruch genommen hat. Es müssen also wirklich auch nicht geringe Versäumnisse der Kirche gewesen sein, welche die Scheidewand so abgrundtief haben werden lassen.

Vor allem ist hierbei die enge Verbindung mit dem Staat der Kirche verderblich geworden. Das Christentum als Staatsreligion fiel unter das Odium, das man allen mit dem Staat in Verbindung stehenden Organen und Zuständen entgegenbrachte. Mit dem kapitalistischen Staat zugleich muß nach sozialistischer Doktrin auch die „in einer widernatürlichen Verkuppelung an den Staat geketteten Kirche“ fallen, die in byzantinischer Unterwürfigkeit dem ausbeuterischen Staate Bütteldienste leistet und alle seine habgierige Gewalts- und Kriegspolitik mit heuchlerischem Heiligenschein umhüllt: Gott will es! Gewiß liegen in diesen Anklagen schlimme, für die Propaganda berechnete Übertreibungen, aber sie enthalten auch bittere Wahrheiten. Denn die Kirche ist selbst zu einer politischen Macht geworden und hat sich leider nur zu oft „kapitalistisch“ gar zu stark engagiert gezeigt. Sie hat, weil sie in Bureaukratismus und Äußerlichkeit erstarrt war, die Kräfte des Evangeliums, dessen einzige Hüterin sie sein wollte, nicht mobil gemacht gegen die wirtschaftlichen und sittlichen Nöte der neuen Zeit. Kein Einsichtiger wird leugnen, daß es eine stattliche Reihe rühmlicher Ausnahmen von diesem kirchlichen Schlendrian gegeben hat, aber im Ganzen hat die Kirche die ihr durch die veränderten Verhältnisse gebotene Arbeit kaum begriffen, viel weniger getan: Das Salz des Evangeliums, dessen Gefäß sie sein wollte ist dumpf geworden — was blieb übrig, als daß es nach des Herrn Wort von den Leuten zertreten wurde?

Es kann deshalb nicht wundernehmen, daß gerade die altkirchlichen Kreise noch heute der Sozialdemokratie verständnislos und völlig ablehnend gegenüberstehen. Vielfach erscheint ihnen jeder Sozialismus als eine Ausgeburt der Hölle, vor der man die gläubigen Schäflein nicht dringend genug warnen kann, und der gegenüber das Halten am Sakrament, das Bleiben in der Taufgnade und das Verharren in der „teuren evangelischen Landeskirche“ die einzigen Schutzmittel sind. Wenn man dann noch zu rechter Untertanentreue, zum Gehorsam des Gesindes gegen die Herrschaft

und zu christlicher Geduld ermahnt, dann meint man ein übriges getan zu
haben. Auch in der erbaulichen und Traktatlitteratur wird von dieser
Methode reichlich Gebrauch gemacht, und der „Vorwärts" registriert von
Zeit zu Zeit mit Behagen die neuesten Erzeugnisse solcher zeitgemäßen
und gesinnungstüchtigen Schriftstellerei. Die Partei hat natürlich nur ein
maliziöses Lächeln für diese Kampfesweise. Sie fürchtet derartige Gegner
nicht und rechnet mit der großen Zersplitterung in den evangelischen Kirchen.
Rom verfolgt dieselbe Taktik mit ungleich größerem Erfolge und ist ein
imponierenderer Gegner. Die katholische Kirche verdammt offiziell die
sozialistische Bewegung und hält mit erstaunlichem Erfolge ihre Gläubigen
von der Propaganda der Umsturzpartei fern. Sie gleicht in der
Straffheit der Organisation und ihrem ungeheuren Einfluß auf die Massen
der großartig organisierten Sozialdemokratie und ist bei aller Engherzigkeit
ihrer Doktrin weltoffen und diplomatisch genug, um zu gegebener Stunde
mit dem in den Abgrund verdammten Gegner vor aller Welt zu paktieren.
So sehen wir ja gerade jetzt in Bayern die Ultramontanen Arm in Arm
mit den Sozialisten zur Wahlurne schreiten, und wenn nicht alles trügt,
wird auch aus diesem Handel Rom mit nur noch verstärkter Macht hervorgehen.

Während uns in diesem Verhalten der katholischen Kirche wie so oft
ein berechnender Jesuitismus unangenehm entgegentritt, der — trotz Dasbach! —
zur höheren Ehre der Kirche alle Mittel und Mittelchen für erlaubt hält,
die zum Ziele führen, stehen die wirklich sozial interessierten evangelischen
Kreise dem sozialistischen Problem mit wohltuendem Idealismus gegenüber.
Es sind bekanntlich zwei große Gruppen, in denen sich die evangelischen
Bestrebungen dieser Art vereinen. Die positiven Elemente sammeln sich in
der „kirchlich-sozialen Konferenz" unter der Führung des bewundernswert
tatkräftigen Stoecker und des temperamentvollen Liz. Mumm. Hier wird
praktische Arbeit geleistet und der Sozialdemokratie ein die Nöte der
Arbeiterschaft anerkennender und auf ihre Abhilfe energisch bedachter
christlicher Sozialismus entgegengesetzt, der manche nicht geringen
Erfolge aufzuweisen hat. Denn diese Konferenz hat durch den vom
Simplizissimus jüngst so übel geschmähten Pfarrer Liz. Weber-Gladbach
enge Fühlung mit den evangelischen Arbeitervereinen, welche im Bunde mit
den gleichartigen katholischen Verbänden auf dem Frankfurter Kongreß der
nichtsozialdemokratischen Gewerkschaftsverbände eine vielversprechende Kraft-
probe abgelegt haben, wenngleich die weitgehende Übereinstimmung der
sozialen Anschauungen und Forderungen dieser Organisation mit der Sozialdemokratie zunächst etwas befremdlich gewirkt hat. Jedenfalls aber hat der
Frankfurter Kongreß ebenso wie die Betätigung der christlichen Bergarbeiter-
partei in dem durch das Eingreifen des Staates beigelegten Ruhrkohlenstreik
den nicht unerfreulichen Beweis gebracht, daß eine ständig an Bedeutung
gewinnende, auf nationalem Boden stehende und christlichen Einflüssen prinzipiell
offene Organisation dem demokratischen Sozialismus erfolgreich entgegenwirkt.

In einem gewissen dogmatischen Gegensatz zur kirchlich-sozialen
Konferenz steht der „evangelisch-soziale Kongreß", der seine diesjährige
Tagung in der Pfingstwoche zu Hannover abgehalten hat. Er hat sich die
Aufgabe gestellt, die sozialen Probleme rein theoretisch zu erörtern und
innerhalb der gebildeten evangelischen Christenheit Verständnis und Interesse
für soziale Fragen zu fördern. Seine Bestrebungen sind wohl evangelisch
aber nicht kirchlich orientiert, und so finden sich in ihm unter Harnacks

Vorſitz wohl namentlich die Kreiſe der liberalen und modernen Theologie und Laienſchaft zuſammen, die politiſch zumeiſt die Heerfolge des inzwiſchen an Blutleere geſtorbenen Naumannſchen Nationalſozialismus bilden. Ich habe mich ſchon bei Gelegenheit meines Referates über die evangeliſchen Kirchen im Januarheft 1904 des „Hülfsboten" darüber geäußert, wie wert= volles Material an wiſſenſchaftlichen Vorträgen aus allen Gebieten der Sozialpolitik in den Protokollen des Kongreſſes zu finden iſt. Freilich leidet meiner Anſicht nach der Kongreß gerade wie die entſchlafene Partei an „grauer Theoriaſis" und der hämiſche Vorwurf des Kathederſozialismus, der ihm noch häufig gemacht wird, iſt nicht ganz unverdient. Denn wenn Äußerungen wie die bisher unwiderſprochen berichtete des Rummelsburger Waiſenhauspfarrers Liz. Schneemelcher wirklich gefallen ſind, daß die Zeiten glücklich vorüber ſeien, wo die Arbeiter meinten, durch gute Geſinnung gegen die Arbeitgeber etwas zu erreichen, und daß ihnen jetzt das Rückgrat erfreulich geſtärkt wäre gegen das Unternehmertum, dann hat nicht nur die „Norddeutſche Allgemeine" ein Recht darüber zu grollen, denn das ſind nicht ſowohl Diskuſſions=Entgleiſungen als vielmehr ſymptomatiſch bedenkliche Anſchauungen, die der Sozialdemokratie nur Waſſer auf ihre Mühle liefern.

Überhaupt erſcheint mir das Verhalten gerade der kirchlich=freigeſinnten Paſtoren gegen die Sozialdemokratie bei allem anerkennenswerten Idealismus und trotz der zum Teil durchaus richtigen evangeliſchen Grundſtellung recht wenig ausſichtsvoll. Sie wachen faſt ängſtlich darüber, nur nicht als Partei= gänger des böſen Kapitalismus oder als Religionsdiener des tyranniſchen Staates zu erſcheinen. Willig geben ſie im Prinzip die Landeskirche preis und wollen an ihre Stelle die dem rechten Sozi ſchon angenehmer klingende „Volks"kirche ſetzen. Sie bieten den Sozialdemokraten für die Wahlen zu Gemeindevertretung und Kirchenrat entgegenkommend die Hand und haben in durchaus anerkennenswertem ſeelſorgerlichen Streben für alle Klagen und Anklagen der roten Brüder Ohr, Herz und Hand ſtets willig offen. Aber auch das Evangelium kondenſieren ſie den Genoſſen zu Liebe faſt bis auf die wunderbare Parteiformel der Freiheit, Gleichheit und Brüderlichkeit und ſelbſt ihr Jeſusbild putzen ſie mit einem ſozialverbrämten Mantel auf. Wie wird doch gearbeitet von dieſen ſozialen Paſtoren, ſie könnten manchem unſerer freikirchlichen Brüder, die in ihren engen Kreiſen über die gewaltige Arbeitslaſt ſtöhnen, als rührende Muſter paſtoraler Pflichttreue vorgeſtellt werden! Neben der Unſumme ihrer Amtsverpflichtungen in dem haſtenden Leben der Großſtadt erübrigen ſie noch reichlich Stunden für allerlei ſoziale Vereinsarbeit und ſtellen ſich mit unermüdlicher Bereitwilligkeit für zahlreiche Diskuſſionsabende zur Verfügung, wo ſie mit freudigem Eifer den Genoſſen Rede ſtehen über die weltbewegenden religiöſen und naturwiſſenſchaftlichen Probleme. Hier werden der radikalſten Kritik und der weiteſtgehenden Evolutionsphiloſophie die bedenklichſten Zugeſtändniſſe gemacht — und das alles verlorene Liebesmüh im Werben um die „Volksſeele". Denn die Partei ſelbſt nimmt ſolche Konzeſſionen willig an, aber nicht, um ihren Standpunkt an dem gegneriſchen zu prüfen, ſondern um ihren Maſſen triumphierend zu ſagen: Da ſeht ihr ja, die Pfaffen ſelbſt geben unumwunden zu, daß es um die chriſtliche Weltanſchauung recht kläglich beſtellt iſt und daß ſie vor unſerer ſiegreichen Wiſſenſchaft nicht beſtehen kann. Und die einzelnen? Nun, ich will nicht beſtreiten, daß das wirklich Poſitive, was von moderner Seite mit religiöſer Wärme geboten wird, auch hie und da freudigem Verständnis begegnet, aber ich bin überzeugt, den vielen in krassem Bulgär=Materialismus Befangenen wird die eigenartige Stellung der modernen Theologie viel zu wenig sicheren Boden unter die Füße geben, als daß sie das Schifflein des öden Partei=Atheismus, auch wenn sies unter sich schwanken fühlen, darüber aufzugeben sich entschlössen. Zudem sinds doch immer Pastoren, die sich da betätigen, und denen bringt man nun einmal das unausrottbare Vorurteil bezahlter Berufsrednerei mißtrauisch entgegen.

So sehen wir die Kirche der Sozialdemokratie gegenüber in tastenden Versuchen hin und her lavieren, erfüllt von der ängstlichen Sorge vor den drei Millionen, um die zu sorgen sie wiederum für ihre unabweisliche Pflicht ansieht. Denn diese Millionen gehören doch zu ihr als ihre in der Taufe wiedergeborenen Glieder! Und nun haben sich die ungeratenen Kinder gegen die wohlmeinende aber schwache Mutter empört und sind im Begriff, in plan= mäßiger Agitation die Mutterkirche zu stürmen. Soll da der Armen nicht bangen vor der Zeit, wo diese Masse der getauften Atheisten sie überflutet und zerstört?

Wir Freikirchlichen brauchen uns hierüber geringere Sorgen zu machen und sind dem Sozialismus gegenüber in glücklicherer Lage. Denn wir haben den in den Augen der Partei unschätzbaren Vorzug, daß wir staatlich völlig unabhängig sind, ja in diesem und jenem Stück von der bösen Polizei noch drangsaliert werden. So etwas verleiht immer einen gewissen Nimbus bei den Herren Genossen, und deshalb sehen sie auf uns mit einem herablassenden Wohlwollen. Zudem rekrutieren sich unsre Leute zumeist aus den ärmeren, also „sozial geknechteten" Ständen, und denen hält man ein wenig über= spannte Schwärmerei zu gut, bis auch sie die sichere Beute des Sozialismus werden. Aber den Freikirchen erwächst aus dieser ihrer Lage auch gegenüber der Sozialdemokratie eine wichtige Aufgabe. Sie müssen vollen Ernst machen mit ihrem Grundsatz, daß rechtverstanden das Christentum wirklich Privat= angelegenheit des Einzelnen ist, und daß wir keine Kirche mit politischen Tendenzen und irgend welchen Herrschaftsgelüsten darstellen wollen, sondern freie Genossenschaften von freiwilligen Mitgliedern, die sich zur Be= tätigung ihres religiösen Lebens zusammengeschlossen haben, nicht eingezwängt durch dogmatische Formeln, sondern verbunden durch den Glauben, der in der Liebe tätig ist. Wir müssen der Welt, auch der sozialistischen, das Evangelium vorleben, so weit das in den Grenzen der menschlichen Ge= brechlichkeit möglich ist, und beweisen, daß wir wirklich unabhängig sind nach unten ebenso wie nach oben, vom Geldsack der Reichen ebenso wie von der nimmersatten Begehrlichkeit träger Bettelarmut.

Freilich die Partei als solche wird uns noch lange verschlossen sein und sich vorerst auch wirklichen Evangeliumsmächten nicht freiwillig beugen. Aber deshalb dürfen und wollen wir den Sozialismus nicht in den Abgrund der Hölle verdammen. Wohl sehen wir in ihm einen gewaltigen Gegner, aber wir bekämpfen ihn nicht mit Waffen fleischlicher Ritterschaft, nicht mit Poltern und Schimpfen und Hetzen, sondern wir messen uns mit ihm auf der Wahl= statt geistlichen Kampfes. In ehrlichem Ringen wollen wir erproben, wo die Übermacht ist, ob auf der Seite des herztötenden Materialismus oder in der weltüberwindenden Macht des Evangeliums Jesu. Seine Frohbotschaft wollen wir siegreich ins Feld führen gegen die Erdenbefangenheit sozialistischer Zukunftsträume und, weitherzig auch gegen irdische Not, doch zeugen von der

viel schwereren Not und unstillbaren Sehnsucht der unsterblichen Menschen=
seele. So weist uns unsere Aufgabe recht verstanden immer wieder an den
einzelnen, dem wir den lebenden Jesus nicht in den ausgefahrenen Geleisen
dogmatischer Predigt, sondern in Beweisung des Geistes und der Kraft vor
Herz und Gewissen stellen müssen.

Darum haben wir auch die sozialistisch Angefochtenen in der Gemeinde
mit seelsorgerlicher Weisheit und Geduld zu tragen. Wir müssen die ungeheure
Drangsalierung verstehen lernen, denen sie inmitten sozialistischer Genossen
ausgesetzt sind, und bei rückhaltloser Anerkennung berechtigter sozialer Be=
strebungen ihnen die Sorge um das Gottesreich und seine Gerechtigkeit als
alle irdischen Standesnöte überragende Christenpflicht aufs Gewissen legen.
Überhaupt gilt es, unsern Arbeitern zu zeigen, daß die Sozialdemokratie eine
ungeheure Anmaßung begeht, wenn sie die Vertretung der Arbeiterinteressen
als ihre alleinige Domäne in Anspruch nimmt, und daß der Materialismus,
in dem sie befangen ist, ein seelenmörderischer Irrweg für die berechtigten
Ziele der sozialen Bewegung ist.

In diesem Kampfe werden wir nicht allein stehen. Wir sind nicht an=
maßend genug zu glauben, daß einzig wir berufen sind, die Kräfte des
Evangeliums für die sozial zerklüftete Welt wirksam zu machen. Wenn erst
die morschen Kirchenmauern gefallen sind, gegen welche mit uns die Sozial=
demokratie berechtigten Sturm läuft, dann werden unsere von schweren
Banden befreiten Brüder in der Kirche mit uns Schulter an Schulter stehen,
dann mögen auch die Freunde im modernen Lager sich zusammenscharen und
mit uns Schulter an Schulter kämpfen, daß nur Christus auf allerlei Weise
gepredigt werde, nicht nur als des Gesetzes Ende, sondern auch als unser
Friede, der aus beiden feindlichen Heerlagern eins gemacht hat und den Zaun
abgebrochen, der dazwischen war.

Ist das nicht eine wirklichkeitsferne Utopie aus Wolkenkuckucksheim?
Sicherlich für den, der nichts weiß von der siegreichen Macht christlichen
Glaubens. Der Glaube aber, der eine gewisse Zuversicht ungesehener
Zukunft ist, der schaut schon manche Vorzeichen dieses nahenden Völker=
frühlings. Denn gerade der gewaltige Stimmenzuwachs der Sozialdemokratie
ist ein Vorbote kommenden Umschwungs. Noch freilich steht die Partei
äußerlich unerschüttert auf dem Grunde ihrer Prinzipien und rühmt sich
trotz der widerlichen Tragikomödie des Dresdener Parteitages ihrer
geschlossenen Einheit. Aber die Tausende, die ihr bei jeder Wahl zufluten,
bergen in sich eine Fülle ideologischer Gedanken und Probleme, die sich nicht
mehr in die abgenutzte Parteischablone pressen lassen. Die Revisionisten und
die Akademiker, die in steigender Anzahl sich in die Organisation drängen,
sind trotz aller Erdrosselungsversuche seitens der alten Parteigewaltigen die
Totengräber der einheitlichen Disziplin und des Geistesbannes, der über
den Arbeiterbataillonen lagert. Schon ist von scharfsinnigen Köpfen die
marxistische Parteidoktrin vernichtender Kritik unterzogen und schonungslos
durchlöchert worden; und dem öden Materialismus der Parteigötzen stellt
sich, schüchtern noch, aber mit deutscher Hartnäckigkeit allerlei abstruser
Idealismus entgegen. Es ist wirklich nicht unangebracht, von einer Mauserung
der Sozialdemokratie zu sprechen, wenn man dabei nur im Auge behält,
daß sich alle diese Vorgänge nicht vor dem Publikum auf der öffentlichen
Parteibühne abspielen, sondern ihren Schauplatz vorerst noch hinter den Kulissen
haben. Freilich der alte Bebel wird sich nicht mehr wandeln und nach wie

vor von den revolutionären Zielen des Sozialismus bramarbasieren. Aber er wird nicht mehr so recht ernst genommen mit diesen Ergüssen, und man fürchtet sich vor dem einst so drohenden roten Gespenst des allgemeinen Kladderadatsches nicht mehr so kindlich wie in früheren Tagen. Die Agitatoren und bezahlten Hetzredner freilich werden nicht müde, ihre unselige Scharfmacherarbeit zu treiben und vom Proletarier=Elend zu schwadronieren. Und sie tun damit eine vergiftende und vernichtende Arbeit an der verhetzten Volksseele, der sie jedes Autoritäts= und Pietätsgefühl zu rauben beflissen sind. Aber die Rede von dem furchtbaren Proletarierelend verfängt heute zumeist nicht mehr und wird von behäbigen Arbeitern wohlwollend belächelt, weil Klappern eben zum Handwerk gehört. Man hat doch allgemein den Eindruck, daß die Erwartung des glückbringenden Zukunftsstaates keine allzubrennende mehr ist, und daß man sich auch in den verrotteten Verhältnissen der Gegenwart recht behaglich fühlen kann. Diese Zufriedenheit ist der Tod der ganzen Bewegung und daher die unermüdliche Wühlarbeit der Organisation.

Aber auch religiöses Leben regt sich in den Totengebeinen. Es sind nicht nur die Blumhardt und Goehre, die in der Partei schon durch ihr Dasein religiöse Propaganda treiben. Mit den tausenden von Mit=läufern flutete auch eine Fülle christlicher Gedanken in die Scharen der Genossen, und der offizielle Materialismus konnte auf die Dauer nimmermehr alle religiösen Bedürfnisse unterdrücken oder befriedigen. Es ist ein ganz eigenartiges Zeichen der Zeit, wie eifrig die Doktrinäre der Partei religiöse Fragen erörtern und allerlei Surrogate für das abgeschaffte Christentum zusammenbrauen. Sie sehen zu ihrem Schrecken, daß selbst erweiterte Natur=erkenntnis und wirtschaftliches Fortschreiten die religiöse Sehnsucht auch des Sozialistenherzens nicht ausrotten können, und bemühen sich nun krampfhaft, einen ungefährlichen Ersatz dafür zu beschaffen. Es war dem ehemaligen Theologen Maurenbrecher vorbehalten, jüngst zu entdecken, daß der Sozialismus selbst die allein wahre Religion, und der Glaube an das Ziel der allgemeinen Gleichheit, Freiheit, Brüderlichkeit berufen sei, den altfränkischen Gottes=glauben der Bourgeoisie vollwertig zu ersetzen. Aber alle diese Künsteleien sind Verlegenheitsausflüchte der ratlosen Obergenossen, die dem Eindringen christlicher Gedanken ohnmächtig zu wehren versuchen. Jesus, der schon mit mancher feindlichen Macht der Weltgeschichte fertig geworden, stellt sich in gewinnender Huld auch den erdgefesselten, mißleiteten Genossen entgegen und heischt Einlaß in die verblendeten Herzen. Noch sind ihre Augen gehalten, daß sie die Herrlichkeit des Menschensohnes nicht schauen, aber ein Raunen und Sehnen geht durch ihre Reihen, ein Schrei der Herzen nach dem lebendigen Gott.

Und wir sind berufen, Herolde zu sein unseres geliebten Ehrenkönigs. Wohl mag sich schließlich aus der Sozialdemokratie eine Macht des Abgrundes herausarbeiten, die Jesu mit verstockter Bosheit widersteht, aber nicht Millionen werden ihr zugehören, denn zuvor wird unser Jesus eine große Menge zur Beute und die Starken zum Raube haben. Das ist keine Kanzelphrase, sondern die unerschütterliche Überzeugung rechten christlichen Glaubens. Die Welt wird unsres Gottes sein und seines Christus: dieser unser Glaube ist der Sieg, der die Welt, der auch die Sozialdemokratie überwindet.

Berg=Dievenow, am 12. Juli 1905.   Gust. Gieselbusch.

DOK 4

Die soziale Bedeutung des Vaterunsers.

Von Professor D. Walter Rauschenbusch.

Das Gebet des Herrn ist, wie allgemein anerkannt wird, der reinste Ausdruck der Gesinnung Jesu. Es kristallisiert Seine Gedanken und offenbart uns die Atmosphäre Seines kindlichen Vertrauens zum Vater. Es legt Zeugnis ab von der unverhüllten Klarheit und dem Frieden Seiner Seele.

Es hat zuerst Gestalt gewonnen als ein Protest gegen den schmeichlerischen Wortschwall, mit dem die Menschheit ihre Götter zu beschwatzen suchte. Jesus verlangt Einfalt und Aufrichtigkeit in allen Äußerungen der Religion und gab in diesem Gebet ein Muster der Herzenseinfalt, mit der der Mensch dem himmlischen Vater begegnen soll. Daher die Kürze und Bündigkeit dieses Gebets:

„Beim Beten macht kein langes Geschwätz wie die Heiden. Denn sie glauben sich durch endlosen Wortschwall Erhörung zu erzwingen. Das macht ihnen nicht nach; denn euer Vater weiß, was euch not ist, ehe ihr etwas bittet. Darum betet ihr also:

Unser Vater im Himmel,
Geheiligt werde Dein Name,
Es komme Deine Königsherrschaft,
Es geschehe Dein Wille wie im Himmel auch auf Erden,
Unser Brot, das wir nötig haben, gib uns heute,
Und vergib uns unsere Schulden, wie auch wir vergeben haben unseren Schuldnern.
Und führe uns nicht in Versuchung, sondern erlöse uns vom Bösen!"

Das Gebet des Herrn ist uns so vertraut, daß nur wenige wirklich in sein Verständnis eingedrungen sind. Die große Tragödie des Mißverständnisses, die Jesu durch die Jahrhunderte gefolgt ist, hat auch die Absicht dieses Mustergebets vereitelt. Er hat es gegeben, um leerem Wortschwall zu wehren, und die Menschheit hat es herabgewürdigt zu einem Mittel endlosen Geplappers.

Die Kirchen haben es in ihr liturgisches Ritual eingereiht. Aber es hat nichts zu schaffen mit kirchlicher Liturgie. Es enthält keine Spur von Kirche oder Amt, von theologischer Lehre oder Sakrament, obgleich die lateinische Vulgata die Bitte um das tägliche Brot in ein Gebet für das überirdische Brot des Sakraments verkehrt hat.

Ebenso ist es gebraucht worden für die Andacht des persönlichen Gebetslebens. Und in der Tat, es ist außerordentlich persönlich. Aber seine tiefste Bedeutung für den Einzelnen offenbart es erst, wenn er seine Persönlichkeit den erhabenen Zielen des Königreichs Gottes unterstellt und alle seine persönlichen Anliegen von diesem Standpunkt aus ins Auge faßt.

Das Vaterunser ist ein Teil der Erbschaft des sozialen Christentums, die sich Menschen angeeignet haben, welche wenig Sinn hatten für seinen sozialen Geist. Es gehört zur Ausrüstung der Streiter für das Königreich Gottes. Ich möchte es hier ansprechen als das erhabene Grundgesetz aller sozialen Gebete.

Wenn Jesus uns beten lehrt: „Unser Vater", so spricht Er von dem Bewußtsein der Zusammengehörigkeit aller Menschen, das grundlegend war für alle Seine Gedanken. Er spornt uns damit an, im Geist allen unseren Brüdern die Hand zu reichen und so gemeinsam vor den Vater zu treten. Damit ist alle selbstische Vereinzelung in der Religion abgetan; vor Gott steht kein Mensch allein. Vor dem Allsehenden ist er umgeben von der geistlichen Schar derer aller, zu denen er in näherer oder weiterer Beziehung steht, die er liebt oder haßt, denen er dient oder widersteht, denen er Schaden oder Segen bedeutet. Wir sind eins mit unseren Genossen in all unseren Bedürfnissen, in unserer Sünde und unserem Heil. Die Erkenntnis dieser Einheit ist der erste Schritt zu dem rechten Verständnis des Vaterunsers. Sie ist die Grundlage des sozialen Christentums.

Die drei Bitten, mit denen das Gebet beginnt, sprechen die große Sehnsucht aus, die in Jesu Herz und Sinn allbeherrschend war: „Geheiligt werde Dein Name, Dein Reich komme, Dein Wille geschehe wie im Himmel also auch auf Erden." In ihrer Einheit sprechen sie den verlangenden Glauben aus an die Möglichkeit eines Gottesreichs auf Erden, in dem Sein Name geheiligt werden und Sein Wille geschehen soll. Sie schauen voraus auf die endliche Vollendung alles irdischen Gemeinschaftslebens der Menschen und bitten um die göttliche Revolution, die sie herbeiführt.

Jesus heißt uns hier nicht bitten, daß wir vom Irdischen erlöst werden und in den Himmel kommen, wie es das große Anliegen aller kirchlichen Religion war. Wir bitten vielmehr, daß die Erde ein Ebenbild des Himmels werde durch die sittliche und geistliche Umwandlung der Menschheit in der Einzelpersönlichkeit ebenso wie in ihrem Gemeinschaftsleben. Keine Religionsform hat jemals dieses Gebet richtig verstanden, die nicht ein liebevolles Verständnis besaß für die deutlichen Beziehungen der Menschen untereinander und einen lebendigen Glauben an die Möglichkeit ihrer geistlichen Veredelung.

Und niemand ist hinausgewachsen über die rohe Unreife religiöser Selbstsucht, der nicht in der Nachfolge Jesu gelernt hat, das Verlangen nach sozialer Errettung der Menschheit allen seinen persönlichen Wünschen voranzustellen. Das Verlangen nach dem Reich Gottes überragt schlechthin alles andere religiöse Sehnen und bildet die geheime Voraussetzung aller unserer persönlichen Wünsche. In der Tat hat kein Mensch ein Recht, um Brot für seinen Leib und Stärke für seine Seele zu bitten, bis er seinen Willen mit dem allumfassenden Vorsatz Gottes in eins gebracht hat und entschlossen ist, alle Kräfte Leibes und der Seele der Erreichung dieses göttlichen Ziels zu weihen.

Nur wenn wir das recht verstanden haben, können wir zugeben, daß die übrigen Bitten auf die persönlichen Bedürfnisse gehen.

Unter ihnen nimmt die Bitte um das tägliche Brot die erste Stelle ein. Jesus war nie in dem Maße geistlich wie manche Seiner späteren Nachfolger. Niemals hat Er das ursprüngliche Bedürfnis des Menschen nach Brot vergessen oder herabgesetzt. Der hervorragende Platz, den Er dieser Bitte gibt, ist die Anerkenntnis des wirtschaftlichen Aufbaues des Lebens.

Aber Er läßt uns nur bitten um das nötige Brot und auch um dieses nur, wann es nötig wird. Der Begriff des Nötigen mag sich ausdehnen mit der Entwickelung menschlichen Lebens, aber dieses Gebet darf niemals mißbraucht werden, um ein entnervendes Wohlleben oder Anhäufungen von Eigentum zu beschönigen, das niemals gebraucht werden kann, sondern die Seele des Besitzers unfehlbar mit dem mannigfachen Fluch des Mammons belegt.

In dieser Bitte ferner spornt Jesus uns an, zusammenzustehen. Wir sollen gemeinsam flehen um unser tägliches Brot. Wir sitzen alle gemeinsam an dem großen Tische in Gottes Vaterhause, und der Unterhalt des Einzelnen hängt ab von der Sicherheit aller. Je mehr die Gesellschaft vergesellschaftet wird, desto deutlicher wird diese Tatsache, und je gerechter und menschlicher ihre Organisation wird, desto mehr wird diese Erkenntnis zur Grundlage aller unserer Einrichtungen. Wenn wir so in Gemeinschaft stehen, mit dem Aufblick zu Gott um unser tägliches Brot, muß jeder einzelne von uns es fühlen, wie abscheulich und sündlich es ist, ganz gewohnheitsgemäß mehr zu nehmen als den zukommenden Teil und andere hungern zu lassen, damit wir Überfluß haben. Das ist menschenunwürdig, unfromm und unsittlich.

Die übrigen Bitten beschäftigen sich mit den geistlichen Bedürfnissen. Wenn wir zurückschauen, sehen wir, daß unser Leben voll Sünde und Fehl ist, und das Bedürfnis nach Vergebung wird lebendig. Wenn wir vorwärtsschauen, bangen wir vor den Versuchungen, die unser warten, und bitten um Erlösung von dem Bösen.

In diesen Bitten für das innere Leben, wo die Seele allein vor Gott zu stehen scheint, sollten wir rein persönlich religiöse Anliegen erwarten; aber gerade hier erklingt sehr vernehmlich der soziale Ton.

Dieses Gebet erlaubt uns nicht, die Vergebung Gottes zu erbitten, ohne daß wir versichern können, auch wir haben unseren Brüdern vergeben und sind allen Menschen in brüderlicher Liebe verbunden: „Vergib uns unsere Schulden, wie wir unseren Schuldigern vergeben." Wir müssen sozial richtig stehen, wenn wir beanspruchen, religiös richtig zu stehen. Jesus duldet nicht, daß wir fromm sind vor Gott und unbarmherzig gegen die Menschen.

In der Bitte: „Führe uns nicht in Versuchung" fühlen wir das Beben allmenschlicher Furcht. Schmerzliche Erfahrung hat uns unsere Schwachheit offenbart. Ein jeder sieht vor sich gewisse Möglichkeiten und weiß, daß seine sittliche Widerstandskraft hoffnungslos unterliegen würde, wenn er in derartige Lagen geriete. Darum gibt Jesus unserem unbewußten Sehnsuchtsschrei vor Gott Ausdruck, uns nicht in solche Lagen zu bringen.

Aber solche Umstände werden oft geschaffen durch das soziale Leben, das uns umgibt. Wenn die Gesellschaft, in der wir leben, vergiftet ist mit geschlechtlicher Zuchtlosigkeit oder erfüllt ist von Anreizungen und Versuchungen zum

Trunk; wenn unser Geschäftsleben voll Verführung zu Lug und Betrug ist und uns verleitet, rücksichtslos zu sein, um uns zu behaupten und Erfolg zu haben; wenn unsere politische Organisation einen ehrgeizigen Mann vor die Wahl stellt, zum Verräter am Gemeinwohl zu werden, oder alle seine Bemühungen durchkreuzt und vernichtet zu sehen, dann sind das Versuchungen, denen Menschen unterliegen, und die Gesellschaft ist es, die unseren Gebetsruf zu Gott unwirksam macht. Keine Kirche kann diese Bitte ihrem rechten Sinne nach auslegen, die den vergiftenden oder belebenden Einfluß der geistlichen Umwelt außer acht läßt, den die Gesellschaft ausübt. Und niemand kann diese Bitte ohne bewußte oder unbewußte Heuchelei aussprechen, der der Versuchungen schaffen hilft, die anderen zu sicherem Fall gereichen.

Die Worte: „Erlöse uns von dem Bösen" atmen Kampfeslust. Sie bringen uns den unaufhörlichen Kampf zum Bewußtsein zwischen Gott und den beständigen und verderblichen Mächten des Bösen in der Menschheit. Für die Menschen des ersten Jahrhunderts bedeutete das Satan und die Schar seiner bösen Geister, die in der grausamen Unterdrückermacht des götzendienerischen Roms herrschten. Heute verstehen den ursprünglichen Geist dieser Bitte vielleicht die am besten, welche im Kampfe liegen wider die schrecklichen Mächte der organisierten Habsucht und der festgeeinten Unterdrückung.

So ist das Vaterunser das große Gebet des sozialen Christentums. Es ist erfüllt von dem, was wir „soziales Bewußtsein" nennen. Es setzt das soziale Gemeinschaftsgefühl der Menschen als selbstverständlich voraus. Es erkennt die soziale Grundlage alles sittlichen und religiösen Lebens gerade für die innigsten persönlichen Beziehungen zu Gott.

Die, welche unverletzt durch eine böse Welt zu wandern bestrebt sind, denken nicht daran, das Böse in der Welt unangefochten zu lassen. Sie werden beherrscht von dem Gedanken an die sittliche und religiöse Umgestaltung der Menschheit in all ihren sozialen Beziehungen. Diesen Gedanken hat uns Jesus hinterlassen, der große Anfänger der christlichen Revolution; und dieser Gedanke ist das rechtmäßige Eigentum aller derer, die Seiner Fahne folgen zur Eroberung der Welt. (Verdeutscht von G. G.)

DOK 5

Die Nationalverſammlung.

Um die Frage der Nationalverſammlung, die ſogenannte Konſtituante, dreht ſich gegenwärtig in Deutſchland faſt alles. Sie ſoll dem Reiche eine neue Verfaſſung und neue, bindende Geſetze geben. Eine kleine Gruppe, die die Revolution entfeſſelte und durchführte und das Heft noch in Händen hat, iſt gegen die Einberufung derſelben, während die große Mehrheit ſie dringend und eiligſt fordert. An vielen Orten wird die Wahl ſchon vorbereitet. Alle Männer und Frauen, welche zwanzig Jahre und darüber ſind, dürfen wählen. Da entſteht nun für viele die ernſte Frage: Soll ich auch wählen? und: Wen ſoll ich wählen?

In früheren Jahren hat ſo mancher abſichtlich nicht gewählt. Keine politiſche Partei entſprach ſeinem Denken und ſeinen Wünſchen. Die monarchiſche Regierung ſaß am Ruder und legte gegen Geſetze und Beſtimmungen, die ihr unbequem waren, ihr Veto ein. Nun ſind über Nacht alle Monarchen und faſt alle Regenten in Deutſchland gefallen. Die Demokratie, d. h. die Volksherrſchaft, hat das Regiment in die Hand genommen. Zum Volke gehöre ich auch, und nun iſt es nicht nur mein Recht, ſondern mehr als ſeither meine Pflicht, meine Meinung und meinen Willen durch den Stimmzettel zum Ausdruck zu bringen. Seither waren wir die Regierten, nun ſollen und müſſen wir die Regierer ſein. Dabei braucht unſer etwaiger Grundſatz, daß Politik und Religion nicht miteinander verquickt werden ſollten, nicht umgeſtoßen zu werden. Wir ſind ja auch von Anfang an für Trennung der Kirche vom Staate und ſind doch Beſtandteile ſowohl des Staates als auch der wahren Kirche (Gemeinde) Jeſu Chriſti. Die Politik ſoll nur nicht die Religion verdrängen und erſtiken; ſondern die Religion ſoll meine Politik regeln und richten, damit ſie in Gott wohlgefällige Bahnen gehe. Alſo wir haben nicht Wahlzwang, ſondern ein Recht und eine Möglichkeit, mit zu entſcheiden, und davon ſollten wir alle Gebrauch machen.

Aber nun heißt es: Wen ſoll ich wählen? Mit welcher Partei kann ich gehen?

Mit der „Spartakusgruppe", d. i. der Anhang Liebknechts, gehe ich unter keinen Umſtänden! Auch nicht mit den „Unabhängigen", das ſind die gut zwanzig Reichstagsabgeordneten und deren Anhang, die ſich von den gemäßigten Sozialdemokraten getrennt haben. Die alle arbeiten auf Umſturz, Unruhe und Unordnung. Aber ich gehe auch nicht mit den Mehrheitsſozialiſten, weil dieſe und jene faſt alle gegen das ſind, was mir heilig und unantaſtbar iſt: gegen Religion, gegen Gott, gegen meinen Heiland. Der ſchön klingende und an ſich richtige Grundſatz: „Religion iſt Privatſache!" kommt bei ihnen nicht zur Anwendung. Sie laſſen nicht jedem Menſchen in religiöſer Hinſicht unbeſchränkte Freiheit und ungehinderte Betätigung ſeiner religiöſen Überzeugung. Über ihre frechen Verſpottungen der wahren Religion und verletzenden Läſterungen unſeres Gottes weiß ſo manches Gotteskind ein Klagelied zu ſingen.

In manchen anderen Staaten Europas ſind die Sozialiſten nicht ſo religionsfeindlich wie in Deutſchland. Dort gibt's unter denſelben ſogar ernſte Chriſten und bibliſche Jünger Jeſu. Hoffentlich wandeln ſich die deutſchen Sozialdemokraten in dieſer Hinſicht auch noch. Wir haben ihnen manches Recht und manche Freiheit zu verdanken.

Aber mit der äußerſten rechten Partei, den Konſervativen, kann ich als freikirchlicher Chriſt auch nicht gehen. Dieſe Leute haben ihre ſeitherige Macht ſo oft mißbraucht und Andersdenkende geknebelt und unterdrückt. Ich erinnere nur an frühere Zwangskindertaufen, Verſammlungsauflöſungen, Kirchenſteuerforderungen, Begräbnisverweigerungen uſw.! Alſo nach links neige ich nicht, dort iſt's mir zu rot, und von rechts halte ich mich fern, die ſind mir zu ſchwarz. Aber mit dem Zentrum kann ich auch nicht gehen. Dieſes iſt römiſch-katholiſch. Als Proteſtant bin ich gegen das Papſttum mit ſeinen unbibliſchen Lehren und Handlungen. Ein ultramontaner Zentrumsmann kann nicht mein Vertreter in der Nationalversammlung, im neuen Reichstag, sein.

In einigen Wahlkreisen, wo viele Freikirchliche wohnen, wäre zu überlegen, ob es nicht möglich wäre, einen Freikirchlichen oder gar einen Baptisten zu wählen. In Amerika, England und Schweden sind mehrere Brüder Mitglieder des Parlaments. Warum sollte das in Deutschland nicht möglich sein?! Wo dazu keine Aussicht vorhanden ist, da wählen unsere Brüder und Schwestern wohl am besten mit der neugegründeten demokratischen Partei. Ihr Programm mag uns nicht in allen Punkten gefallen. Aber durch sie erhalten wir wohl am besten die uns zustehenden Rechte als Staatsbürger und freikirchliche Christen. Sie sind für Religions- und Gewissensfreiheit, für Trennung der Kirche vom Staate und für bürgerliche Freiheit und Ordnung.

Gott segne das arme, geschlagene, zerrissene Deutschland!   B. Weerts.

DOK 6

Sozialismus und Christentum.

Was ist Sozialismus? Was ist Christentum? Wenn das alle wüßten, die darüber reden und schreiben, dann könnte es nicht so viel Mißverständnis geben über das Verhältnis beider zueinander.

„Halbheit und Irrlehre" ist die passende Überschrift des Aufsatzes in der Zeitschrift „Der Atheist", in dem geeifert wird gegen die religiösen Sozialisten:

„Marxismus und Religion scheiden sich wie Feuer und Wasser. Der Sozialist ist prinzipiell Atheist, Freidenker. Einen religiösen Sozialismus gibt es nicht, da der Sozialismus antireligiös ist. Die heutigen »religiösen Sozialisten« sind noch sehr weit vom Verständnis des Sozialismus entfernt . . . Wir werden versuchen, den »religiösen Sozialisten«, die willig sind, zu helfen, den Weg von der Religion zum Sozialismus zu finden. Denen aber, die vom Sozialismus ihren Weg zur Religion zurücknehmen, werden wir Todfeinde sein. Wir werden sie bei ihrem richtigen Namen nennen und als das behandeln, was sie sind: Religiöse Verräter am Sozialismus."

In einem Flugblatt, das in Nürnberg-Süd von Haus zu Haus getragen wurde, heißt es:

„In der Gartenstadt will man zwei Kirchen bauen. Schon einmal habt ihr durch euren Massenprotest den Kirchenbau verhindert. Jetzt stoßen diese Mucker erneut vor, und die Leitung der Gartenstadt rührt keinen Finger, um diesen Plan zunichte zu machen. Was hat das zu bedeuten? Sie haben den Ausspruch August Bebels vergessen, der sagt: »Religion und Sozialismus unterscheiden sich wie Feuer und Wasser.« Sie treten die Lehre Karl Marx' mit Füßen, der sagt: »Religion ist Opium für das Volk!« Wer ist die Kirche? Eine Organisation, die versucht, die Arbeiterschaft aufs Jenseits zu vertrösten . . . Protestiert gegen den Kirchenbau! Tretet aus der Kirche aus! Meldet eure Kinder vom Religionsunterricht ab! Laßt den Pfaffen das Himmelreich, den Arbeitern gehört die Welt!"

Alle, die in ähnlichen Flugblättern, in ungezählten Zeitungs-
artikeln, Broschüren und Vorträgen heute noch wie vor fünfzig
Jahren wieder und immer wieder dasselbe mit fast denselben
Worten wiederholen, sind jedenfalls überzeugt, daß, wenn einer,
dann doch August Bebel wissen muß, was Sozialismus ist, und
daß er recht hat, wenn er sagt, daß sich „Christentum und Sozialdemokratie gegenüberstehen wie Feuer und Wasser". Eine
irrtümliche Behauptung wird aber noch nicht dadurch zur Wahrheit, daß Millionen glauben, es sei die Wahrheit. Prof. Rad-
bruch, der frühere sozialdemokratische Justizminister, sieht jedenfalls richtiger als Bebel, wenn er den Nachweis führt: „In
Wahrheit ist ein Gegensatz zwischen Christentum und Sozialismus gar nicht möglich."

„Mißverständnisse kommen daher, daß man sich nicht versteht,"
sagt Matthias Claudius. Man versteht sich nicht, wenn von den
verschiedenen, die disputieren, den gleichen Wörtern verschiedene
Bedeutung beigelegt wird, oder wenn man verschiedene Wörter
für die gleiche Sache gebraucht und z. B. Sozialismus und Sozialdemokratie gleichsetzt. Daher auch so viel Unklarheit bei den
Auseinandersetzungen über „Kirche" und kirchliche Fragen, weil
jeder unter Kirche etwas anderes versteht. Das Wort Kirche ist
ebenso schwer zu definieren wie der Begriff Christenheit. Christenheit ist quantitativ sehr viel mehr und qualitativ sehr viel weniger
als die Gesamtheit der Gläubigen, die den Geist Jesu Christi
empfangen haben. Und diese internationale und interdenomi-
nationelle Gemeinde der Nachfolger Christi, der rechten Vertreter
des wahren Christentums, ist etwas anderes als das, was man
gewöhnlich „Kirche" nennt. So ist auch Sozialismus durchaus
nicht dasselbe wie Sozialdemokratie; und die S. P. D., d. h.
die Sozialdemokratische Partei Deutschlands, unterscheidet sich
doch sehr, und zwar gerade in ihrer Stellung zum Christentum,
von der Sozialdemokratie in England, die doch auch Vertreterin
des wahren Sozialismus sein will.

Was ist Christentum? Herder definiert: „Christentum ist
Christus."* Wem das zu kurz ist, der überlege, was in nach-
folgender Erklärung etwa zuviel oder zuwenig gesagt ist:

---

* Der „Wahre Jakob" brachte in seiner Osternummer ein Bild des leeren
Grabes und darunter die Bemerkung: „Seit diesem Ereignis sucht man das
wahre Christentum auf Erden." „Neuwerk" (11. Jahrg., S. 108) fragt: „Wer
sucht danach? Der »Wahre Jakob«? Ist das wahr — Jakob?"

Christentum ist das mit Christi Menschwerdung in die Welt gekommene Neue, das an den für uns Gekreuzigten geknüpft ist, von ihm zuerst verkündigt und gelebt wurde und durch seinen Geist in seinen Gläubigen und durch sie gewirkt wird. Seine schriftliche Darstellung findet es im Neuen Testament.

Was ist Sozialismus? Darauf antwortet Eduard Bernstein: „Sozialismus ist die Zusammenfassung des geistigen Inhalts der politischen, wirtschaftlichen und allgemein kulturellen Bestrebungen der zur Erkenntnis ihrer Klassenlage gelangten Arbeiter sowie der ihnen gleichgestellten Gesellschaftsschichten in den Ländern kapitalistischer Entwickelung und der Kampf zur Verwirklichung dieser Bestrebungen.“

Und was sagt das Parteiprogramm in bezug auf die Religion?

„§ 6. Erklärung der Religion zur Privatsache. Abschaffung aller Aufwendungen aus öffentlichen Mitteln zu kirchlichen und religiösen Zwecken. Die kirchlichen und religiösen Gemeinschaften sind als private Vereinigungen zu betrachten, welche ihre Angelegenheiten vollkommen selbständig ordnen . . .“

Wo ist hier der unüberbrückbare Gegensatz? Pfarrer Lic. Dr. Hartmann findet ihn nicht, wie seine nachstehende Erklärung zeigt:

„Die Grundgedanken des Programms sind für sozialistisches Denken selbstverständlich, und die zahlreichen Angriffe dagegen zeigen nur, daß man der Kirche nicht die Lebensfähigkeit zutraut, auf eignen Füßen zu stehen. Wer die Frage der Trennung von Staat und Kirche jetzt noch nicht durchgedacht hat, will es wohl überhaupt nicht tun und begeht weiterhin die Ungerechtigkeit, die Kirche als Besonderheit aus öffentlichen Mitteln zu privilegieren, was man »Sekten«, Pazifisten, ethischen Bünden, inneren und äußeren Missionsbestrebungen und vielen anderen Bewegungen, die viel lebendiger sind als die Kirche, nicht zubilligt . . . Von denselben Grundgedanken ist auch die Bestimmung getragen, daß nur die sich Anmeldenden nach der Trennung zur Kirche gehören. Es wird dadurch jedenfalls die zurzeit vorhandene totale Gleichgültigkeit und die maschinelle Herabwürdigung des Amtshandlungsbetriebes vermieden, und die Kirche sollte dankbar sein, daß ihr so die Ungläubigen zu ihrem wahren Selbst in urchristlichem Sinne verhelfen.“

Man sieht, daß der noch lange kein christusfeindlicher Sozialdemokrat zu sein braucht, der etwa den Sozialismus als eine Wirtschaftsordnung ansieht, die gegenüber der kapitalistischen beachtliche Vorteile aufweist und dem Sinne und Geiste des Alten wie des Neuen Testamentes mehr entspricht als die mammonistische, und der deshalb sagt: Nicht Sozialismus, aber Mammonismus und Christentum stehen sich gegenüber wie Wasser und Feuer. — Und wer möchte bestreiten, daß man ein ernster Christ sein kann, auch wenn man unter Umständen bei den Wahlen der sozialdemokratischen Partei als dem derzeitigen kleineren Übel seine Stimme gibt?* Man kann natürlich auch ein Christ sein, selbst wenn man nicht zur offiziellen Kirche gehört, und auch dann, wenn man alles unfromme Sichabhängigmachen von der Weltmacht (staatliche Unterstützung, Steuereintreibung usw.) bekämpft aus wohlerwogenen biblischen Gründen.

Wir gehören nicht zu den religiösen Sozialisten, aber wir meinen, daß wir, vom Standpunkte des Reiches Gottes aus gesehen, Gott zu danken haben für diese kraftvolle Bewegung, durch die sich die Kirchen und Gemeinden ihre Unterlassungssünden zum Bewußtsein bringen lassen sollten. Wir bitten auch durch diese Schrift, daß man hüben und drüben jedes ehrliche Bestreben, Brücken zu bauen und Mißverständnisse und andere Hindernisse zu beseitigen, unterstützen möge. Nicht mitzuhassen, mitzulieben sind wir da; helfe doch mit, wer helfen kann zur gegenseitigen Verständigung und Achtung! Warum sollte, was in England zum Segen des ganzen Volkes möglich ist, nicht auch in Deutschland zu erreichen sein!

„Sie müssen!", so lautet der Buchtitel des „offenen Wortes an die christliche Gesellschaft" von Pfarrer Kutter. Er sieht, wie in jeder großen historischen Bewegung, so auch in der sozialistischen, eine Offenbarung Gottes und eine Aufgabe an die Gegenwart. Er sagt von der Sozialdemokratie, die er mit Glaubensaugen ansieht, ähnlich, wie der Prophet Jesaja dem König Cyrus: „Mit ihrem Hunger nach gerechten Zuständen in der Welt, mit ihrem Mitleid gegenüber dem Elend und mit ihrem erschütternden Kampfe gegen den Mammon tun sie doch schließlich, was Gott will, auch wenn sie ihn nicht kennen; sie tun damit den Willen Gottes mehr als die Kirche, die ihn kennen sollte. So wirkt Gott auch durch die Sozialdemokratie."

---

* Von den 103 freikirchlichen Mitgliedern des englischen Parlaments gehören 32 zu den Liberalen, 63 gehören der sozialdemokratischen Partei an. Von den 103 Parlamentariern sind 52 Methodisten, 10 Baptisten. Gewiß: In England ist es anders! Aber könnte es, sollte es nicht hier auch anders werden?

Das aber können die meisten Christen bis jetzt so noch nicht erkennen. Aber auch die religiösen Sozialisten haben unter ihren Genossen noch sehr viel Aufklärungsarbeit zu treiben. Als die Kommunisten zusammen mit den Freidenkern in Barmen kürzlich zum Rheinisch-Westfälischen „Kulturtag" einluden, las man in der Einladung den fettgedruckten Satz: „Ein guter Christ kann niemals ein guter Sozialdemokrat sein." Wilhelm Goebel machte dazu die auch in „Licht und Leben" wiedergegebene Bemerkung: „Wenn die Leute, die gläubige Christen sein wollen, uns nicht glauben mögen, dann sollten sie es wenigstens denen von der anderen Seite glauben. Die ganz Radikalen sind wenigstens offen; die anderen treiben Verschleierungspolitik."

Was versteht „man" unter einem „guten Christen" und einem „guten Sozialdemokraten"? In England z. B., wo sehr viele gute Christen auch gute Sozialdemokraten sind, braucht weder die sozialistische noch die christliche Presse so zu schreiben, wie die Barmer „Kulturkämpfer" oder wie „Licht und Leben". Der sozialdemokratische Parteiführer, der dort zum zweiten Male Ministerpräsident geworden ist, erklärt, daß die besten Soldaten und Offiziere im Arbeiterheere die seien, die sich zur Kirche hielten, die Glauben hätten."*

Bezeichnend für die leider so ganz andersartige Einstellung der Sozialdemokratie in Deutschland ist folgendes Wort von Losinsky, der 1902 in den „Sozialistischen Monatsheften" schrieb:

„Es gibt kein anderes sozial-ethisches System, das dem Sozialismus mehr widerspricht, als das Christentum. Sozialist sein heißt zugleich Antichrist (Widerchrist) sein. Der endgültige Sieg des Sozialismus wird nur möglich sein durch endgültige Überwindung des Christentums."

Wo das für wahr gehalten und danach gehandelt wird, kann natürlich kein Christ tätiges Mitglied oder auch nur stiller Anhänger der das Christentum bekämpfenden Partei sein.

Leider äußerten sich früher fast alle deutschen Parteiautoritäten so, und kaum wurde ihnen widersprochen. Lassalle hatte freilich anfänglich nicht diese Bahn geführt. Karl Marx jedoch, der ebenso

* Siehe Friedensbotenheft Nr. 66: „Was Arbeiterführer vom Christentum sagen" von F. H. Stead, und Nr. 52: „Arbeiterschaft und Religion in England" von W. G. Wilkins mit dem Vorwort von dem sozialdemokratischen Minister J. H. Thomas und der wertvollen, auf deutsche Verhältnisse bezugnehmenden Einleitung von Lic. Dr. H. Hartmann. (Je 16 S.) 5 Pf

wie Lassalle jüdischer Abstammung war, aber ein Anhänger Feuerbachs, lehrte auf Grund seiner materialistischen Weltanschau= ung, die man heute freilich in gebildeten Kreisen längst als un= haltbar erkannt hat: „Die Sozialdemokratie hat die Aufgabe, die Gewissen vom religiösen Spuk zu befreien." Zu solchem Marxismus kann sich natürlich kein Christ, kein religiöser Sozialist bekennen.

Als rechter Marxist auch in diesem Sinne erklärte im Jahre 1881 Bebel als Vertreter der deutschen Sozialdemokratie: „Wir er= streben auf dem Gebiete, welches man das religiöse nennt, den Atheismus." Auch folgende Sätze sind mehr als nur die Äuße= rung einer Privatmeinung irgendeines freidenkerischen Genossen. Sie sind entnommen aus den im Verlag „Buchhandlung Vor= wärts" erschienenen Kanzelreden von Josef Dietzgen „Die Reli= gion der Sozialdemokratie":

„Sozialismus und Christentum sind so verschieden wie Tag und Nacht. Wer Christum zum Sozialisten macht, verdient den Titel eines gemeinschädlichen Konfusionsrates." „Alle Religion ist knechtselig, aber das Christentum ist die knechtseligste der knechtseligen." „Wer seine ganze Hoffnung auf Erbarmen baut, ist doch in Wahrheit eine erbärmliche Kreatur." „Die Tiere, Affen oder Karnickel besitzen keine Schande, keine Moral, keine Treue und keinen Glauben. Die Kaffern haben wenig davon, unsere Bourgeois etwas mehr, aber was wahrhaft recht ist, sollen sie von den Sozialisten erst lernen." Der Eingangssatz von Dietzgens erster Kanzelrede lautet: „Die Tendenzen der Sozial= demokratie enthalten den Stoff zu einer neuen Religion, welche nicht, wie alle bisherige, nur mit dem Gemüte oder Herzen, sondern zugleich auch mit dem Kopfe, dem Organ der Wissen= schaft, erfaßt sein will." „Wir alle wollen, das Volk will Sohn Gottes sein!"

Mit ähnlichen Sätzen aus der Vor= und Nachkriegszeit, die sich auch heute noch in fast allen sozialdemokratischen Tagesblättern und Zeitschriften finden — worauf natürlich auch öfter in vielen der 3300 christlichen Blätter (Gesamtauflage mehr als dreizehn Millionen) aufmerksam gemacht wird —, könnte man Bücher füllen. So entstand durch die antichristliche Betätigung der Führer in Deutschland die tiefe Kluft zwischen Sozialdemokratie und Christentum, die doch, wie das Beispiel Englands zeigt, so gar nicht hätte zu sein brauchen.

Die Klügsten unter den Führern und alle klarsehenden Köpfe

in der S. P. D., denen es wirklich nur um Sozialismus, d. h. um den Sieg der von ihnen für richtig gehaltenen Wirtschaftsordnung geht, erkennen mehr und mehr, wie kurzsichtig es ist, wenn man sich durch die Freidenkerorganisationen (an deren Entstehung und Wachstum man freilich mit schuld ist) weiter ins Schlepptau nehmen läßt, und wie taktisch unklug man handelt, wenn man die, die mit Ernst Christen sein wollen, so ganz unnötig verletzt, abstößt und es ihnen unmöglich macht, sich für den Sozialismus in der S. P. D. zu betätigen. Man merkt, wie viele Sympathien man sich unnötig verscherzt und wie viele Stimmen bei den Wahlen verlorengehen.

Meerfeld sagt in seinem Buche: „Das Programm der Sozialdemokratie, Vorschläge für seine Erneuerung":

„Die Zahl der Parteigenossen, die die Religion mit überlegenem Lächeln abtun und den gläubigen Christen für ein Überbleibsel des finsteren Mittelalters halten, hat stark abgenommen. Wir haben die Kraftstoffelei Ludwig Büchners überwunden…, haben heute auch größeres Verständnis für die metaphysischen (das Jenseits betreffenden) Bedürfnisse sehr zahlreicher Menschen und erkennen, daß die Wurzeln und die Nährquellen der Religion noch außerordentlich kräftig sind."

Kolb schrieb 1917, also noch während des Krieges, in den „Süddeutschen Monatsheften":

„Es muß unter allen Umständen vermieden werden, daß der religionsphilosophische Aufkläricht des Freidenkertums quasi als integrierender Bestandteil der sozialistischen Weltanschauung mit der politischen Propaganda der Sozialdemokratie vermengt und damit den klerikalen und muckerischen Heißspornen das Wasser in Strömen auf die Mühlen geleitet wird. Dem Bekenntnis zu den demokratischsozialistischen Zielen steht der Gottesglaube ebensowenig im Wege wie das Freidenkertum."

Noch eindringlicher mahnt der frühere sozialdemokratische Reichsminister Sollmann:

„Notwendig für unsere Partei wäre mehr Duldsamkeit. Wir müssen unsere Forderung, daß die Religion Privatsache sei, nicht nur an den Staat richten, sondern auch an uns selbst in dem Sinne, daß wir Achtung empfinden vor jedem echten religiösen Erlebnis. Wertvolle Kräfte wurden von uns abgestoßen oder fühlten sich nicht heimisch bei uns, weil viele von uns von der scheinbaren Höhe einer brüchigen, materialistischen Freidenkerei

Empfindungen bespötteln, die aus den Tiefen der menschlichen Sehnsucht steigen und niemals durch rein materielle Fortschritte befriedigt werden können."

Unter dem gesperrt gedruckten Motto: „Die Partei darf niemand seines Glaubens wegen von sich stoßen oder als minderwertigen Genossen behandeln," las man in der Kulturbeilage des „Vorwärts":

„Nur wo Religion zum Schutze des doch wahrlich unchristlichen mammonistischen Kapitalismus mißbraucht wird, muß sie uns in unversöhnlicher Kampfstellung finden, unsere religiösen Parteigenossen übrigens auch." — „Wer die wirkliche Einheitsfront will, muß lernen, zänkische, eifernde Machthaberei in Gewissensfragen durch Achtung vor dem Glauben der Kameraden zu überwinden."

Es wäre an der Zeit, daß der „Vorwärts" als das führende Organ der S. P. D. — dem dann die anderen Blätter bald folgen dürften — sich endlich einmal selbst so einstellen und aus seinen Spalten alles fernhalten würde, was dem klugen, guten Rat Sollmanns widerspricht. Ist unserem Volke, ist der Partei und dem Leserkreise des „Vorwärts" wirklich damit gedient, wenn man, um nur eins zu sagen, die christlichen Feste planmäßig zum Anlaß nimmt zu gehässigen Ausfällen gegen das Christentum, wie der „Vorwärts" in seiner letzten Pfingstbetrachtung schreibt:

„Lassen wir den frommen Christen ihre Märchen ... Immer und immer wieder müssen wir um die Seele des Arbeiters und der Arbeiterin kämpfen, müssen sie aus den dunklen Gewalten der Kirche befreien für den Sozialismus und die kirchlichen Festtage zum Anlaß nehmen für sozialistische Predigten."

Derselbe „Vorwärts" schreibt in der letzten Osterbetrachtung:

„Der neue Glaube heißt Sozialismus. Sozialismus ist das Evangelium der Armen unserer Zeit. Man versuche einmal, diesen Glauben aus dem Dasein eines Arbeiters wegzudenken. Was von ihm übrigbleibt, wäre nicht viel mehr als eine lebende Maschine. Ohne die Hoffnung des Sozialismus könnte es für den bewußten Proletarier im Grunde nur zwei Auswege geben: Tierheit oder Selbstmord. Was hält die Seele unserer Frauen im Schraubstock des Alltags, was den Willen unserer Jugend unter dem Mühlstein der Arbeitslosigkeit aufrecht, als der Glaube an die Neugestaltung der Welt, die wir Sozialismus nennen!"

Also: „Sozialismus ist das Evangelium, ist der Glaube der Armen." Ach, die Armen, die Ärmsten! Wir möchten ihnen zurufen: „O komme doch, wer Mangel hat, und werd' aus Christi Fülle satt!" Beim Christentum dreht sich alles um die beiden Pole: Sünde und Gnade. Christus liebt die Proleten. Er ist für Gottlose gestorben, für die Schächer zur Rechten und für die Radikalsten auf dem linken Flügel. Dies Evangelium soll nach Jesu Wort den Armen gepredigt werden.

Bilden aber solche Betrachtungen, wenn man sie recht liest, nicht auch eine ernste Predigt für alle ernsten Christen? Können, ja, sollten nicht diese „sozialistischen Predigten" erschütternd wirken mit ihren Schilderungen der neuen Religion, wo Sozialismus nicht mehr eine Magenfrage ist, wo man nicht mehr etwas für sich will, sondern wo man mit religiöser Inbrunst an die Neuordnung der Dinge glaubt und bereit ist, sich dafür zu opfern?

Wir wollen uns, statt zu schelten und uns zu entrüsten, in die Seele dieser Gottfernen hineindenken und uns beugen über unsere Mitschuld und Buße tun über die Gesamtschuld des Volkes, die große Schuld der Kirche und unsere eigne große Schuld in Begehungs- und Unterlassungssünden. Nimmt man den Marxismus als eine bestimmte Form des Materialismus, ist es dann nicht beschämend und schmerzlich zu sehen, wie er Weltanschauung und Religionsersatz des größten Teils der arbeitenden Bevölkerung in unserem Lande werden konnte?

Das zwölfte Bändchen der Friedensboten-Bücherei ist so zusammengestellt, daß es denen, die sich mit diesen Fragen beschäftigen, helfen kann, zu einem eignen Urteil zu gelangen. Das Referat: „Die soziale Frage im Licht der Bibel" von Otto Kufuß, Kaufmann in Frankfurt a. M., zeigt die Einstellung freikirchlicher Kreise. Das folgende Kapitel: „Die soziale Not unserer Zeit" ist ein Vortrag, den Prediger R. Donat auf einer Jahreskonferenz der Baptisten in Pommern gehalten hat. „Arbeiterschaft und Religion in England" ist die Wiedergabe eines Vortrags von Wilkins, gehalten in der Baptistenkapelle zu Kassel und zuvor in der lutherischen Kirche in Foche bei Solingen. Das Vorwort und die Einleitung zur Heftausgabe von dem sozialdemokratischen Minister J. H. Thomas in England und Pfarrer Lic. Dr. Hartmann mußte hier leider fortgelassen werden. „Was britische Arbeiterführer vom Christentum sagen", wird viele deshalb besonders interessieren, weil nicht wenige der Genannten der neuen Regierung angehören. F. H. Steads Zusammenstellung

spricht für sich selbst, ebenfalls das letzte Kapitel von dem süd=
deutschen Pfarrer Eberh. Lempp. Dieser schrieb dem Herausgeber:

„Beim Lesen der Ausführungen »Arbeiterschaft und Religion
in England« kam mir der Gedanke: Warum haben es in Eng=
land diese christlichen Kreise verstanden, das Vertrauen der Ar=
beiter, die Führung in der Arbeiterbewegung zu erhalten und
wir so gar nicht? Auch unsere Gemeinschafts= und Freikirchen
nicht, die doch ebenfalls meist aus den Kreisen der Arbeiter sich
rekrutieren, wie die Wesleyaner, und wo viele treue Laien aktiv
tätig sind! Der Grund mag einerseits in dem Verhalten der
deutschen Sozialdemokratie selbst liegen, andererseits aber doch
auch in dem weltflüchtigen, nur der eignen Heiligung und Se=
ligkeit nachstrebenden Frömmigkeitsideal vieler Pietistenkreise.
Ich ersehe mit Freuden, wie gerade von den Baptisten etliche
darüber hinausstreben. Sie knüpfen dabei an die besten Tradi=
tionen ihrer Väter an, bei denen das Problem des Eigentums,
der brüderlichen Gemeinschaft und auch das der Gewalt (leider
jetzt sehr aktuelle Fragen) so eine große Rolle spielt."

Zum Schluß noch drei Schriftworte, die wegweisend sind auch
in bezug auf alle hier behandelten Fragen. 2 Petri 1, 19: „Und
ihr tut wohl, daß ihr darauf achtet":

**„Trachtet am ersten nach dem Reiche Gottes und
nach seiner Gerechtigkeit."** (Matth. 6, 33.)

**„Alles nun, wovon ihr irgend wünscht, die Leute
sollten es euch tun, das tut auch ihr ihnen ebenso;
das ist das Gesetz und die Propheten."** (Matth. 7, 12.)

**„Einer trage des anderen Last, so werdet ihr das
Gesetz Christi erfüllen."** (Gal. 6, 2.)

DOK 7

Die soziale Not unserer Zeit.

Unser Thema führt uns aus der Stille und Andacht hinaus auf die Straße, in die Fabrik, in die Mietskasernen und Armenviertel, in die Asyle und Herbergen, in die Kneipen und Bordelle, zum Rummelplatz und — zum Friedhof.

I. Es gibt eine soziale Not in unserer Zeit. Sie weckte die soziale Frage, sie bewegt die breiten Massen unseres Volkes, sie darf auch uns nicht kalt lassen. Sozial heißt gesellschaftlich (lateinisch socialis). Das Wort ist abgeleitet von Socius, d. h. Genosse, Gesellschafter. Also: die gesellschaftliche Not unserer Zeit. Die soziale Frage ist eine Notstandsfrage, eine Frage derer, die Mangel empfinden. Eine Frage und ein Notstand der Gegenwart, hervorgerufen durch die Sünden und Schäden der menschlichen Gesellschaft in unserer kapitalistischen und industriellen Zeit, hervorgerufen auch durch den verlornen Krieg mit seinen Folgen.

Es gibt eine natürliche Not, einen Mangel aus natürlichen Ursachen, z. B. Mißernte, Hungersnot, Epidemie, Trunksucht, Trägheit, Kriegsverwüstung. In diesen Fällen gilt es, sich in Gottes Zulassung zu ergeben oder der Sünde Strafen zu ertragen. Die soziale Not ist anderer Art. Sie ist da, wo Speise, Kleidung und Wohnung zwar vorhanden sind, aber nicht benutzt werden können, weil die einen zu viel und die anderen zu wenig haben.

Die soziale Not unserer Zeit ist vor allem eine Not des Arbeiterstandes, die sich auswuchs zur Not der Ehe und Familie, zur Not der Jugend und der sogenannten Wohnungsnot. Im Unterschied von vergangenen Tagen trennt die Arbeit den Arbeiter von den Seinen. In oft prächtigen, geräumigen Fabriksälen, die aber das kalte Betriebsmäßige nicht verbergen, fühlt der Arbeiter doppelt die Verminderung der Persönlichkeit. Er ist etwas Unpersönliches geworden, eine Arbeitskraft. Die

Maschine ist der Herr, dem die Arbeiter dienen. Sie „bedienen — die Maschine". Sie ist der rauchende, fauchende, glutatmende Moloch, dem sie Arbeitskraft, Gesundheit, Ideale und Familie opfern. Dazu kommt, daß der Arbeiter meist keine persönliche Beziehungen mehr hat zum Arbeitgeber und auch oft nicht haben kann, weil dieser eine A.-G., eine Firma ist. Aber auch wo das nicht der Fall ist, bringt diese moderne Entwickelung es mit sich, daß der Arbeiter im Arbeitgeber leicht etwas Fremdes, ja, Feind- seliges sieht. Das ist die Kehrseite der heutigen technischen Er- rungenschaften. Oft kommen dazu düstere Räume, die dann die Stimmung doppelt umdüstern. Freudlose Stadtviertel mit öden Mietskasernen können kein Heimatgefühl erwecken. Bodenwucher macht es dem Besitzlosen unmöglich, ein menschenwürdiges Heim zu bewohnen. Nur zu oft muß die Frau mitarbeiten, müssen die Kinder früh mitverdienen.

Arbeitslosigkeit und niedrige Löhne haben grenzenloses Elend über zwei Millionen Menschen und ihre Familien gebracht. Schon wenige Wochen Arbeitslosigkeit bringen den Arbeiterhaushalt zurück. Dabei dauert die Arbeitskrise schon Monate und Jahre, ohne Aussicht auf Besserung. Sage doch keiner so leichthin: Wer arbeiten will, findet schon Arbeit. Manchmal ist es so, in den meisten Fällen aber nicht. Damit ist das Problem nicht ab- getan. So zu reden ist zum mindesten lieblos und eines Christen unwürdig. Unlängst berichtete die „Stargarder Zeitung" von einem jungen Manne, der das Gymnasium absolviert hatte und beste Sprachkenntnisse besaß. Infolge des Konkurses der väter- lichen Fabrik wurde er stellungs- und besitzlos, er ergriff den Wanderstab und ließ sich von allen Firmen jahrelang durch Fir- menstempel bescheinigen, daß er vergeblich um Arbeit nachgesucht hatte. Von Frankfurt a. M. bis Norddeutschland hatte dieser stellungslose kaufmännische Angestellte 2500 Stempel als Erfolg- losigkeitsbescheinigungen erhalten. Auch in der Landwirtschaft fragte er vergeblich. Ein drastisches Einzelschicksal, dem aber hunderttausend andere gleichen. So kann man selbst von einer beginnenden Proletarisierung des Kaufmannsstandes, ja, der Studentenschaft sprechen. Es ist an sich zunächst belanglos, ob Übervölkerung oder Überproduktion die Ursache zu dieser sozialen Notlage ist.

Es wirft ein schlechtes Licht auf die Gerechtigkeit unseres heutigen gesellschaftlichen Systems, daß so mancher Mann, der gern arbeiten will, keine Arbeit finden kann. Die Weltgeschichte hat vielleicht noch niemals beklagenswertere Opfer der Verhältnisse gesehen, als den modernen besitzlosen Arbeiter. Es ist bezeichnend, daß diese Entwickelung auch nicht aufgehalten wurde durch die republikanische Staatsumwälzung; ebenso, daß die Arbeitslosenunterstützung, so unumgänglich nötig sie für viele treue Familienväter ist, bei vielen anderen demoralisierende Wirkungen hatte und haben mußte. Man sollte dem rechtschaffenen Arbeitsmanne diese gewährte Unterstützung nicht streitig machen, für die er gewiß mit leichtem Herzen irgendeine auskömmliche Verdienstmöglichkeit eintauschen würde. Wie viele Arbeiter nehmen mit gesenktem Haupte die „Gabe“ des Staates, durch dessen mangelhaftes Gesellschaftssystem sie brotlos geworden sind. — Es gibt zweifellos selbstverschuldete Not. Die Sünden der einzelnen mögen ihre Strafe nach sich ziehen. Die Armut, die den Lasterhaften trifft, ist notwendig. Sie mag ihm eine gute Lehre sein. Aber jene andere Art von Armut ist tief beklagenswert, die das Produkt jammervoller und ungerechter sozialer Verhältnisse darstellt.

Doch es geht nicht nur weiten Kreisen des Arbeiterstandes schlecht, sondern auch dem gewerblichen Mittelstand. Man kann behaupten, daß er großenteils sicher dem Absterben entgegengeht. Die Inflation hat ihn kapitalarm gemacht. Er kann gegen die Großindustrie (Warenhäuser usw.) nicht aufkommen. Die großen Unternehmer vertrusten sich immer mehr. Und jeder Zusammenschluß von Handel und Industrie bedeutet den Tod einer Anzahl bisher selbständiger Kleinexistenzen, oft auch kleinerer Fabrikbetriebe. Hier wäre zu reden von dem Elend weiterer Kreise der Kleinrentner und der unteren Beamten, selbst in den Staatsbetrieben.

Und dann: die soziale Not der deutschen Landwirtschaft. Einerseits stark mit Steuern belastet, verschuldet sie immer mehr. Andererseits standen die Preise für ihre Erzeugnisse zeitweilig so niedrig, daß sich die Arbeit nicht lohnte. Die Landwirtschaft der letzten Jahre war unrentabel. Jetzt sind die Verhältnisse etwas besser, aber noch lange nicht befriedigend. Und doch hängt für das Wohl unseres Volkes und Landes so sehr viel davon ab, daß wir einen gesunden, kräftigen, bodenständigen Bauernstand haben.

Die meisten Klagen gegen die Landwirtschaft gelten, mit wenigen Ausnahmen, gar nicht dem freien Bauernstand, sondern ben agrarischen Großbetrieben. Mit Recht betont man: Die traurigen Zustände auf vielen großen Gütern sind schuld an der Landflucht der Arbeiter, in den wenigsten Fällen die oft genannte Vergnügungssucht. Davon zeugt der massenhafte Abzug alteingesessener Taglöhnerfamilien. Wie das kommt, erklärt eine Zeitung der christlichen Arbeiterschaft so: „Der Deutsche ist ein tüchtiger Arbeiter und ein fleißiger dazu. Eine Arbeiternatur hat der Deutsche, aber keine Knechtsnatur. Er kann nur sehr schwer Knecht sein. Und so flieht er die Stätte, wo es nur ›Herren‹ und ›Knechte‹ gibt. — Hier soll nicht etwa der rheinische oder westfälische Bauernknecht mit dem Sklaven in Verbindung gebracht werden. Dieser Knechtstyp wird auch vom Deutschen ertragen. (Es besteht da doch ein mehr familiäres Verhältnis.) — Ganz anders dagegen auf den großen Gütern. Hier herrscht durchweg der Herr. Der Knecht gehorcht bedingungslos. Da ist kein Geist der Gemeinschaft. Es sind für den Gutsherrn ›die Leute‹, die vom Aufseher angetrieben und bewacht werden. (Viel kann da natürlich ein verständiger Inspektor zum Ausgleich beitragen.) Dazu kommt noch das mittelalterliche Hofgängerwesen, das die Landarbeiter verpflichtet, jugendliche Arbeitskräfte für ein Spottgeld zur Verfügung zu stellen."

Weiter ist zu nennen die Last der ungerechten Steuerverteilung. In „Auf der Warte", einem Gemeinschaftsblatt, las ich folgendes: „Wenn schon in den Städten geklagt wird, daß die Steuerlast den kleinen Gewerbetreibenden viel stärker bedrückt als die Großindustrie, so ist die steuerliche Ungerechtigkeit auf dem Lande noch viel auffallender. Nach Angabe des preußischen Finanzministers im preußischen Landtag sind 80 % des Großgrundbesitzes in Preußen von der Einkommensteuer befreit. Der mittlere und kleinere Besitz wird immer noch scharf herangezogen."

So wirkt sich die soziale Not fast auf allen Gebieten des gesellschaftlichen Lebens aus. Wir alle sind mehr oder weniger in Mitleidenschaft gezogen. Sie wirkt sich aus in den einzelnen erschwerenden Lebensumständen bis zu den schreiendsten Kontrasten. Die einen leben in üppigster Fülle, die anderen verkommen im Elend. Die einen tollen und toben von Vergnügen zu Vergnügen, die anderen haben kein Brot. Ach, daß wir Augen hätten voll Verständnis für die sozialen Nöte unserer leidenden Arbeitsbrüder- und schwestern, die in der Fron des seelenlosen Kapitalismus stehen, der „keine Menschen kennt, nur die Nummern des Lohnbuches"! Wieviel wäre hier im einzelnen zu sagen vom Elend der Arbeiterfrauen= und kinder, vom Elend der Taglöhner auf vielen Gütern, von heißen Dachwohnungen und dumpfen Kellerlöchern (Näherinnen! Heimindustrie!), von Höfen voll Unrats, in die nie ein Sonnenstrahl fällt, vom Schicksal Unzähliger unserer Volksgenossen, die in der Tiefe bleiben müssen. Daß unsere Ohren geöffnet würden für diese Stimme der Tiefe, das tausendfache Seufzen und Wimmern des deutschen Proletariats! Sind es nicht unsere Brüder und Schwestern? Müssen wir sie nicht lieben um Jesu willen?

Fange damit an, die Klassenvorurteile beiseite zu schieben. Setze dich mit ihnen auf die gleiche Bank, wohin wir alle vor Gott gehören. Sage ihnen ein Wort von Jesu und gib ihnen tätige Liebe. „Mit Arbeitern kann ich doch nicht auf gleichem Fuße verkehren — sagte jemand — und ging ins Kämmerlein, um den anzubeten, der den größten Teil seines kurzen Erdenlebens — Bauarbeiter war." (Le Seur.)

II. Woher diese soziale Not unserer Zeit? Die tieferen Ursachen sind zweifellos Gottlosigkeit, Selbstsucht und Klassengeist, mit den damit verknüpften Folgen.

1. Der Abfall von dem lebendigen Gott und die damit verbundene Menschen= und Kulturvergötterung schuf die Zuchtrute der sozialen Not. So kam Krieg und Inflation. So kam, trotz Republik und Sozialreform, Wohnungsnot und Arbeitslosigkeit. Wo Gott und Christus dem Fabrikherrn und dem Fabrikarbeiter fremde, ja, verhaßte Töne geworden waren, da konnte nur der nackteste Egoismus die Triebfeder ihres Denkens und Handelns sein. Da hieß es auf der einen Seite: Großmöglichste Ausbeutung des Kapitals zu deinen Gunsten! Auf der anderen Seite gleichfalls: Geschickteste und unter Umständen rücksichtsloseste Ausbeutung aller Verhältnisse und Umstände zu deinen Gunsten (Streiks)!

2. So sehen wir heute schrankenlosen Egoismus sich austoben auf allen Gebieten des öffentlichen und privaten Lebens. Die eigentliche Ursache der sozialen Nöte und der bestehenden Kluft zwischen den verschiedenen Menschenklassen sind im kleinen wie im großen Selbstsucht und Habsucht, Neid und Mißgunst.

Davon zeugt das wuchernde **Großkapital**, dessen Hinter-
männern nichts ferner liegt, als die Betätigung sozialer
Gesinnung. Das Kapital in den Händen treuer Männer bringt
Segen. Aber es ist leider wahr, daß das Großkapital heute fast
durchweg in den Händen rücksichtsloser Menschen liegt und als
Werkzeug zur Beherrschung und Ausbeutung anderer gebraucht
wird. Die Entwickelung ist soweit fortgeschritten, daß kein Staat
mehr des Kapitalismus Herr wird; er ist international. Wenn
deshalb auch das Christentum stets die Hauptgrundsätze der um-
stürzlerischen Parteien verneint hat, Enteignung des Privat-
eigentums und Verwischung aller Klassenunterschiede, so sieht
es sich doch dieser anormalen Entwickelung gegenüber gezwungen,
mit heiligem Ernst für Recht und Gerechtigkeit einzutreten, wie
einst die Propheten des Alten Bundes.

Davon zeugen besonders die **Bankbilanzen**. Gute
Gewinne der Banken bedeuten stets, daß Kapitalismus und
Industriealismus gesegnete Zeiten hatten. Und das war z. B.
1926 der Fall. Im Bericht der Deutschen Bank heißt es: „Kein
Auf und Nieder, nur wenige »schwarze Tage«, und am Ende sieht
der Aktienbesitzer durchschnittlich sein Vermögen mehr als ver-
doppelt." Nun die Frage: „Was haben Arbeiter und Angestellte davon gehabt?" Sie haben alle Lasten zu tragen. Aber
während bei Wirtschaftskrisen die Gehälter gekürzt und viele auf
die Straße gesetzt wurden, haben sie in guten Zeiten vom Vorteil
keinen Nutzen. Welche selbstsüchtige, unsoziale Gesinnung, die
sich im Bankbetriebe offenbart! Riesengewinne, aber die Gehälter der Angestellten stehen dazu oft in schreiendem Kontrast.
Ein paar Direktoren dagegen bekommen oft das Vielfache der
Beamten oder phantastische Abfindungssummen.

Vor allem aber zeigt sich diese schrankenlose Selbstsucht im
Alkoholkapital. Hier ist eine Hauptursache der sozialen
Not unserer Zeit. Rauschtrank und Rauschgifte haben schon viel
Familienglück zerstört. Joh. Hölzel sagt: „Der Kainsgeist (»Soll
ich meines Bruders Hüter sein?«) erfüllt vor allem die großen
Brau- und Schnapskonzerne, die von der Unmäßigkeit des deutschen
Volkes leben. Wenn unser Volk mäßig trinken würde, dann
hätten die Interessenten des Alkoholkapitals nur ein Zehntel ihrer
Einnahmen. Aber sie wollen ihren Gewinn um jeden Preis
noch steigern. Darum haben sie nicht nur die Presse, sondern
auch namhafte Vertreter der Wissenschaft in ihre Hörigkeit ge-

nommen, um durch sie die öffentliche Meinung irrezuführen oder mindestens die Wahrheit zu verhüllen." — „Das Elend von 300 000 Trinkerfamilien in Deutschland schreit wie Abels Blut zum Himmel wider den Kainsgeist, der das Alkoholkapital beherrscht. Weitere 200 000 Opfer des Alkohols, die unter den Wirkungen dieses Rauschgiftes Straftaten begehen und Schaden anrichten, sperrt man ins Gefängnis, andere 30 000 ins Irrenhaus; aber die Hersteller und Verkäufer dieses Rauschgiftes läßt man nicht nur unbehelligt, sondern ehrt sie in Staat und Kommune durch den Einfluß, den man ihnen sogar auf die Regierung einräumt."

Endlich ist als Ursache der sozialen Not der Bodenwucher zu nennen. Wie nötig hier Abhilfe tut, zeigt die schlimme Wohnungsnot, die noch gesteigert wird durch Bodenspekulanten, die im Grund und Boden eine Ware sehen, mit der sie Handel treiben können. Wie viele Opfer der Wohnungsnot oder vielmehr des Bodenwuchers liegen schon auf dem Friedhofe! Durch den Krieg hat sich die Wohnungsnot noch verschlimmert. Unglaubliche Zahlen könnten da genannt werden. Wenn im Laufe der letzten Jahre auch vieles gebessert ist, so geben doch folgende drei Zahlen von 1924 immer noch ein erschreckend übersichtliches Bild: 1 400 000 deutsche Familien hatten keine Wohnung; 7 000 000 deutsche Volksgenossen hatten kein Bett; für 223 000 Wohnungsuchende in Berlin standen nur 34 000 Wohnungen zur Verfügung. — Ist's da ein Wunder, daß Tuberkulose und Geschlechtskrankheiten zunehmen? In Berlin waren 1923 von 792 864 neugebornen Kindern 79 200 unehelich; davon starben 25 Prozent im ersten Lebensjahre. Das zeigt deutlich, welche ungeheure Verantwortung wir alle mittragen für die Umgestaltung der gegenwärtigen sozialen Zustände!

3. Schuld an der sozialen Not unserer Zeit trägt endlich auch der Klassengeist. Wie schade ist dieser Mangel gegenseitigen Verständnisses zwischen Arbeitgeber und Arbeitnehmer und ihren Gruppenverbänden! Auf beiden Seiten wird gefehlt durch unwürdige Haltung und maßlose Begehrlichkeit. Viel Schuld hat die das Vertrauen raubende Hetze gewisser Arbeiterführer, besser -verführer. Aber wie sehr fehlt besonders auf Seiten vieler Arbeitgeber das rein menschliche Verständnis für die Nöte und Lebensforderungen des Arbeiters! Man sollte auch im einfachsten Arbeiter

den Menschenbruder sehen und nie den Trieb zum Aufstieg als Hochmut ansehen.

III. Wie kann die soziale Not unserer Zeit be-seitigt oder doch vermindert werden? Vieles ist auf dem Gebiete der Sozialfürsorge bereits getan. Wir haben in Deutschland großartige soziale Einrichtungen, um die uns die ausländischen Staaten beneiden. Kranken-, Invaliden-, Alters- und Unfallversicherung; Gesetze zum Schutze der Arbeiter und zur Regelung der Arbeitszeit, der Frauen- und Kinderarbeit suchen die Härte des Wirtschaftskampfes zu mildern. Andere wichtige Gesetze sind in Vorbereitung. Neben dem Staate haben auch manche Arbeitgeber mustergültige Wohlfahrtseinrichtungen zum Besten ihrer Arbeiter getroffen, so Arbeiterwohnungen, Konsum-vereine, Speiseanstalten, Pensionskassen. Zum Teil haben die Arbeiter durch ihre Organisationen selbst solche Unternehmungen gegründet. Sehr oft sind christliche Gedanken und Anregungen die Ursache dazu gewesen. Andererseits muß hier an die aus-gebreitete christliche Liebestätigkeit (Diakonie) und die Veranstaltung der Inneren Mission erinnert werden, die nach der Jahrhunderte alten charitativen Betätigung durch Wichern ihren sozialen Impuls empfing. Wir denken an die außerordentliche soziale Tätigkeit der Heilsarmee, die um Jesu willen Bedürftige speist, tränkt, kleidet und beherbergt aus öffentlichen und privaten Mitteln. Auch die deutschen Freikirchen haben in ihren etwa 2000 Diakonissen eine stattliche Armee für soziale Barmherzigkeitsübung.

Aber genügt das? Es gibt heute viele Menschen in der Welt, die glauben, die Wohlfahrtseinrichtungen seien heute so ausgezeichnet und verschiedenartig gestaltet, daß niemand Not zu leiden braucht. Wenn es wirklich so wäre, würde das doch die Sorge des Armen nicht wesentlich verkleinern. Für Tausende und aber Tausende von Arbeitern ist die Furcht vor dem An-heimfallen an die öffentliche Armenpflege der Schrecken ihres Lebens. Darum ist öffentliche und berufliche Barmherzigkeit nicht der nächste Weg, um die soziale Not zu beseitigen bzw. zu vermindern. Wir halten oft Hilfe erst für notwendig, wenn Menschen nieder-gebrochen, Trunkenbolde, Vagabunden, Verbrecher geworden sind. Dafür schaffen wir bereitwillig Armenhäuser, Gefängnisse, Asyle, Hospitäler, Heime usw. Wenn es aber erst soweit ist, dann ist meist Hilfe unmöglich. Die Verkommenheit der Eltern überträgt sich auf die Kinder, und so pflanzt sich das schreckliche soziale Elend fort von Generation zu Generation.

Deshalb sage ich: Es gibt einen berechtigten „Sozialismus", jene große Richtung des Volkslebens, die den Standpunkt der Solidarität und gemeinschaftlichen Hilfe vertritt gegenüber einem schranken- und gewissenlosen Individualismus. Früher sagte man: Laßt nur jeden seinen eignen Weg gehen, so besteht der allgemeine Zustand am besten! So entstand der Kampf ums Dasein, fast wie bei den Tieren, wo das stärkere dem schwächeren den Bissen vom Munde wegnimmt. Heute, im Zeitalter des erwachenden sozialen Gewissens, ruft der Sozialismus: Wir müssen die Menschen dahin bringen, daß der starke den schwachen nicht mehr hilflos vergewaltigen kann. Es gilt Schranken zu machen, die dem Mächtigen Hemmnis, dem Geringen Stütze sind. Denn es ist unsittlich, mit dem ganz strengen Eigentumsbegriff zu betonen: Mit dem Meinen kann ich machen, was ich will! Der Sozialismus sagt: Was dein ist, ist nur soweit dein, als es deinen Mitmenschen nicht zum Unglück wird. Der alte Eigentumsbegriff sagt z. B.: Was ich mit meiner Zeit mache, ist meine Sache. Ob ich z. B. Sonntags arbeite oder arbeiten lasse, geht niemand etwas an. Der Sozialismus aber sagt: O doch; deine Sonntagsarbeit ist ein öffentlicher Schaden, also mußt du sie lassen. Kein Mensch hat das Recht, sklavenmäßigen Raubbau zu treiben mit Zeit und Kraft seiner Mitmenschen. So will auch aller Sozialismus, wenn auch auf verschiedenen Wegen, das Einkommen der arbeitenden Volksmenge heben. Er sucht neue Formen und Ordnungen zur gesellschaftlichen Sicherstellung aller Berufsschichten der Bevölkerung durch gerechten sozialen Ausgleich.

Die große Partei der Sozialdemokraten hat diese sozialen Gedanken aufgegriffen, ebenso die Christlich-Sozialen. Diese Gedanken sind an sich gut. Der Christ darf sie sich aneignen. Er kann ebensowohl ohne wie mit der Vergesellschaftung der Produktionsweise leben. Jeder soll arbeiten! Das ist Gottes Wille. Jeder Arbeiter ist seines Lohnes wert! Das ist auch Gottes Wille. „Hinter dem Schrei nach Brot und Recht zittert ein Seufzen nach Leben und Menschheit!" Das Recht zum Menschsein geht als stumme Ahnung durch die ganze soziale Bewegung, mögen die Begriffe noch so materialistisch verflacht oder idealistisch verstiegen sein! Doch ist die Sehnsucht da in ihrer Kraft.

Aber: Die soziale Ideenrichtung, die die Sozialdemokraten und vollends die Kommunisten vertreten, ist eine Utopie, eine trügerische Wahnvorstellung. Sie wollen den genossenschaftlichen Staat, die soziale Republik mit gemeinschaftlicher Verwaltung des Grund und Bodens und gemeinschaftlicher Ausnutzung der Arbeitsinstrumente. Man sagt, so erhält jeder in gerechter Weise den vollen Ertrag seiner Arbeit; so weicht Laster und Jammer der Glückseligkeit. Ein hohes Ziel! Aber die Sozialdemokraten vergessen bei dieser Berechnung die Beschaffenheit des Menschenherzens, auch ihrer eignen Führer, und die verschiedene natürliche Begabung der Menschen. Jeder erhält den Ertrag „seiner" Arbeit; der eine ist geschickter und fleißiger, der andere langsamer und träger. Das Einkommen muß also doch verschieden sein. Wenn aber ja, sagt das selbstsüchtige Herz des anderen: Nein! Ich bin auch Mensch; gleiches Recht für alle! Und der Streit ist da.

Das ist der Fehler in der Berechnung: Die Sozialdemokratie will die Glückseligkeit der menschlichen Gesellschaft herbeiführen durch bloße Änderung ihrer äußeren Verhältnisse, abgesehen von des Menschen innerer Gesinnung. Und das ist falsch. Das Christentum dagegen will den Menschen beglücken durch Änderung des Menschen in seinem innersten Herzenssinn, zunächst ganz abgesehen von seinen äußeren Verhältnissen. Und das ist richtig. Denn letzten Endes hängt die innere Glückseligkeit nicht ab von seiner irdischen Habe und äußeren Lage, sondern von seiner inneren Habe, der Sündenvergebung und Gotteskindschaft, von seiner Herzensstellung zu Gott und seiner dadurch bedingten Stellung zur Welt. Der Mensch lebt ja nicht vom Brot allein. „Auch ein hoher Verdienst des Arbeiters beseitigt das soziale Elend nicht immer. Mit der Größe des Brotes wächst nicht ohne weiteres das Glück." Übrigens war die Gütergemeinschaft der ersten Christen (Apg. 4, 32) zu Jerusalem nur eine Gemeinschaft des Gebrauchs und durchaus eine Betätigung freier Liebe (Apg. 5, 4), am allerwenigsten aber ein bolschewistisches Recht, welches die Armen in Anspruch nahmen. In vielen Stücken gilt es, sich des Sokrates Weisheit zueigen zu machen, der, als er an den Buden des Marktes entlang schritt und die vielen ausgelegten Waren sah, sagte: „Was ich Glücklicher doch alles nicht brauche!" Zufriedenheit, Genügsamkeit, und dabei ein gottvertrauend Herz — das ist Glück.

Wenn nun aber auch die Enteignung des Privatbesitzes und die Verwischung aller Klassenunterschiede nicht zu den sozialen und biblisch begründeten Forderungen des Christentums gehören, soviel steht fest: In dem Zwist der Parteien, gegenüber der Habgier und Vergnügungssucht der Reichen und dem Neid und der Unzufriedenheit der Armen hat die Gemeinde Jesu Christi in diesem Zeitalter, jeder Jünger Jesu, eine hohe Aufgabe. Diese besteht darin, in einzelnen Liebeswerken und in sozialer Betätigung bahnbrechend zu wirken, sich für alles Edle und Gute rückhaltlos und rücksichtslos einzusetzen, dem Glaubenswort die Glaubenstat an die Seite zu stellen, vor allem Wecker des Volksgewissens zu sein. Die Gemeinde kann den Staat nicht ersetzen. Ihr fehlen seine Mittel. Sie hat eine andere Aufgabe. Aber sie ist von Gott gesetzt als Prophet dieser Weltzeit, der mit heiligem Ernst immer wieder ruft: Die Wege der Menschen führen nicht zum Ziel! O Land, Land, Land, höre des Herrn Wort! Charles Kingsley sagt: „Die Bibel ist des reichen Mannes Warnung und des armen Mannes Trost." Die Bibel aber fordert die Herrschaft eines neuen Geistes. Sie fordert die Aufrichtung der Christusherrschaft in den Menschenseelen. Sie fordert die Bruderschaft der Gemeinde. „Die Königsherrschaft Gottes in Jesu Christo ist die Antwort auf alle sozialen Fragen", der Weg aus aller sozialen Not unserer Zeit. Wo Christus in einem Menschen herrscht, da muß er lieben um Jesu willen. Ist die soziale Not für den Gläubigen selbst eine Erzieherin für die Ewigkeit, so ist sie andererseits für ihn die Probe dienender Liebe.

Das ist die Aufgabe der Gemeinde: Sie soll wie Christus die Bosheit hassen und das Böse bekämpfen; denn sie erfüllt Jesu Geist. Jesus selbst hat einen unerbittlichen Kampf gegen die Heuchelei der damaligen Gesellschaft geführt. So ist auch der Christ verpflichtet, in den Kampf für Freiheit und Recht einzutreten, „faule, unhaltbare Zustände mutig aufzudecken und dafür zu kämpfen, daß gesunde Zustände im öffentlichen Leben geschaffen werden". An der Beseitigung der sozialen Notstände müssen wir Christen hervorragenden Anteil nehmen. Das ist der Fehler weiter christlicher Kreise der Gegenwart, daß sie selbstsüchtig ihrem Glauben leben, der sich an der eignen Erbauung genügen läßt, daß sie kein Auge und Ohr haben für berechtigte Interessen der arbeitenden unteren Volksgenossen. Wir Christen sind die Bahnbrecher einer neuen Zeit. Wir müssen leidenschaftliche Vorkämpfer für die Gerechtigkeit auch im sozialen Leben sein gegen alles Ungerechte. Sonst überlassen wir stillschweigend die Vertretung der Arbeiterrechte der Sozialdemokratie und dem Bolschewismus. Gott sei es geklagt: „Noch immer können es fromme Leute in allen Ländern sehr gelassen mit ansehen, daß Millionen ihrer Mitmenschen im Elend versinken, daß Alkohol, Schund, Bodenwucher und Mammonsjäger aller Art unsere Mitmenschen aussaugen." Ist das nicht seltsam? Einer sagte: „Wie, wenn der Herr das Gleichnis vom barmherzigen Samariter in die Sprache unserer Tage so übersetzte: ›Es fiel ein großer wachsender Stand des deutschen Volkes unter die Mörder. Und die Kirche, und die Innere Mission, Priester und Levit, gingen vorüber. Aber die von allen Frommen verachtete Sozialdemokratie half ihm. Nur kann sie ihm nicht wirklich helfen, weil sie selbst so bettelarm ist, da sie weder die menschliche Seele noch den lebendigen Gott sucht.‹ Das darf nicht sein! Die Sozialdemokratie hat die heutige Gesellschaft darauf aufmerksam gemacht, bei allen Trugbildern, daß vieles besser und anders werden muß. Das sei ihr gedankt. Aber damit erschöpft sie sich. Das Klagelied der sozialen Not muß uns Christen zum Kampfruf werden gegen die Verführer unseres Volkes, gegen Satan und sein Reich. So stehen z. B. in England viele treue Christen an der Spitze der dortigen sozialistischen Bewegung, die nicht entgottet und antichristlich ist. (Siehe Friedensbotenheft Nr. 52 und 66.)

Das ist die Aufgabe der Gemeinde Jesu Christi: Sie soll, wie Christus, soziale Liebe üben! Wie Jesus ein Freund der Armen war, so haben auch die unteren Stände keinen stärkeren Hort als das Evangelium. Denn: „Das Evangelium gibt nicht nur jedem Stande seine Ehre, es bejaht auch das Streben, die sozialen Verhältnisse seiner Standesgenossen zu verbessern, die Lasten gerechter zu verteilen und einen vollkommeneren Zustand der menschlichen Gesellschaft anzustreben." Ich weiß wohl, daß da immer gleich gesagt wird: Wir Christen sind berufen, einfach das Evangelium zu verkündigen, nicht die Welt zu reformieren oder in sozialer Arbeit aufzugehen. Aber das Evangelium verkündigen, heißt nicht eine neue Lehre predigen, sondern ein neues Leben kundtun und offenbaren: das Christusleben in der Gemeinde Jesu Christi! Was meint das denn: „Lasset euer Licht leuchten ... Ihr seid das Salz der Erde, das Licht der Welt! Gehet aus an die Landstraßen und an die Zäune!"? Das bedeutet doch: Geht dahin, wo leidende, irrende, suchende, hungernde, frierende Menschen sind; dahin, wo ihr in Fabrik und Kontor mit ihnen an der Arbeit steht. Bringt der vom Parteigezänk ermüdeten, enttäuschten, hoffnungslosen Masse Christum! Ihn selbst, nicht nur ein Wort oder ein Flugblatt über ihn, ihn selbst als Brot des Lebens. Die Bibel ruft auf zur sozialen Liebestat! Schon im mosaischen Gesetz war Platz für die warme Menschen-liebe. Es war ein Anwalt der Armen und Unterdrückten. Gewiß: Erst Friede mit Gott! Freilich werden die Menschen damit nicht zu Gott gebracht, daß man ihnen bessere Lebensbedingungen schafft. Aber noch schwerer werden die Arbeiter an die Lebenskräfte des Evangeliums glauben können, wenn wir sie teilnahmlos in ihren oft schlechten Verhältnissen verkommen lassen. Erst Friede mit Gott! Aber Jesus ruft auf zum Kampf gegen alle Pharisäer, die reden, ohne zu tun. Er sagt: „Was ihr ›getan‹ habt einem unter diesen meinen geringsten Brüdern, das habt ihr mir getan!" Getan, nicht geredet. Des Nächsten Not, des Bruders Not ist Jesu Not! Denkst du daran, Arbeitgeber, wenn du Lohn und Arbeitszeit deinem Arbeitnehmer bemißt, und wenn es nur eine Hausangestellte oder ein Laufjunge wäre? Paulus redet mit Vorliebe vom Glauben, der durch die Liebe tätig ist. Jakobus wendet sich gegen die, welche die Person ansehen, Klassenunterschiede machen. Jesus, Amos, Johannes, Jakobus rufen: „Was hülfe ihnen das?" (Jak. 2, 14—16.) So ist „in den neutestamentlichen Schriften kein Wegweiser der sozialen Technik, aber sie sind eine sprudelnde Quelle sozialer Gesinnung".

Wo soll sich diese vom Geiste Gottes inspirierte Liebes-gesinnung finden, wenn nicht bei der geistlichen Körperschaft, als deren Haupt und Herr Jesus Christus selbst bezeichnet wird?! Die Gemeinde ist die Trägerin der Erlösungskräfte. „Die Gemeinde ist der Leib Christi, der Fuß, auf dem er segnend in die Welt schreitet, die Hand, mit der er heilt und hilft, das Herz, das die Welt und die Schuld der Brüder leidvoll trägt. Aber wie soll er helfen, wenn die Organe seines Liebeswillens den Dienst verweigern?" (Le Seur.)

Wir wissen wohl, daß in dieser Weltzeit das Reich der Sünde seiner unheilvollen Reife entgegenwächst. Die Schaffung von Reichs-gotteszuständen tritt in diesem Zeitalter nicht mehr in die Erscheinung. Sowohl die gründlichere Durchdringung (Durchsäuerung!) der Völker mit christlichem Geist, wie eine Neuordnung der Dinge und ein Neuregiment der Völker durch Bestrebungen sozialer, politischer, religiöser oder kultureller Art liegen außerhalb dessen, wozu die Gemeinde Jesu Christi berufen und bestimmt ist. Welt-bekehrung und Weltverklärung in dieser Weltzeit sind eine Illusion. Wo aber je die lebendige Gemeinde sich auferbaute, da war auch die Hebung der Volkswohlfahrt eine naturgemäße Begleiterscheinung der salzenden und leuchtenden Wirkungen der Christusbotschaft. Da betätigte sich „die christliche Liebe". Sie kann den Grund-zug des Wesens dieser Welt nicht verändern, den endlichen Zu-sammenbruch nicht aufhalten, aber sie muß tätige Liebe üben. Wir alle müssen Träger der Lebensmächte werden, die aus der Schrift quellen; die die Mörder unseres Volkes bekämpfen; die die sündhafte Zufriedenheit mit fauligen Zuständen verstören; die mit heißem Herzen und brennender Liebe Interesse beweisen, Gerechtigkeit üben und unseren Christenstand nicht nur im persönlichen und im Familienleben betätigen, sondern auch im Staats- und Wirtschaftsleben. Wahre Christenhoffnung (Eschatologie!) verfällt nicht einem müden, unfruchtbaren Pessimis-mus, sondern wirkt sich aus in tatkräftiger Liebe, um zu retten, was sich retten läßt.

Laßt uns lernen von dem Manne, den unser Herr und Meister uns als Vorbild hinstellt, den schon vorhin erwähnten barmherzigen Samariter. (Luk. 10, 33. 37). Er half, wo andere vorübergingen. Welch ein Bild wahrer, christlicher Liebe in wenigen markigen Strichen! »Er sah ihn.« Das ist das erste. Man muß Augen haben für fremde Not. Elend sehen wollen. »Es jammerte ihn.« Er hatte Mitleid. Geh hin mit offenen Augen! Wie viele mitleiderregende Szenen findest du dann in unserem Volke. »Er trat zu ihm hin.« Nicht Mitleid nur. Er unterbricht den Weg. Er vergißt alles andere, tut das Werk der Nächstenliebe nicht halb, sondern ganz, verspricht ein Übriges und reist dann ohne Dank still weiter. So war dem Armen geholfen in seiner Not. — Jesus sagt: „Gehe hin und tue desgleichen!"

DOK 8

Der Vorstand der Vereinigung Evangelischer Freikirchen
hat folgendes Telegramm an den Führer gesandt:

An den Führer und Reichskanzler
Führer-Hauptquartier.

Die Vereinigung Evangelischer Freikirchen sendet Ihnen,
mein Führer, zu den gewaltigen Siegen im Osten herzlichste
Glückwünsche in der Gewissheit, dass Sie damit als Werkzeug Gottes endlich die gott-und christentumsfeindliche
Macht des Bolschewismus brechen und dadurch nicht nur
die Zukunft des geliebten deutschen Vaterlandes sondern
auch die Neuordnung Europas sichern werden. Wir versichern
Sie aufs Neue unserer Fürbitte und rückhaltlosen Ein-
satzbereitschaft.

Direktor Paul Schmidt   Bischof Melle.

Juli 1941.

Paul Markowski:
Der größte Feind des deutschen Volkes

Enttäuscht stehen heute viele Menschen vor den Trümmern ihres Vaterlandes. Hatte man ihnen doch viel versprochen und gar nichts gehalten. An Stelle des Friedens und des Glückes sind Krieg, Not und Elend ihr Teil geworden. Angesichts dieses Elends ist es klar, dass sie nach den Schuldigen forschen und dass schließlich ihr Ärger und ihre Wut sich gegen die richten, die dieses verschuldet haben.

Bei der Suche nach diesen Schuldigen ist es aber schwer Grenzen zu ziehen. Es ist daher verständlich, dass man zunächst alle die, die zu der Verbrecherorganisation gehört haben, zur Verantwortung zieht. Ein falsches Mitleid wäre da nicht angebracht, zumal man annehmen kann, dass im umgekehrten Fall niemand dieser Leute sich für die aus politisch und religiösen Gründen Verfolgten eingesetzt hätte.

Viele von ihnen werden zwar ebenso zu den Enttäuschten gehören, da sie im guten Glauben zu handeln gemeint haben. Sie werden daher heute zu den besten Antifaschisten gehören. Diesen wird aber auch wieder die Tür offen stehen zu jeder Mitarbeit im politischen und öffentlichen Leben. Notwendig ist nun einmal, dass die Spreu vom Weizen getrennt wird. Unter diesem Gesichtspunkt ist das jetzige allgemeine Vorgehen gegen die Nazis zu verstehen.

Es gibt nun aber noch eine andere Sorte von Menschen, die man so leicht übersieht, weil sie keine Parteiabzeichen getragen haben. Es sind die sogenannten Unpolitischen. Sie waschen bei jeder Gelegenheit ihre Hände in Unschuld und meinen, weil sie mit den geschehenen Dingen angeblich nichts zu tun hatten, keine Verantwortung dafür übernehmen zu brauchen. Auch heute wollen sie wieder die Gescheiten sein und sich von allen politischen Fragen fernhalten.

Sie bedeuten aber eine große Gefahr für unser Volk. Waren es denn nicht gerade die Unpolitischen, bei denen der Faschismus Anker werfen konnte? Und waren sie es nicht, die durch ihr unpolitisches Verhalten dem Nationalsozialismus Vorschub leisteten? Wer gehörte zu jenen Millionen, die vor 1933 einem Adolf Hitler ihre Stimmen gaben? Jene Unpolitischen!, die gar nicht nachdachten, sondern einfach auf die Phrasen eines Rattenfängers hineinfielen. Heute stehen sie wieder abwartend da. Sie warten auf die Windrichtung, um ihren Mantel danach aufschlagen zu können. Sie würden in jedem Falle wieder dazu bereit sein, umzuschwenken und nach dem nach ihrer Meinung günstigen Winde zu segeln. Diese so überaus Vorsichtigen sind daher so überaus gefährlich für unser Volk.

Tritt man einem Faschisten gegenüber, so weiß man, woran man ist. Bei einem Unpoliti-schen dagegen ist dieses nicht der Fall. Er kann heute rot und morgen braun oder umge-kehrt sein. Er bildet das stärkste Rückgrat der Reaktion und wird stets deren Hoffnung bleiben.

Unser Volk hat dieses bereits einmal erlebt. Aus den politisch Uninteressierten holte Hitler jene Massen, die sein Reich stützten. Sie sind daher mit die Hauptverantwortlichen für das heutige Chaos und das Elend des deutschen Volkes.

Ein zweites Mal darf dieses nicht mehr passieren, darum darf es auch keinen Unpoliti-schen oder politisch Uninteressierten geben. Es muss Aufgabe der vier antifaschistischen Parteien sein, dafür zu sorgen, dass sich ein jeder als politischer Mitarbeiter und Kämpfer mit einreiht. Da, wo es aber noch Menschen gibt, die ihre heutige Aufgabe auf diesem Gebiet nicht erkennen wollen, liegt der Verdacht nahe, dass sie faschistisch oder reakti-onär eingestellt sind. Weil sie aber diese ihre Einstellung hinter dem Vorhang des Unpo-litisch-Seins verstecken, sind sie viel gefährlicher als die Faschisten selbst. Es ist deshalb nicht zu verantworten, dass man sie in den Ämtern belässt, während man die Faschisten hinaustut. Sie müssen wenigstens ebenso behandelt werden wie die Nazis selbst.

Es kann sich heute niemand mehr entschuldigen, dass er keine Möglichkeit besitzt, sich zu entscheiden. Es gibt vier antifaschistisch-demokratische Parteien. Von ihnen kann sich ein jeder die aussuchen, die ihm nach seiner politischen Einstellung als die richtige er-scheint. Wenn er das nicht tut, beweist er durch sein Verhalten erneut, dass er sich von seiner bisherigen Einstellung, die den Faschismus begünstigt bzw. herbeigeführt hat, nicht lösen kann. Er hat somit auch als Faschist zu gelten und ist entsprechend zu be-handeln.

In dieser Behandlung wäre ein Faschist noch vorzuziehen. Er hat, wenn auch verkehrt, politisch gehandelt und kann, sobald er seinen Irrtum erkennt, ein brauchbares Glied im Volksleben werden. Gerade er wird als politisch Betrogener und Enttäuschter ein fanati-scher Antifaschist werden. Bei einem Unpolitischen aber kann dieses nie der Fall werden, da er sich nie enttäuscht fühlt, sondern sich im gegebenen Fall wieder nach dem dann vorherrschenden Wind richtet. Es wäre daher auch unverantwortlich, wenn nicht sogar ein Verbrechen gegen das Volk, wenn man es zuließe, dass bei den kommenden Wahlen unpolitische bzw. parteilose Listen aufgestellt würden. Durch solch ein Verfahren kann es passieren, dass versteckte Faschisten oder Reaktionäre in die Volksvertretung kommen und dann das Aufbauwerk stören können.

Es ist Pflicht der vier Parteien dafür zu sorgen, dass dieses unmöglich gemacht wird. In jeder Gemeinde sind Vertreter der antifaschistischen Parteien vorhanden. Sie sind aufzustellen und zu wählen. Sollte eine Gemeinde ohne Antifaschisten sein, dann darf diese keine Gemeindevertretung haben. Ihre Leitung müsste kommissarisch von zuständiger Seite ernannt werden.

Der größte Feind des deutschen Volkes und seines demokratischen Staates ist der Unpolitische und Parteilose. Darum Augen auf und stets Wachsamkeit! Es darf nicht das, was mühsam aufgebaut worden ist, durch solche Leute wieder niedergerissen werden.

P.M.

| DOK 10 | *Franz Dreßler:*
Die soziale Verantwortung der Christen |

„Die Geschichte aller bisherigen Gesellschaft ist die Geschichte von Klassenkämpfen. Freier und Sklave, Patrizier und Plebejer, Baron und Leibeigener, Zunftbürger und Gesell, kurz: Unterdrücker und Unterdrückte standen in stetem Gegensatz zueinander, führten einen ununterbrochenen, bald versteckten, bald offenen Kampf, einen Kampf, der jedesmal mit einer revolutionären Umgestaltung der Gesellschaft endete oder mit dem gemeinsamen Untergang der kämpfenden Klassen." Mit diesen Worten beginnt das von Marx und Engels im Jahre 1847 verfaßte Kommunistische Manifest. Aus ihnen tönt es wie Donner gewaltiger Katastrophen der Geschichte, tönt etwas vom Ton der Posaune des Gerichts.

Aber aufgehorcht haben damals nur die Arbeitermassen. Die, die erst recht hätten hören sollen, die Christen, merkten überhaupt nichts davon, daß sich da Gewaltiges anbahnte. Das Christentum kam damals eben her von seiner Erweckungsbewegung und begann, sich in Missions- und Liebeswerken zu betätigen. Dabei war es ihm völlig verborgen geblieben, daß währenddessen die Industrialisierung Europas vor sich ging, die auf der einen Seite „wahrhaft babylonische Türme von Kapitalismus und Militarismus" und auf der anderen Seite unheimlich anwachsende Proletariermassen in den großen Industriezentren schuf. Es ist erschütternd zu sehen, wie ahnungslos die Christenheit an der gewaltigsten Umwälzung auf wirtschaftlichem und auf sozialem Gebiet vorübergegangen ist. Gewiß, einige empfanden, daß hier etwas geschehen müsse, daß gerade die Christen gegen die Vergewaltigung des Menschen durch den Mammonismus aufstehen müßten; aber sie blieben allein. Wichern hielt seine Wittenberg-Rede. Der Hofprediger Stöcker ging in sozialistische Versammlungen. Naumann wurde Rufer und Mahner, und v. Bodelschwingh griff tatkräftig zu. Das blieb aber ganz privates Handeln dieser Männer. Die Kirche selbst war uninteressiert. Bei ihr verhinderte das unselige Bündnis zwischen Thron und Altar, die völlige Gebundenheit der Staatskirche an den Staat eine dem Evangelium entsprechende Haltung, so daß der Evangelische Oberkirchenrat sogar dem Sozialistengesetz von 1878 „wider die gemeingefährlichen Bestrebungen der Sozialdemokratie" zustimmte. So gingen die Christen statt mit dem Volk mit den Regenten, statt mit den Armen mit den Reichen, statt mit den Schwachen mit den Mächtigen, wie so oft.

Das sah die Arbeiterschaft deutlich. Für sie stand das Christentum im Dienst der bürgerlichen Gesellschaft; stellte doch die Christenheit die bestehende Ordnung der Dinge als unantastbar hin, nahm historisch bedingte Formen wie den Kapitalismus als unabänderliche Ordnungen. Sie stand damit für die sozialistische Arbeiterschaft ganz auf Seiten derer, die „die kapitalistische Ordnung statt als vorübergehende Entwicklungsstufe als absolute und letzte Gestalt der gesellschaftlichen Produktion auffaßten" (Karl Marx). So wendeten sich die Arbeitermassen unverstanden und verbittert ab; ja, sie mußten sich gegen dieses Christentum wenden, das nicht nur eine konservative, sondern eine reaktionäre Macht und Schutzmacht aller Herrschenden und Besitzenden war, gegen diesen Gott, der das Bestehende wollte, gegen diesen Christus der Mächtigen und Großen.

In diesem Kampf bot sich dem Sozialismus die Wissenschaft als Waffe an. Die Naturwissenschaft, die damals ihren vielgepriesenen Siegeszug hielt, wurde ihm die Trägerin aller Wahrheit. Dies führte zum dialektischen Materialismus, der zwar alle Dinge in ihrem Zusammenhang sieht, aber doch in ganz bewußter Begrenzung auf den Diesseits-Realismus der Materie den Vorrang zuspricht. Dabei wird dann sehr stark die Veränderlichkeit alles Seins betont; alles Sein ist in steter Entwicklung, die sich in dialektischem Prozeß vollzieht, d. h. nicht geradlinig aufwärts, sondern sprunghaft und in Gegensätzen. So aber wird alles werdend und fließend gesehen, und es fehlt der Blick für das Feste, das Ruhende, das Ewige. Aber diese Weltanschauung entspricht dem Sozialismus, der die Welt nicht nur erklären, sondern vor allem auch verändern will. Als Bundesgenosse stellte sich der Darwinismus ein mit seiner Lehre, daß der Kampf ums Dasein der Hauptfaktor in der Entwicklung der Arten ist. Bei dieser Weltanschauung blieb für irgendwelche christlichen Momente kein Platz. Die Auseinandersetzung zwischen Sozialismus und Christenheit, die zu einer Verteidigung der gerechten Forderungen des Proletariats seitens aller christlichen Kreise hätte führen müssen, wurde zu einer Aus-einandersetzung in des Wortes wörtlichster Bedeutung.

Schon einmal in der Geschichte war es so: im Jahre 1525, dem Jahr der großen Bauernbewegung. Die Bauern, die damals das Volk darstellten, das sein Recht sucht, trugen auf ihren Fahnen neben dem Bundschuh als dem Zeichen ihrer sozialen Forderungen das Bild des gekreuzigten Erlösers als Sinnbild der religiösen Begründung ihrer Forderungen. Sie hatten in Martin Luthers Bibel das Evangelium von der Freiheit und der Bruderschaft aller Kinder Gottes gefunden. Mußten sie nicht daraus die praktischen Folgerungen für das politische und soziale Leben ziehen? So kamen sie zu dem, der ihre ganze Liebe und ihr volles Vertrauen besaß, zu Martin Luther. In seiner Hand ruhte damals, menschlich gesprochen, nicht nur die soziale Befreiung, sondern eigentlich die Sache Christi für das Abendland. Wir wissen, wie es gegangen ist. Luther wies seine Mitbrüder kalt und verständnislos ab. Und als es dann, nicht zuletzt als Folge davon, zum Kampf kam und zu Ausschreitungen der Enttäuschten, da schleuderte er seine Schriften gegen die Bauern und forderte die Fürsten auf, die Aufständischen niederzuschlagen wie tolle Hunde. Sie taten es, und ein furchtbarer Blutstrom ergoß sich aus dem Wort eines Christen in die Lande.

Nach Jahrhunderten waren jetzt die Christen wieder gefragt, und siehe, erneut versagten sie! Haben wir denn auch nur etwas davon gemerkt, daß nicht nur die Welt, sondern Gott selbst uns fragte? Er pochte in der sozialistischen Bewegung an unsere Tür; wir hörten ihn nicht und hielten sie verschlossen. „Die Seinen aber nahmen ihn nicht auf" (Joh. 1, 11). Denn sie waren viel zu stark mit sich selbst beschäftigt und viel zu wenig bewegt von der verborgenen Not der Zeit. Sie sahen nur, wie alle anderen auch, die glänzenden Fassaden des 19. Jahrhunderts, spürten aber nichts von der Schwäche und der Leere, die sich dahinter verbarg. „Das ist der Nachteil des Bevorzugten, daß er selten hinter die Fassaden sieht, und das ist der Vorteil des Benachteiligten, die Stärke des Schwachen, daß er die stärkeren, gründlicheren Augen hat, die das können und müssen" (Ed. Thurneysen).

Was hätte es bedeutet, wenn damals die Christenheit, aufgerüttelt von der sozialistischen Kritik, die furchtbare Armut, Leere und Dürre ihrer Verkündigung und ihres Tuns eingesehen und Buße getan hätte! Wenn sie erkannt hätte, wie ihr jedes lösende Wort in dieser Frage, wie in so vielen Fragen fehlte, und wie sie die ewigen, nicht nur das innere, sondern auch das äußere Leben umgestaltenden Gotteskräfte weithin verloren hatte. Die Arbeiterbewegung mit ihrem heftigen Drängen nach wirklichen Antworten und Lösungen hätte einer bußfertigen Christenheit ein umwälzender Anstoß sein können und müssen, den existentiellen Sinn ihrer Antworten und Wahrheiten ernstlich zu überprüfen und endlich wieder zum Wesentlichen zu kommen.

Dabei wäre uns Christen die Botschaft der Bibel für alle Menschen neu aufgegangen, und wir hätten es gelernt und verstanden, daß Gott soziale Gerechtigkeit will. Erinnern wir uns doch neu daran! In Israel ist durch das Wirken Moses um 1200 v. Chr. Geb. und durch das Wirken der großen Propheten, etwa 750—450 v. Chr. Geb., auf die mächtigste Weise der Gedanke erwacht, daß die Menschheit eine einzige große Familie sein solle, zusammengehalten durch das einheitliche Gesetz der Gerechtigkeit und Güte. Dort ist zugleich die Erkenntnis gereift von dem unbedingten Wert jedes Menschen, und ganz besonders des armen und geringen. Die mosaische Gesetzgebung ist voll von echten sozialistischen Forderungen, die ihre Wirkung auf alle Zeiten ausgeübt haben. Schon Mose schafft ein A r m e n r e c h t. 5. Mo. 24, 19—22 wird den Armen und den Durchreisenden die Nachlese in der Garben- und in der Weinernte gestattet. Im Weinberg oder auf dem Erntefeld darf jeder nach Belieben essen, nur nicht einsammeln (5. Mo. 23, 25—26). Alle 3 Jahre ist der Armenzehnt zu geben (5. Mo. 14, 28—29). Alle 7 Jahre steht den Dienstboten und den Fremden zu, was im Ruhejahr von selbst wuchs (3. Mo. 25, 4—7). Handmühlen durften nicht gepfändet werden, wie auch nicht das Kleid einer Witwe (5. Mo. 24, 6. 17). Der Gläubiger, der etwa aus der Wohnung des Schuldners ein Pfand holen will, durfte dessen Wohnung nicht betreten, sondern der Schuldner mußte es herausbringen (5. Mo. 24, 10). Für die Armen bestanden rücksichtsvoll ermäßigte Opfervorschriften. Dieser soziale Geist erstreckt sich sogar bis zur Fürsorge auf Vogelmutter und dreschenden Ochsen (5. Mo. 22, 6; 25, 4). Und das mehr als 1000 Jahre vor Christi Geburt! Im B o d e n r e c h t wurde der Bildung von Großgrundbesitz und der Überschuldung der Landwirtschaft dadurch gesteuert, daß in jedem siebenten Jahr, dem „Erlaßjahr", alle Schulden verjähren, die Darlehen erlöschen und die Männer frei werden, die sich in der Zwischenzeit aus Not zu Sklaven verkaufen mußten (5. Mo. 15, 1—2). In jedem 50. Jahr, dem „Jobeljahr", fielen alle Grundstücke an die angestammten Besitzer zurück, die seit dem letzten Jobeljahr aus Not verpfändet oder veräußert waren (3. Mo. 25, 23—28). Damit wurde der kleine Mann nicht die Beute des Großgrundbesitzers. Was das Z i n s r e c h t betrifft, so waren nach 5. Mo. 23, 20 Zinsen von Volksgenossen grundsätzlich verboten. In bezug auf das A r b e i t s r e c h t schließlich war eine wichtige Bestimmung, daß der Lohn an den Tagelöhner vor Sonnenuntergang auszuzahlen ist (3. Mo. 19, 13; 5. Mo. 24, 15). Bei der Sklavenentlassung, die in jedem siebenten Jahr erfolgte, war der Sklave mit einem Deputat auszusteuern (5. Mo. 15, 13). Das alles waren nicht etwa Forderungen einzelner sozial Denkender, sondern es waren G e s e t z e , bindend für das ganze Volk.

Die Propheten haben dann vor allem scharfe Kritik an den sozialen Erscheinungen ihrer Zeit geübt. Wie erhebt z. B. Amos seine Stimme (5, 21—24): „So spricht Jahwe: Ich hasse, verschmähe eure Feste; mich ekelt all euer Feiern. Zuwider sind mir die Gaben, Kalbsopfer mag ich nicht sehen. Hinweg mit dem Lärm deiner Lieder! Dein Harfenspiel mag ich nicht hören. Gerechtigkeit ströme wie Wasser und Recht wie ein sprudelnder Bach!" Denn „ihr tut den Dürftigen Unrecht und mißhandelt die Niedrigen" (4, 1). „Auf Gewändern, die die Reichen den Schuldnern gepfändet und abgenommen haben, strecken sie sich aus zu ihren Festen" (2, 8). Die Wucherer „reißen dem Volk die Haut vom Leibe, zerknacken ihm seine Knochen und zerlegen alles wie Fleisch im Kessel, wie Braten, der im Topf schmort" (Micha 3,3); sie treiben die Schuldner mit Weib und Kind von Haus und Hof (2, 1. 9). Die Propheten rügen immer wieder die sittliche Verkommenheit und Verschwendung der Reichen und die Ausbeutung der wirtschaftlich Schwachen. Wie klagt Jeremia (5, 26—28), daß Arme und Waisen um ihr Recht betrogen werden! Ja, Maleachi (3, 5) muß die Hartherzigkeit der Vornehmen noch unter den elenden Verhältnissen der persischen Fremdherrschaft brandmarken. Viel wichtiger als die Erfüllung der gottesdienstlichen Pflichten ist es, sagt Jesaja (58, 3—8), den Hungrigen das Brot zu brechen, Umherirrende ins Haus zu führen, den Nackten zu bekleiden und sich seinem Fleisch und Blut nicht zu entziehen. Vielleicht hat Micha (6, 8) am treffendsten gesagt, wie soziale Gerechtigkeit werden soll: „Jahwe hat dir gesagt, Mensch, was frommt! Und was fordert Jahwe von dir, außer Recht zu tun, Liebe zu üben und ehrfürchtig zu wandeln vor deinem Gott?" Recht, Liebe, Glaube — in diesem Dreiklang ist alles gesagt. Wie durch die Propheten das soziale Gewissen wirklich geschärft wurde, läßt sich aus dem Hiobwort erkennen: „Wenn wider mich mein Acker Klage erhob und alle seine Furchen weinten, weil ich ohne Ankauf seinen Ertrag verzehrte und seinem Besitzer das Leben nahm, so müssen statt Weizen Dornen aufgehen und statt der Gerste stinkendes Gestrüpp" (31, 38—40). „Wenn ich verachtete das Recht meines Knechtes und meiner Magd, so sie eine Klage wider mich hatten, was wollte ich eben tun, wenn Gott aufstünde und einschritte, was ihm erwidern? Hat nicht, der mich erschuf im Mutterleibe, auch jenen erschaffen; hat nicht der Eine uns im Mutterschoß bereitet?" (31, 13—15).

Das Neue Testament hat diese Gedanken dann weitergeführt und vertieft. Jesus Christus bringt das Reich Gottes, die Gottesherrschaft in die Welt. Das Reich Gottes ist die Gemeinschaft der Menschen, in denen Gott unbedingt herrscht. Gott ist die Liebe; darum ist das Gottesreich ein Reich der Liebe, die Gemeinschaft derer, die, durch Christum mit Gott versöhnt, ihr ganzes Leben und Handeln durch die Liebe bestimmen lassen. Deshalb ist Gottesliebe und Nächstenliebe — die eine nicht ohne die andere! — der Inbegriff des Gesetzes, ja das Grundgesetz des Gottesreiches (Matth. 22, 39). Für Jesus drückt sich „Reich Gottes" aus in der unbedingten Liebe, in der Bruderschaft und der Solidarität, die im gegenseitigen Dienen und im Aufsichnehmen fremder Schuld gipfelt. Deshalb ist für ihn Besitz, der zu einer Vergewaltigung der Rechte anderer führt, Sünde. Sein Lebenswerk aber ist nicht soziale Reform, sondern Erlösung und Aufrichtung des Gottesreiches, und das heißt der Gottesherrschaft in dieser Welt. Die ihm folgen, leben im dienend dem Nächsten zugewendeten Tun. Und solches Tun ist gottgewolltes Tun. So gottgewollt ist es, daß einmal, wenn Christus im Endgericht das Urteil fällen wird, das Tun „an einem dieser Geringsten" der Maßstab sein wird, nach dem die Menschen und Völker mit ihren Werken vor Gott und für die Ewigkeit gelten oder nicht (Matth. 25, 31 ff.).

Der familienartige Kreis, der den Herrn Jesus umgab, setzt sich fort in der ersten Christengemeinde. Die brüderlich geeinte Familie, die sie darstellen will und die gelegentlich bis zur Gütergemeinschaft fortschreitet, bei der der einzelne allerdings aus Liebe zu den Brüdern großzügig gibt und nicht zuerst nimmt, ist der zutreffende Ausdruck für das soziale Ideal des Christentums. Die Liebe, die Jesus Christus seinen Jüngern vorgelebt hat, verbindet alle Glieder untereinander. Die urchristlichen Gemeinden sind denn auch lange Zeit wirkliche Lebensgemeinschaften, wo man in gesunden und kranken Tagen füreinander einsteht, und wo trotz dem formellen Fortbestehen des Sklaventums völlige religiöse und menschliche Gleichheit herrscht. Immer wieder wird diese Gleichheit betont, besonders auch von Jakobus, dem Bruder des Herrn. In seinem Brief schreibt er (2, 2—6): „Da kommt, wenn ihr versammelt seid, ein Mann mit goldnen Ringen und im Prachtgewand, ein Armer kommt zugleich im Arbeitskittel; ihr aber staunt den an im reichen Kleid und sprecht: „Du setze dich hier oben hin!" Dem Armen aber sagt ihr: „Du steh dort! Sonst ist auf meiner Fußbank Platz für dich." Steht ihr dann nicht im Widerspruche mit euch selbst? Ist euer Urteil nicht von argem Sinn bestimmt? Ihr habt enteehrt den armen Bruder!" Gott hat gerade die Armen erwählt (v. 7); darum gilt den Reichen, die nur an sich und ihren Besitz denken, den Nächsten aber vergessen, der Weheruf: „Eure Schätze sind am Faulen, Prachtgewänder Fraß der Motten, Gold und Silber rostverfallen! Schätze habt ihr euch gesammelt in der Weltzeit letzten Tagen: Schnitterlohn, den ihr behalten, schreit! Und der Schnitter Klagerufe sind gekommen vor das Ohr des Gottes der Heerscharen. Ihr habt gepraßt und wohl gelebt auf Erden, mästet eure Herzen an dem Schlachttag! Habt verurteilt den Gerechten, ihn gemordet, keinen Widerstand hat er geleistet." (5, 2—6). Noch um 140 nach Chr. Geb. kann Aristides als ein Verteidiger seines Glaubens schreiben: „Die Christen haben die Gebote ihres Herrn Jesu Christi in ihre Herzen eingegraben und beobachten sie in Erwartung der zukünftigen Welt. Knechte aber und Mägde oder Kinder, wenn sie solche haben, überreden sie, Christen zu werden, aus Liebe zu ihnen; und sind sie es geworden, so nennen sie sie ohne Unterschied Brüder. Wer hat, teilt dem mit, der neidlos nichts hat. Sehen sie einen Fremden, so führen sie ihn unter ihr Dach und freuen sich sein als eines echten Bruders; denn nicht dem Fleisch nach nennen sie sich Brüder, sondern der Seele nach. Ist jemand unter ihnen arm und bedürftig, und sie haben keine überflüssigen Lebensmittel, so fasten sie 2 oder 3 Tage, um den Bedürftigen ihre Nahrung zu ergänzen. So beobachten sie treu die Gebote Christi, indem sie heilig und gerecht leben, wie Gott der Herr ihnen befohlen hat, ihm jederzeit dankend für Speise und Trank und alle übrigen Güter."

So liegen in der Heiligen Schrift die Ansatzpunkte für eine Ordnung der Menschenwelt, die von innen her umgestaltend nach außen wirkt. Der Glaube an den lebendigen, heiligen und barmherzigen Gott, dem die Welt gehört, die seinem Willen entsprechen soll, die Botschaft von der gegenseitigen Verantwortlichkeit und dem Liebesdienst aneinander schließt für alle Zeiten den Mammonismus und Egoismus, die Ausbeutung und Unterdrückung der Menschen aus. Das ist die soziale Gerechtigkeit der Bibel, die auch wir zu erstreben haben.

Und damit sind wir gefragt, wir ganz allein, die wir uns nach dem Namen des Herrn Christus nennen. Und wir sind gemahnt, wir ganz allein, daß Gottesdienst Menschendienst und Gottesliebe Menschenliebe ist. Und wir haben Antwort zu geben, wir ganz allein, eine Antwort, die zugleich Ver-antwortung ist. „Kein Christ kann sich aus der Welt lösen. Die Welt — das sind wir. Wir sind einer des andern Hüter, und niemand ist es erlaubt, sich aus der Verantwortung für die Gemeinschaft zu lösen, in die er hineingestellt ist." (R. G. Quaatz.)

Ob wir uns nun noch damit rechtfertigen können, das Neue Testament weise nur den Weg zum Heil der Seele; oder die sozialen Verhältnisse besäßen ihre „Eigengesetzlichkeit", auf sie könnten daher religiöse Gesichtspunkte keine Anwendung finden? Ob wir uns nun noch damit begnügen dürfen, uns der Vergebung der Sünden zu freuen und andere zum Sünderheiland zu führen, im übrigen aber die sozialen Verhältnisse laufen zu lassen, wie sie laufen, als Sache Gottes oder des Teufels? Ob wir über der Verherrlichung des inneren Lebens wirklich „die geistlose Brutalität der äußeren Verhältnisse", über dem Hinweis auf den Himmel die Forderung der Erde, über dem Dienst Gottes den Dienst des Menschen vergessen dürfen? Ob wir uns nun noch unserer sozialen Verantwortung entziehen können? Es gibt genug Christen, die zwar nach dem Himmel trachten, aber sehr eifrig an den Gütern der Erde festhalten, die von Liebe und Bruderschaft zwar reden, aber den Menschenbruder verkommen lassen, die sich zwar zu Gott, dem Vater im Himmel bekennen, die Erde aber dem Willen des Menschen überlassen.

Darum gilt es, den lebendigen Gott und sein Reich wieder neu zu erkennen und zur Geltung zu bringen, Gott wirklich „ernst zu nehmen". wie Herm. Kutter das so eindringlich betont hat, ihn so ernst zu nehmen, daß er „als der weltüberlegene Gott in die Welt eingeht, in Tatsachen, in Taten, in Geschichte". Nehmen wir Gott wirklich ernst, dann werden wir auch den Menschen ganz ernst nehmen mit seinen menschlichen, irdischen Ansprüchen; werden ihn ernst nehmen von Gott her. Hans Lutz spricht davon in „Protestantismus und Sozialismus heute" so: „In Jesus Christus ist Gott eingegangen in unsere Menschlichkeit. Das Ernstnehmen des Menschen in seiner irdischen Existenz durch die Fleischwerdung Gottes in Jesus Christus gibt uns das Recht, von dem Menschen als Mittelpunkt der Gedanken Gottes zu sprechen. Wer theozentrisch denkt, muß auch anthropozentrisch denken . . . Das Wort Gottes ist ein menschliches Wort. Die Ordnungen Gottes sind menschliche Ordnungen. Unmenschliche Ordnungen sind nicht Gottes Ordnungen. In seinen Ordnungen geht es Gott um den Menschen. Gott hat sich selbst an den Menschen gebunden in Jesus Christus. „Das Wort ward Fleisch" ist nicht nur ein seltsamer Satz der Dogmatik, sondern bedeutet eine Fülle von Einsicht, die es uns verwehrt, den Menschen in seiner menschlich-irdischen Existenz, also den realen Menschen, nicht ernst zu nehmen. In Jesus Christus ist die Menschenfreundlichkeit Gottes überwältigend offenbar geworden. Nur indem wir den Menschen ganz ernst nehmen, nehmen wir Gott ganz ernst. Karl Marx hat den Menschen ganz ernst genommen in seiner unmenschlichen Existenz. Die Kirche glaubte, Gott ganz ernst zu nehmen, und nahm die unmenschliche Existenz des Menschen nicht ernst genug. W e r v o n b e i d e n h a t n u n G o t t w i r k l i c h e r n s t g e n o m m e n ?"

Dieser letzten und entscheidenden Frage haben wir Antwort zu geben, wir Christen der Gegenwart, in unserer Zeit, da das Gesicht der Erde zwar verändert ist wie die Gesichter ihrer Kinder, da aber unverändert in diesen Gesichtern der Hunger nach Gerechtigkeit und Brüderlichkeit zu lesen ist. Wir haben jetzt und heute Antwort zu geben, indem wir in der Welt, oder besser in die Welt hinein liebend helfen und dienen als solche, die nicht nur um ihre soziale Verantwortung wissen, sondern sie üben in täglicher Tat.

Franz Dreßler

DOK 11

Kann ein Christ Marxist sein?

Ist es nicht ein gefährliches Thema? Sagen nicht auch heute noch viele wahre Christen, daß schon die Beschäftigung mit dem Marxismus in eine christusfeindliche Welt führt und daher abzulehnen ist? Diese Auffassung ist besonders bei manchen älteren Gemeindegliedern vorhanden, die in ihrem Leben eine gottfeindliche Propaganda durch die Marxisten beobachtet haben. Auch die politischen Tagesereignisse mit ihren Härten und oft traurigen menschlichen Verirrungen stoßen Bibelgläubige ab. Der Christ weiß, daß die Erlösung der Welt nicht durch die Politik kommt, sondern allein aus Gnade, Buße und Glauben. Hier eine andere Auffassung verbreiten zu wollen, wäre ein verhängnisvoller und die Gemeinde Gottes schädigender Versuch. Er zehrte an der Substanz, an der Licht- und Salzkraft der Gemeinde und jedes einzelnen Gläubigen.

Nun bleibt aber Tatsache, daß Christus in seinen Worten und Taten einen erstaunlichen Einblick in die gesellschaftlichen Fragen seiner Zeit und in zukünftige Entwicklungen offenbarte. Diese Aufgeschlossenheit für die kleinen und großen politischen Fragen durchzieht übrigens die ganze Bibel. Das Achten auf die Zeichen der Zeit gehört ebenso zur rechten Einstellung der Gläubigen wie das Unbeflecktbleiben in den Dingen der Welt. So erscheint es uns als immerwährende Aufgabe des Christen, den Mut zum Erkennen der politischen Vorgänge aufzubringen und den noch größeren Mut, sich um eine gerechte Beurteilung

dieser Vorgänge zu bemühen. Gewiß, der Jünger Jesu ist nicht zum Träger der Politik berufen. Seine Mission liegt vielmehr im Ertragen der Politik, wobei er der Welt immer wieder den Respekt vor dem Geist Christi, der eine solche Überwindergesinnung bewirkt, abzwingt. In einer Zeit, in der die Politisierung der Menschen einen höchsten Grad erreicht, braucht die Welt Christen, die um die Kräfte der Weltentwicklung wissen, sie richtig einschätzen, die sich aber doch wappnen gegen jede Verwässerung ihres Glaubens. Der Christ muß allen politischen und staatlichen Kräften gegenüber seine Grundhaltung in der täglichen Bewährung kundtun. Er muß, will er nicht untergehen und Christus Schande bereiten, das Kreuz der Verkennung auf sich nehmen und darf nach keiner Seite hin von dem durch Gotteswort und Gewissen gewiesenen Weg abweichen. Es ist das Verhängnis der Kirche geworden, daß sie selbst Politik getrieben hat oder sich ins Schlepptau politischer Mächte hat ziehen lassen. Was anfangs als Vorteil für Kirche und Glauben erschien, ist zur Fessel geworden.

Wir haben also einen ganz klaren Standpunkt bezogen wenn wir uns an die Glieder unserer Gemeinde mit der Frage wenden: Was muß der gläubige Christ vom Marxismus wissen? Wir sagen, daß der Christ verantwortungslos handelt, wenn er nicht versucht, die Kräfte zu erkennen und richtig zu werten, die den Fortgang der Zeit und die Geschichte der Menschheit bestimmen. Wenn er aber den Versuch in aller Demut vor Gott unternimmt, so wird er sich in einem Punkt mit dem Marxisten verstehen können, in der Erkenntnis nämlich, daß das Weltgeschehen nach ehernen Gesetzen verläuft. Diese Gesetze liegen im Grunde außerhalb des Einflußbereiches der Menschen. Sie sind vom Menschen unabhängig. Das gerade behauptet auch der Marxist. J. W. Stalin hat kurz vor seinem Tode über diese Frage eine stark beachtete Arbeit geschrieben. Sie trägt den Titel „Ökonomische Probleme des Sozialismus in der UdSSR". Hier werden Grundanschauungen des Marxismus zusammengefaßt. Wir wollen sie mit wenigen Worten wiedergeben: 1. Wo in der menschlichen Gesellschaft der Kapitalismus herrscht — d. h. die Arbeit der besitzlosen Arbeitermassen wird von wenigen Besitzenden zur Erlangung privaten Reichtums ausgenutzt —, da wird das Streben nach dem höchsten Gewinn (Profit) ständig das öffentliche Leben bestimmen und vergiften. Das Profitstreben ist das Gesetz des Kapitalismus. 2. Der Kapitalismus wird auf der ganzen Welt überwunden werden. Die Kluft zwischen Arbeit und Kapital drängt die Menschheit in soziale Kämpfe, aus denen unaufhaltbar neue Ordnungen des Arbeitens und Zusammenlebens geboren werden. 3. Der Sozialismus löst als neue Ordnung die bestehende und untergehende ab. Die Mittel, mit denen die Lebensgüter hergestellt werden (Bodenschätze, Maschinen, Fabrikanlagen usw.), gehören nicht mehr einer kleinen Anzahl von Besitzenden. Sie gehören dem Staat bzw. dem Volk. 4. Das Gesetz des Sozialismus heißt: In immer steigendem Maße die leiblichen und geistigen Bedürfnisse der Menschen befriedigen.

Was kann nun der gläubige Christ zu diesen Auffassungen sagen?

Er erkennt die Tatsache der Entwicklung im gesellschaftlichen Leben an.

Er weiß um die Gesetzmäßigkeiten in dieser Entwicklung.

Zum Unterschied vom Marxisten, der Gott ablehnt, glaubt er, daß der Wille Gottes der Ursprung aller Gesetze ist.

Er verschleiert nicht, daß dem Arbeiter im Kapitalismus nicht die gerechte Behandlung und Entlohnung zuteil wurde.

Er nimmt den Kampf des Arbeiters um einen Platz an der Sonne ernst.

Er weiß aber auch um die Unfähigkeit des von Gott abgefallenen Menschen, auf dieser Erde völlig gerechte und ideale Zustände zu schaffen.

So muß der Christ unvoreingenommen die weltgeschichtliche Realität des Marxismus sehen. Nach seinem Herzen steht er auf der Seite aller Unterdrückten. Nach seinem Gewissen wendet er sich ohne Haß an alle Menschen mit der Botschaft von der Gnade und Liebe Gottes. Diese Zeilen sind geschrieben worden, um den Gläubigen, die meinen, die alten „soliden" politischen und wirtschaftlichen Auffassungen seien wohl auch die christlicheren gewesen und müßten daher festgehalten werden, aus ihrem Irrtum zu verhelfen. Sie sind aber auch denen zum Nachdenken aufgegeben, die es als Christenschmuck betrachten, sich überhaupt nicht um die großen politischen Erscheinungen, zu denen der Marxismus unzweifelhaft gehört, zu kümmern. Nicht jeder kann sich in der gleichen Weise und in der gleichen Stärke um diese Lebensfragen bemühen. Das gilt sicher auch für unsere Gemeinden. Aber eine Weisung gilt für alle: Nicht unbedacht und leichtfertig den Marxismus, der von Gott gebraucht wurde, eine satt und in höchstem Maße ungerecht gewordene Welt aufzurütteln, abtun und kritisieren! Der Christ bedauert, daß Marxismus und Gottesablehnung in der Vergangenheit und wohl auch noch heute miteinander verbunden sind. Muß diese Verbindung immer bestehen? Wir glauben es nicht. Aber die Entscheidung darüber liegt in den Händen dessen, der die Weltgeschichte nach unverrückbaren Gesetzen in die Heilsgeschichte ausmünden läßt. Was hier zum Abdruck gebracht wurde, mag den Politiker nicht voll befriedigen. Nun, der Jünger Jesu wird auch dem Politiker niemals voll genügen. Christus spricht: „Mein Reich ist nicht von dieser Welt." In dieser Spannung haben wir uns täglich zu bewähren und unserem lieben Volk zu dienen.

Dr. —m—

DOK 12

Taten allein überzeugen

Von Walter Riedel, Mitglied der Volkskammer

Die Aussprachen mit Menschen aus dem bürgerlichen Lager in der Wahlbewegung haben gezeigt, daß zum Teil noch Unklarheiten in den Auffassungen bestehen. In christlichen Kreisen treten besonders zwei Probleme hervor. Manche Christen lassen sich noch durch die Fragen verwirren:

Können wir als Christen den Sozialismus unterstützen, obwohl der Marxismus mit dem Atheismus verbunden ist?

Haben wir als Christen nicht die Aufgabe, unsere Kinder nur „in unserem Sinn" zu erziehen und vor den Einflüssen einer „marxistisch-leninistischen Welt" zu bewahren?

Immer wieder wird betont, daß die ökonomische Seite des Sozialismus verstanden werde und man gern mitarbeiten wolle, wenn damit nicht der weltanschauliche Gegensatz zusammenhinge.

Wird dieser Gegensatz nicht durch die oft das Gemeindeglied irreführende Haltung der Kirchenleitungen übertrieben? Indem man ängstlich eine Berührung mit dem Marxismus verhindert, weil er Religion als „Opium des Volkes" bezeichne, ist alles, was damit in Zusammenhang steht, zu einem „Christenschreck" gemacht worden.

Zweifellos hat Marx das Christentum kritisiert, einmal von den naturwissenschaftlichen Entdeckungen und ihren Auslegungen her, wobei wir aber heute sagen können, daß diese Kritik zur Erneuerung der Verkündigung beigetragen hat.

Aber für Marx, Engels und später für Lenin war das bei ihrer Kritik an der Religion nicht das Wichtigste. Worauf kam es ihnen an? Es war die Kritik an der Rolle, die die Kirchen immer wieder in der gesellschaftlichen Entwicklung gespielt haben. Es war die Kritik an dem jahrhundertelang sich verhängnisvoll auswirkenden Komplott der Kirchen mit den herrschenden Gesellschaftskreisen. Angefangen bei Kaiser Konstantin finden wir eine Linie, die in der Neuzeit über Wilhelm II. bis zu Adenauer führt.

Immer wieder sehen wir aber auch gesunde christliche Kräfte im Widerspruch gegen die Kirche der Reichen, seien es ein Waldus, Hus, Münzer und Hubmeier, seien es Wichern, Stoecker oder Naumann, um nur einige Namen zu nennen. Diese und viele andere haben die Fehler mehr oder weniger klar erkannt und versucht, der sozialen Aufgabe der Kirchen Rechnung zu tragen.

Geschichtsstudium ist als Handwerkszeug für Christen dringend nötig. Um sich gesellschaftlich orientieren zu können, muß sich auch der Christ in vollem Umfang mit der Lehre des Marxismus-Leninismus befassen. Dieses Studium wird auch zeigen, daß es keinen „christlichen Sozialismus" gibt, weil dieser nur Theorie ist und keine realen gesellschaftlichen Formen geboren hat.

In der letzten Konsequenz gibt es keinen dritten Weg, der zwischen Kapitalismus und Sozialismus liegt. Marx hat uns die Augen geöffnet für echtes Christentum und damit auch Wege freigelegt, uns in der neuen Gesellschaft richtig einzuordnen. Wir haben deshalb die Aufgabe, unsere Kinder für das ganze, wahre und wirkliche Leben zu erziehen.

In meiner Jugend sprachen wir nur von der moralischen, sittlichen Seite des Christentums, aber nicht über die Fragen: Woher kommt Eigentum? Was ist Mehrwert? Das alles habe ich erst später ringend erkannt. Christus ist uns durch sein Leben und Wirken Vorbild auch für den Weg in den Sozialismus hinein, weil er den ganzen Menschen sah. Nie kann in der Isolierung der Weg liegen. Nicht Angst vor dem Fortschritt der Erkenntnis der Schöpfung, Angst vor der Zeit oder vor dem Verlassen einer eng gewordenen Hülle hilft uns weiter. Sondern wenn es uns gelingt, die Probleme unter die Füße zu bekommen, schreiten wir mutig in eine neue Zeit, und es werden Christen gute Partner der Marxisten.

Aber der Atheismus? Bei tieferer Beschäftigung erkennen wir, daß dem marxistischen Atheismus im Wesen das Streben nach radikalem Humanismus zugrunde liegt. Der Begriffsgötze, dessen Existenz die Marxisten leugnen, ist tatsächlich eine „menschliche Fiktion, eine Selbsttäuschung". Einen „Gottglauben", wie ihn das bigotte Christentum des Kapitalismus erzeugte, können auch wir nur klar ablehnen. Der atheistische Humanismus kann mit dem christlichen Humanismus zusammenarbeiten. Der Streit um die Existenz Gottes braucht keine Feindseligkeit zu verursachen, wenn die Menschen untereinander bereit sind, gemeinsam ihre irdischen Anliegen zu regeln.

Es ist vielleicht ein langer Weg, der einen tiefen Umbruch im Denken, aber auch ein höheres Verantwortungsbewußtsein aller fordert. Mißverständnisse ersticken nur zu oft gesunde Anfänge, Enttäuschungen treiben dann immer wieder zu einem „Gettochristentum".

Die überzeugende Mehrheit der Christen lehnt aber das bigotte Christentum Adenauers ab, sie sind auch erbitterte Gegner der Atomrüstung. Sie wollen nicht, daß die Schuldbekenntnisse von Stuttgart und Fulda eine kirchenpolitische Episode darstellen, sondern der Ausgangspunkt einer echten gesellschaftlichen Neuordnung werden. Hundertfach wurde mir gesagt: Wir Christen wollen mitbauen, aber auf der Basis gegenseitiger Achtung. Die Marxisten sind dieser Forderung gegenüber aus ihrer Erfahrung her mißtrauisch. „Achtung" kann deshalb nur als Toleranz in der Ausübung der religiösen Bekenntnisse gesehen werden.

Keinesfalls aber erstreckt sich diese Toleranz auf Machtansprüche staatlicher Einrichtungen gegenüber. Auf diesem Gebiet entwickeln sich z. T. die größten Gegensätze, deren Ursache noch in den Auswirkungen der einstigen Verbindung von Kirche und Staat zu suchen ist. Zwei Tatbestände vergrößern die Kluft zwischen manchen Christen und den Nichtchristen. Mancher Christ urteilt zu schnell über andere Menschen und über die Wirklichkeit, noch bevor er diese in ihrem vollen Umfang erkannt hat. Ein solcher Christ tritt sehr als Richter auf und zu wenig als Partner.

Dabei gestaltet sich das ganze Leben aus dem Zusammenleben von Menschen verschiedenster Weltanschauung. Keiner darf sich ausschließen, weil nur die Tat den anderen überzeugt. Diese Wechselbeziehungen gestalten das Volksleben. Weltanschauliche Gegensätze treten dann im praktischen Leben immer mehr zurück. Der Wille zur Mitarbeit überwindet theoretische Unklarheiten.

DOK 13

Aus der Diskussion der Magdeburger Hauptvorstandstagung

Staatsbeteiligung contra business „Mit Gott"

Auszug aus dem Diskussionsbeitrag von Walter Riedel (Dresden)

Lassen Sie mich heute etwas sagen als Unternehmer und Christ. Sie wissen, die Unternehmer und die Christen sind eigentlich diejenigen, die im Westen am meisten bedauert werden, mit denen man aber auch versucht, das meiste politische Kapital herauszuschlagen. Einmal — so sagt man — sind es die Unternehmer, deren Existenz man zerstört, und andererseits sind es die Christen, die — so sagt man uns — immer wieder Weltanschauungsqualen durchmachen. Beides nun in einer Person zu sein, ist also ein Zustand der physischen Vernichtung.

Solche Vorstellungen sind aus der gesellschaftlichen Stellung und Bildung westdeutscher Wirtschafts- und — wie wir heute vormittag so klar hörten — Kirchenexperten auch gar kein Wunder; im Gegenteil: es muß folgerichtig so sein, weil Jahrhunderte hindurch Business die allerchristlichste Sache war. Die Aneignung von Werten aus fremder Arbeitskraft galt als moralisch. Daß das Widersprüchliche dieser Auffassung gar nicht erkannt wurde, geht schon daraus hervor, daß man Jahrzehnte hindurch auf der ersten Seite des Geschäftsbuches „Mit Gott" druckte, obwohl sicher auch in Westdeutschland Gott als die maximale Gerechtigkeit, maximale Wahrheit, maximale Liebe und maximale Ehrlichkeit dargestellt wird.

Will man also als Unternehmer und Christ die deutsche Situation von heute und die geschichtlichen Zusammenhänge der Klassenkämpfe in den verschiedenen Perioden studieren, so muß man — ob man will oder nicht — die Lehre von Marx und Engels kennen lernen, oder man bleibt mit Scheuklappen einer alten Zeit behaftet und sieht das Neue nicht. Jeder von uns weiß, daß politische Scheuklappen sehr gefährlich sind. Die Bonner Regierung scheint mir heute ein Massenproduzent von politischen Scheuklappen zu sein.

Mit dieser Fertigung treibt man auch Kooperation, d. h. die Wirtschaftsexperten fertigen die Brillengläser und die Kirchenkreise die daran angebrachten Klappen. Man preist diese tolle Erfindung seit Jahren und versucht, sie zu exportieren. Doch hatte man Pech. Genaue Untersuchungen zeigten nämlich Fingerabdrücke mit Atombomben und Bakterien mit Hakenkreuzen, d. h. jeder der die politischen Scheuklappen trägt, wird infiziert.

Wir haben ein gutes Gewissen

Weil wir die Gefährlichkeit dieser Dinge, die Hintergründe und auch die Produzenten wiedererkannt haben, wehren wir uns mit ganzer Verantwortung für unser Volk gegen die Politik der Bonner Regierung. Heute durchschauen wir die Pläne und Maßnahmen und warnen deshalb alle Deutschen.

Heute haben wir als Christen in der Deutschen Demokratischen Republik und in den Ländern des Sozialismus die mahnende Stimme zu erheben und das wahre und echte Anliegen des Christen zu verkünden. Wir kämpfen als echte Christen, die die Bibel mit den Erkenntnissen der Naturwissenschaft von heute lesen, so wie es auch heute morgen gesagt wurde, und die das Ringen um die letzte Antwort, um Geist und Materie als objektive Idealisten wohl verstehen. Wir kämpfen um Vertrauen bei denen, die an keinen Gott glauben, um mit ihnen gemeinsam die Dinge dieser Welt neu zu ordnen.

Als wir in Weimar den vierten Jahrestag der Betriebe mit staatlicher Beteiligung begingen, wurde die innere Auseinandersetzung in den Mittelschichten offenkundig. Neben dem tiefen Ringen um echte christliche Haltung stand die Frage nach Wissen und Qualifizierung, ohne die nämlich kein Unternehmer und niemand in der DDR mehr auskommt. Der vierte Jahrestag hat gezeigt, wie solche Menschen, die sich einst vom Volk losgesagt haben, als „verlorene Söhne" zurückkommen und wieder aufgenommen werden als voll anerkannte Glieder einer Familie. Und das Hineinwachsen in den Geist dieser Familie vollzieht sich nach und nach bei jedem.

Heute wissen wir, daß jeder Unternehmer, der die staatliche Beteiligung aufgenommen hat, geschäfts-moralisch den Kapitalisten der Bundesrepublik haushoch überlegen ist. Wir stehen mit einem reinen Gewissen vor unserem Volk. Wer macht sich in Westdeutschland über solche Fragen Gedanken? Wer fragt dort nach Wahrhaftigkeit z. B. im Geschäftsleben? Sind dort nicht krasser Egoismus und die pure Raffgier Kennzeichen des Wolfsgesetzes des Kapitalismus?

Wir setzen uns wirklich heute in allen Schichten unserer Bevölkerung mit den Problemen auseinander, und es ist gerade für den Unternehmer so wichtig, aus der Geschichte zu lernen. Wie peinlich beachten wir Unternehmer die technischen Fortschritte und ziehen daraus unsere Schlußfolgerungen für Neuentwicklungen, neue Wege, Neukonstruktionen. Es ist mehr als bedauerlich, daß auf dem Gebiete der politischen und der weltanschaulichen Fragen in der Vergangenheit so wenig Schlußfolgerungen aus verfehlten „Konstruktionen" gezogen wurden.

Keine Generation vor uns hat derartiges durchgekämpft wie wir. Wir sind vor dem ersten Weltkrieg geboren, wir haben im Weltkrieg die Schule besucht, wir lernten als junge Menschen die Weimarer Republik kennen, begeisterten uns an den verschiedenen Aufgaben in der Zwischenzeit. Viele erlebten den zweiten Weltkrieg mit seinen furchtbaren Verbrechen und wurden betroffen vom totalen Niedergang. Wenn wir auch hart angepackt wurden, so sind wir doch dafür auch enorm reich an Erfahrungen. Diese Erfahrungen richtig zu verwerten, ist unsere Aufgabe. Ich bin froh, daß wir auf dieser Seite Deutschlands diese Aufgabe erkannt, die nötigen Schlußfolgerungen für die Zukunft gezogen haben. Mögen die Auseinandersetzungen noch so groß sein; in ihnen ruht doch das Gute und Starke, was wir erleben. Mag man ,uns jetzt selbst noch nicht so verstehen. Ich bin überzeugt, es wird die Zeit kommen, daß alle christlichen Menschen unseren Weg als den richtigen erkennen werden.

DOK 14 | Erklärung der Vereinigung Evangelischer Freikirchen vom 22. Februar 1962

A b s c h r i f t   O-4/449-8.   Berlin, d. 22.2.1962
                        90 - 14 - 00   Stg.

                    E r k l ä r u n g
                    ==================

Die unterzeichneten Vertreter der Freikirchen in der Deutschen Demokratischen Republik, die in der "Vereinigung Evangelischer Freikirchen in Deutschland" zusammenarbeiten, erklären:

1) Wir bekennen uns zu Jesus Christus als unserem Herrn und wissen uns
   an das Wort Gottes, wie es in der Heiligen Schrift geoffenbart
   ist, gebunden.

2) Wir anerkennen die Regierung der Deutschen Demokratischen Republik
   als eine von Gott gesetzte Obrigkeit, der wir gemäß den Weisun-
   gen der Heiligen Schrift Unterordnung und Loyalität schuldig
   sind, und stehen zu unseren staatsbürgerlichen Pflichten.

3) Unser freikirchliches Selbstverständnis schließt von jeher den Grund
   satz der Trennung von Kirche und Staat ein. Wir schätzen darum
   die in der Verfassung (Artikel 41 bis 48) gegebenen Zusicherungen,
   sonderlich die grundlegenden Zusagen: "Jeder Bürger genießt volle
   Glaubens- und Gewissensfreiheit. Die ungestörte Religionsausübung
   steht unter dem Schutz der Republik."

4) Wir achten die Entwicklung zur neuen Gesellschaftsordnung des Sozialismus, fördern alle auf das Wohl des Volkes gerichteten Maßnahmen
   und tragen so zum friedlichen Aufbau des Volkslebens bei. Viele
   Mitglieder unserer Gemeinden stehen in verantwortungsvollen Positionen des gesellschaftlichen Lebens.

5) Wir übersehen nicht die grundsätzliche weltanschauliche Verschie-
   denheit zwischen Christen und Nichtchristen. Wir halten aber eine
   Zusammenarbeit für dringend geboten auf der Grundlage der Verpflichtung zu echter Menschlichkeit.

6) Wir wissen uns mit den uns eigenen Mitteln mitverantwortlich für
   den Frieden in der Welt, unterstützen die auf den Frieden gerichteten Bemühungen unserer Regierung und erhoffen den Abschluß
   eines Friedensvertrages.

Wir sind überzeugt, daß alle Einzelfragen und Unklarheiten in den Beziehungen zwischen Staat und Kirche auf Grund der programmatischen
Erklärung des Staatsrates zwischen den staatlichen Organen und den
einzelnen Freikirchen durch Verhandlungen und in vertrauensvoller
Zusammenarbeit geklärt werden können.

                    Bund Evangelisch-Freikirchlicher Gemeinden

                    Methodistenkirche

                    Evangelische Gemeinschaft

Berlin, _____ Bund Freier evangelischer Gemeinden

DOK 15

Erklärung der Bundesleitung des BEFG anlässlich der Begegnung der Bundesleitung mit dem Staatssekretär für Kirchenfragen am 2. April 1971 in Schmiedeberg

Die Bundesleitung des Bundes Evangelisch-Freikirchlicher Gemeinden in der DDR dankt dem Herrn Staatssekretär für Kirchenfragen, dass er ihre Einladung in das Martin-Luther-King-Haus in Schmiedeberg angenommen hat. Die damit gegebene Möglichkeit, die früheren Gespräche zwischen der Leitung unserer Freikirche und den Vertretern des Staates fortzusetzen und dabei gegenwärtig wichtige Fragen zu erörtern, wertet sie als einen Ausdruck gegenseitigen Vertrauens.

Mit Aufmerksamkeit hat die Bundesleitung die Darlegungen von Paul Verner, Mitglied des Politbüros des ZK der SED, und Gerald Götting, Vorsitzender der CDU, vom 8. Februar zu aktuellen Fragen christlicher Existenz in unserer sozialistischen Deutschen Demokratischen Republik und des Verhältnisses von Staat und Kirche zur Kenntnis genommen. Wir begrüßen diese Aussagen als eine weitere hilfreiche Orientierung für das Zusammenleben und Zusammenwirken von Christen und Nichtchristen in der sozialistischen Menschengemeinschaft unseres Staates, zumal in ihnen eine gemeinsame Basis ohne Verwischung weltanschaulicher Unterschiede gezeigt wird. Die klare Feststellung Paul Verners: „Unser sozialistischer Staat schützt verfassungsgemäß die Religionsausübung, gewährleistet die Gewissens- und Glaubensfreiheit und meint es damit auch ernst", erfüllt uns mit Genugtuung. Dass wir unsererseits von der Verfassungswirklichkeit ausgehen, ist nicht zuletzt in der Herstellung der rechtlich-organisatorischen Selbständigkeit unserer Freikirche in der DDR sichtbar geworden, der auch die selbständige Aufnahme in die Mitgliedsliste des Baptistischen Weltbundes und anderer ähnlicher Gremien entspricht.

Unser Platz ist nicht nur geographisch in der DDR, sondern als christliche Bürger leben wir bewusst in diesem Staat und sind bemüht, ihn durch unsere Arbeit und Leistung mitzugestalten. Das bestätigen die Glieder unserer Gemeinden durch verantwortungsbewusste Erfüllung ihrer beruflichen Pflichten, durch gesellschaftliche Mitarbeit auf den verschiedensten Ebenen und durch hingebungsvolle diakonische Arbeit. Sie bekunden dies zugleich durch ihr fürbittendes Eintreten für unser Volk und unsere Regierung. Wir schätzen es, dass die Christen aufgerufen sind, in gemeinsamer humanistischer Verantwortung mit den Marxisten und allen Schichten der Bevölkerung beim Aufbau und der Stärkung des Staates, bei den großen Gemeinschaftsaufgaben der Gesellschaft und beim

Ringen um den Frieden in der Welt zusammenzuwirken. Als Christen, die die biblische Mahnung ernstnehmen, der „Stadt Bestes" zu suchen und Friedensstifter zu sein, erklären wir unsere Bereitschaft, in praktischer Zusammenarbeit nach Kräften an diesen Aufgaben teilzunehmen.

Von unserem Glauben her ist uns die Verkündigung des Evangeliums und der Ruf zu Frieden und Versöhnung mit Gott innerster, unaufgebbarer Auftrag. Zugleich jedoch ist eine gerechte und dauerhafte Ordnung des äußeren Friedens auf der Grundlage der friedlichen Koexistenz, der ungestörten Zusammenarbeit und der Freundschaft der Völker auch uns freikirchlichen Christen ein dringendes Anliegen. So stimmen wir voll mit der Entschließung des Baptistischen Weltkongresses, der 1970 in Tokio unter dem Thema „Versöhnung durch Christus" stattfand, überein, in der es heißt: „Wir verurteilen öffentlich die anhaltende Tragödie der Konflikte in Indochina und dem Nahen Osten und dringen darauf, dass dem Morden ein Ende gemacht wird."

Ebenso stimmen wir mit unserer weltweiten Glaubensfamilie in den weiteren auf dem Weltkongress formulierten Forderungen überein, die Organisation der Vereinten Nationen zu stärken und zu einer allumfassenden Repräsentation aller Staaten zu machen, für weitreichende Rüstungsbegrenzungen und den Abbau der atomaren Waffensysteme einzutreten, nach Gerechtigkeit und erfülltem Leben für die Völker aller Rassen zu streben und zum Fortschritt aller Völker im Ringen um die Überwindung von Hunger, Krankheit und Armut beizutragen.

Angesichts unserer konkreten Situation in Mitteleuropa begrüßen wir deshalb die von der sozialistischen Staatengemeinschaft ausgegangenen Bemühungen um Entspannung und eine stabile Ordnung des Friedens und der Sicherheit in Europa. Wir treten für die baldige Einberufung einer europäischen Sicherheitskonferenz unter gleichberechtigter Teilnahme aller Staaten Europas ein. Dazu gehört auch die völkerrechtliche Anerkennung der Deutschen Demokratischen Republik. Wir wünschen, dass unser Staat den ihm gebührenden Platz in der Völkergemeinschaft erhält und seinen vollen Beitrag zur Lösung der Probleme der ganzen Menschheit leisten kann, und schließen uns der Forderung nach voller Aufnahme der beiden deutschen Staaten in die UNO und ihre Gliederungen an. So könnte durch Aufnahme in die UN-Weltgesundheitsorganisation das hochentwickelte, beispielhafte Gesundheitswesen unseres Landes, mit dem auch unser Bund in seinen diakonischen Einrichtungen fruchtbar zusammenarbeitet, zur Gesundheitshilfe im weltweiten Maßstab beitragen.

Unser Bund, durch seine Mitgliedschaft im Baptistischen Weltbund in weltweite kirchliche Beziehungen und Verbundenheiten gestellt, bekennt sich gleich vielen Christen in der

Welt zur Solidarität mit Menschen und Völkern, die durch politische, wirtschaftliche und rassische Unterdrückung, Diskriminierung und Ausbeutung ihres Rechtes und ihrer Würde als Geschöpfe Gottes beraubt werden oder um ihres Glaubens willen leiden müssen. Durch unsere Beteiligung an dem „Brot für die Welt"-Sonderopfer für das ökumenische Programm zur Bekämpfung des Rassismus stellen wir uns nicht nur in eine Gemeinschaft der Tat mit allen evangelischen Christen unseres Landes, sondern geben vor allem dieser Solidarität und dem Verlangen nach Gerechtigkeit und Wahrung der Menschenrechte überall in der Welt Ausdruck.

Als Nachfolger unseres Herrn Jesus Christus wissen wir uns unter Gottes Auftrag, den Menschen um uns mit dem bezeugenden Wort und der helfenden Tat zu dienen. Das gebietet uns, vom Evangelium her die für die Menschen unserer Zeit brennenden Probleme wie die Anliegen des einzelnen mitzubedenken. Wo hier örtlich Fragen entstehen, die belastend sein mögen, wird es immer wieder des Gespräches und der Fühlungnahme bedürfen.

Es ist uns ein Anliegen, in der Sorge um den Menschen und zum Wohl unserer Republik mit Menschen anderer Weltanschauung zusammenzuarbeiten.

DOK 16 | *Roland Mischke:* **Die Herausforderung des Atheismus.**
Mut zum Dialog zwischen Marxisten und Christen

Als Christen leben wir im dreißigsten Jahr des Staates DDR im Spannungsfeld des gesellschaftlichen Anspruchs und der Wirklichkeit der marxistisch-leninistischen Gesellschaft einerseits und unserem Bemühen um einen christlich legitimen Lebensvollzug andererseits. Diese Spannung zu ertragen fällt nicht immer leicht. Sie kann dazu verführen, im Andersdenkenden schnell einen Gegner zu sehen und sich ein Feindbild aufzubauen. Tatsächlich hört man auch oft im christlichen Lager mehr oder weniger verächtlich von den „Atheisten" reden, ohne dass sich die Redner immer im Klaren darüber sind, was eigentlich Atheismus ist und welchen Stellenwert er im Marxismus hat.

Die oft gehörte Behauptung, dass der Atheismus nur die Negation des Theismus sei, trifft nicht die wirkliche Position, die der Marxismus der Religion und somit auch dem Christentum gegenüber einnimmt. Die Behauptung steht im Widerspruch nicht nur zu den klassischen marxistischen Schriften, sondern ebenso zu seinem Geist. Der Begriff „Atheismus", soweit er eine Negation ist, drückt allein die Stellung des Marxismus zur Religion nicht adäquat aus. Die Methode, nach der Marxisten die Religion befragen, besteht nicht darin, beweisen zu wollen, ob Gott existiert oder nicht. Die Grundthese des atheistischen Marxismus lautet nicht: Gott ist nicht. Sie lautet: Der Mensch ist.

Marx formulierte, sicher provozierend für Christen, sein Menschenverständnis mit dem herausfordernden Satz: „Das höchste Wesen für den Menschen ist der Mensch selbst." Das ist der Kernsatz des marxistischen Atheismus. Damit ist gesagt: Jede Frage, die der Mensch stellt, hat er vom Menschen her zu stellen. Auch die Frage nach Gott. In diesem Sinne ist der Marxismus radikal atheistisch. Seine Vertreter sind der Grundüberzeugung, dass die Frage des Menschen nur Sinn haben kann in Bezug auf den Menschen, und zwar auf den Menschen eines bestimmten Zeitalters. Die Frage nach der Religion ist für Marxisten wesentlich ein historisches Problem: Jede Zeit, jede Epoche prägt für den Begriff „Gott" ihren eigenen Inhalt. Auch aus konfessioneller Sicht gesehen gibt es ja durchaus verschiedene „Gottesbilder" und -vorstellungen.

Der Marxismus – dies sollte von uns Christen allmählich anerkannt werden – ist in seiner fundamentalen Orientierung positiv gerichtet. Er ist nicht menschenfeindlich. Er will sozial sein, muss es, wenn er seinem hohen Anspruch gerecht werden will. Es wird gekämpft für den Menschen und für alle Menschen. Dass in der Praxis der sozialistischen Gesellschaft, die noch jung ist, hin und wieder gegenteilige Erfahrungen gemacht werden, dass Bürokratismus, Gleichgültigkeit und andere Schwächen beim Einzelnen, der dies unmittelbar erfährt, auf Unverständnis und Ablehnung stoßen, darf nicht dazu verführen, dieses eindeutige Anliegen des Marxismus zu übersehen oder vergessen zu lassen. Der Marxismus-Leninismus ist eine progressive, aber noch längst nicht vollkommene Gesellschaftsform. Doch immer nur die Unvollkommenheit anzuprangern – vielleicht auch noch aus sicherer Distanz – ändert nichts und macht schließlich nur fatalistisch. Wer nicht engagiert lebt, muss mit seiner Kritik ohnehin zurückhaltend sein. Bertolt Brecht, ein genauer Seher und engagierter Kritiker, sprach an dieser Stelle vom schweren „Gang in irdischen Mühen" und mahnte die nachfolgenden Generationen:

„Die wir den Boden bereiten wollten für Freundlichkeit
Konnten selber nicht freundlich sein.
Ihr aber, wenn es soweit sein wird
Daß der Mensch dem Menschen ein Helfer ist
Gedenkt unserer
Mit Nachsicht."

Die Logik seiner Fragestellung führt den Marxisten folgerichtig zum Atheismus. Er kann, von seinen Voraussetzungen her, die Antworten, die Religion und Christentum auf die Fragen des Menschen geben, nicht akzeptieren. Antworten, die über das Empirische hinausgehen, sind für ihn nicht kontrollierbar. Eine Vertröstung auf ein besseres Jenseits ist ihm keine Alternative, sondern Flucht aus der Realität. Resignation oder Irrationalität und jedes schicksalsmäßige Hinnehmen von ausbeuterischen, menschenentfremdenden Zuständen, die seinen jetzigen Kampf aufhalten oder behindern, sind dem Marxisten unannehmbar. Er kann nichts von einem „höheren Wesen" erwarten, sondern nur alles von sich geben, und wer das weiß, wird schneller verstehen, warum der Marxist an diesen aufgezählten Punkten oft „auf Kriegsfuß" mit dem Christen steht, der viel stärker aus der Erwartung lebt und handelt.

Marx hat in aller Deutlichkeit festgestellt, dass das Wort „Atheismus", soweit es einen privaten Charakter hat, keineswegs die adäquate Definition für die Haltung des Marxismus in der religiösen Frage ist (vgl. K. Marx, Manuskripte von 1844). Ausgangspunkt des Kampfes ist für den Marxisten positiv der Mensch und seine schöpferische Arbeit. Nur vom Menschen her und durch den Menschen stellen sich ihm die Probleme. Dies sollte man als Christ wissen. Ziel des marxistischen Kampfes ist, in der Welt jene sozialen Bedingungen zu schaffen, die der Mensch braucht, um wirklich Mensch, schöpferisch Mensch sein zu können. Wo Christen sich – aus eigener Motivation – diesem Kampf eindeutig anschließen, so wie es z. B. beim „Anti-Rassismus-Programm" der Fall ist, stoßen sie damit auf marxistischer Seite gleichzeitig auf eine erstaunliche Offenheit und es ist eine breite Basis gemeinsamer Aktivitäten gegeben. Der Kampf um die Veränderung und Verbesserung menschlicher Verhältnisse ist ein gemeinsames Anliegen von Christen und Marxisten. Dieser Kampf kann effektiver sein, wenn es hier zu immer mehr Berührungspunkten zwischen beiden Gruppierungen in unserer Gesellschaft kommt und wenn das Gespräch über die Ziele, das nur offen geführt werden kann, gefördert wird.

Wenn Christen dieses marxistische „Dogma" verstanden haben, werden sie auch schneller begreifen können, warum Marxisten stets schauend reagieren und eine klare ablehnende Haltung zeigen – das ist jedenfalls die übliche Erfahrung –, wenn Christen und Theologen ihre Dogmatik entgegenzusetzen versuchen: Die besagt, dass es eine transzendente Realität gibt, ein Reich Gottes, das in Jesus Christus angebrochen ist und auf das wir in seiner Ganzheit noch warten. Für uns Christen bekommt diese Welt ihren Sinn von der Welt Gottes her. Gottes Reich ist uns Hoffnung und Erfüllung. Es ist das Letzte, über das wir nur Vorläufiges auszusagen wissen. „Unser Erkennen ist Stückwerk" (1. Kor. 13, 9). Wir hoffen auf etwas, was noch nicht ist, was nicht sichtbar ist, für uns jedoch unbezweifelbare Wirklichkeit und wesentlicher Inhalt unseres Glaubens ist. Wie soll der Marxist, der mit solchem massiven Anspruch konfrontiert wird, sich dazu stellen?

Der Marxist wird an dieser Stelle üblicherweise – und es ist ihm von seinen Überzeugungen her nicht zu verdenken – den „Spieß umdrehen". Er wird argumentieren: Die Christenheit behauptet, die Frage nach der Möglichkeit und dem Schicksal des Menschen genüge nicht allein zu seiner Erklärung. Der Mensch sei auch von dem her zu verstehen, was nicht der Mensch ist. Folgerichtig wird der Marxist den Christen fragen müssen, was ihn denn dazu berechtigt, den Menschen zu erklären durch etwas, was nicht der Mensch ist? Vom humanistischen Standpunkt des Marxismus und Atheismus ist es nämlich die Theologie bzw. christliche Dogmatik, die negiert. Der Ankläger ist die Beweislast der Anklage.

Dieser atheistische Prozess ist legitim. Christen sollten ihn zur Kenntnis nehmen und in angemessener Weise darauf reagieren. Der Protest ist auch notwendig. Er richtet sich gegen jene, die Galilei und Darwin verurteilen, nur weil sie kühn dachten und zu kühnen wissenschaftlichen Ergebnissen gelangten, gegen jene, die in jeder Epoche der Geschichte die Idee Gott so weit herabwürdigen, dass sie versuchen, Gott in einem Wissen zu finden und zu binden, das fehlerhaft und vorläufig ist, und ihn bedenkenlos für die eigenen Interessen und Zwecke missbrauchen (wie es z. B. in der langen, traurigen Geschichte des Kolonialismus geschah). Der Protest des Atheismus ist notwendig zur Ehrenrettung des Menschen. Er wendet sich gegen alle plumpen Vorstellungen der Schöpfung oder des letzten Gerichts, der Hölle, des Paradieses, der Wunder, der religiösen Gesetzlichkeit, die eine Form der Versklavung ist, gegen Eiferei und Intoleranz, gegen alle Karikaturen des Unendlichen, die den Menschen nicht befreien, nicht schöpferisch werden lassen, sondern ihn eher unmündig halten. Darum hat der Protest des Atheismus für uns Christen einen reinigenden Wert. Er zwingt uns zur Darstellung und Klarstellung. Er fordert unser Denken und Handeln heraus. Er ist eine Anfrage, die es zu beantworten gilt. Er ist eine Herausforderung. Der Protest des Atheismus ist legitim, er ist notwendig und er vermag in der Konfrontation mit der entstellten, verfälschten und missbrauchten Religion die eigentliche und wahre Leistung des Christentums in ihrer vollen Bedeutung sichtbar zu machen. In diesem Sinne ist der Atheismus für uns Christen eine Chance.

An einem Beispiel soll dies noch einmal verdeutlicht werden. Man wird den in jungen Jahren pietistisch geprägten Christen und späteren leidenschaftlichen Atheisten Engels besser verstehen, wenn man darüber informiert ist, welche Erfahrungen er mit Christentum und Christen machte. In Wuppertal, seiner Heimatstadt, waren die sozialen Gegensätze groß. Schon Goethe, der diese Gegend 1774 besucht hatte, charakterisierte bissig die christliche Einwohnerschaft: „Mit irdischem Erwerb beschäftigt, die himmlischen Güter nicht außer Acht lassend...". Engels erlebte aus nächster Nähe mit, wie die Arbeiter auch von den frommen Pietistenfamilien skrupellos ausgebeutet wurden. Das soziale Bewusstsein war unterentwickelt oder gar nicht vorhanden. Der Achtzehnjährige wurde mit geisttötendem, kleinlichen Pietismus, zelotischem Eifer und rechthaberischer Unduldsamkeit konfrontiert. Er schreibt darüber: „Da werden komplette Ketzergerichte in den Versammlungen gehalten; da wird der Wandel eines jeden, der diese nicht besucht, rezensiert, da heißt es: der und der liest Romane (Romanbücher seien gottlose Bücher) ... oder der und der schien doch auch vor dem Herrn zu wandeln, aber er ist vorgestern im Konzert gesehen worden – und sie schlagen die Hände über dem Kopf zusammen vor Schreck über die gräuliche Sünde." (Kupisch, Karl, Vom Pietismus zum Kommunismus, Lattner-Verlag Berlin 1953, S. 31) Ein andermal bemerkt Engels über die Arbeitswelt: „Da sitzt der Meister, rechts neben ihm die Bibel, links, wenigstens sehr häufig, der Branntwein. Von Arbeiten ist da nicht viel zu sehen; der Meister liest fast immer in der Bibel, trinkt mitunter einen und stimmt zuweilen mit dem Chor der Gesellen ein geistlich Lied an; aber die Hauptsache ist immer das Verdammen des lieben Nächsten." (Kupisch, S. 32) In Engels wuchsen – und nicht nur in ihm – angesichts eines solchen „Christentums" Kritik, dann Spott und Ablehnung und schließlich Hass. Mit seinen Zweifeln stößt er in seiner Umwelt auf Unverständnis. Seine Fragen bleiben unbeantwortet. Man wendet sich von ihm ab. Er wendet sich den Schriften Schleiermachers zu, die ihn aber ebenfalls vom Religiösen wegführen. Doch selbst noch in der bereits vollzogenen Abwendung vom Christentum bekennt er in einem verzweifelten Brief: „Ich bete täglich, ja fast den ganzen Tag um Wahrheit, habe es getan, sobald ich anfing zu zweifeln, und komme doch nicht zu Eurem Glauben zurück; und doch steht geschrieben: Bittet, so wird euch gegeben. Ich forsche nach Wahrheit, wo ich nur Hoffnung habe, einen Schatten von ihr zu finden; und doch kann ich Eure Wahrheit nicht als die ewige anerkennen. Und doch steht geschrieben: Suchet, so werdet ihr finden. ... Die Tränen kommen mir in die Augen, indem ich dies schreibe, ich bin durch und durch bewegt, aber ich fühle es, ich werde nicht verloren gehen, ich werde zu Gott kommen, zu dem sich mein ganzes Herz sehnt. Und das ist auch ein Zeugnis des

Heiligen Geistes; darauf leb ich und sterb ich, ob ich auch zehntausendmal in der Bibel das Gegenteil entdecke. Und täusche Dich nicht, Fritz, ob Du es sicher tust, eh Du Dich versiehst, kommt auch so ein Zweifel, und da hängt die Entscheidung Deines Herzens oft vom kleinsten Zufall ab." (Kupisch, S. 52) Man spürt das Ringen, die Verwirrung, die Verzweiflung. Das Wort der Ermutigung und der Hilfe, das ihn aus seiner schweren Anfechtung hätte befreien können, erreicht ihn nicht. In einem später datierten Brief schreibt Engels bitter: „Du liegst behaglich in deinem Glauben wie im warmen Bett und kennst den Kampf nicht, den wir durchzumachen haben, wenn wir Menschen es entscheiden sollen, ob Gott ist oder nicht; Du kennst den Druck solcher Last nicht, die man mit dem ersten Zweifel fühlt, der Last des alten Glaubens, wo man sich entscheiden soll für oder wider, forttragen oder abschütteln; aber ich sage Dir nochmals, Du bist vor dem Zweifel so sicher nicht, wie Du wähnst, und verblende Dich nicht gegen die Zweifelnden. Du kannst einst selber zu ihnen gehören, und da wirst Du auch Billigkeit verlangen." (Kupisch, S. 54)

Als Engels Atheist ist, bemerkt er über die fortschrittlichen deutschen Arbeiter, „dass der Atheismus sich bei ihnen sehr überlebt hat, dies rein negative Wort hat auf sie keine Anwendung mehr, indem sie nicht mehr in einem theologischen, sondern nur noch in einem praktischen Gegensatz zum Gottesglauben stehen: Sie sind mit Gott einfach fertig, sie leben und denken in der wirklichen Welt und sind daher Materialisten." (Engels über Religion, S. 114)

Hier wurde – und das ist nur ein Beispiel – von den Christen etwas versäumt. Jemand, der dachte, wurde deshalb aus der Gemeinschaft liquidiert. Seine Fragen wurden verdrängt. Er war unbequem und wurde nicht als Bereicherung verstanden. Leider ist die Geschichte des Christentums bis in die jüngste Zeit hinein voll von solchem tragischen Geschehen. Hier liegt unleugbares Versagen vor, an dem wir uns nicht vorbeimogeln, sondern aus dem wir lernen sollten. Immer wieder war das Nichtverständnis gegenüber Zweiflern und Fragenden in der Christenheit groß. Aus diesen Tatsachen der Vergangenheit sollten Schlüsse für die Gegenwart gezogen werden.

Wo der Dialog vergessen, verweigert oder ignoriert wird, gibt es nur harte Gegensätzlichkeit. Daraus resultieren Nichtverständnis, Nebeneinanderleben und Feindschaft. Das Zusammenleben in einer Gesellschaft wird als strapaziös und bald unerträglich empfunden. Wenn die Basis des Dialogs – gleich, wie breit oder schmal sie ist – verlassen wird, bleibt am Ende nur noch der Kampf gegeneinander. Dieser Kampf kann aber auf beiden Seiten nichts Positives bewirken; denn „ein Ziel, das ungerechte Mittel braucht, ist kein gerechtes Ziel" (K. Marx).

Wenn dieser Kampf niemandem nützen kann, ist zu schlussfolgern: Wir brauchen nicht Eiferer für unsere Sache, sondern Verständnisvolle für die Sache des anderen. Erst dann erhält unsere Sache Gewicht. Dieselbe Toleranz, die wir vom Marxisten uns und unserer christlichen Einstellung gegenüber erwarten, weil sie des Menschen würdig ist, haben auch wir dem Andersdenkenden entgegen zu bringen. Wo diese Toleranz, die eine ständige Gesprächsbereitschaft einschließt, nicht mehr vorhanden ist oder wo man sich gar nicht mehr um sie bemüht, sondern eher – wegen unbewältigter Enttäuschungserfahrungen, Überheblichkeit und Besserwisserei – auf Konfrontation geht, wird das Liebesgebot Jesu verletzt. Es geht nicht an, dass wir zu Menschen nur so lange freundlich und aufgeschlossen sind, so lange sie als potentielle Bekehrungskandidaten in Frage kommen, und uns von ihnen mit Schader, Abscheu oder (was das Schlimmste wäre) Gleichgültigkeit abwenden, sobald sie sich unserem religiösen Werben entziehen und klare Parteigänger atheistischer Gedanken und Überzeugungen werden. Hier werden Christen nach wie vor in ihrer Liebesqualität auf eine harte Probe gestellt. Es ist feige, dieser Erprobung seiner geistlichen Standfestigkeit auszuweichen. Christen gehören nicht in die Defensivecke. Wir werden immer wieder die Begegnung, auch wenn sie oft schwierig ist, suchen müssen. Wir werden immer neu unseren Standort reflektieren müssen, flexibel für andere Erfahrungen und bisher noch nicht gegangene Wege und noch ungeprobte Möglichkeiten sein. Obwohl und gerade weil es – wie Bischof Schönherr in seinem Synodalvortrag vom April 1979 feststellte – dafür keine Tradition und keine verlässlichen Vorbilder gibt, die wir nur zu kopieren brauchten. Die Gemeinde Jesu befindet sich weniger in der Diaspora als vielmehr auf politischem Neuland. Nach 30 Jahren des zaghaften Tastens, Stolperns und der teilweisen Verweigerung weiterzugehen, kommt es darauf an, den Weg entschlossener fortzusetzen. Wir können uns an keinen geschichtlichen Status quo klammern. „Wir wollen Kirche nicht neben, nicht gegen, sondern wir wollen Kirche im Sozialismus sein." (Eisenach 1971) Oder mit den Worten Bonhoeffers: „Die Kirche ist nur Kirche, wenn sie für andere da ist."

Der Herausforderung des atheistischen Marxismus können wir nur wirkungsvoll begegnen, wenn wir sie als Herausforderung (und nicht als Affront) verstehen und dementsprechend sachlich, dialogbereit und, wenn es möglich ist, gelassen darauf reagieren. „Die Chancen der kleinen Schar aufzuspüren, politische Verantwortung wahrzunehmen, die Kirche ihrem Auftrag gemäß zu ordnen, dies alles zu lernen, ist uns in der besonderen Situation aufgegeben, in der wir uns befinden: in der sozialistischen Gesellschaft der DDR. Wenn Gottes freie Gnade die Wirklichkeit dieser Welt ist, kann uns nichts von der Liebe Gottes scheiden. Darum brauchen wir den Menschen unserer Gesellschaft, auch wenn sie nicht christlich sind, nicht ängstlich oder gehässig reagierend zu begegnen, sondern können hilfsbereit und besonnen auch in der sozialistischen Gesellschaft verantwortlich mitleben." (Bischof Schönherr, Synodalvortrag, April 1979)

DOK 17

Roland Mischke:
Mündiges Christsein in der atheistischen Welt

Der Atheismus ist kein Privileg der Atheisten. Es gab ihn schon immer und gibt ihn heute in den Köpfen und „Herzen" unzähliger Menschen, die sich nicht als „Atheisten" bezeichnen würden, wozu auch die Christen gehören. Nicht zufälligerweise ist die atheistische Lehre auf dem Boden des Christentums entstanden. Und Christen haben den Atheismus in seiner ganzen Härte in sich, wo sie mit dem Kreuz Jesu Ernst machen. Hier muss der Unglaube, die Verweigerung des Heils – die absoluteste Form des Atheismus – immer neu überwunden werden. Dem Kreuz des Christus nicht mehr auszuweichen, sondern sich ihm und dem damit erhobenen Anspruch zu stellen ist eine stets wiederkehrende Bewährungsprobe des Glaubens und zugleich die klarste Bewältigung des Atheismus in sich selbst. Nur ein solcher, sich am Kreuz der Verurteilung der Schuld und der Versöhnung aus dem Unglauben, der Verneinung, der Vertrauenslosigkeit erhebender christlicher Glaube ist dem Atheismus in jeder seiner vielfältigen Formen gewachsen.

Die Entstehung des Atheismus

Vor mehr als 100 Jahren begründete Ludwig Feuerbach die Lehre des modernen Atheismus. Die Verstandes- und Willenskräfte des Menschen seien unendlich, lehrte der deutsche Philosoph. Aber der Mensch halte die Beschränktheit seiner jetzigen Möglichkeiten oft schon für seine endgültigen Grenzen, über die nicht mehr hinauszukommen sei. Alles, was der Mensch nicht versteht, führe er deshalb auf ein fremdes, höheres Wesen zurück, das er „Gott" nennt. Der Mensch entwirft sich sein Gottesbild: geschaffen aus Wünschen und Sehnsüchten, stimuliert von dem Bedürfnis nach Verehrung und aus Zweifel an der eigenen Kraft. Dieses Gottesbild projiziere der Mensch dann an den Himmel und so entstand die Lehre von einem allmächtigen, allwissenden, allgegenwärtigen Gott, den man fürchten und lieben müsse, weil er stets überlegen und manchmal auch zornig ist.

So kann Feuerbach formulieren: „Das absolute Wesen, der Gott des Menschen, ist sein eigenes Wesen ... Wie der Mensch denkt, wie er gesinnt ist, so ist sein Gott: So viel Wert der Mensch hat, so viel Wert und nicht mehr hat sein Gott. Das Bewusstsein Gottes ist das Selbstbewusstsein des Menschen. Aus seinem Gott erkennst du den Menschen, und wiederum aus dem Menschen seinen Gott, beides ist eins ... Die Religion ist die Entzweiung des Menschen mit sich selbst: Er setzt sich Gott als ein ihm entgegengesetztes Wesen gegenüber."

Man kann mit Feuerbach über diese Ansicht nicht streiten. Auch die Wirklichkeit vieler Christen in ihrem Lebensvollzug bestätigt seinen Verdacht, dass das menschliche Gottesbild oft zusammengesetzt ist aus unseren Wünschen und Illusionen, aus bruchstückhaften Gedanken, Überlegungen, die nicht weit genug geführt wurden, und Momentan-Stimmungen. Gegen diese wahren Feststellungen gibt es kein Argument. Allerdings ist damit noch nicht alles gesagt.

Der marxistische Atheismus

Karl Marx übernahm diese Feuerbach'sche Analyse der Religion und entwickelte sie noch weiter. Er bewertete das Christentum seiner Zeit nicht nur als eine große Illusion, sondern auch als sozial schädlich. Religion lenke den leidenden Menschen bewusst von den sozialen Missständen ab und vertröste ihn auf ein besseres Jenseits. Anstelle der sozialen Befreiung durch Revolution biete die Religion nur etwas Passives, Verführendes, den Traum von einer paradiesischen Zukunft, von einem transzendenten Reich Gottes, das den jetzigen Menschen dort, wo er bedroht und unterdrückt und ausgebeutet ist, wenig nützt. Dies befestige nur bestehende ungerechte Verhältnisse. Darum sei Religion „Opium für das Volk".

Diese Kritik trifft uns härter, weil wir sehr genau empfinden, dass sie im Recht ist. Und sie ist immer da im Recht, wo ein Christentum etabliert ist, das sich auszeichnet durch Zufriedenheit, Sattheit, geistige Anspruchslosigkeit, und das hauptsächlich daran erkennbar ist, dass es sich nur um sich selbst dreht: die unendliche Variation ein und derselben Oberflächlichkeit. Marx' Kritik ist im Recht, wo immer eine christliche Gemeinde sich duckt, in einen religiösen Freiraum desertiert, der sie vor der Gesellschaft und deren Forderungen schützen soll, ihre Isolierung widerspruchslos hinnimmt, sich dem bequemen Schweigen und der Leisetreterei anpasst und nicht mehr wagt, ihre Stimme gegen Unrecht und für die ungerecht Behandelten überall auf unserer Welt zu erheben. Marx ist auch da im Recht, wo der einzelne Christ einen geistigen Status quo bezieht, in seiner individuellen Erlösung schwelgt und sich den anderen und ihren Ansprüchen selbstgefällig verriegelt, wo ein Christ nicht mehr aufbegehrt, sondern auf einmal Erkanntem sitzenbleibt (wie eine Henne auf Eiern, die doch längst ausgebrütet sein müssten) und nicht mehr bereit ist, sich zu verändern und Neues hinzuzulernen. Indem dieser „Christ" nämlich bei sich und seiner Umwelt mit „gutem Gewissen" alles beim alten lässt, stabilisiert er in Wirklichkeit die Unrechtsverhältnisse auf der Welt und in seiner Nachbarschaft, ist er kein Veränderer mehr, der verändert auf andere wirkt, weil er sich selbst – zum Guten und Besseren hin – verändert, sondern ein Reaktionärer, der die von Nichtchristen an

Christen so oft, und oft berechtigt, kritisierte Muffigkeit und „Hinterwäldlerischkeit" im Denken und Verhalten an sich hat. Damit steht er auch im Gegensatz zu den im Neuen Testament geschilderten Christen, die aufgrund ihrer spirituellen Erfahrung ihr Leben und ihre Verhältnisse änderten, soweit es ihnen möglich war und sinnvoll erschien. Man vergleiche das in der Apostelgeschichte: Kap. 4 = totale Güterverteilung als Zeichen totaler Zusammengehörigkeit; Kap. 6 = Organisation sozialer Hilfsdienste; die in den Paulusbriefen berichtete Geldsammlung der Christen im Mittelmeerraum für die bedrängte und verarmte Gemeinde in Palästina usw.

Die Konsequenzen

Das gesellschaftspolitische Erwachen der Christenheit in den letzten Jahrzehnten, das tiefere Begreifen der christlichen Mit-Verantwortung für die anderen, für die Welt, zeigen, dass der Marx'sche Impuls verstanden wurde. Der Atheismus, der von Marx propagiert wurde, war ein humanistischer Atheismus. Eine philosophische Lehre nicht gegen Gott, sondern für den Menschen. Sie sollte befreien von religiösem Irrtum und christlich bemäntelter sozialer Gleichgültigkeit. Denn nur wer sich auch religiös emanzipiert hat, sich von überholtem Denken und verkürzten Gottesvorstellungen gelöst hat, kann auch zur wirklichen individuellen und gesellschaftlichen Befreiung der Menschen auf dieser Erde beitragen. „In unserer Wahl ist Freiheit, aber in unserer Entscheidung ist Gott", hat Bonhoeffer festgestellt, der an anderer Stelle die Forderung nach einem „religionslosen Christentum" erhoben hat.

Mit diesem in letzter Zeit sich immer mehr verstärkenden Einsatz für soziale und gesellschaftspolitische Veränderungen und Verbesserungen kehren die Christen nur zu dem zurück, was ihnen seit Christus hätte selbstverständlich sein müssen. In den Erzählungen der Evangelien wird uns ein Jesus-Bild gezeichnet, das eindeutig ist: Jesus, der sich den Kranken zuwendet, die moralisch Deklassierten in Schutz nimmt, den Armen vor allen anderen das Heil zuspricht (Luk. 6, 20) und das Reich Gottes auf die Straße bringt, der es zudem denen, die auf Gewaltanwendungen verzichten, zum Eigentum verspricht (Matth. 5, 5). Er stellt sich gegen den Sabbat, aber nicht als religiöse oder traditionelle jüdische Einrichtung, sondern weil er inzwischen menschenfeindlich geworden ist, und kritisiert in dramatischer Schärfe die religiösen Führer, die die herrschenden miserablen Zustände nur stabilisieren wollen, statt sie zu verändern.

Heute sind einzelne, meist kleine Gruppen von progressiven Christen überall in der Welt mit an vorderster Stelle, wo immer es um Hilfe für missbrauchte und gefangengehaltene Völker und Menschengruppen geht, wo ungerechte Güterverteilung bekämpft und Gewalt getadelt wird. Dabei müssen wir nicht nur an einige herausragende Christen mit beispielhaftem persönlichen Einsatz, wie den getöteten Baptistenpastor Martin Luther King, den gefallenen Priester Camillo Torres, den brasilianischen Bischof Camara, der sich unentwegt zum Mund der Armen seines Volkes macht, den bundesdeutschen fortschrittlichen Theologen Gollwitzer, der die Bedeutung des Dialogs zwischen Marxisten und Christen betont hat, oder an den am Befreiungskampf des Volkes von Nikaragua aktiv beteiligten Mönch-Schriftsteller und jetzigen Kulturminister Cardenal denken, sondern auch an die vielen namenlosen, verschleppten, gefolterten, getöteten Christen in lateinamerikanischen Diktaturen oder in Südafrika, die Märtyrer unseres Jahrhunderts, und natürlich an die zahlreichen, irgendwo auf der Welt und auch in unserem Land sozial und diakonisch tätigen Christen, die teilweise große Opfer auf sich nehmen, um Christus – und das heißt ja immer: den Menschen – zu dienen.

Die Besinnung

Langsam und doch immer mehr wird Christentum, wird das Glauben, Lieben und Hoffen wieder die Kraft, der die Aufgabe zufällt, das Diesseits zu verändern, sich frontal der Gegenwart mit aller ihrer, oft scheinbar erdrückenden Problematik zuzuwenden und sich nicht überwältigend und einseitig auf ein Jenseits zu konzentrieren, das zu seiner Zeit Erfüllung sein wird. Damit wird eine Rückkehr zum Ursprung des Evangeliums vollzogen, zu dem, was Christus wollte, lehrte und was er selbst beispielhaft getan hat. Allmählich verstehen wir auch wieder, dass das Evangelium heraus muss aus dem nur „innerkirchlichen Gebrauch", denn es ist eine Botschaft für die Menschen und für alle Menschen, weil „Gott will, dass allen Menschen geholfen werde" (1. Tim. 2, 4). Die gute Nachricht vom auferweckten Gekreuzigten ist nicht einigen Auserwählten gegeben, dass sie darüber reden, diskutieren, spekulieren, Theorien aufstellen und ihre gesamte Kraft dafür einsetzen, Klarheit zu gewinnen über Himmel und Hölle, die erste und zweite Auferstehung, das Geheimnis der Entrückung und die Funktion des im Buch der Offenbarung beschriebenen Feuersees. Das wäre die religiöse Selbstbefriedigung, die Marx brandmarkte, weil sie nicht dem Menschen dient. Sie hilft niemandem. Sie nützt nicht. Sie stiehlt die Zeit. Sie geht am Alltag und an der Wirklichkeit vorbei. Darum ist sie verwerflich. Jesus Christus brachte das Evangelium für die Menschen, und sobald es diesen universalen Charakter verliert und wir es selbstgenügsam nur noch in unseren vier Wänden, gleichsam wie eine Torte, verschlingen, ohne dass die draußen etwas von uns abbekommen, fallen wir mit Recht unter das treffende Urteil des Karl Marx.

Das Motiv des Handelns

Christen warten auf die Vollendung des Reiches Gottes, die in Christus geschehen wird. „Zeit und Stunde" (Apg. 1, 7) kennen sie nicht. Aber dieses Nichtwissen zwingt nicht zu einem rein betrachtenden, sondern gerade auch zu einem produktiven, kämpferischen Verhältnis zur Gegenwart und zur Zukunft, ein Zukunftsverständnis, das den Menschen in die Freiheit der weltverändernden Tat freigibt und sendet. Die christliche Endzeiterwartung ist nämlich weder eine reine Erwartung, in der alle Leidenschaft für die Zukunft Gottes umgesetzt wird in eine weltlose, beziehungslose Vergegenwärtigung der Ewigkeit im Augenblick, noch meint die christliche Endzeitlehre eine bloß passive Erwartung, für die die Welt als eine Art vorgefertigtes Wartezimmer erscheint, in dem man desengagiert und gelangweilt – je hoffender, umso gelangweilter – herumzusitzen hätte, bis die Tür zum Sprechzimmer Gottes aufgeht. Die christliche Endzeitlehre erfordert vielmehr eine produktive Erwartung, eine kämpferische Haltung. Die Welt ist dann eine entstehende, auf die Zukunft Gottes hin werdende Welt, für deren Prozess die Hoffenden in entschlossener und leidvoller Verantwortung stehen. Ihre Hoffnung ist sehend; sie sieht das Leiden und glaubt dennoch an die Freiheit. Sie zerbricht nicht an den Widerständen der Gewalt, der Enttäuschung und der Resignation. Sie ist kein blinder Optimismus, sondern wird durch Leiden und Opfer zu einer klugen Hoffnung. Die Welt wird dann nicht nur ertragen und als eine Durchgangsstation zum „Himmel" betrachtet. Die christliche Hoffnung ist etwas, an dem wir – wie Bloch einmal formuliert hat – „nicht nur etwas zu trinken, sondern auch etwas zu kochen haben". Das himmlische Jerusalem, die verheißene Gottesstadt, liegt für die endzeitliche Erwartung des Christentums nicht einfach fertig vorhanden vor uns, wie ein fernes Ziel und perfekt. Sie selbst ist noch im Entstehen begriffen; indem wir hoffend auf sie zugehen, bauen wir an ihr, sind Aktivisten und nicht nur Interpreten einer Zukunft, deren rufend-erweckende und alle Zukunftsbewegung auf sich ziehende Macht Gott selbst ist.

Die Verantwortlichkeit

Christliches Leben wurzelt demnach nicht in einer geschichtsverneinenden Verzichtsideologie oder in einer für die Gegenwart passiven Zukunftserwartung, die das bedrängende Heute fast negiert und sich schon in einen Schlupfwinkel des Morgen verkriecht. Der Christ soll sich vielmehr als Mitarbeiter an diesem verheißenen Reich des universalen Friedens und der Gerechtigkeit für alle verstehen. Die Gültigkeit seines Endzeitglaubens muss sich ständig bewahrheiten in der Entschlossenheit seines gegenwärtigen – endzeitlich orientierten – Handelns. Denn die verheißene Wahrheit ist eine Wahrheit, die – wie

das Johannesevangelium sehr deutlich sagt – getan werden muss. Endzeitlicher Heils-
glaube und irdischer Einsatz schließen einander nicht aus, sondern gerade ein. Gott erscheint nicht als Produkt unserer Ungeduld mit unseren Wünschen oder als Ergebnis der
Resignation in der Unerfüllbarkeit unserer grenzenlosen Bestrebungen, wie Marx es vor-
warf, sondern Gott wird geradezu die Befreiung zur gegenwärtigen Initiative des Menschen. Erst eine Zukunft, die mehr ist als die Projektion unserer eigenen latenten Möglichkeiten und Wünsche (siehe Feuerbach), kann uns wirklich über uns hinausrufen, erst
sie kann in uns den Willen zur Schon-jetzt-Realisierung dessen erwecken, was in der
Bibel als Gerechtigkeit, Frieden oder Liebe bezeichnet wird und womit immer umfassend
alle Menschen gemeint sind.

Die Entscheidung

Die entscheidende Frage innerhalb der Christenheit heute ist die nach dem mündigen
Christen. Wo gibt es ihn? Woran ist er erkenntlich? Was tut er? Es ist zugleich die Frage
nach der Aktivität und Passivität bei der schweren Arbeit einer relativen Verbesserung
der menschlichen Verhältnisse überall in der Welt.

Christen sollen nicht der Honig der Erde, sondern ihr Salz sein (Bermanos). Salz in den
aufgerissenen Wunden unserer Erde, das brennt, aber auch – und das ist das Wesentliche – die Fäulnis verhindert. Christen dürfen in der „Initiative der Hoffnung" (Moltmann)
stehen. Sie sollen bewegt werden von der Kraft einer verwandelnden Hoffnung für die
ganze Kreatur (vgl. Röm. 8, 19–25). Das nötigt sie geradezu zur Anteilnahme, zur Mitarbeit, wo immer es möglich ist, zu den kleinen Schritten der Hilfsbereitschaft und des Ent-
gegenkommens, die Christen von jeher auszeichneten. In uns wohnt der Geist der Kraft,
der Auferstehung, der Bezwingung des Todes, der uns zur Hoffnung verpflichtet. Aus der
Gewissheit der Auferstehung des Sohnes Gottes von den Toten erwächst die Gewissheit,
dass Gott alles neu machen wird. Die universale Erneuerung hat begonnen, das Reich
Gottes ist angebrochen, ist wirksam, wird gelebt von den Menschen guten Willens.

Hier ist die Grenze zwischen mündigem und unmündigem Christsein. Unmündigkeit –
das ist Religion ohne Verpflichtung, die über das Individuelle hinausgeht, naive Gläubigkeit, die mitunter das Denken verweigert und sogar versklavt, abweisende Diesseits- und
arrogante Jenseitshaltung, die isoliert, billiger Segen für bestehende schlechte Verhältnisse. Mündigkeit – das ist lebendiger, tätiger Glaube, das ist Auferstehungshoffnung,
also Hoffnung, die andere, die die Welt einschließt, Ausrichtung auf die angekündigte
Zukunft ohne Herunterspielen der Gegenwart, ohne Liquidierung der Notwendigkeiten,
Veränderung des Diesseits aus der Kraft des Auferstehungswissens, das wie ein Motor

antreibt, und Aufstand gegen Ungerechtigkeit und Unterdrückung in allen ihren verästelten Formen sowie das Leiden der Liebe zum armen und unfreien Menschen. Mündige Christen sind damit Mitarbeiter am Erlösungswerk Gottes, Autoren von Freiheit, Gewissenswecker und wachsame Partner. Sie verfallen nicht einer allgemeinen Verbrüderung aller Menschen, die höchst unrealistisch wäre, sondern wissen um die Überwindung des Bösen im Menschen und die Überwindung des Todes durch den auferweckten Christus. Die befähigt sie – in aller Angefochtenheit, Schwäche und trotz Versagens – in die Bruderschaft der Niedrigen einzutreten, wie Jesus es tat, und die Allianz mit der Macht der Unverbindlichkeit und des Sich-heraushalten-Wollens aufzugeben. Die Solidarität Jesu mit ihnen, die sie erfahren haben, bringt sie zur Solidarität mit den Menschen ihrer nächsten Umwelt und weltweit. Und die Größe ihrer Hoffnung ist ihre Beharrlichkeit.

Solche mündigen Christen werden heute gebraucht. Dringend. Jeder muss eigenverantwortlich seine Entscheidung treffen.

DOK 18

Christen leben in der Gesellschaft

Wir wissen nicht recht, wie Christen sich in der kompliziert
gewordenen Welt von heute verhalten sollen und fragen deshalb
nach einer cnristiichen Sozialethik. Wir haben begriffen, daß
Christsein nicht etwas rein Privates ist und daß christliches
Zeugnis auf Menschen trifft, die vom Morgen bis zum Abend,
von der Geburt bis zum Tode in gesellschaftliche Zusammenhänge eingebunden sind. Paulus schreibt einmal im Blick auf negative Erscheinungen in der menschlichen Gesellschaft, wo es
Unzüchtige, Habgierige, Räuber und Götzendiener gibt: Wenn
ihr nichts mit ihnen zu tun haben wolltet, "dann müßtet ihr
ja die Welt räumen" (1.Kor.5,10).

Wir können der Gesellschaft nicht entfliehen, wir sollen sie
aber auch nicht nur passiv hinnehmen bzw. von ihr nur nehmen,
was wir kriegen können nach dem Motto: "Lasset uns essen und
trinken; denn morgen sind wir tot". An diesen von Paulus in
1.Kor.15,32 zitierten Satz aus Jes.22,13 schließt sich dort
das Gotteswort an: "Wahrhaftig, diese Schuld wird euch nicht
vergeben werden, bis ihr sterbt". Also nicht passives Genies-
sen, nicht hochmütiges Naserümpfen über die "böse Welt" steht
uns als Christen an, sondern Mitverantwortung als "Salz der
Erde" und "Licht der Welt" (Matth.5,13.14). Wir möchten miteinander erörtern, wie wir m i t   C h r i s t u s in dieser Welt leben können, wie wir als B ü r g e r   d e s
R e i c h e s   G o t t e s in dieser unserer Gesellschaft
Verantwortung tragen können.

Man sagt uns, daß wir Christen wie jeder andere Staatsbürger
gebraucht werden, und wir schätzen diese Aufforderung zur Mitarbeit. Aber das kann für uns keine ausreichende Begründung
sein, weil das Evangelium uns auffordert, alles, was wir "mit
Worten oder mit Taten" tun, "von Herzen f ü r   d e n
H e r r n und nicht für Menschen tun" (Kol.3,17.23). Es kann
nämlich sein, daß Bürger des Reiches Gottes als unbrauchbare
Staatsbürger hingestellt werden. So stempelte z.B. das jüdische Synedrium die Apostel ab, weil sie nicht nur Kranke heil-
ten, sondern dies im Namen der angebrochenen Christusherrschaft taten. Christen, die den Cäsaren keinen Weihrauch
streuen wollten, wurden denunziert; mit demselben Argument
wurden die freien Täufergemeinden der Reformationszeit von
einer sich christlich nennenden Staatsmacht ausgerottet.
Wenn diese Brüder und Schwestern trotzdem ihren Anspruch
nicht aufgaben, in ihrer Gesellschaft Verantwortung mitzutra-
gen, dann müssen sie wahrlich eine tiefere Begründung für ihr
Handeln gehabt haben als die, von der Gesellschaft gebraucht
zu werden. Ihr entscheidendes Motiv war offenbar, ob und wie
sie von Christus gebraucht würden in der Gesellschaft. Nur
aus diesem Grunde ließen sie sich von einer Gesellschaft, die
sie ganz oder teilweise als unbrauchbar hinstellte, nicht
negativ festlegen.

Soziologisch gesehen sind Christen und Kirchen ein Teil der
Kräfte, die in der Gesellschaft wirken. Man kann ihre Existenz
mit den Mitteln der Vernunft von historischen, soziologischen

und psychologischen Standpunkten aus untersuchen. Es wird uns
dadurch manche Einsicht vermittelt, die wir zu beherzigen haben. Aber die Rechtfertigung ihres Daseins, die Begründung
ihres Handelns kommt der Gemeinde Jesu Christi nicht aus der
Geschichte oder aus der Gesellschaft.

1. Welchen Stellenwert hat für Christen die Gesellschaft, in der sie leben?

1.1 Was haben wir unter 'Gesellschaft' zu verstehen?

1.1.1 Der weiteste Kreis, den der Begriff 'Gesellschaft'
umschreibt, ist 'die menschliche Gesellschaft', also
die Menschheit insgesamt. In der Bibel wird er im AT von dem
Wort 'adam', und im NT wird er neben 'anthropos' von dem Wort
'oikoumene' erfaßt. Der Mensch ist ein soziales Wesen; das
ist so von Gott gewollt. Er findet sich in dem Leben, das er
sich nicht selber gegeben hat, vor: unter Männern und Frauen,
Eltern und Kindern, Brüdern und Schwestern. Der Satz: "Es ist
nicht gut, daß der Mensch allein sei" (1.Mose 2,18) bezieht
sich nicht nur auf die Ehe.

Aus der Ausbreitung der Menschheit in der Geschichte und Geo-
graphie ergibt sich für jeden von uns das Verflochtensein in
ganz bestimmte historische und gesellschaftliche Umstände.
Karl Marx sagt in seiner 6.Feuerbach-These: "...das menschliche Wesen ist kein dem einzelnen Individuum innewohnendes Ab-
straktum. In seiner Wirklichkeit ist es das Ensemble der gesellschaftlichen Verhältnisse". Angesichts des sozialen Netz-
werks, in das unser Leben von der Geburtsklinik bis zum Friedhof eingespannt ist, wäre es töricht, die Bedeutung des gesellschaftlichen Einflusses zu bagatellisieren.

Der Schöpfer hat nicht Menschen von gleicher Art, wohl aber
Menschen von gleichem Wert geschaffen. Diese durch menschliche Schuld verratene Wahrheit wurde durch das Evangelium von
Gottes neuer Schöpfertat in Jesus Christus wiederentdeckt und
kommt in der Gemeinde Jesu Christi zur Anwendung: "Hier ist
nicht mehr Jude noch Grieche, nicht mehr Sklave noch Freier,
nicht mehr Mann noch Frau. Ihr seid alle einer in Christus
Jesus" (Gal.3,28).

Inzwischen ist die Tatsache, daß die Menschheit eine Gesellschaft der Verschiedenartigen mit gleichen Rechten sein soll,
in vielen Verfassungen der Welt festgeschrieben. "Alle Bürger
sind vor dem Gesetz gleich" (DDR-Verfassung, Art.20,1). Die
Bibel läßt keinen Zweifel daran, daß Christen Mitglieder der
menschlichen Gesellschaft mit gleichen Rechten und Pflichten
sind. Das bedeutet, sie haben teil am Schicksal aller Menschen, an ihren Errungenschaften wie an ihrer Schuld, an ihrer
Zertrennung und ihrer Vergänglichkeit. Sie sind keine "besseren" und keine "schlechteren" Menschen.

Christen sind aber auch Angehörige der Gottesherrschaft, deren
"Verfassung" das Evangelium ist. Matth.24,14 (par. Mark.13,10)
sagt: "Dieses Evangelium wird verkündigt werden in der ganzen
Menschheit zum Zeugnis für alle Völker." Die "Verfassung der

Gottesherrschaft" also verpflichtet den Christen, die Nachricht dieser in Jesus Christus angebrochenen Herrschaft in
der Gesellschaft auszubreiten. In Apg.17,31 heißt es: Gott
hat "einen Tag gesetzt, an dem er die Menschheit richten wird
mit Gerechtigkeit durch e i n e n Mann, den er dazu bestimmt hat, indem er ihn von den Toten auferweckte". Das bedeutet: alle Menschen - ohne Ausnahme und ohne Unterschied -
sind nicht nur dem Urteil der Gesellschaft ausgesetzt, sondern auch einem letzten Urteil Gottes, das er durch d e n
sprechen wird, dem er mit dem Tag seiner Auferweckung von den
Toten alle Macht über die irdische und außerirdische Welt
übergeben hat. Für den Christen ist also die Machtfrage in
einem letzten, absoluten Sinn entschieden: Herr ist Jesus.
Alle Herren der Geschichte werden an seiner Herrschaft gemes-
sen werden. Natürlich dürfen wir dabei nicht vergessen, daß
es sich um die H e r r s c h a f t   d e s   G e k r e u -
z i g t e n handelt, das heißt: das Reich Gottes wird durch
Jesu Leben und Sterben als hingebungsvoller Dienst definiert.

Dieses "Gesetz Christi" soll in seiner Gemeinde angewandt
werden und kann es auch, weil sich dort die Menschen zusammen-
finden, die sich bewußt von Jesus Christus haben dienen lassen und ihn als ihren Herrn anerkennen. Die Gemeinde ist also
ein V o r a u s t r u p p der "neuen Gesellschaft", die
Gott am Ende der Zeiten einrichten wird. Dieser "Voraustrupp"
wird in allen bestehenden Gesellschaftsordnungen als "welt-
fremd" empfunden werden, weil er ja mit Wort und Tat die
dieser Welt fremde Macht der Liebe Gottes bezeugt (vergleiche
1.Petrus).

Daraus ergeben sich Konsequenzen für das Leben der Gemeinde
in der jetzigen Gesellschaft. Es kann z.B. keine "christliche" Gesellschaftsordnung geben, wie es auch keine "christliche" Mathematik gibt. Das schmähliche Ende der Illusion
eines "christlichen Abendlandes" sollte uns die Augen geöffnet haben. Unser Einsatz in der Gesellschaft kann also niemals bedeuten, daß die gesellschaftlichen Mächte und Institutionen christianisiert werden müßten. Das Gottesreich ist
niemals ein Ergebnis menschlichen "Machens". Andererseits bedeutet es, daß Christen grundsätzlich in jeder Gesellschaftsordnung leben können und frei sind, "der Stadt Bestes" zu
suchen und offen zu sein für Veränderungen im Sinne von Verbesserung für das Leben der Menschen.

1.1.2 Die menschliche Gesellschaft ist keine abstrakte Ein-
       heit. Vielmehr setzt sie sich aus den verschiedensten
sozialen Gruppen zusammen, z.B. aus Rentnern und Jugendlichen, aus Gesunden und Behinderten bzw. Kranken. Früher wurde das Gesicht der Gesellschaft hauptsächlich bestimmt vom
bäuerlichen und bürgerlichen   F a m i l i e n v e r b a n d .
Alle Altersgruppen, die in Haus, Hof und Werkstatt arbeitenden sowie die Nichtarbeitenden, die zum Lebensunterhalt Bei-
steuernden und die zu Versorgenden lebten über Generationen
hinweg in einer Gemeinschaft.

Die moderne Industriegesellschaft hat das geändert. In ihr
bilden die sozialen Gruppen selbständige Einheiten, organisieren sich, treten für ihre Belange und Rechte ein. Viele
Funktionen, die früher von der Familie verwaltet wurden, z.B.
auf den Gebieten Erziehung und Ausbildung, Kranken- und Al-
tersversorgung, werden heute vom Staat und seinen Behörden
wahrgenommen. Die Verlagerung des Schwerpunktes von der Familie auf die verschiedenen sozialen Gruppen hat sich unmerk-
lich auch in unseren Gemeinden vollzogen. Das beweist u.a.
auch die Thematik dieser Bundeskonferenz. In manchen jungen
Nationalstaaten, wo der Umbruch von einer bäuerlichen oder
sogar noch nomadischen Familiengesellschaft zur modernen
Gruppengesellschaft mit wesentlich rasanterem Tempo geschieht.
als das in Europa der Fall war, scheint die Gesellschaft fast
an dieser sozialen Revolution zu zerbrechen. Die traditionelle
Rolle der Unterordnung der Frauen, Kinder und Nichtleistungs-
fähigen wird so plötzlich verändert, daß manchmal chaotische
Zustände der Orientierungslosigkeit entstehen.

Haben wir in unseren Gemeinden schon genügend darüber nachge-
dacht, welche Rolle die Familien der Christen unter den veränderten Umständen in der Gesellschaft spielen? Wenn für uns
die Familie als Keimzelle jeder Gesellschaft noch Bedeutung
hat, müßten wir uns darüber Rechenschaft geben. Christen sind
grundsätzlich an alle sozialen Gruppen gewiesen, doch sind es
unter den Vorzeichen der Herrschaft der Liebe Christi besonders die Schwachen, die Unterprivilegierten, die sich allein
nicht zu behaupten vermögen, denen wir beizustehen haben.

1.1.3. Die Gesellschaft ist auch eine bestimmte Gesellschafts-
       o r d n u n g , ein System, in dem die Menschen eines
Volkes, einer Nation, eines Staates leben. Nicht der Staat
ist die Gesellschaft, sondern die Menschen insgesamt, die in
ihm leben. Die staatlichen Organe sind ein Teil von ihr; die
Gesellschaft hat sie sich gegeben, um ihr Zusammenleben zu
regeln. Die Menschen - auch die Christen - tragen Verantwortung dafür und haben zu entscheiden, wie eine solche Ordnung
den Menschen am besten dient. Alle Staatsordnungen sind
grundsätzlich veränderbar im Sinne einer Verbesserung.

Zur Zeit des NT gab es einen bestimmten staatspolitischen Begriff von Gesellschaft. Das Imperium Romanum verstand die Gesellschaftsordnung im Sinne ihrer Pax Romana, ihrer militä-
risch abgesicherten Befriedung der Völker. Es fällt nun auf,
daß im NT keine prinzipielle Auseinandersetzung mit dieser
Gesellschaftstheorie geführt wird. Auch Römer 13 tut das
nicht. Paulus fordert dort die jungen, machtlosen Christengemeinden auf, die existierenden gesellschaftlichen Ordnungs-
mächte wie z.B. Steuerbehörden, Gerichte und Regierungen zu
respekieren. Die Apostelgeschichte zeigt, daß christliche
Mission nach Möglichkeit Zusammenstöße mit der Staatsmacht
vermeidet.

Die Offenbarung Johannes, in einer Zeit wachsender Staats-
verherrlichung und zunehmenden Personenkults geschrieben,
warnt zweifellos in verschlüsselter Sprache vor ungerechtfer-

tigten Ansprüchen der Staatsmacht. Aber auch das Imperium Romanum war nicht das total antichristliche Reich, wie es die Zukunftsvisionen der Offenbarung schildern. In seiner Weite gab es eine Vielfalt von Möglichkeiten zur Ausbreitung des Evangeliums, bald mehr, bald weniger Freiheit für die Christengemeinden. Das römische Reich ist vergangen, die Sache Christi ist geblieben. Auch die sozialistische Gesellschaftsordnung ist nicht 'der Antichrist', so wie sie auch nicht das 'Reich Gottes' ist. Christen und Kirchen müssen die theoretische Auseinandersetzung mit dem Selbstverständnis der Gesellschaftsordnung, in der sie leben, führen. Sie darf aber nicht das Feld beherrschen. Denn erstens wissen wir nicht, was und wieviel von einer Theorie sich in der Wirklichkeit vergänglicher Ordnungen durchsetzen wird, und zweitens sind wir zu lebendigen Menschen gesandt.

Im Gegensatz zur römisch-katholischen Kirche und ihrer Soziallehre sind die evangelischen Kirchen nicht der Auffassung, daß sie eine eigene 'christliche' Gesellschaftstheorie entwickeln müßten, die in Wettbewerb zu 'weltlichen' Theorien tritt. Wir sehen unsere Aufgabe in der Verkündigung des Evangeliums, das sich allerdings auf alle Gebiete des Lebens bezieht. Es ist unbiblisch, im Namen der Hoffnung auf das kommende Reich Gottes diese Erde ihrem Schicksal zu überlassen. Der Auftrag des Schöpfers, die Erde zu "bebauen und zu bewahren" (1.Mose 2,15) gilt auch noch denen, die das Heil in Christus empfangen haben. Wir sind aufgerufen, mit unserem vom Schöpfer verliehenen Gaben vernünftig - auch kritisch - an den Bemühungen zur Erhaltung des Lebens teilzunehmen.

Wo staatliche Ordnung und Macht der Herstellung und Erhaltung menschenwürdiger Lebensbedingungen dient, ist die Mitarbeit der Christen ein Stück Glaubensgehorsam. Die Kehrseite dieses Glaubensgehorsams wäre: Widerstand dort, wo mit Machtmitteln unmenschliche und ungerechte Zustände aufrechterhalten werden. Damit ist die Frage gestellt, ob z.B. Befreiungsbewegungen, die eine Ablösung unmenschlicher Systeme anstreben, schon eine Funktion von Obrigkeit erfüllen, nämlich die der kommenden Obrigkeit.

Wie Bibel und Geschichte zeigen, haben politische Systeme die Tendenz, sich absolut zu setzen und den Menschen nicht nur zu einem menschenwürdigen Leben zu verhelfen, sondern sich ihnen als der letzte Sinn ihres Lebens anzubieten, sogar mit Gewalt. Hier ist der Punkt erreicht, wo Christen, die ihren Lebenssinn von ihrem Schöpfer und Erlöser erhalten haben, bekennen müssen: "Man muß Gott mehr gehorchen als den Menschen" (Apg.5,29).

Der Theologe W.Künneth konnte noch 1954 die Arbeiter in der BRD davor warnen, ihre berechtigten Forderungen mit dem Mittel des Streiks durchzusetzen, "auch wenn ihr Anliegen noch so berechtigt und notwendig ist". Wenn in dem bestehenden System "die Akzente verschoben werden, und eine Gruppe, wenn auch nur latent wirtschaftlich oder sozial, ihren Willen ... durch Terrorakte wie Streiks oder ähnliche Kampfmaßnahmen durchzusetzen sich bemüht, wird die Souveränität des Staates in Frage gestellt und dieser aufgerufen, durch Einsetzung der Staatsgewalt den innerstaatlichen Kriegszustand zu beseitigen, den Widerstand der Gruppen zu brechen und die Überlegenheit der Staatsautorität wiederherzustellen" ("Politik zwischen Dämon und Gott", 1954, S.178). - Hier verleiht ein evangelischer Theologe der Staatsmacht fast göttliche Autorität. Man hat ihr zu gehorchen, auch wenn sie auf berechtigte Forderungen mit Gewalt antwortet, also nicht mehr den Menschen dient, sondern um jeden Preis ihre Herrschaft aufrechterhalten will.

Wir leben im Staat DDR, der eine sozialistische Gesellschaftsordnung besitzt. Die Macht hat die Arbeiterklasse unter Führung ihrer marxistisch-leninistischen Partei. Sie ruft uns Christen zur Mitarbeit auf. Eine ideologische Koexistenz gibt es nicht. Das bedeutet u.a., daß ein grundsätzlicher christlich-marxistischer Dialog nicht stattfindet. Das Ausbleiben des prinzipiellen Dialogs ändert jedoch nichts an der Tatsache, daß das Gespräch in den tausendfachen Begegnungen des Alltags stattfindet.

Über diese Wirklichkeit unserer christlichen Existenz in der Gesellschaft haben wir nachzudenken. Dabei dürfen wir den größeren Kreis der gesamt-menschlichen Gesellschaft nicht außer acht lassen. Wir sollten nicht meinen, wir lebten hier auf einer Isolierstation. Wir sind ein Teil der Menschheit; und ihr Schicksal ist auch das unsere. Und wir sind ein Teil der weltweiten Christenheit, die fragend und antwortend mit uns verbunden ist.

1.2. Fragen wir uns zusammenfassend noch einmal nach dem Rang, den die Gesellschaft für unser Leben im Glauben hat.

1.2.1 Die Bibel spricht von der Z w i e s p ä l t i g - k e i t der Welt. Sie ist gute Schöpfung Gottes, der uns so geliebt hat, daß er Jesus Christus opferte, damit sie endgültig erlöst würde. Sie ist aber auch die von Gott abgefallene Menschheit, die die Schöpfung in ihren unheilvollen Zustand hineingezogen hat. Dieser Zustand wird vergehen: 1.Joh.2,15-17. Aber wie wir den H e r r n der Welt lieben sollen, so auch die von ihm geliebten Menschen.

1.2.2 Aus dieser Zwiespältigkeit ergibt sich für den Christen, daß er in allen irdischen Verhältnissen in einer S p a n n u n g lebt: " I n der Welt", sogar in sie hinein gesandt, und doch nicht " v o n der Welt", d.h., er lebt vom Ursprung Gottes her und ist selbst schon ein Stück der neuen Schöpfung. Nur wenn diese Spannung uns bewußt bleibt, gibt unser Leben Energie an die Gesellschaft ab. Sie bricht zusammen, wenn nur einer der beiden Pole intakt ist, d.h., wenn wir uns im verinnerlichten Glauben und im Gemeindeleben einigeln, o d e r : wenn unsere Existenz sich ins Gesellschaftliche hinein auflöst.

1.2.3 Wie aber hält man diese Spannung aus, die manchmal bis
zur Zerreißprobe gehen kann? Wir sind natürlich versucht, ihr aus dem Weg zu gehen und uns von einem der
beiden Pole 'abzuklemmen'. Pietistische Kreise sind immer
wieder schuldig geworden dadurch, daß sie sich aus falsch verstandener Heiligung vom gesellschaftlichen Leben fernhielten.
Solche Abstinenz konnte aber ins genaue Gegenteil umschlagen.
Man entließ sich aus Spannung, indem man bedenkenlos einer
gesellschaftlichen Gesamtkonzeption (sprich: Ideologie) applaudierte, die dem Menschen das totale Heil versprach, wie
es während des Nationalsozialismus leider auch im freikirchlichen Raum passiert ist.

Es gibt einen festen Punkt, wo uns klar werden kann, daß die
Spannung unserer Doppelexistenz als Bürger des Reiches Gottes
u n d als Staatsbürger uns weder zerreißen noch zu faden
Neutralisten machen muß. Dieser Punkt heißt: Wir sind gerechtfertigt ohne Leistung und Verdienst, allein durch den Glauben (Röm.3,24,28). Das heißt: Wir brauchen uns nicht mehr
selber zu rechtfertigen. Wir haben den Sinn unseres Lebens
aus der durchbohrten Hand unseres gekreuzigten Herrn empfangen, sind also nicht angewiesen auf die Bestätigung durch Gesellschaft, Vaterland, Klasse, Familie, Nachwelt. Nicht Arbeit und Leistung, nicht Gesellschaft und Karriere, nicht Geschichte oder Natur können unser Dasein rechtfertigen; wir
haben es geschenkt erhalten. Wenn aber der Sinn meines Lebens
nicht in der Selbstbestätigung oder der Bestätigung durch Menschen liegt (so schön das sein kann), wenn ich mir meine Existenz nicht erst durch Leistung verdienen muß, dann bin ich
frei, ohne Angst und Zorn beiden zu dienen, Gott und den Menschen. Dann werden meine Leistungen in der Gemeinde wie in
der Gesellschaft als normal gewachsene "Früchte des Geistes"
erscheinen.

Da Christen durch die Gesellschaft niemals Sinn und Ziel ihres Lebens erhalten, hat diese für sie keinen anbetungswürdigen Rang. ("Du sollst Gott, deinen Herrn, anbeten und ihm allein dienen" Luk.4,8). Gerade aus diesem Grund kann die Gesellschaft aber in uns die freiesten Mitarbeiter sehen und erwarten, daß wir ohne Egoismus, gelöst von falschen Hoffnungen, unbeirrt durch Enttäuschungen und ohne Sorge um Prestige
und Privilegien unserem Herrn an seinen geliebten Menschen
dienen, bis er kommt.

2. Wie läßt sich unsere christliche Existenz in der Gesellschaft beschreiben?

Ich möchte es in drei Kreisen tun, die nicht voneinander
lösbar sind, sondern wie Ringe einer Kette ineinander
hängen. Es handelt sich um unsere missionarische, diakonische und prophetische Existenz.

2.1. Unsere missionarische Existenz

"Wie mich der Vater gesandt hat, so sende ich euch",

sagt Jesus (Joh.20,21). Wozu sendet er uns? Den Menschen aller Gesellschaftsordnungen mitzuteilen, daß Gott Frieden gemacht hat mit uns allen. Diese Nachricht gehört in die Ö f -
f e n t l i c h k e i t : "Was euch ins Ohr gesagt wird, das
predigt auf den Dächern" (Matth.10,27). Die Öffentlichkeit
ist der Ort, wo Wahrheit und Lüge aufeinandertreffen und miteinander streiten. Deshalb gehört das Evangelium von dem wahren Menschen Jesus Christus und der Wirklichkeit seiner Lie-
besherrschaft in die freie Diskussion der Öffentlichkeit und
nicht in geheime Winkel und verborgene Ecken. Weil gerade wir
kleinen Kirchen in unserer Geschichte immer wieder in den
Winkel gezwungen wurden, treten wir für freie öffentliche
Meinungsäußerung ein, wissend, daß im Winkel unfreie, ver-
klemmte Bürger herangezogen werden. Wir müssen uns fragen:
Haben wir unser Gewissen einseitig auf private oder persönliche Dinge gerichtet? Sind wir in öffentlichen Angelegenheiten meinungslos geblieben? Hing unsere Meinung von anderen
Faktoren ab als dem des Evangeliums? Das wäre Verleugnung
des Evangeliums und Gleichgültigkeit gegenüber der Gesellschaft.

Die christliche Verkündigung ist ein erstrangiger und gesellschaftlicher Faktor. Das steht hier außer Zweifel und braucht
nicht ausgeführt zu werden. Was uns hier interessiert, ist
die Frage nach dem L e b e n der Gesandten Jesu Christi in
dieser Welt.

2.1.1 Wir könnten einen Katalog aufstellen, was alles missio-
        narischer Existenz hinderlich ist. Dieser Katalog wür-
        de, biblisch belegt, ziemlich lang werden. Greifen wir
eines heraus: Wenn Christen und Kirchen in dieser Gesellschaft glaubwürdig missionarisch existieren wollen, dann sind
sie verpflichtet, die E i n h e i t der Christen zu bezeugen. "Ich bitte für sie (die schon glauben und die noch glauben werden), auf daß sie alle eins seien, ...damit die Welt
glaube, daß du mich gesandt hast" (Joh.17,20f). Nehmen wir
unseren betenden Herrn so ernst, wie er genommen werden will?
Dann dürfen wir eine Welt, die nach Heilung von ihrer Zerris-
senheit und Zerstrittenheit ausschaut, nicht zu einem "zer-
teilten" Christus rufen, indem wir uns unserer Spaltungen
nicht einmal mehr schämen, geschweige denn ernsthaft daran
arbeiten, sie zu überwinden.

Das korinthische Beispiel ist uns allen geläufig. Dort wird
es am Herzblatt christlicher Einheit, der Mahlfeier, demon-
striert, wie die Christusverkündigung, die ja auch durch das
Herrnmahl geschieht, behindert wird. "Ihr seid zerstritten
über Haartrachten und Charismen, seid neidisch aufeinander.
Wo Christus die Grenzen zwischen Menschen aufgehoben hat,
richtet ihr neue, nämlich religiöse Parteien ein", schreibt
Paulus. Solch unwürdige Mahlgemeinschaft, welche die versöh-
nende Christustat mißachtet, beschreibt das Gegenteil einer
missionarischen Existenz.

2.1.2 Das korinthische Beispiel erinnert uns an zwei wesent-
       liche Inhalte christlicher Sendung. Sie werden mit den
       biblischen Begriffen "Versöhnung" und "Frieden" be-
zeichnet, Wörter, die auch für christliches Engagement in der
Gesellschaft konstitutiv sind. Aus dem Satz, daß Gott die
Welt mit sich selbst versöhnte, ergibt sich der andere: "Ver-
söhne dich mit deinem Bruder, bevor du zum Altar kommst"
(Matth.5,24 f.). Aus diesem Grunde heißt es in Artikel 5 der
"Lausanner Verpflichtung" des Internationalen Kongresses für
Weltevangelisation 1974:

> "Wir bekräftigen, daß Gott zugleich Schöpfer und Richter
> aller Menschen ist. Wir müssen deshalb seine Sorge um Ge-
> rechtigkeit und Versöhnung in der ganzen menschlichen
> Gesellschaft teilen."

"Christus hat Frieden gemacht durch das Kreuz und beide, die
sich gegenseitig verachtenden, hassenden, mißverstehenden
Juden und Heiden mit Gott versöhnt" (Eph.2). Deshalb ist
Christus "unser Friede" und der Friede der ganzen Welt, wie
es schon bei Christi Geburt gesungen wurde: "Friede auf Erden". Daraus ergibt sich folgerichtig, daß in der Bergpre-
digt die Friedensstifter als Gotteskinder beglückwünscht werden. Der Friede Gottes soll sich demnach nicht bloß bis in
unser Herz oder in die Gemeinde erstrecken. Er soll sich auch
im gesellschaftlichen und im militär-strategischen Bereich
auswirken. Aber diesen Frieden müssen Menschen machen. Christen könnten nun diesen Mitmenschen das Angebot Gottes verdeutlichen, indem sie an ihrem Leben zeigen, daß man in den
anderen nicht mehr den Feind oder den bösen Teufel sehen muß.
Wenn die Kirchen auf dieser Grundlage Erziehung zum Frieden
fördern, sind sie auf dem richtigen Weg.

Es entspricht nicht dem Evangelium zu meinen, der Frieden
könne erzwungen werden durch bloße gewaltsame oder gewaltlose
Veränderung der gesellschaftlichen Bedingungen. Ich denke
aber, wir können mit denen ein Stück des Weges gehen, die diesem marxistischen Ansatz folgen, um wirklich unerträgliche
Zustände (wie etwa in Lateinamerika) zu verändern. Würden wir
denn diesen Armen, denen man oft das Nötigste zum Leben vor-
enthält, sagen: "Geht hin in Frieden, wärmt euch und sättigt
euch" (Jak.2,16)? Wohin sollen sie gehen? Wenn diese Thesen
aber meinen, daß die Herstellung besserer Lebensbedingungen
automatisch den friedfertigen Menschen hervorbringen, dann
folgen wir ihnen nicht. Das Paradies hat nicht den heilen
Menschen geschaffen, - im Gegenteil.

Allen ist klar: Angesichts heutiger Waffentechnik und Mili-
tärstrategie gibt es keine Alternative zum Frieden. Wenn du
keinen Krieg willst, bereite dich auf den Frieden vor! Aber
alle Seiten handeln nach dem überholten Motto der alten Römer:
Si vis pacem, para bellum. "Vertrauensbildende Maßnahmen" ist
ein gutes Wort. Eine der ersten Maßnahmen wäre wohl, daß man
aufhört, den anderen nur Aggressionsabsichten vorzuwerfen,
während man sich selbst Verteidigungsbereitschaft bescheinigt.
Maßnahmen des Vertrauens müssen ja von Menschen vorgenommen
werden. Es sind im Grunde nicht die Maßnahmen, die Vertrauen

bilden, sondern die Menschen, die solche Maßnahmen treffen.
Christen arbeiten darauf hin, daß Menschen Vertrauen zueinander gewinnen. M.a.W.: Vertrauen setzt Versöhnung voraus,
Versöhnung aber findet dort statt, wo Schuld eingestanden und
vergeben wird.

Christen haben die größte "vertrauensbildende Maßnahme" der
Weltgeschichte an sich selbst erfahren. Gott versöhnte die
Welt mit sich selbst, indem er die einseitige Vorleistung er-
brachte und alle Feindschaft auf seiner Seite 'abrüstete'.
Jetzt braucht niemand mehr zu sagen, daß Gott sein Feind sei
und daß man ihm nicht vertrauen könne. Dies ist die Basis,
auf der wir Frieden bereiten; Frieden schließen durch Versöhnung mit dem anderen, dem Fremden, der mir Angst macht, weil
mir in ihm meine eigene Schuld entgegenkommt. Der andere
bleibt anders, auch wenn wir uns die Hand gereicht haben.
Versöhnung bedeutet nicht Gleichmacherei, nicht Gleichschal-
tung, Vertuschen und Verdrängen aller Unterschiede. Dies
trüge ohnehin nur wieder den Keim des Unfriedens in sich.

Die Französische Revolution stellte die Forderungen der Freiheit und Gleichheit auf, die heute in manchen Teilen der Welt
in erstaunlichem Maße erfüllt sind; in anderen Gebieten ringt
man darum. Frauen, alte Menschen, Jugendliche, Behinderte,
rassische und völkische Minderheiten, nicht zuletzt Arbeiter
und Bauern haben sich emanzipiert oder streben vehement nach
Gleichberechtigung. Woran es aber mangelt, das ist die Erfüllung der dritten Forderung: der Brüderlichkeit. Die Emanzi-
pierten, die sich ihre Rechte erkämpft haben, sollen nun brüderlich miteinander umgehen: die Männer mit den Frauen, die
Alten mit den Jungen, die Gesunden mit den Kranken. Wir müssen zugeben, daß die Herstellung gerechterer und menschen-
würdigerer Zustände unter Führung der Arbeiterklasse nicht
automatisch den brüderlichen Umgang der Menschen miteinander
bewirkt. Es geht nicht ohne Versöhnung, und Versöhnung ist
nicht zu haben ohne Vergebung. Das kann man sich in aller
Ruhe klarmachen am Beispiel einer gefährdeten Ehe.

Es wird eine entscheidende Frage an alle Menschen auf der
ganzen Erde sein: Können wir Schuld eingestehen? Oder können
wir Schuld nur auf den anderen abwälzen? Kirchen und einzelnen Christen wird man ihre Sendung nicht abnehmen, wenn sie
nicht auf diese Weise den ersten Schritt zu Vertrauen, Versöhnung und Frieden tun.

2.2. Unsere diakonische Existenz

Zunächst sei vor dem Irrtum gewarnt, der Diakon könne
sich von der Mission dispensiert fühlen und die Missio-
nierenden brauchten nicht auch zu dienen. Mission und
Diakonie lassen sich wohl unterscheiden, nicht aber trennen.
Der Engländer John Stott hat mit seiner Rede auf dem Lausanner Kongreß das Dienen zum Hauptwort der Mission erklärt.
"Mission sei Dienst nach dem Vorbilde Jesu, Evangelisation
und Diakonie umfassend" (Bockmühl, Evangelikale Sozialethik,
S.31).

Dienen ist ein Zentralbegriff christlicher Ethik. Jesus Christus war Herr, indem er diente. "Ich bin in eurer Mitte als der Dienende", sagt er in Lukas 22,27. Diesen Inhalt seiner Herrschaft hat er an die Seinen weitergegeben: "Ein Beispiel habe ich euch gegeben, daß ihr handelt, wie ich an euch gehandelt habe" (Joh.13,15). Wir sprechen hier nicht über das brüderliche Dienen i n n e r h a l b der Gemeinde Jesu, das nach dem Motto geschieht: "Dient einander! Jeder mit der Gabe, die er empfangen hat" (1.Petr.4,10). Es geht um das, was man mit ' g e s e l l s c h a f t l i c h e r   D i a k o n i e ' bezeichnet. Mir scheint das ein Austauschwort für den guten alten Begriff der Nächstenliebe zu sein, vielleicht mit einer Akzentverschiebung von der karitativen Fürsorge für den einzelnen hin zur Verbesserung der Lebenslage für ganze Bevölkerungsgruppen.

2.2.1   Die karitative Form der Diakonie ist darauf aus, das Leben einzelner Menschen zu erhalten. Das Gleichnis vom Barmherzigen Samariter lehrt uns, daß wir diesen Dienst jedem schuldig sind, der uns in den Weg gelegt wird. Wir haben Nächster zu sein unter allen Umständen. Ein anderes Wort für dienen ist 'Gutes tun'. Jesus hat um der Gesundheit eines Menschen willen das heiligste religiöse Gebot der Juden, das Sabbatgebot, durchbrochen: "Soll man am Sabbat Gutes oder Böses tun, Leben erhalten oder töten?" (Mark.3,4). Damit hat er der Nächstenliebe den Vorrang gegeben vor der Befriedigung religiöser Bedürfnisse, wenn damit das Gewissen beschwichtigt werden soll.

Jesu Auffassung von Nächstenliebe im Gleichnis vom Barmherzigen Samariter zeigt auch, daß Diakonie zunächst 'Erste-Hilfe-Dienst' zur Existenzsicherung ist, dann Hilfe zur Selbsthilfe bzw. 'Entwicklungshilfe'. Wenn wir all das um der größeren Effektivität willen durch Einrichtungen wie "Brot für die Welt" organisieren lassen, dann heißt das nicht, daß wir damit vom persönlichen Einsatz freigekauft sind. Es heißt auch nicht, daß es bei u n s keinen Anlaß mehr gäbe, Menschenleben zu schützen und lebenswert zu machen. Wenn Christen den Kranken, Suchtgefährdeten und Strafgefangenen dienen, so ist dies ein wichtiges gesellschaftliches Engagement. Doch tun sie das letztlich nicht, um gesellschaftliche Anerkennung zu finden, sondern weil sich ihr Herr mit "diesen seinen geringsten Brüdern" identifiziert (Matth.25,40).

Noch in anderer Hinsicht hat die karitative Diakonie eine wichtige gesellschaftliche Aufgabe zu erfüllen. Wenn sie auf der Grundlage der 'agape' handelt, wird sie in die Welt der Institutionen und Organisationen ein Element menschlicher, brüderlicher Wärme tragen. Der Mensch ist heute von technischen und Behördenapparaten sein Leben lang umstellt. Diese anonymen Es-Mächte wirken kalt. Es ist darum eine Wohltat, wenn überraschend ein Du auftaucht, das in liebender Stellvertretung dient, ohne zu fragen, ob genügend dabei herausspringt.

2.2.2 Die gesellschaftliche Diakonie hat jedoch auch eine politische Komponente. Wir merken das praktisch z.B. in
der Zusammenarbeit der diakonischen Einrichtungen mit
politischen Instanzen. Diese politische Dimension ist nicht
bloß eine Zeiterscheinung, sie wohnt dem christlichen Dienen
inne, wenn es mit der Versöhnungstat Gottes in Jesus Christus
ernst macht. Ich zögere, den Ausdruck 'politische Diakonie'
zu gebrauchen, weil er so mißverständlich ist und widersprüch-
lich verwendet wird.

Die Sache läßt sich am Zeugnis des AT verdeutlichen. In 3.Mo-
se 19 werden Israel Gebote gegeben, die ausdrücklich mit der
Unterschrift versehen sind: "Ich bin der Herr, dein Gott".
Diese Sozialgesetze zielen auf gerechte Behandlung gesellschaftlicher Gruppen wie z.B. Arme, Behinderte, Alte. Umgekehrt bekämpfen sie Korruption, Denunziation, Habgier und
Rachgier. Weil aber diese Rechtsvorschriften nichts ausrich-
ten, wenn sie nicht von den Menschen bejaht und getragen werden, steht über allem das Gebot: "Du sollst deinen Nächsten
lieben wie dich selbst." So z.B. im Gesetz zum Schutz auslän-
discher Mitbürger, 3.Mose 19,34: "Ebensoviel wie ein Einhei-
mischer unter euch soll euch der Gast gelten, der bei euch
Gastrecht genießt, und du sollst ihn lieben wie dich selbst,
denn ihr selbst seid Gäste gewesen im Land Ägypten."

Keine Ausbeutung und Unterdrückung der Fremden! Aber ohne
Liebe zu den Fremden geht das nicht, bleiben die Gesetzbücher
Makulatur. Das gilt auch für die 'Lausanner Verpflichtung',
die im Artikel 5 weiter sagt:

"Da die Menschen nach dem Ebenbild Gottes geschaffen sind,
besitzt jedermann, ungeachtet seiner Rasse, Religion,
Farbe, Kultur, Klasse, seines Geschlechts oder Alters
eine angeborene Würde. Darum soll er nicht ausgebeutet,
sondern anerkannt und gefördert werden." (Für "fördern"
steht im englischen Text "to serve" - dienen.)

Auch Jesus hat sozialpolitische Entscheidungen angeregt. Es
wird meist wenig beachtet, daß sein Verbot der Ehescheidung
eine für damalige Verhältnisse umstürzende gesellschaftliche
Komponente einschloß. Nach jüdischem Recht konnte der Mann
seine Frau ziemlich willkürlich verstoßen. Wenn Jesus sagt:
Überhaupt keine Scheidung, - dann stellt er damit die Meist-
Benachteiligten der Scheidungspraxis, die Frauen, unter besonderen Schutz.

Heute sind von der Ehescheidungspraxis am meisten die Kinder
betroffen. Wenn nun z.B. unser 'Dienst an elternlosen Kindern'
sich um solche Kinder kümmert, erfüllt er damit eine eminent
wichtige gesellschaftliche Aufgabe, die mit Gesetzen und ad-
ministrativen Maßnahmen allein nicht zu bewältigen ist. Damit
ist auch gesagt, daß eine christliche Ethik in Sachen Ehescheidung erst dann glaubwürdig wird, wenn sie sich in dienender Liebe der Betroffenen annimmt.

Das unerschöpfliche Gleichnis vom Barmherzigen Samariter
zeigt uns noch einen anderen Aspekt des Öffentlichkeitscharak-
ters christlicher Nächstenliebe. Es bleibt nicht bei der

"Inneren Mission" stehen, sondern überschreitet die Grenze zum Feind. Der Mann aus dem anderen Lager, der ideologisch ge- brandmarkte ist es, dem der Dienst der Liebe gilt. Umgekehrt ist es der verhaßte Samariter, der sich zum Nächsten macht und den Feind als Menschen behandelt. Damit wird die Feindes- liebe nicht institutionalisiert. Jesus reicht keine Gesetzes- vorlage im Synedrium ein, welche die Regierung auf Feindes- liebe verpflichtet. Der personale Charakter christlicher Lie- be bleibt gewahrt. Und dennoch ist dieses Verhalten vorbild- lich für christliche Diakonie, die über das karitative hinaus- geht. Diese Liebe überschreitet dienend das Maß, das öffent- liche Meinung und Macht erlaubt. Sie befaßt sich mit Menschen, für die 'man kein Verständnis hat'. Jesus ist für diesen alle Grenzen überschreitenden Dienst als Aufrührer hingerichtet worden. "Den Blinden gab er das Gesicht, / die Kranken stellt er aufgericht't, / die Sünder nahm er auf und an. / Sonst hat mein Jesus nichts getan." So klingt es ergreifend in der Matthäus-Passion von Johann Sebastian Bach. Das Empörende, was man ihm nicht vergab, war, daß er Gutes tat quer durch die Menschheit, daß er den Bruder 'im feindlichen Lager' suchte.

Christen sind Parteigänger Jesu Christi. Sie haben wie er Partei zu nehmen für die Geächteten. Alle Menschen lieben heißt nicht, neutral zu sein oder die schwierigsten Fälle auszuklammern. Christen stehen mit ihrem Herrn zwischen den Fronten, nicht über ihnen.

2.2.3   Neuerdings spricht man von der Notwendigkeit der 'Ge- meindediakonie'. Oberflächlich betrachtet ist dies die Aktivierung von Gemeindegliedern für diakonische Aufgaben. In der Tiefe ist es mehr.
Die Mission fordert uns zum Gehen auf. Aber es gibt auch eine umgekehrte Bewegung. Menschen, denen durch die ständig gefor- derte Leistung viel Kraft abhanden gekommen ist, suchen nach einer Zuflucht: Stille statt Hektik, Sich-lassen-können statt Sich-zusammennehmen-müssen. Sie suchen einen Ort der Treue und der Wahrheit, Oasen der Bescheidenheit und Zufriedenheit.

Junge Menschen haben die Gesetzmäßigkeiten des Fortschritts kennengelernt und fleißig an ihnen mitgearbeitet. Nun fragen sie, was es "dem Menschen nützt, wenn er die ganze Welt ge- winnt und doch Schaden an seiner Seele nimmt" (Matth.16,26). Menschen, die kommen, zu denen wir gar nicht hinzugehen brau- chen! Sind wir da, wenn sie anklopfen? Oder sind wir vor lau- ter missionarischen Gängen gar nicht mehr zu Hause anzutreffen?

Die Gemeinde als "Ort der Heilung" - das etwa könnte man un- ter Gemeindediakonie verstehen. Das bedeutet nicht Rückzug aus der Gesellschaft, sondern ein Angebot an sie. Das schein- bar Passive dieses Dienstes ist in Wirklichkeit die Anzie- hungskraft, die von einem heilen, gesunden Organismus aus- geht. Solcher Heilmagnetismus' wird begründet durch die Tat- sache, daß Jesus Christus in seiner Gemeinde Leute sammelt, für die intern die Grundprobleme der Gesellschaft schon ge- löst sind, z.B. die Machtfrage.

Wo wirklich Gemeinde Jesu ist, gibt es keine Herrschenden und Beherrschten mehr, sondern nur noch Dienende.

Nach Karl Marx muß der Mensch zu sich selber zurückkehren. Jesus Christus sammelt Menschen, die von sich selbst b e - f r e i t werden. Diese Art Emanzipation findet man nur bei Jesusnachfolgern, deshalb heißen sie im NT auch 'neue Menschen'. Das ist nicht das Paradies. Auch die neuen Menschen in Christus haben noch Gebrechen und warten auf die endgültige Erlösung. Entscheidend ist, daß in der Gemeinde Jesu etwas von der großartigen Freiheit der Kinder Gottes wirksam wird, die sich in ungeheuchelter Menschlichkeit, Toleranz, Brüderlichkeit und Einmütigkeit äußert.

Der Umgang mit dem W o r t führt zum Meinungsstreit in Auslegung und Bekenntnis. Doch nicht, daß wir Meihungsverschiedenheiten haben, macht uns unglaubwürdig, sondern höchstens, wie wir sie austragen. Wir könnten allen Schwierigkeiten aus dem Wege gehen, indem wir so auf die diakonische Existenz setzen, daß wir der Welt ohne Wort dienen. Wir würden jedoch unsere ganze christliche Existenz aufs Spiel setzen, gäben wir das W o r t auf! Denn nicht unser Tun ist die Gotteskraft, sondern das Wort vom Kreuz, vom Tun Gottes.

2.3   Deshalb wenden wir uns dem dritten "Kettenglied" unserer christlichen Existenz in der Gesellschaft zu: der prophetischen Existenz.

2.3.1   Das P r o p h e t i s c h e erscheint in unseren Kreisen fast ausschließlich in zwei Ausprägungen: zum einen in der innergemeindlich angewandten Gnadengabe der Weissagung, und zum anderen in Voraussagen und Mutmaßungen über kommende Ereignisse. Zuweilen werden 'Kalender' und 'Fahrpläne' für das Weltende aufgestellt. Das aber tun weder die alttesteamentlichen Propheten noch der Seher Johannes. Sie haben zwar ein Bild von der Zukunft, sprechen aber von dieser Schau her in die Gegenwart hinein.

Ihr Zukunftsbild ist eindeutig. Da werden "Güte und Treue einander begegnen, Gerechtigkeit und Friede sich küssen. Treue wird auf der Erde wohnen und Gerechtigkeit vom Himmel schauen" (Psalm 85,11 f.). - Diese Zukunftsgewißheit entspricht nicht einem 'optimistischen Lebensgefühl', sondern der Zusage Gottes: "Ich will euch Zukunft und Hoffnung geben" (Jer.29,11). Das ist der Grund, warum Jeremia kurz vorher den Verbannten schreiben kann: "Sucht der Stadt Bestes!" (Vers 7). Ein Hoffen ohne Handeln ist ebenso unbiblisch und unprophetisch wie ein Handeln ohne Hoffen. "Dein Reich komme" können wir nicht beten ohne "Dein Wille geschehe auf Erden wie im Himmel".

2.3.2   Biblisches Prophetentum ist gekennzeichnet durch den R u f   z u r   U m k e h r . Die alttestamentlichen Propheten halten der Gesellschaft ihre Mißstände vor, z.B.Korruption, Müßiggang, alkoholische Exzesse, Anhäufung von Privatvermögen, luxuriöse Lebensführung und Rechtsbeugung. Sie werfen ihr nicht vor, daß sie sich weiterentwickelt hat von einer bäuerlichen Stammesverfassung zu einer "frühkapitalistischen" städtischen Ordnung. Die Propheten können und wollen das Rad der Geschichte nicht zurückdrehen. Was sie wollen ist, daß man Gott auch in die neue Gesellschaftsordnung mitnimmt!

Aber Israel verweigert die Rückkehr zum Herrn. Deshalb gibt es eigentlich keine Alternative mehr zum Gericht, zur Katastrophe. Aber merkwürdigerweise rufen die Propheten nun in der Krise gerade zur Umkehr. Wie ist das möglich? Nur deshalb, weil Gott "umgekehrt" ist. In s e i n e m Herzen hat sich ein Umsturz vollzogen: seine Liebe hat den Zorn besiegt (Hosea 11,8)! - "Kann ein Afrikaner seine Haut wechseln und ein Panther seine Flecken?" (Jer.13,23). Natürlich nicht. So ist das mit eurem Vermögen, Gutes zu vollbringen. Aber Gott macht das Unmögliche möglich. Er verändert Menschen, sodaß sie unter veränderten gesellschaftlichen Bedingungen seinen Willen tun.

Im alttestamentlichen Israel waren Gottes Volk und Gesellschaft eine Einheit. Der Umkehrruf traf immer beide. Die Gemeinde Jesu Christi ist nur ein Teil der Gesellschaft, meist eine Minderheit; dennoch ist sie aufgefordert, ständig zurückzukehren und bei ihrem Herrn Position zu beziehen. Ihre Aufgabe ist nicht die Veränderung von Staats- und Gesellschaftsordnungen, auch nicht die hämische Kritik und das besserwisserische Hineinreden in die Aufgaben der Staatsorgane. Wenn die Propheten Israels Kritik übten, dann taten sie es, um S c h u l d von Menschen, Gruppen, ihrem Volk oder anderen Völkern aufzuzeigen. Sie waren überzeugt, daß Neues werden würde, wo Schuld eingestanden wird. Deshalb setzten sie ihre Hoffnung nicht auf Reformprogramme oder Revolutionen, sondern erwarteten das Entscheidende vom Eingreifen Gottes.

Die Zukunftsvisionen der Bibel dürfen nicht verwechselt werden mit Utopien oder wissenschaftlich-technischen Perspektiven; sie sind Verheißungen, Ansagen der Zukunft Gottes.

Merkmal der prophetischen Existenz der Gemeinde ist die Erwartung, daß ihr Herr das Heft in die Hand nimmt, welcher "Könige ein- und absetzt" (Dan.2,21). Auf diese Weise bekommen Christen einen realistischen Blick und werden weder zu Meckerern noch zu Hurra-Schreiern. Sie sind befreit von der Glorifizierung bestehender Zustände zu vernünftiger Kooperation.

Die westliche Welt wird z.Zt. bombardiert mit "Forderungen zur Umkehr" (h.Gollwitzer). Das drückt sich beispielsweise in dem Wort "alternativ" aus: alternative 'Listen', Energien, Lebensweisen usw. Ist das prophetisch? Einfach alles anders machen? Es ist prophetisch, insofern hier erkannt wird, daß es so nicht weitergehen kann, was den Umgang mit der Natur, der Technik, den Rohstoffen, den Waffen, der Verteilung der Güter, den Menschenrechten u.v.a. angeht. Aber es ist zu wenig prophetisch, weil die totale Veränderung voraussetzt, daß Menschen, von sich selbst befreit, zu Gott zurückkehren. "Suchet mich, so werdet ihr leben" (Amos 5,4) - mich, den Geber!

2.3.3 Solche Rede war unbequem - für die, die sie hörten, aber
auch für die, die sie verkündeten. So wurden die Propheten als Opportunisten verleumdet, die keiner klaren Linie
folgten, weil sie das Angebot der Umkehr allen machten: Ägyp-
tern, Assyrern, Babyloniern und auch den Israeliten selbst.
Von allen Seiten verkannt und mißverstanden, wurde das L e i -
d e n zum Markenzeichen ihrer Existenz. Kein Wunder, daß sich
keiner von ihnen zu diesem Leben drängte, im Gegenteil, Gott
mußte sie dazu drängen.

Wir sind ganz gewiß keine alttestamentlichen Propheten, wir
sind auch nicht in ihrer Lage. Weil aber der Gemeinde Jesu
Christi prophetisches Charisma verliehen ist, darum ist sie
verpflichtet, es an der biblischen Prophetie zu überprüfen.

Wir haben uns zu fragen, wo wir uns selber zu Propheten er-
wählen und einen unziemlichen und unangemessenen apokalypti-
schen Eifer an den Tag legen. Es gehört nicht zu den Kennzeichen prophetischer Existenz der Gemeinde, wenn sie eilfertig
zu allem und jedem Stellung nimmt, was in der Welt passiert.
Diese Vielrederei ist in der Bibel das Merkmal falscher Propheten. Wo aber geredet werden muß, ist nüchtern auch die Bereitschaft zum Leiden mit einzubeziehen.

"Niemand unter euch leide als ein Mörder oder Dieb oder Übel-
täter oder der in ein fremdes Amt eingreift. Leidet er aber
als ein Christ, so schäme er sich nicht, sondern ehre Gott
mit diesem Namen" (1.Petr.4,15 f.). Es gibt also eine legiti-
me problemlose Einfügung des Christen in das Ordnungsgefüge
der Gesellschaft. Seine prophetische Existenz aber bringt es
mit sich, daß er mit seinem Tun und Reden nicht immer Beifall
einheimst. Auf jeden Fall muß unser Sprechen und Handeln klar
und durchsichtig sein. Es entspricht voll dem Evangelium,
wenn es nicht auf Publizität aus ist, sondern auf den Einsatz
für konkrete Menschen.

Die Leidensfähigkeit der Christen könnte in einer Welt, die
an der Krankheit leidet, "nicht leiden zu können" (H.E.Rich-
ter) und deshalb Leiden mit allen möglichen und unmöglichen
Mitteln betäubt, ein prophetischer Hinweis darauf sein, wo
und wie Gottes Kraft wirkt, daß er nämlich "in den Schwachen
mächtig"ist (2.Kor.12,9).

Mir wurde in der Schule das Dichterwort als Lebensideal ein-
geprägt: "Nicht Amboß, sondern Hammer sein". Losschlagen, die
Sache in die Hand nehmen, gestalten. Bloß nicht sich schlagen
lassen, nicht an die Hand genommen werden, nicht sich gestalten lassen! Ich weiß längst, daß diese Alternative falsch ist.
Alle wollen wir Hammer sein, manche sind es geworden. Der Erfolg hat sie gefühllos gemacht. Andere gerieten auf den Amboß,
gerade weil sie den Hammer-Typ abgeben wollten. Dort wurden
sie zerschlagen, weil sie sich nicht schlagen lassen wollten.

Christen leben in der Gesellschaft befreit von dieser makabren
Alternative. Sie sind nichts Drittes zwischen Hammer und Amboß. Sie sind nur mit dem Schmied befreundet, der beides be-
dient.

AutorInnen und ZeitzeugInnen

Andreas Liese, Dr. phil.
geb. 1953 in Berlin, Studium der Geschichte in Berlin, 2001 Promotion, tätig als Gymnasiallehrer in Bielefeld, Pensionierung.

Simone Thiede, Dr.
geb. 1964 in Gera, Studium Lehramt in Güstrow, Religionswissenschaft in Bremen, Soziologie und Sozialwissenschaften in Dublin/Irland, 1998 Promotion, tätig als Redakteurin sowie im Bereich Kommunikation in Hamburg.

Reinhard Assmann
geb. 1952 in Greifswald, Studium der Theologie in Buckow (Märk. Schweiz), tätig als Pastor in Bitterfeld und Berlin, Ruhestand.

Carl-Jürgen Kaltenborn, Prof. Dr.
geb. 1936 in Wernigerode, Studium der Theologie in Hamburg und Berlin, 1969 Promotion, tätig als Professor für Ökumenik in Berlin sowie als internationaler Sekretär der Christlichen Friedenskonferenz in Prag, Emeritierung.

Diethard Dahm
geb. 1944 in Berlin, Studium der Rechtswissenschaft und Psychologie in Berlin, tätig als Richter am Oberverwaltungsgericht Berlin-Brandenburg, Pensionierung.

Ingrid Ebert
geb. 1948 in Forst, Studium der Journalistik in Jena, tätig als Journalistin und Autorin.

Uwe Dammann
geb. 1958 in Berlin, Studium der Theologie in Buckow (Märk. Schweiz), tätig als Pastor in Berlin und Diakonievorstand in Bethel/Berlin.

Abkürzungsverzeichnis

AGCJ	Arbeitsgemeinschaft Christlicher Jugend in der DDR
AgCK	Arbeitsgemeinschaft Christlicher Kirchen in der DDR
AKÖ	Arbeitskreis für Öffentlichkeitsfragen im BEFG-DDR
BEFG	Bund Evangelisch-Freikirchlicher Gemeinden
BEK	Bund der Evangelischen Kirchen in der DDR
BFeG	Bund Freier evangelischer Gemeinden
BK	Bekennende Kirche
BL	Bundesleitung des BEFG
BRD	Bundesrepublik Deutschland
CDU	Christlich Demokratische Union Deutschlands
CFK	Christliche Friedenskonferenz
DDR	Deutsche Demokratische Republik
EFG	Evangelisch-Freikirchliche Gemeinde
EKD	Evangelische Kirche in Deutschland
EOS	Erweiterte Oberschule (in der DDR)
FDJ	Freie Deutsche Jugend
GJW	Gemeindejugendwerk des BEFG
KKL	Konferenz der Kirchenleitungen in der DDR
KPD	Kommunistische Partei Deutschlands
KSZE	Konferenz für Sicherheit und Zusammenarbeit in Europa
KZ	Konzentrationslager
LPG	Landwirtschaftliche Produktionsgenossenschaft
MfS	Ministerium für Staatssicherheit (der DDR)
MSPD	Mehrheitssozialdemokratische Partei Deutschlands
NKFD	Nationalkomitee Freies Deutschland
SBZ	Sowjetische Besatzungszone
SED	Sozialistische Einheitspartei Deutschlands
SMAD	Sowjetische Militäradministration in Deutschland
USPD	Unabhängige Sozialdemokratische Partei Deutschlands
VEF	Vereinigung Evangelischer Freikirchen in Deutschland
ZK	Zentralkomitee (der SED)

Archive

BArch   Bundesarchiv in Berlin

BStU   Archiv des Bundesbeauftragten für die Unterlagen des Staatssicherheitsdienstes der ehemaligen Deutschen Demokratischen Republik in Berlin

EZA   Evangelisches Zentralarchiv in Berlin. Archiv der Evangelischen Kirche in
Deutschland

OAE   Oncken-Archiv in Elstal

Zeitschriften, Jahrbücher

DG   Die Gemeinde. Wochenzeitschrift des BEFG

FF   Jahrbuch des Vereins für Freikirchenforschung

HB   Der Hilfsbote. Quartalsschrift für Prediger des Evangeliums und
Bibelforscher

KJ   Kirchliches Jahrbuch der EKD

KZG   Kirchliche Zeitgeschichte. Internationale Zeitschrift für Theologie und
Geschichtswissenschaft

NZ   Neue Zeit. CDU-Tageszeitung für die DDR

ThG   Theologisches Gespräch

WuT   Wort und Tat. Arbeitsmaterial für den Pastor (BEFG-DDR)

WuW   Wort und Werk. Monatsblatt für die Evangelisch-Freikirchlichen Gemeinden

WZ   Der Wahrheitszeuge. Organ der deutschen Baptisten

ZdZ   Zeichen der Zeit. Evangelische Monatsschrift für Mitarbeiter der Kirche

ZThG   Zeitschrift für Theologie und Gemeinde

Baptismus-Dokumentation

Schriftenreihe – herausgegeben vom Oncken-Archiv des BEFG in Elstal
Editionen von Quellen und Materialien zur Geschichte des Baptismus und des BEFG

Band 1: Armin Weist, Baptistische Archivalien aus den Gebieten östlich von Oder und Neiße in genealogischen und staatlichen Archiven

Elstal/Norderstedt 2011, 79 Seiten, Paperback (Books on Demand), 2. Aufl. 2012
ISBN: 978-3-844-81208-4, Schutzgebühr 5,90 €

Der vorliegende Band ist ein Wegweiser zu Archiven vor allem im osteuropäischen Raum, in denen Unterlagen ehemaliger Baptistengemeinden vor 1945 zu finden sind – ein wichtiges Hilfsmittel sowohl für freikirchliche historische Spurensuche als auch für die Familienforschung.

Band 2: Marc Schneider, Die Diskussion im deutschen Baptismus um die 68er Bewegung

Elstal/Norderstedt 2012, 84 Seiten, Paperback (Books on Demand), 2. Aufl. 2017
ISBN: 978-3-8482-2251-3, Schutzgebühr 5,90 €

Dieser Band gibt einen Überblick auf die Ereignisse der Studentenbewegung in Deutschland von 1967 bis 1972 und ihre Auswirkungen im deutschen Baptismus. Aufgezeigt wird insbesondere die Wahrnehmung der 68er Bewegung in der baptistischen Presse und Studentenarbeit sowie die Diskussion in den Gemeinden. Dokumentiert wird die Masterarbeit des Autors, Absolvent der Theologischen Hochschule Elstal.

Band 3: Heinz Szobries, Schuldbekenntnisse aus dem Bund Ev.-Freikirchlicher Gemeinden und anderen Kirchen in Deutschland nach 1945. Zeugnisse von Schwachheit und Kraft beim Einstehen für die eigene Vergangenheit

Elstal/Norderstedt 2013, 128 Seiten, Paperback (Books on Demand), 2. Aufl. 2017
ISBN: 978-3-7322-9120-5, Schutzgebühr 6,90 €

Der Autor beschreibt und dokumentiert die Diskussionen im Baptismus nach dem Krieg über ein Schuldbekenntnis zum Verhalten in der NS-Zeit. Die 50 veröffentlichten Textdokumente, eingeschlossen sind Vergleichstexte aus anderen Kirchen und Freikirchen, u. a. auch zur DDR-Zeit, machen diesen Band zu einem wichtigen Nachschlagewerk.

Band 4: Roland Fleischer, Der Streit über den Weg der Baptisten im Nationalsozialismus. Jacob Köbberlings Auseinandersetzung mit Paul Schmidt zu Oxford 1937 und Velbert 1946

Elstal/Norderstedt 2014, 172 Seiten, Paperback (Books on Demand), 2. Aufl. 2016
ISBN: 978-3-7357-8618-0, Schutzgebühr 8,90 €

Baptisten suchten ihren Weg in der Zeit des Nationalsozialismus weitgehend in Anpassung an die politischen Verhältnisse. Zu den wenigen öffentlichen Mahnern gehörte Dr. Köbberling, der Bekennenden Kirche nahe stehend. Dieser Band dokumentiert sowohl die offiziellen Stellungnahmen des Bundes als auch die Gegenschriften und Korrespondenzen Köbberlings, zumeist erstmalig veröffentlicht. Ergänzt hat sie der Autor durch eine historische Einführung sowie biografische Beiträge zu Köbberling und Bundesdirektor Schmidt.

Band 5: Reinhard Assmann / Andreas Liese (Hg.), Unser Weg – Gottes Weg? Der Bund Evangelisch-Freikirchlicher Gemeinden in Deutschland – eine historische Bestandsaufnahme. Studientag Kassel 2014

jOTA Publikationen GmbH Hammerbrücke (Edition Forum Wiedenest) und
Oncken-Archiv Elstal 2015, 170 Seiten, Paperback,
ISBN: 978-3-935707-79-4, Bestell-Nummer (jOTA): 449.579, 11,95 €

75 Jahre BEFG – ein Jubiläum zum Feiern? Der Bundesschluss von Baptisten- und Brüdergemeinden 1941 bleibt umstritten. Er wurde sowohl geistlich als auch politisch begründet. Die Bundesgeschichte, die zeitweise noch die Elim-Gemeinden umfasste, wurde und wird als ein lebendiges und fruchtbares Miteinander erlebt, zugleich aber auch als ein kräftezehrendes Nebeneinander. Ein Studientag 2014 in Kassel versuchte die historischen Hintergründe und Entwicklungen aus der Sicht der drei Traditionsgruppen zu beleuchten. Der vorliegende Band dokumentiert die aufschlussreichen Vorträge dieses Tages.

Band 6: Reinhard Assmann / Andreas Liese (Hg.), Vereint in Christus – (wieder)vereint im Bund. 25 Jahre Zusammenschluss der beiden deutschen Bünde Evangelisch-Freikirchlicher Gemeinden – Akteure erinnern sich. Studientag Kassel 2015

jOTA Publikationen GmbH Hammerbrücke (Edition Forum Wiedenest) und
Oncken-Archiv Elstal 2016, 210 Seiten, Paperback,
ISBN: 978-3-935707-85-5, Bestell-Nummer (jOTA): 449.585, 12,95 €

Im Jahr 2016 ist es 25 Jahre her, dass sich die beiden Bünde Evangelisch-Freikirchlicher Gemeinden in der Bundesrepublik und der DDR zu einem gemeinsamen Bund vereinigten. Ein Grund, dankbar und zugleich kritisch zurückzuschauen. Wie haben die damaligen Akteure aus Ost und West diesen Zusammenschluss erlebt? Ist uns als Freikirche dieser Prozess besser gelungen als in der Politik? Gelang er auf Augenhöhe oder war es eher ein Anschluss des Ost-Bundes an den West-Bund? Sprachen die einen von einer „Stunde Gottes", erinnern sich andere auch an Enttäuschungen, Verletzungen und neue Trennungen... Ein Studientag im November 2015 in Kassel ließ eine Reihe von Zeitzeugen dazu zu Wort kommen. Der vorliegende Band dokumentiert diese lebendigen Berichte und Diskussionen.

Band 7: Wilfried Weist / Reinhard Assmann, Dass das Wort des Herrn laufe und gepriesen werde. Die Schrifttumsarbeit im Bund Evangelisch-Freikirchlicher Gemeinden in der DDR

Elstal/Norderstedt 2017, 298 Seiten, Paperback (Books on Demand),
ISBN: 978-3-7448-4931-9, Schutzgebühr 14,95 €

Evangelisch-freikirchliches Schrifttum in der DDR – es überrascht, in welcher Breite und Vielfalt christliche Veröffentlichungen in dieser Zeit möglich waren. Bald nach dem Krieg hatte Prediger Otto Ekelmann Lizenzen für eine Zeitschrift, Verlagsarbeit und den Aufbau einer Evangelischen Versandbuchhandlung in Berlin (EVB) erworben. Neben einem geschichtlichen Überblick dokumentiert der vorliegende Band Zeitzeugenberichte des 25-jährigen Jubiläums der DDR-Schrifttumsarbeit. Aufgenommen wurde ferner eine größere Auswahl staatlicher Gutachten, die das mühevolle Ringen um die notwendigen Druckgenehmigungen illustrieren. Eine Bibliografie aller EVB-Veröffentlichungen sowie weiterer verwandter Publikationen macht diesen Band zu einem wichtigen Nachschlagewerk für den Bund Evangelisch-Freikirchlicher Gemeinden in der DDR.

Band 8: Veit Claesberg, Der pastorale Leiter als Prophet. Der Baptistenpastor Arnold Köster (1896–1960) im Widerstand gegen den Nationalsozialismus

Elstal/Norderstedt 2018, 276 Seiten, Paperback (Books on Demand),
ISBN: 978-3-7481-1715-5, Schutzgebühr 9,90 €

Arnold Köster gilt als einer der kontinuierlichsten und schärfsten Kritiker des Nationalsozialismus. Während des ‚Dritten Reiches' vermittelte er seiner Baptistengemeinde in Wien und weit darüber hinaus Orientierung und Hoffnung. Seine Predigten verliehen seinem pastoralen Leitungsdienst prophetische Züge. Für den vorliegenden Band konnte der Autor aus einem umfangreichen Fundus gut erhaltener Predigt-Mitschriften Kösters schöpfen. Er bringt diese Inhalte ins Gespräch mit neueren Entwürfen pastoraler und prophetischer Leitungskonzepte. Es gelingt ihm, historische und pastorale Theologie miteinander zu verknüpfen und auf ethisch-theologische Fragestellungen zu beziehen. – Ein wichtiger Impuls für pastorale Verantwortung in aktuellen gesellschaftlichen Herausforderungen.